KB075699

백년의 변혁

백년의 변혁

3·1에서 촛불까지

백낙청 임형택 도진순 외·지음

백영서·엮음

창비

100주년을 어떻게 기념할 것인가

3·1운동(과 임시정부 수립) 100주년을 맞은 2019년 한해는 우리 정부가 추진한 각종 행사뿐 아니라 다양한 주체의 기념활동으로 활기를 띠었다. 이제 축제의 분위기 속에 100주년을 기념하고 기억하는 것을 넘어 성찰에 무게를 둘 때가 되었다. 이 책을 엮는 이유가 여기에 있다.

"3·1운동에서 촛불혁명으로"를 표방한 정부의 직·간접적 영향 속에 열린 학술활동도 잇따랐는데 과연 그것이 얼마나 튼실한 성과를 거두었는지 차분하게 점검해볼 필요가 있다. 그 성과를 출판물에 한정해도 올해의 수확은 자못 풍성하다. 연구자 개인과 연구단체가 다투어 출간한 책들을 훑어보기만 해도, 여러 주제를 키워드 중심으로 서술하는 점이 눈에 뜨이고, 그만큼 다양한 시각이 어우러지고 다채로운 주제와 주체의 발굴이 이뤄진 것으로 높이 평가될 수 있을 성싶다. 그러나 3·1에서 촛불혁명으로 이어지는 긴 시간대를 꿰뚫는 구조적이고 역사적인 안목을 제시하려는 노력은 상대적으로 약해 보여 아쉽다.

계간 『창작과비평』은 올해 봄호 특집에 이어 여름호에 3·1 관련 글들을 연속 게재했는데, 그 취지는 '촛불혁명'론을 일찍이 제기한 담론의 당사자로서 그 나름으로 3·1을 새롭게 조명하자는 것이다. 이 책은 그 성과를 바탕으로 하되 논의를 더 실차게 갈무리하기 위해 1919년과 2019년의 대화를 본격적으로 시도한 것이다. 촛불혁명의 눈으로 3·1을 다시 보는 동시에 3·1의 눈에 비춰 촛불혁명을 다시 보는 쌍방향성을 중시한다. 말하자면 역사를 보는 겹눈을 강조하는 것이다. 이를 통해 지난 100년의 우리 역사를 다시 볼 때 "점진적이고 누적적인 성취" (incremental achievement)의 변혁 과정이라는 큰 흐름이 확연해진다. 그 100년의 과정이 단선적 발전이 아니라 때로는 심각한 중단이나 퇴보도 겪는 굴곡의 역사임을 깊이 인식하는 시각이기에 현재를 정당화하는 목적론적 역사관과 거리가 먼 것임은 두말할 필요도 없다. 이런 관점에서 3·1 이래 점진적으로 누적되어 우리 사회가 촛불혁명이라는 중요한 국면에 도달하는 데 작용해왔고 미래사에 영향을 미칠 우리의 사상사적·운동사적 자원을 점검하고자 한다.

한반도적, 세계사적, 문명론적 관점

여기 실린 글들은 공동연구의 성과가 아니라 필자들이 제각기 공들인 결실을 모은 것이다. 그럼에도 그 내면에서 공유되고 있는 주요 특징들이 이 책의 독자적 가치를 빛내준다.

무엇보다 먼저 한반도적 시각이 도드라진다. 백낙청이 "한반도 남쪽(또는 북쪽)에서만 일어나는 변화가 아무리 획기적이라도 그 자체로는 임형택이 말한 '거족적' 운동인 3·1의 나라만들기 기획에 부응했달 수 없다"(22면)고 강조한 대목은 첫번째 특징을 간명하게 표현한다. 이 관점이야말로 1919년이 역사적 맥락 속에서 오늘의 현실을 상대화해 보게 촉진하는 핵심이 아닐 수 없다. 한국 근현대가 3·1에 진 채무를 갚는 데서 출발할 필요가 있다는 임형택의 표현은 깊은 함축을 담고 있다. 여기에 한반도 전체로 시선을 확대해본다면 3·1운동, 대한민국임시정부의 수립, 대한민국의 건국, 이 세가지가 각각 다른 차원의 문제임을 지적한 도진순의 글도 호응한다.

한반도적 시각은 분단체제론에 뒷받침됨으로써 그 구체성을 확보한다 하겠는데, 이 관점은 여러 필자의 글에서 짙든 옅든 공유된다. 4·19의 값진 성과가 실종되어버리는 상황을 분단이라는 요인으로 설명하며 이렇듯 한국 현대사에서 변혁의 새로운 가능성이 빈번하게 좌절되거나 제한적으로 성취된 패턴이 4·19 이후에도 되풀이해 나타난다고 본 홍석률, 87년체제를 사회세력 사이의 경쟁과 투쟁의 관점과 더불어 분단체제와의 연관 속에서 해명하는 김종엽의 글, 촛불혁명 이후 진행되고 있는 한반도 평화프로세스가 한반도체제로의 전환을 이끌어낼지를 점검한 이남주의 글이 대표적이다.

그다음으로 동아시아적 및 세계사적 시각도 주목된다. 3·1에 대한 시야를 동아시아 차원으로 넓혀 사고하려는 문제의식을 바탕에 둔 임형택, '연동하는 동아시아'와 '세계사적 동시성'의 관점에서 3·1을 재조명한 백영서, 세계체제 내에서 식민지 조선을 반주변부로 일본을 중심부로 위치짓고 일본이 한국을 식민화해서 과연 무엇을 얻었는가라는 의미심장한 질문을 제기하면서 "일본은 불을 향해 달려드는 나방처럼 재앙으로 이끌려갔다"(86면)고 평가한 커밍스, 그리고 5·18민주화운동이 1980년대 미국의 대외정책을 세계 각지에서 형식적 민주주의를 지지하는 쪽으로 바뀌게 하는 데 기여했음을 강조한 신기욱의 글이 있다. 또한 유재건처럼 6·15남북공동선언(2000) 이후 시기를 현존 자본주의 세계체제의 국지적 양상인 한반도 분단체제가 서서히 해체되는 과정으로 파악하면서, 이러한 분단체제의 극복이 동아시아 질서의 변화와 함께 세계체제 전체에 중요한 변화를 일으킬 것이라는 입장도 주목할 만하다.

그런데 이렇게 공간적인 범위에서 동아시아나 세계사로 넓힌 시각을 직접 구사하지 않지만, '근대적응과 극복의 이중과제'론은 근원적으로 세계사를 새롭게 보려는 노력이 응집된 창의적 이론이라 하겠다. 3·1이 한반도에서 주체적 근대(적응)의 출발점이라고 보기도 하는데, 이같은 명제도 3·1이 근대극복 노력의 본격적 출발이기도 했다는 명제를 동반해야 한다고 백낙청은 역설한다. 개항 이전부터 준비해온 한반도의 이중과제 수행이 이때 드디어 본격화되었는데, 근대극복 노력을 포함하는 이중과제의 일부로서만 근대적응이 장기적 성공을 기약할 수 있기 때문이다. 그를 비롯해, 3·1과 5·4를 비교하고 두 운동에 대응하는 일본의 자세를 동시에 검토하는 데 이중과제론을 활용한 백영서, 3·1부터 촛불혁명까지 시민항쟁 같은 저항운동을 통해 민주공화의 해방적 지향을 실현하기 위한 흐름이 지속되었고, 그 속에서 이중과제의 긴장도 유지되어왔다고 파악한 이남주의 글이 이어진다. 그밖에 이중과제론을 직접 의식하고 있진 않더라도 그에 부합한다고 볼 수 있는 문제의식이 바탕에 깔려 있는 글들도 있다. 정혜정이 서양의 종교 개념과 달리 동학이 표명한 교(敎)는 종교와 교육을 아우르는 동시에 정치적 의미를 띠며 또한 국가의 이상을 담지한다고 보는 것이나, 이지원이 인권의 주체로서 여성은 식민주의 폭력에 저항할 뿐만 아니라 가부장적 규범을 넘어서는 다양한 정체성을 발휘한다고 보는 것은, 우리의 근대가 단순히 적응이나 아니면 극복의 시각에서만 파악될 수 없는 복합적 과정임을

8

명료하게 보여준다.

위의 두 특징보다 더 도드라진 것이 문명론에 대한 조명이다. 특히 동학운동을 추동한 동학과 3·1의 관련, 더 나아가 한국 근현대사상사에서 (동학을 잇는) 천도교가 차지하는 위치에 대해서는 그간 제대로 평가되지 못한 감이 있다. 정혜정의 글은 이 한계를 넘어서 동학과 3·1의 연결고리를 설득력 있게 제시한다. 백낙청이 지적하듯이, 동학운동을 거친 민족이기에 3·1의 대규모 민중운동이 가능했고 동학의 개벽사상이 있었기에 민주공화주의로의 전환과 새로운 인류문명에 대한 구상이 한결 수월했음을 간과해서는 안 된다. 물론 우리의 시야를 동학이나 천도교에 한정할 일은 아니다. 척사와 개화의 이분법을 넘어서는 또다른 노선에 해당하는 사상자원인 개벽사상을 계승하는 (원불교를 비롯한) 여러 민중종교와 사상조류를 지금 당면한 문명대전환의 시대적 과제와 연관시켜 숙고해볼 가치가 있다.

혁명 개념의 재구성

이제까지 설명한 세 특징을 연결시키는 고리는 다름 아닌 '혁명'에 대한 새로운 해석이다. 이 책의 상당수 필자는 '3·1혁명'과 '촛불혁명'이라는 용어 사용에 적극적인 편이다. 비록 그들이 완전히 합의된 혁명 개념을 구사하지는 않지만, 적어도 그것을 새롭게 발전시킬 필요가 있고, 그래야 우리의 지난 100년사의 성취도 세계사 속에서 온전하게 규명할 수 있다고 본다는 점에서는 접근하고 있다. '촛불혁명'론을 정교하게 다듬은 백낙청은 그것이 다시 성찰하게 만든 혁명 개념을 3·1과 관련해서도 더 발전시키고 점검해볼 필요를 인식하고, 그 지표로 주민 생활 전역에 걸쳐 본질적인 변화가 일어나고 민중의 주체적 역량이 크게 향상되었음을 주목한다. 같은 시각에서 촛불항쟁으로 실현된 남한의 정권교체가 남북관계의 획기적 개선으로 이어지고 한반도 전역에 걸친 민중역량의 비약적 증대를 이룬다면 이는 '혁명'의 이름에 전혀 손색이 없을 것이라고도 역설한다.

우리가 혁명 개념을 재구성하려는 것은 사회 전환에 대한 사유를 활성화하는 일, 다시 말해 이남주가 주목한 바 '정치적 가능성'을 다시 열기 위해서이다. 여기서 혁명은 무엇보다 자기 운명을 급진적으로 개선하려는 인간들의 집합적 운동인 동시에 어떤 사건이 '자유의 새로운 제도화'를 이룩했는가의 기준에 부합해야 한다는 김종엽의 제안도 고려해볼 가치가 있다. 또한 백영서는 3·1과 5·4에 공통적으로 나타난 운동주체의 성취감에 주목하고, 그것이 그후 변혁운동의 지속을 가능케 한 동력이었음을 부각하는데, 이 관점은 정헌목도 공유한다. 그는 촛불집회를 통해 부패한 정권을 몰락시킨 집단적 경험, 수많은 사람들이 스스로 문제해결에 나서 변화를 끌어냈다는 역사적 사실이 부여하는 자신감에 주목한다. 그래서 "여성들이 몸을 부딪치며 스스로 자신을 지키고 싶은 열망"(364면)이 나타날 수 있었다고 본다.

이렇게 재해석된 혁명은 단기적 목표의 달성 여부에 따라 갈라지는 성공과 실패의 이분법에 얽매이는 것이 결코 아니다. 단기적 실패는 끝이 아니라 긴 변혁 과정의 구성 부분이고, 그것이 일상생활에서 진행되고 있음이 실감된다면 혁명은 진행 중인 것이다. 혁명의 '도래'와 '완성'을 구별할 필요가 있는 것도 이 때문이다.(35면) '현재 진행 중인 혁명' 또는 '계속 학습되는 혁명'이란 인식은 여러 필자에게 공유되고 있다.

지난 100년의 우리 역사는 사상과 운동 경험이 계속 학습되는 '점진적·누적적 성취'의 변혁 과정, 달리 말하면 "반전이 거듭되는 굴곡을 감당한 점증하는 과정으로서의 변혁"(149면)이다. 이 특성에 기반한 혁명의 재인식은, 성공과 실패의 이분법을 넘어 긴 변혁의 과정을 감당하고 있는 비서구의 여러 지역에서 전개되는 끈질긴 투쟁과 호응한다. 그들은 혁명에 대한 고정관념을 떨치고 그간 축적된 경험의 계보를 이론화하며 그로부터 변혁의지를 다지는 과제를 수행하는 중이다. 역사를 탈정치화하지 않고 '정치적 가능성'을 체감하며 민주적 약속을 전망하기 위해 우리가 혁명 개념을 재구성하려는 일이 지구적 차원에서 상호 연관된 것이자 한국인의 경험이 반영된 세계사적 작업임을 확인하는 일도 3·1에 대한 책무를 다하는 과제임이 분명하다.

1919년과 2019년의 치열한 대화

끝으로 이 책의 구성에 대해 간략히 설명해둔다. 먼저 서장이라기보다 총론에 가까운 백낙청의 글은 독자에게 이 책 전체를 이해하게 돕는 좋은 길잡이가 될 것이다. 특히 추기를 달아, 현재 직면한 정세의 분석까지 시도한 치열한 현장감이 돋보인다. 그는 촛불혁명에 반대하는 한·일 수구세력의 연대행동이라는 전에 없는 현상이 지금 나타난 것을 남북화해의 진행과 연결시켜 구명하면서, ('친일잔재'가 아닌) '일제잔재'가 분단체제에서 어떻게 진화·온존해왔고 분단체제의 재생산에 어떻게 기여하고 있는지를 정확히 인식하고 대응해야 한다고 강조한다.

이런 '겹눈'의 견지는 제1부 '촛불의 눈으로 되돌아본 3·1'에 실린 여섯편의 글이 공유하고 있다. 3·1 이후 좌우 통합을 위한 중도주의, 곧 절충론이 아닌 진정 '바른 길'의 흐름을 부각한 임형택, 한반도의 문제를 세계사적 맥락에서 인식하게 돕는 커밍스, 정치적 쟁점인 건국론의 역사적 맥락을 짚으면서 1919년 건국론의 장막 뒤에는 한성임시정부의 집정관으로 추대된 이승만 자신에 대한 선양이 자리하고 있었다고 밝힌 도진순, 5·4를 발견적 장치로 삼아 3·1을 재해석하면서 촛불혁명의 연원을 찾아본 백영서, '대한민국임시헌장'의 선진성의 배경에 동학과 증산도의 남녀평등사상이 있음을 보여주는 정혜정, 그리고 촛불혁명이 이끌어낸 남북관계의 전환에 '시민참여형' 통일의 조건을 형성해야 하고, 이를 위해 선거법이 개정되어야 함을 강조한 이남주의 글들이 있다. 세분의 역사학자를 비롯해, 한문학연구자, 정치학연구자, 철학연구자가 국내외에서 참여한 분과학문 횡단적 작업임이 이채롭다.

제2부 '3·1 이후 누적되어온 운동과 사상'에는 "점진적이고 누적적인 성취"의 변혁 과정으로서의 100년의 우리 역사를 다시 보게 하는 여섯편의 글이 실려 있다. 평화와 인권의 가치란 관점에서 3·1에 참여한 여성의 주체적 경험을 집중 분석한 이지원, 4·19가 분단체제하의 전국적 사태 변화와 맞물려 변전하는 과정을 입체적으로 묘사한 홍석률, 5·18민주화운동을 세계사적 시각에서 상세하게 개관하면서 그 정신을 현재화하고 보편화하려는 노력이 필요함을 일깨우는 신기욱의 글이 눈길을 끈다. 김종엽은 87년체제가 헌정체제의 관점에서 볼 때 점진적이고 누적적인 성취가 결코 작지 않지만, 이제 당면 과제인 선거법 개정을 통해 87년체제 극복작업이 의미있는 성과를 거둔다면 새로운 단계로 들어설 수 있을 것이라고 전망한다. 지금 덜 주목되는 감이 있는 '6·15시대'의 의미를 다시 환기하는 것이 유재건의 글이다. 그는 6·15공동선언이 제시한 점진적이고 단계적인 남북연합의 길은 촛불혁명으로 마련된 국내 개혁의 동력이 뒷받침된다면 값진 경험이 될 수 있을 것으로 기대한다. 끝으로 정헌목은 극우 포퓰리즘 정치세력이 세계 곳곳에서 부상하는 지금 한국사회에 필요한 것은 대안에 대한 상상력

을 제약하는 문제틀을 넘어서는, 새로운 공동성에 대한 모색이라고 제
안한다. 여기에도 국내외에 걸쳐 역사학자 세분, 사회학자 두분, 인류학
자 한분이 참여한 분과횡단적 특성이 여실히 드러난다.

　이 책에 실린 대부분의 글은 이미 공간(公刊)된 적이 있지만 필자들이
전폭적으로 또는 부분적으로 수정하거나 덧글을 붙여 기고해주었다.
엮은이의 요청에 응했다기보다는 그분들이 이 책의 시대적 가치를 깊
이 공감한 덕이다. 한분 한분의 정성어린 협력에 깊이 감사드린다. 그리
고 이 책의 기획에서부터 자잘한 실무 진행까지 주도적으로 챙긴 창비
인문사회출판부의 강영규 부장의 노고를 잊을 수 없다. 그러나 엮은이
의 감사보다는 폭넓은 독자들의 성원이 그분들의 노고에 대한 실감나
는 보답이 될 것이다. 일차적으로 한반도 안팎의 한국어권 독자를 염두
에 두었으나, 점차 언어의 경계를 넘어 더 널리 소통될 수 있기를 기대
한다.

2019년 12월
엮은이 백영서

2부

3·1 이후 누적되어온 운동과 사상

서장

3·1과 한반도식 나라만들기

백낙청

1. 여는 말

이 글은 『창작과비평』 2019년 여름호에 발표된 내용을 약간 첨삭하면서 '덧글'을 새로 덧붙인 것이다. 『창비』 발표문 역시 한국기독교사회문제연구원 주최 국제회의 구두발표 이래로 나름의 전사(前史)가 있는 글이었지만 당시에 간략히 소개했으므로 여기 되풀이하지 않는다.[1]

애초의 강연을 준비하던 도중에 제목을 '3·1운동과 한반도식 나라

---

[1] 백낙청 「3·1과 한반도식 나라만들기」, 『창작과비평』 2019년 여름호 참조. 강연 준비를 위해 참고한 선행연구는 『3·1혁명100주년기념사업추진위원회 결성식: 95주년 기념 학술회의』(3·1혁명100주년기념사업준비위원회 2014)에 수록된 이만열의 기조강연과 이준식, 박찬승, 임경석, 서희경 등의 논문, 김정인 『오늘과 마주한 3·1운동』(책과함께 2019), 한인섭 「'3·1운동'이야말로 대한민국을 태동시킨 혁명」(『한국일보』 2019. 1. 2) 등이었다. 『창작과비평』 2019년 봄호는 임형택 「3·1운동, 한국 근현대에서 다시 묻다」, 백영서 「연동하는 동아시아와 3·1운동」, 이남주 「3·1운동, 촛불혁명 그리고 '진리사건'」 세편으로 '3·1운동의 현재성' 특집을 짰는데, 강연 준비 막바지에 출간되어 충분히 숙독하고 활용하지 못했었다. 『창비』 여름호에 기고하면서 재독하며 한층 생산적인 후속논의로 만들고자 했고, 새로 참조한 다른 문헌들도 필요한 대로 적시했다.

만들기'에서 '3·1과 한반도식 나라만들기'로 바꾸었는데, 3·1운동인가 3·1혁명인가 하는 논란에 대한 깊은 고민이 없다가, 내 나름으로 해석하는 '혁명'에 한층 기울었기에 '3·1'이라는 중립적 표현을 쓰기로 한 것이다. 실은 '운동'이라는 표현을 '혁명'으로 바꿀 근거가 충분치 못하다는 학계 다수 인사들의 주장에 공감하는 바 없지 않고, 운동이냐 혁명이냐 하는 논란이 별로 생산적이지 않다는 일부의 비판이 수긍되는 면도 있었다. 그러나 이것이 단순히 호칭에 관한 논란이 아니고 3·1의 성격과 '혁명'의 의미를 되묻는 계기가 된다면 더 밀고 나갈 필요가 있겠다는 생각이다. 더구나 21세기 한국의 '촛불혁명'이 실제로 혁명의 이름에 값한다는 주장을 펼쳐온 나로서는 '3·1혁명' 개념을 진지하게 검토할 책임마저 있다. 물론 촛불이 혁명이므로 3·1도 혁명이어야 한다는 논리는 성립하지 않는다. 하지만 촛불혁명이 다시 성찰하게 만든 혁명 개념을 3·1과 관련해서도 더 발전시키고 점검해볼 필요가 있을 것이다.

『창작과비평』 특집의 권두를 장식한 임형택(林熒澤)의 다음 주장을 일단 출발점으로 삼아보자.

3·1은 한국 근대의 본격적인 출발 지점이다. 그렇기에 이 지점은 한국 근현대가 안고 있는 대립 갈등의 발원처이기도 하다. 3·1은 문자 그대로 거족적이어서 혁명적 영향력을 폭넓게 불러올 수 있었다. 하지만 대단히 유감스럽게도 이후로는 명실상부한 거족적인 움직임은 재현되지 못했다.[2]

---

2 「3·1운동, 한국 근현대에서 다시 묻다」 16면; 본서 48면.

이는 한국의 '근대'에 관한 논의와 3·1 이후 운동들의 진행에 관한 논의를 동시에 촉발하는 주장이다. 편의상 두번째 문제를 먼저 다루고자 하는데, 성찰의 초점은 3·1 자체보다 3·1이 꿈꾸었던 국가건설의 과제에 두기로 한다.

결론부터 말한다면, 한반도 근대의 나라만들기는 **단계적**으로 진행되어왔고 아직도 **미완의 과제**로 남아 있다. 단계적 건국이 세계사에 유례가 없는 건 결코 아니다. 하지만 한반도 근대 특유의 역사로 인해 유난히 긴 세월에 걸쳐, 유난히 복잡한 경로를 밟게 되었고, 국민국가의 형색을 상당부분 갖춘 두개의 정부가 남과 북에 자리잡았지만 ── 아니, 바로 두개의 정부가 있다는 사실만으로도 ── 3·1이 요구한 의미의 '대한독립' '조선독립'에는 여전히 도달하지 못하고 있다.

2. 3·1과 나라만들기

근년의 한국에서 '건국'을 둘러싼 논쟁은 헌법 전문에 나오는 대로 대한민국이 상해임시정부의 법통을 계승했으므로 올해(2019)가 건국 100주년이 되느냐 아니면 1948년 8월 15일의 대한민국 정부 수립을 정식 건국으로 보느냐 하는 문제를 중심으로 전개되었다. 후자는 이명박·박근혜 정부가 8·15를 '건국절'로 선포하려는 시도와 함께 내세운 입장임에 반해, 촛불항쟁으로 정권교체를 이룬 현 정부는 헌법 전문의 입장을 강조하여 3·1과 임정 100주년을 대대적으로 기념한 바 있다.

8·15 건국절 추진은 임시정부 계승에 대한 헌법 규정에 어긋남은 물론 3·1과 그후의 항일독립운동 전체를 폄하하면서, 단독정부 수립을 주

도하고 이후의 독재정권에 가담한 친일인사들을 대거 건국공로자로 만들려는 정치적 책략을 내장했다는 점에서 애당초 진지한 학문적 고려의 대상이 되기 힘든 것이었고 촛불혁명으로 추동력을 상실한 형국이다. 그러나 '임정이냐 48년이냐'라는 대립구도는 논의의 폭을 너무 좁히고, 설혹 일부에서 우려하듯 또 하나의 관제 건국일 제정 시도는 아니더라도[3] 한반도에서의 나라만들기 작업을 제대로 파악하기 어렵게 만든다. 또한 나라만들기의 과정에서 1948년의 남한정부 수립이 어떤 이정표가 되는지도 정확하게 가늠하지 못한다.

「기미독립선언서」 자체는 그 발표 날짜를 '조선건국(朝鮮建國) 4252년 3월 1일'로 기록했다. 그 무렵 대종교(大倧敎)를 중심으로 보급되던 단기(檀紀)를 사용한 것이다.[4] 상해임시정부가 1919년 4월 11일에 마련한 '대한민국임시헌장' 제7조는 "대한민국은 신(神)의 의사에 의하여 건국한 정신을 세계에 발휘하며 나아가 인류의 문화 및 평화에 공헌하기 위하여 국제연맹에 가입함"이라고 했는데, 이때 '신의 의사'가 정확히 어떤 것인지는 분명치 않으나 아마도 환웅(桓雄)의 아들 단군이 신시(神市)를 연 '의사', 곧 홍익인간(弘益人間)의 이념을 말하는 것일 게다. 역시 그때를 조선건국의 시기로 보고 있는 것이다. 하지만 이후

---

3 최근 역사문제연구소·역사학연구소·한국역사연구회가 공동주최한 학술회의에서는 딱히 관제 건국일 혐의를 씌운다기보다 정부가 임정법통을 지나치게 강조하는 것이 국가주의 강화와 불필요한 역사전쟁을 초래한다는 비판의 목소리가 높았다(『국가정통론의 동원과 '역사전쟁'의 함정』, 역사문제연구소 외 학술회의 자료집, 2019. 4. 12.). 이러한 경고를 일면 수긍하면서도 임시정부의 역사적 의의를 과소평가할 것은 아니라는 주장으로 고명섭 칼럼 「'대한민국임시정부'를 어떻게 볼 것인가」, 『한겨레』 2019. 5. 1. 참조.
4 도진순은 "연호는 나라의 건국연도 문제와 직접적인 관련은 없다"(「역사와 기억: 연호와 건국연도, 그 정치적 함의」, 『역사비평』 2019년 봄호 397면; 본서 92면)고 역설하면서, 대한제국과 이후 여러 독립운동 세력뿐 아니라 외국의 사례들도 상세히 검토하고 있다.

1941년의 「대한민국건국강령」과 8·15 후 김구(金九) 주석의 여러 발언을 보면 상해임정은 단계적 건국관을 고수했음을 알 수 있다.[5]

그에 반해 이승만(李承晩)은 초대 대통령이 된 뒤에도 '민국 30년'을 말하며 기미년을 대한민국 원년으로 표현했다. 그 점에서 이승만을 떠받드는 '건국절' 추진론자들과 대비되는데, 그렇다고 그가 임시정부 법통 계승을 주장한 것은 아니다. 당시 임정세력의 대표는 김구였고 그는 단독정부 수립에 반대하여 5·10총선에도 불참했다. 제헌국회 당시 상해의 임정보다 1919년 4월 23일에 결성된 '한성임시정부'를 중시한 이승만의 독특한 입장을 서희경(徐希慶)도 지적한 바 있지만,[6] 이승만이 한편으로 단정수립에 반대한 김구에 맞서고 다른 한편으로 유엔 감시하 총선거를 거부한 북조선을 공격하기 위해 '민국 30년'설을 적극적·주도적으로 주창한 점을 명확히 지적한 것은 도진순(都珍淳)이다. "'1919년 건국론'은 기나긴 논쟁에서 오해되어온 것처럼 김구와 임시정부가 주도하고 이승만 '마저도' 그렇게 따라간 것이 결코 아니다. 이승만 '이야말로' 이 기억의 창시자이자 주도자"(도진순, 앞의 글 417면; 본서 117면)였던 것이다. '임시정부'가 헌법 전문에 등장한 것은 알려져 있다시피 87년 헌법에서였다.

1941년 11월 28일 임정이 선포한 「대한민국건국강령」이 제시한 건국과정은 세 단계로 구성되었다. (1) 독립선언, (2) 복국(復國=국토의 회복), (3) 건국(온전한 정부수립). 곧, 여기서도 건국을 **단계적 과정이자 미**

<hr>

5 이에 대해서는 도진순의 논의가 상세하며 치밀하다(앞의 글, 특히 제3절 '임시정부의 「건국강령」과 김구의 건국론'(본서 제3장 제3절) 참조).

6 서희경 「해방후 '3·1운동'에 대한 인식과 국가정체성」, 『3·1혁명100주년기념추진준비위원회 결성식: 95주년 기념 학술회의』 112~13면.

완의 과제로 설정한 것이다. 물론 임정세력이 복국에 그다지 기여하지 못함으로써 국토분단을 막지 못하고 두개의 단독정부가 수립되는 기이한 단계가 오리라고는 상정하지 못했을 것이다.

건국이 단계적으로 실현되는 일 자체는 역사에 드물지 않다. 미국의 경우 1776년 7월에 독립을 선언했지만 1781년의 요크타운 전투를 치르고서야 독립전쟁의 승리가 확정되었고 영국이 13개 주의 독립을 승인한 것은 1783년 9월 4일의 빠리조약을 통해서였다. 아메리카합주국(合州國) 정부가 출범한 것은 그로부터 다시 6년이 지난 1789년이었다. 그러나 미국은 건국기념일을 따로 두지 않고 7월 4일을 '독립기념일'로 축하하고 있다. 프랑스도 1789년 7월 바스띠유 습격 뒤 첫 공화국이 성립한 것은 1792년이다. 그후 나뽈레옹의 황제정치, 부르봉가의 왕정복고 등등의 곡절 끝에 제정 또는 왕정으로의 복귀 위험이 사라진 것은 제3공화국 수립(1870)에 이르러서였는데, '건국'의 시기를 그렇게까지 늦출 필요는 없지만 근대국가 프랑스의 나라만들기도 단계적으로 진행된 것만은 분명하다.

한반도 남쪽(또는 북쪽)에서만 일어나는 변화가 아무리 획기적이라도 그 자체로는 임형택이 말한 '거족적' 운동인 3·1의 나라만들기 기획에 부응했달 수 없다. 상해임시정부가 항일운동의 모든 세력을 대표한 것은 아니지만 임정의 목표도 어디까지나 한반도 전체를 통치하는 국가였다. 그런데 현실은 남북으로 갈린 단독정부의 수립으로 귀결했을뿐 아니라, 북은 김일성(金日成)의 항일투쟁에 거의 배타적인 의미를 부여하는 전혀 다른 건국관을 유지하고 있다. 건국의 초석을 놓은 만주의 무장투쟁은 1926년 김일성에 의한 'ㅌㄷ'(타도제국주의동맹) 결성에서 시작되었고 1948년 9월 9일의 조선민주주의인민공화국 수립으로 건국이

22

완성된 것으로 보는 것이다. 1997년에는 김일성의 생년(1912년)을 원년으로 삼는 주체연호 내지 주체력(主體曆)을 채택하기도 했다. 그 셈법에 대다수의 남녘 국민은 동의하지 않을 터이며, 각 계기의 의미에 대한 남북의 역사적 평가가 균일할 필요도 없다. 그러나 남측의 임시정부 강조가 한반도 절반에서만 공유된다는 한계를 어떻게 넘어서서 3·1이 실제로 설정했던 범한반도적 나라만들기를 달성할지를 고민해야 한다. 북을 배제하는 논리로 '임시정부 법통'을 내세우는 일은 재고되어 마땅하다. 무엇보다 단계적이고 아직 진행 중인 한반도식 나라만들기라는 구도 속에서 '법통논쟁'이 아닌 실질적인 기여도 —— 나라만들기에 대한 이제까지의 기여와 앞으로 예상되는 기여 —— 차원에서 검토하며 합의의 폭을 넓혀나가야 할 것이다.[7]

3. 근대의 이중과제와 일제하의 '변혁적 중도주의'

3·1을 한반도에서 아직껏 재연되지 못한 거족적 혁명운동으로 규정한 임형택은 "3·1은 한국 근대의 본격적인 출발 지점이다"(같은 글 16면; 본서 48면)라는 주장도 내놓았다. 그런데 '근대'는 세계사적 개념이다. 따라서 3·1이 거족적일뿐더러 근대의 본격적 출발 지점이기도 하다면 이

---

7 백영서는 남과 북의 3·1관의 차이 역시 **단계적으로** 극복될 것을 전망한다. "주체사관에 입각한 북쪽의 '3·1인민봉기'와 남쪽의 '3·1운동' 사이에는 분기가 분명히 존재한다(특히 임정 평가가 그렇다). 그러나 역사인식의 차이를 '생산적 자극물'로 적극 활용하면서, 낮은 수준의 '차이의 공존'을 거쳐 높은 수준의 '인식의 공유'로 향상해가는 역사화해의 여정에 민족과 민주라는 공통 화두를 제공하는 3·1의 기억은 유용하다."(「연동하는 동아시아와 3·1운동」 60면; 본서 150면)

는 3·1의 중요성을 한층 부각시키는 논리가 된다. 아니, "한국인의 근대 정신은 3·1운동으로 깨어났다."(같은 글 15면; 본서 47면)는 그의 주장처럼, 주체적 운동을 통해 근대의 출발이 이루어졌다면 그것 자체로 혁명의 이름에 값한다 할 것이다. 다만 '본격적'이라는 수식어의 의미에 따라 주장의 수위가 달라질 수 있는데, 더욱 근본적인 문제는 '근대'의 개념을 어떻게 설정하느냐는 것일 터이다.

세계사적 시대구분상의 '근대'는 자본주의 시대로 규정해야지 안 그러면 '근대성'(곧 근대의 이런저런 특성)을 둘러싼 끝없는 논란에 휘말리어 엄밀한 학술적 토론이 거의 불가능해진다는 게 나의 지론이다. 이는 비교적 분명한 사실인데도 '근대'의 개념을 둘러싼 소모적 논쟁이 끊이지 않는데, 그 주된 이유로 첫째 많은 논자들이 '자본주의'를 괄호쳐버린 담론을 선호하는 경향이 있고, 동시에 '근대' '근대성' '현대' '현대성'이 식별 가능한 우리말(및 다른 동아시아 언어) 위주로 사고하는 대신에 그 네 단어의 의미가 뒤섞인 'modernity'라는 서양어에 의존하고 있다는 사실을 꼽을 수 있다.[8] 역사적 시대구분으로서의 자본주의 시대인 '근대'와 어느 시점이든 당대인에게 가장 가까운 시대로서의 '현대'가 혼동되고, 근대 또는 현대의 이러저러한 특성으로서의 '근대성'과 '현대성' 논의도 뒤섞여 들어와 혼란이 빚어지는 것이다.

아무튼 근대를 자본주의 시대로 설정하면 1876년 병자수호조약으로 한반도가 자본주의 세계시장에 편입된 시기가 한국 근대의 출발점이

---

[8] 이와 관련해서 졸고 「근대, 적응과 극복의 이중과제」, 송호근 외 『시민사회의 기획과 도전』, 민음사 2016, 252~54면 및 영어권 독자를 위해 새로 정리한 Paik Nak-chung, "The Double Project of Modernity," *New Left Review* 95, September/October 2015, 65~66면 참조. 또한 백낙청 외 『문명의 대전환을 공부하다』, 창비 2018, 81면도 참조.

될 수밖에 없다. 물론 이는 타율적인 근대전환이었으므로 주체적인 근대화작업과는 거리가 멀었다. 억지로 끌려들어간 결과 근대에 적응하지 못해 고생이 막심했고 드디어 국권상실로까지 이어졌다. 3·1이 한국 근대의 '본격적인 출발점'이라면 근대에 대한 우리 민족과 민중의 주체적 적응 노력이 그때부터 본격화했다는 뜻일 테다. 임형택의 표현대로 "한국인의 근대정신은 3·1운동으로 깨어"난 것이다.

그렇더라도 이 사실은 3·1 이전 및 이후 근대에 대한 여러 주체적 대응의 맥락 속에서 검토할 일이다.[9] 주체적 대응 가운데는 근대 자체를 거부하는 움직임도 있었는데 이들 '위정척사파(衛正斥邪派)'는 역사의 큰 흐름과 동떨어져서 실패할 수밖에 없었다. 다만 시류에 맞서 그들 나름의 대의에 목숨을 건 기개는 결코 폄하할 수 없으며, 강렬한 민족주의 정서를 대표하면서도 국수주의가 아닌 유교적 보편주의를 내세운 것도 특기할 점이다. 반면에 비록 타율적으로 부과된 근대지만 이에 주체적으로 적응하여 어엿한 근대국가를 건설하려는 '개화파(開化派)'는 다시 두 흐름으로 나뉘곤 한다. 곧, 1884년 갑신정변(甲申政變)이라는 쿠데타를 통해 자주적 근대화를 서두르려던 급진개화파와 이들의 실패 이후 1894년 갑오경장(甲午更張)을 주도한 온건개화파가 그들이다. 개화파는 1905년 이후의 애국계몽운동에서도 큰 역할을 했다. 그러나 1910년의 국권상실로 그들의 근대적응 노력 또한 일단 실패했다고 봐야 하는데, 다만 식민종주국이 된 일본이 원래 근대화·서구화의 '모범생' 격이었으므로 개화파의 흐름은 이런저런 변주를 거치면서 식민지시대를 통해

---

9 임형택은 3·1의 배경이 되는 19세기의 민요(民擾)·민란과 민회, 1893년 동학도들의 보은 집회, 1894년의 동학농민전쟁, 이후의 의병활동과 애국계몽운동 등을 상기시킨다(앞의 글 20~23면; 본서 53~57면).

오히려 입지를 넓혀간 것으로 보인다.

그런데 조선조 말기에 또 하나의 중요한 주체적 대응 시도가 있었음을 기억할 필요가 있다. 곧 1894년의 동학농민전쟁인데, 남한의 급진운동권이 학계의 담론에도 큰 영향을 행사하던 1980년대만 해도 '척사·개화·농민전쟁'의 3자구도를 설정하고 그중 농민전쟁을 가장 중시하는 경향이 강했다. 다만 이때 강조된 것은 '동학'보다 '농민전쟁' — 이른바 '종교의 외피를 쓴' 농민전쟁 — 이었다. 이후 급진운동권의 퇴락과 더불어 이 담론은 점차 사라지고 결국 척사론에 대한 개화론의 압도적 우세가 기정사실처럼 되었다. 그러다가 근년에 와서야 "근대전환기를 개화냐 척사냐 하는 구도에 가두어 결과적으로 개화파를 승인하게 만드는 관행을 깨고 개벽파를 이 시기의 핵심 주체로 새롭게 구성해내는 작업"[10]이 다시 주목받고 있다.

나 자신이 역설해온 '근대적응과 근대극복의 이중과제'를 중심으로 평가한다면, 한말의 척사·개화·개벽 3파 중 그나마 이중과제론적 문제의식이 뚜렷하고 실행도 무시할 수 없었던 것이 개벽파인데,[11] 이렇게

---

10 황정아 서평 「'개벽'이라는 대담한 호명」, 『창작과비평』 2019년 봄호 457면. 개벽파를 이 시기의 핵심 주체로 새롭게 구성해내는 작업을 정면으로 시도한 것은 서평의 대상이 된 조성환의 『한국 근대의 탄생: 개화에서 개벽으로』(모시는사람들 2018)인데, 다만 서평자도 지적하듯이 "서구적 근대를 규정하는 핵심 요소이자 그런 근대의 극복에 있어서 핵심 난관인 자본주의 문제에 이렇다 할 언급이 없는 점은 이 책의 커다란 공백"이며, "그런 점에서 '개벽'을 서구적이든 한국적이든 '근대'에 매어두지 말고 차라리 '근대극복'의 전망과 연결하되 그 도정에서 근대화의 압력에 어떻게 대처해야 하는가를 묻는 편이 저자의 문제의식에도 더 부합하리라"(황정아, 앞의 글 459면)는 지적은 경청할 만하다.

11 관련된 논의로 백낙청 외 『문명의 대전환을 공부하다』 중 박맹수 발제(215~18면) 및 후속토론(242~43면) 참조. 임형택은 "동학농민전쟁은 19세기의 역사변화를 추동한 민요 형태 농민저항의 정점이자 종점이었다"(앞의 글 23면; 본서 56면)고 평가하지만 개벽사상보다는 농민저항운동의 측면을 더 중시한다는 인상이다.

볼 때 동학농민전쟁에서 '동학'의 중요성을 다시 떠올리지 않을 수 없다. 아니, 3·1혁명을 이해함에 있어서도 단순히 천도교 교단과 교도들의 대대적 참여를 기억하는 일을 넘어, 동학운동과 동학농민전쟁을 거친 민족이기에 3·1의 대규모 민중운동이 가능했고 동학의 개벽사상이 있었기에 민주공화주의로의 전환과 새로운 인류문명에 대한 구상이 한결 수월했음을 인식해야 하지 않을까. 덧붙여 여성의 참정권을 규정한 '대한민국임시헌장'의 선진성도, 직접적인 원인은 무엇보다 여성들의 대대적인 만세운동 참여였겠지만, 동학과 증산도의 남녀평등사상에서 그 중요한 뿌리를 찾아야 하지 않을까 한다.[12]

그럴 경우 3·1이 한반도에서 주체적 근대적응의 출발점이라는 명제도 3·1이 근대극복 노력의 본격적 출발이기도 했다는 명제를 동반해야 한다. 개항 이전부터 준비해온 한반도의 이중과제 수행이 이때 드디어 본격화되었는데, 근대극복 노력을 포함하는 이중과제의 일부로서만 근대적응이 장기적 성공을 기약할 수 있기 때문이다. 따라서 이후의 진행에서도 독립을 아예 포기한 개량주의나 급진개화파의 한 변형에 가까운 교조적 맑스주의·공산주의[13] 그 어느 쪽에도 치우치지 않는, 임형택

---

12 '임시헌장' 제3조(및 제5조)의 여성참정권 조항은 세계 최초는 아니지만, 미국(1920)이나 영국(1928)보다 앞선 것이었다. 그 배경에 대해 이준식은 "당시 중국에서 이루어지고 있던 헌법제정 움직임의 영향을 생각해볼 수도 있지만 그것만으로는 충분하지 않다. 중국도 임시정부보다 뒤늦게 여성의 참정권을 헌법적 권리로 인정했기 때문이다"라고 지적하면서 "헌장을 만드는 데 주도적인 역할을 한 조소앙의 생각이 강력하게 반영되었을 가능성이 크다고 추론하는 수밖에 없다"고 한다(이준식 「대한민국임시정부의 이념적 지향」, 『인문과학연구』 24집, 2017, 72면). 조소앙이 초안을 만드는 등 문안작업을 주도했음은 본인이 「자전(自傳)」에 기록한 바도 있다(임형택, 앞의 글 31면; 본서 66면). 그러나 개신교 전도가 시작되기 전에 동학(포덕 원년=1860년)에서 이미 핵심 교리이자 실천강령으로 남녀평등이 선포되었음을 기억할 필요가 있다. 물론 개신교가 조선 여성들의 권리신장에 기여한 공로를 무시해서는 안 되지만, 교리 차원에서는 성평등주의의 한계가 뚜렷했다.

이 홍명희(洪命憙)를 원용하며 말하는 "'바른 길로 바르게 나가는', 즉 정도의 중간 길"(앞의 글 30면; 본서 64면)을 택한 운동가·사상가들이야말로 근대적응이라는 기준에서도 최적의 길을 찾았다고 볼 수 있겠다. 실제로 「기미독립선언서」도 천도교·기독교·불교 지도자들의 합작품이었고 이후 민족운동의 전개과정에서도 '변혁적 중도주의'의 선구자라 부름직한 인사가 많다. 도산 안창호(1878~1938), 불교사회주의를 제창한 만해 한용운(1879~1944), 우사 김규식(1881~1950), 몽양 여운형(1886~1947), 조소앙(1887~1958, 소앙 조용은), 벽초 홍명희(1888~1968), 민세 안재홍(1891~1965) 등은 하나같이 후대에 마주하기 힘든 거인들인바, 여기에 거인임에 틀림없지만 원래는 우편향이 두드러진 편이다가 말년에 남북협상과 좌우합작에 나선 백범 김구(1876~1949)도 당연히 추가해야 할 것이다.[14]

이들의 노선을 현대 한국의 정치지형에 적용되는 '변혁적 중도주의'라는 용어로 굳이 표현하는 데는 까닭이 없지 않다. 일본의 식민지체제에 대해 개량 아닌 변혁(곧 독립)을 지향하되 양 극단을 배제한 '정도의 중간 길'을 추구한 노력의 소중함을 인식할 필요가 있고, 오늘의 변혁적 중도주의가 식민지시대로 소급되는 뿌리를 지녔음을 상기하는 일도

---

13 이 표현이 사회주의 사상 및 운동 전체를 과소평가하는 의미로 읽혀서는 안 될 것이다. 다른 한편, 분단 이후 북녘의 공산주의는 주체사상의 대두와 더불어 척사파적 면모가 두드러지게 되었다는 해석도 가능하다.

14 그러고도 이것이 부분적인 목록에 불과함은 더 말할 나위 없다. 더구나 여기서는 사상가의 면모를 갖춘 독립운동가를 주로 거명했는데, 활동가가 아니었지만 소설가이자 사상가로서 벽초와 쌍벽을 이룬 염상섭 또한 변혁적 중도주의의 선구자로 꼽아 손색이 없을 것이다(도산과 함께 염상섭을 논한 강경석 「민족문학의 '정전 형성'과 3·1운동: 미당 퍼즐」, 이기훈 기획 『촛불의 눈으로 3·1운동을 보다』, 창비 2019, 206~10면 참조; 초본은 『창작과비평』 2018년 겨울호에 실림).

중요하다. 다만 이때 경계할 점은, 일본의 철권통치 아래 평화적인 독립운동이 심각하게 제약된 상황에서 나라 안팎의 무장투쟁·폭력투쟁을 폄하하는 결과가 되어서는 안 되리라는 것이다. 실제로 독립운동의 **노선**과 그 **방법**은 차원이 다른 문제다. 이또오 히로부미(伊藤博文)를 사살했지만 본질적으로 평화사상가인 안중근(安重根) 의사를 비롯하여, 의열단의 지도자이면서도 독립운동에서 좌우합작을 추진한 약산 김원봉(1898~1958)도 노선으로는 중도임이 분명하며 통일전선운동의 중요 인물이었다.[15] 아니, 설혹 중도주의를 거부한 경우라 해도 ─ 아나키즘으로 나아간 우당 이회영(1867~1932)과 단재 신채호(1880~1936)를 쉽게 떠올릴 수 있는데 ─ 그들의 공적과 헌신을 높이 평가해 마땅하다.

이론적으로 더 흥미로운 문제는 국내운동과 국외운동의 바람직한 관계가 어때야 하느냐는 것이다. 물론 상황에 따라 다른 답이 나오게 마련인데, 한반도의 경우 국내운동도 국외운동도 연합국의 승리에 결정적으로 기여하지 못한 채 8·15해방을 맞았기 때문에 그 질문에 답할 역사적 자료가 미비한 셈이다. 다만 성찰의 방편으로 추론을 해본다면, 변혁적 중도주의의 선구자들이 집결하여 나라 안팎의 운동에 이념적 지도력을 행사하는 가운데 국외의 무장투쟁도 연합국의 승리에 더 큰 기여

---

15 일제하 통일전선운동에 관한 한국 역사학계 최초의 본격 연구서라 할 강만길 『조선민족혁명당과 통일전선』(초판 화평사 1991; 증보판 역사비평사 2003; 『강만길저작집』 7권, 창비 2018)은 김원봉 등의 조선민족혁명당을 주로 다루었다. "1930년대 후반기 이후 우리 민족운동전선이 민족의 해방을 한층 더 가까이 전망하면서 통일전선론의 수립과 통일전선운동의 실천에 최선을 다했다면, 1980년대 후반기 이후 우리 역사는 민족의 평화적 주체적 통일을 한층 더 가까이 전망하면서 그 올바른 방법론을 수립하고 실천하기 위해 몸부림치고 있다고 봐야 하지 않을까 싶다"(『강만길저작집』 7권 11면)라는 초판 서문의 말은 지금도 곱씹어볼 만하다.

를 할 수 있었더라면 해방 후의 혼란이 한결 덜했을 것이고 분단의 비극
도 막을 수 있지 않았을까 한다.

현실에서는 신간회(新幹會) 해체(1931) 이후로는 여운형(呂運亨)의 건
국동맹(1943년 이래의 몇 단계를 거쳐 1944년 8월에 결성)이 그나마 일정한 조직
과 세력을 갖추었고 8·15 직후 건국준비위원회와 '조선인민공화국'으
로 이어졌다. 그러나 미군정에 의해 이들이 해체된데다 몽양계와 공산
주의 세력의 갈등으로 변혁적 중도주의 노선을 제대로 확립하지 못했
다. 그런 점을 고려할 때 도산(島山)이 원불교의 창시자 소태산 박중빈
(1891~1943)을 방문하여 그의 경륜에 찬사를 보낸 것도, 일찍부터 이론
과 세력을 갖춘 거의 유일한 국내 조직이 소태산(少太山)이 이끌던 불법
연구회(佛法研究會, 훗날의 원불교)였기 때문일 것이다.

이 만남에 대한 원불교 측 기록은 경전의 한 대목으로 남았다.

안도산(安島山)이 찾아온지라, 대종사 친히 영접하사 민족을 위한
그의 수고를 위로하시니, 도산이 말하기를 "나의 일은 판국이 좁고
솜씨가 또한 충분하지 못하여, 민족에 큰 이익은 주지 못하고 도리어
나로 인하여 관헌들의 압박을 받는 동지까지 적지 아니하온데, 선생
께서는 방편이 능란하시어, 안으로 동포 대중에게 공헌함은 많으시
면서도, 직접으로 큰 구속과 압박은 받지 아니하시니 선생의 역량은
참으로 장하옵니다." 하니라.[16]

---

16 「대종경」 실시품 45, 『원불교전서』, 원불교출판사 1995, 344면. 도산 쪽에서는 당대에 기
록을 남길 정황이 아니었으리라 짐작되고 실제로 확인되는 것이 없다. 가장 오래된 기
록은 하와이 국민회의 기관지 『국민보』의 특파원이 익산 현지를 방문하고 쓴 기사인데
(1956. 6. 20), 내용은 주로 소태산의 후계자 정산 송규 종법사로부터 들은 것으로 되어 있

방문이 이루어진 1936년 2월 현재, 도산은 국내외로 유명한 58세의 민족지도자였고 소태산은 40대 중반으로 전국적으로는 무명인사에 가까웠는데, 도산이 굳이 소태산을 찾아가고 후자는 여러명의 감시 경찰관을 달고 다니는 도산을 기꺼이 만난 것은 양쪽 모두 뜻한 바 있어서였을 것이다. 어찌 보면 이 사건은 '개벽을 향해 열린 개화파'와 '개화를 수용한 개벽파'의 상징적 만남이랄 수 있다.[17]

아무튼 3·1 이후의 운동들이 좌우의 대립으로 갈라진 현실이 그 자체로 운동의 진전인 면이 없지는 않았지만 분열된 운동세력을 '정당한 중간 길'로 다시 통합하는 일이 절실했던 상황에서, '근대의 이중과제'라는 일관된 잣대로 각각의 사상과 노선을 평가하는 일이 긴요하다. 그리함으로써 통합의 가능성을 열기가 쉬워질 뿐 아니라 그러한 통합에 기여한 인사와 운동을 정당하게 평가할 수 있으리라 본다.

다(김도형 「소태산과 도산 안창호」, 『원불교와 독립운동』, 원광대학교 원불교사상연구원 공동학술대회 자료집, 2019. 2. 14, 32~35면).

17 백영서는 "(막판에 전쟁협력 단체로 변질한 천도교 교단과 달리) 동학의 개벽론을 계승하는 동시에 불교와도 결합한 불법연구회(해방 후 원불교의 전신)가 개인수양과 사회변혁을 동시수행하면서 물질개벽(곧 물질문명시대)에 상응하는 정신개벽을 제창한 문명전환운동은 당시 민족종교 가운데 이중과제의 기준에 어울리는 것으로 주목할 가치가 있다"(앞의 글 55면; 본서 144면)고 평가한다. 원불교에 대한 나 자신의 생각은 백낙청 지음, 박윤철 엮음 『문명의 대전환과 후천개벽』(모시는사람들 2017)에 수록된 「문명의 대전환과 종교의 역할」 등, 그리고 이를 영어권 독자를 위해 수정 보완한 Paik Nak-chung, "*Won*-Buddhism and a Great Turning in Civilization," *Cross-Currents: East Asian History and Culture Review* No. 22, March 2017, https://cross-currents.berkeley.edu/e-journal/issue-22/paik 참조.

4. 촛불혁명과 3·1혁명

2016~17년의 대규모 촛불시위와 그에 따른 한국사회의 변화를 과연 혁명이라 부를 수 있을지에 대해서는 아직 합의가 없다. 촛불혁명은 고전적 혁명 개념과 거리가 있음은 물론, 대한민국의 역사에서도 4·19나 6월항쟁처럼 정권교체를 넘어 새로운 헌법체제를 재빨리 만들어낸 사건에도 미달하는 면이 있다.[18]

3·1과 견준다면 어떨까? 3·1이 총독부 지배를 종식시키지 못한 데 비해 촛불은 현직 대통령을 퇴출하고 어떤 의미로는 대한민국 최초로 민주적 헌정을 제대로 실행할 길을 열었다. 반면에 앞서도 지적했듯이 3·1은 거족적 운동이었던 데 비해 촛불항쟁은 — 4·19나 6·10과 마찬가지로 — 남한에 국한된 사건이었다는 점에서 여전히 3·1혁명의 수준에 못 미치는 면이 있었다.

그런데 촛불시위를 중심으로 전개된 2016~17년의 항쟁이 촛불**혁명**으로는 그 제1기에 해당할 뿐이라고 이해한다면, 한반도의 남북을 아우르는 분단체제에 발본적인 변화를 여는 한층 혁명적이고 '거족적'인 변화를 달성할 가능성이 아직 열려 있다는 결론이 가능하다. 2018년 이래

---

18 그럼에도 불구하고 '촛불혁명'으로 호명하는 것이 옳다는 주장을 나는 「'촛불'의 새세상 만들기와 남북관계」, 『창작과비평』 2017년 봄호; 「'촛불'이 한반도 평화를 만들어낼까」, 창비주간논평 2017. 9. 13; 「촛불혁명과 촛불정부」, 창비주간논평 2017. 12. 28. 등에서 밝혀왔다. 영어권 독자를 위해 쓴 글로 Nak-chung Paik, "South Korea's Candlelight Revolution and the Future of the Korean Peninsula," *The Asia-Pacific Journal* Vol. 16, No. 3 (2018. 12. 1, https://apjjf.org/2018/23/Paik.html) 참조. 앞서 언급한 『창작과비평』 특집에서 백영서와 이남주는 모두 '촛불'을 혁명으로 부르는 데 동의하면서 각기 의미있는 후속논의를 펼친다(각기 58~59면과 62면, 67면; 본서 148~49면, 179~80면, 184~85면).

남북관계의 극적인 진전과 그해 6월 북·미 화해의 시작은 '거족적 항쟁'과는 다른 차원의 범한반도적 변화를 기대하게 만드는 것이다. 그러고 보면 3·1이 '근대적응의 본격적 출발'로 인정받는 것도, 비록 독립된 근대국가의 건설은 망명 임시정부의 형태로밖에 달성하지 못했으나 주민생활 전역에 걸쳐 본질적인 변화가 일어나고 민중의 주체적 역량이 크게 향상되었기 때문일 테다. 1968년에 프랑스의 5월 봉기를 포함하여 세계 도처에서 벌어진 반체제운동들이 국가권력 탈취에 성공한 예가 드문데도 '68혁명'이라 불리는 것도 사상·문화의 발본적 변화와 민중적 주체역량의 증대를 가져온 까닭이다.

여기에 3·1이 표방하고 크게 보아 실행하기도 한 비폭력 항쟁 방식도 단순히 고매한 이상(理想)의 발로였다거나 도리어 현실적인 약점이었다는 시각과는 달리 생각할 여지가 있다. 21세기에 와서 돌이켜보면, 세계혁명사에서의 더 큰 변화의 시작, 김종엽(金鍾曄)이 촛불혁명을 두고 말했듯이 "혁명에도 스스로에 대한 유토피아가 있"고 "폭력 없는 축제인 혁명"[19]에 대한 꿈이 있는데 그 꿈의 현실화가 시작된 대사건이었다고 볼 수 있다. 직접적인 영향관계는 없지만 3·1과 간디(M. Gandhi)의 초기 불복종운동은 동시대 현상이었고, 중국의 5·4운동보다는 오히려 앞서면서 상당한 영향을 끼친 것은 알려진 사실이다.

어쨌든 촛불항쟁으로 실현된 남한의 정권교체가 남북관계의 획기적 개선으로 이어지고 한반도 전역에 걸친 민중역량의 비약적 증대를 이룬다면 이는 '혁명'의 이름에 전혀 손색이 없을 것이다. 그런 면에서 촛불혁명은 "한국 근현대가 3·1에 진 채무"(임형택, 앞의 글 36면; 본서 72면)를

───────

19 김종엽 「촛불혁명에 대한 몇개의 단상」, 『분단체제와 87년체제』, 창비 2017, 469면.

드디어 갚게 될 것이다. 아니, 백년의 지체 끝에 실현되는 이 채무이행은 전에 없던 감수성의 확장을 이루고 3·1혁명이 미처 전망하지 못한 지평도 열어주게 마련이다.

감수성의 변화는 아무래도 논설보다 문학작품을 통해 잘 드러나는데 그 문제를 길게 논할 자리는 아니다. 『창작과비평』 2018년 겨울호의 평론 「주체의 변화와 촛불혁명: 최근의 몇몇 소설들」에서 그러한 논의를 내놓았던 한기욱(韓基煜)은 3·1운동 특집을 꾸민 2019년 봄호의 머리글에서 황정은(黃貞恩)의 최근작 『디디의 우산』(창비 2019)을 언급한다.

『디디의 우산』에 수록된 중편 「d」와 「아무것도 말할 필요가 없다」에서 눈여겨볼 것은 혁명이라는 주제를 다루는 특이한 방식이다. 작가 나름의 새로운 혁명 개념을 제시하기보다 기존의 혁명운동이나 혁명관을 삐딱한 각도에서 바라보는 것이다. 게다가 그 비스듬한 시선으로 보이는 형상과 움직임을 그대로 진술하기보다 서사화하고 비평함으로써 독자로 하여금 스스로 낡은 세계의 제도·정동·사유에 침윤되지 않은 혁명 개념을 재구성하도록 이끈다. (한기욱 「혁명은 끝나지 않았다: 『디디의 우산』을 읽고」 2~3면)

낡은 세계의 제도·정동·사유에 침윤된 온갖 반응들에 대한 작가의 신선하고 예리한 비판은 독자의 감탄을 자아내기에 충분하다. 게다가 1996년의 연세대 투쟁과 2014년의 세월호참사 등을 2016~17년의 촛불항쟁과 하나의 서사 속에 묶음으로써 촛불혁명이 대중의 누적된 학습의 결과임을 보여주는 동시에, 그 학습과정을 통해 배운 촛불시민의 평화적 시위에 대한 갈망에는 **상처**의 경험이 포함되어 있음을 짚어낸다.

누군가 다치는 광경을 우리는 너무 보았다. 사람들은 그렇게 말하고 싶은 게 아니었을까. 누구도 다치게 하지 말라, 우리는 이미 너무 겪었다고. (『디디의 우산』 309면)

　다만 헌법재판소의 탄핵 결정으로 혁명이 도래했다거나 완성되었다는 '사람들의 생각'에 의문을 제기하는 일은 그 자체로 필요하면서도 그것만으로 촛불혁명에 충분히 부응한다고 말하기는 어렵다. "혁명이 도래했다는 오늘을 나는 이렇게 기록한다"(317면)라고 작가는 끝머리 가까이서 말하는데, 그러나 혁명의 '도래'와 '완성'은 구별할 필요가 있다. 촛불항쟁의 탄핵쟁취로 혁명이 '도래'했지만 혁명의 '완성'을 향한 긴 여정이 비로소 시작된다는 생각으로까지 나아갈 대목이며, 한반도 체제의 변혁을 가져올 혁명의 진행에 요구되는 제도·정동·사유의 더욱 발본적인 변화를 전망하고 탐색할 대목인 것이다.
　국가에 관해서도 기존의 국가 행태를 비판하고 국가주의 이데올로기를 부정하는 일을 넘어 어떤 국가기구를 창의적으로 건설해서 촛불혁명을 완성할 것인가를 고민해야 한다. 3·1의 염원이던 '대한독립' 곧 단일형 국민국가(unitary nation-state)의 수립은 촛불혁명 이후에도 가능하지 않을뿐더러 촛불시민이 꿈꾸는 새세상의 기준으로는 오히려 낡은 관념일 수 있다. 완전한 통일보다 점진적·단계적·창의적인 한반도 재통합 방안을 강구할 때이며, 비핵화라는 현안 자체가 남북에 현존하는 두 국가의 상호인정과 평화공존을 전제하되 1991년 남북기본합의서의 표현대로 "쌍방 사이의 관계가 나라와 나라 사이의 관계가 아닌 통일을 지향하는 과정에서 잠정적으로 형성되는 특수관계라는 것을 인정"하

는 방식을 요구하고 있다. 이는 동·서독이 1972년에 채택한 기본조약에
도 없던 조항이며, 남북이 함께 유엔 회원국이 된 후에 이룩한 합의라는
점에서 국가연합을 추진하는 매우 특이하고 창의적인 방안인 것이다.

　이후 6·15공동선언(2000)과 10·4선언(2007)으로 그 작업이 한층 구체
화되다가 이명박·박근혜 시대에 정체와 역진을 보였다. 그러나 촛불혁
명과 판문점선언(2018. 4. 27), 9월 평양선언 등으로 재개되어 큰 흐름으
로 자리잡았고 현재 우여곡절을 겪으면서도 본격화하고 있다. 나는 '남
북연합', 그것도 '낮은 단계의 남북연합'만 실현되어도 불가역적인 한
반도 재통합의 '제1단계'에 해당한다고 주장해왔다.[20] 이는 곧 한반도식
나라만들기의 당면한 다음 단계가 될 것인데,『창작과비평』 2019년 봄
호 특집에서 이남주(李南周)는 남북연합의 중요성을 이렇게 부연한다.

　남북연합은 두가지 다른 차원의 속성을 내포한다. 하나는 남북이 국
　가 자격으로 국제사회 활동에 참여하는 것과 내부에 대한 주권적 통
　치권을 상호 인정하는 국가간 관계로서의 속성이다. 이와 함께 민족
　공동체 의식을 기초로 양자의 재통합을 추구하는 특수관계이다. 특
　수관계적 속성은 단순히 민족통일이라는 당위성에서 비롯하지는 않
　는다. 남북분단이 초래한 상호적대 및 그 재생산을 뒷받침하는 정서
　와 사회적 기초를 청산해가는 작업은 분리의 법적 승인이 아니라 다

---

20 최근의 글로는 졸고 「어떤 남북연합을 만들 것인가」,『창작과비평』 2018년 가을호 및 위
　에 언급한 "South Korea's Candlelight Revolution and the Future of the Korean Penin-
　sula," 특히 그 마지막 절 'Toward an Association of Korean States' 참조. 국가주의와 국가
　개조 문제에 관해서는 졸고 「국가주의 극복과 한반도에서의 국가개조 작업」,『창작과비
　평』 2011년 봄호 참조.

양한 영역에서 화해와 협력의 과정을 필요로 한다. 그리고 이러한 진전이 없으면 국가간 관계의 규범에 기초한 관계의 안정성도 항상 위협받을 수밖에 없다. (이남주, 앞의 글 73~74면; 본서 192~93면)

근대세계에 국가연합의 선례가 적지 않지만 지금 이곳에서 진행되는 이런 남북연합의 건설과정이야말로 "낡은 세계의 제도·정동·사유에 침윤되지 않은" 사고와 행동 그리고 감수성을 요구하는 것 아니겠는가.

국가연합이 나라만들기의 최종 단계는 아닐 것이다. 더욱이나 '낮은 단계의 연합'이라고 할 때는 더 높은 단계 연합의 존재를 상정한 것이고, 어차피 그 방향으로 지속되는 나라만들기의 동력을 멈추는 일도 쉽지 않을 터이다. 다만 완전한 통일국가 건설을 최종 목표로 미리 설정할 필요는 없지 싶다. 점진적·단계적 진행은 현실여건상 불가피하기도 하려니와, 그러한 진행이야말로 민중참여의 폭을 최대한 넓히는 길이며 그에 따라 확대되는 민중의 역량과 지혜는 무엇이 후천개벽시대의 한반도에 가장 걸맞은 수준의 정치공동체인지를 찾아낼 것이고 3·1혁명조차 뛰어넘는 세계사적 성취를 이룩할 것이다.

덧글: '친일잔재 청산'에 관하여

3·1은 한반도에서 '근대적응과 근대극복의 이중과제' 수행에 본격적인 시동을 건 혁명적 대사건이었다. 한민족의 역사뿐 아니라 세계사에서도 그것이 지니는 큰 의미는 촛불혁명의 진행에 따라 더욱 분명해질 것이다. 그러나 3·1 자체는 당시의 최대 과제인 독립국가 건설을 이루

지 못했다. 한반도에 두개의 분단국가가 병립하고 있는 오늘도 그 점은 마찬가지다. 일제의 식민지 통치는 3·1 이후로도 4반세기 이상 지속되었고, 식민지시대가 곧바로 분단시대로 이어지면서 대한민국의 정부수립 이후에도 일제잔재 청산이 제대로 이루어지지 못했다. 아니, 한국전쟁 이후 성립된 분단체제에서는 일제잔재가 체제구성의 중요한 요소가 되었다.

문재인 대통령이 100주년 3·1절 기념사에서 "진정한 국민의 국가를 완성하는" 새로운 100년을 다짐하면서 "너무나 오래 미뤄둔 숙제"로 '친일잔재 청산'을 지적한 것은 그런 의미로 당연했다. 연설 당시는 일제하 강제징용에 대한 대법원 판결로 한·일 갈등이 커지고는 있었지만 일본정부에 의한 무역보복이 시작되기 전이었다. 6월 말 남·북·미 정상의 판문점 상봉이 이루어진 직후에 발표된 일본의 수출규제 조치로 가히 '경제전쟁'이라 부름직한 사태가 벌어졌다. 대통령의 '새로운 100년' 구상은 중대한 시련을 맞으면서 일제잔재 청산의 절실함도 새롭게 부각되고 있다.

그런데 일본제국주의 통치기의 유산을 제대로 청산하고자 할 때 '친일잔재'라는 표현이 적절한지는 생각해볼 문제다. '친일'이라고 하면 일제잔재 중에서도 특히 친일행위를 한 인물들에게 초점이 맞춰지고 '잔재청산'이 인적 청산에 과도하게 집중되기 십상이다. 예컨대 대한민국 정부 수립 직후 잠시 시도됐던 반민족행위특별조사위원회(반민특위)에 의한 사법적 응징이라든가 참여정부 시절 대통령직속 친일반민족행위진상규명위원회의 작업, 또는 민간 차원에서 진행된『친일인명사전』(전3권, 민족문제연구소 2009) 편찬 간행 등이 그러한 인적 청산 작업에 해당한다. 반민특위는 실패했지만 뒤늦게 그만큼이라도 해낸 작업들은 치

38

하해 마땅하다. 그러나 이를 더 큰 범위의 일제잔재 청산작업이라는 맥락 속에 자리매겨 슬기롭게 이어가지 못할 때 기대했던 성과를 올리지 못할 수도 있다.

반민특위 강제 해산으로 친일경력자들의 득세가 오히려 확고해진 것은 물론 이승만 대통령의 적극적인 개입 때문이었다. 그런데 이승만과 친일세력의 이런 결탁이야말로 당시에 이미 '일제잔재'는 단순히 '친일잔재'로 환원하기 어렵게 되었음을 말해준다. 이승만은 항일독립운동가로서 수많은 비판과 규탄을 받기는 했지만 결코 친일파는 아니었는데, 그런 인물이 왕년의 친일파들과 결합한 것이야말로 새로운 시대에 맞춰 '일제잔재'가 '친일파'의 국한을 넘어서 변모·진화하는 과정의 시작이었던 것이다.

이승만이 친일파와 손잡을 때의 최대 명분은 반공이요 분단정권 수립이었다. 문재인 대통령이 3·1절 기념사에서 지적했듯이 일제가 공산주의자가 아닌 항일인사마저 '빨갱이'로 몰아 때려잡은 것이 오늘날 우리 사회의 고질적 병폐로 남아 있다. 하지만 8·15 직후와 6·25전쟁의 와중에서 '빨갱이' 딱지 붙이기는 단순히 '친일'을 덮는 수단을 넘어, 각종 기득권세력을 위협하는 모든 비판자를 제거하는 주무기로 '업그레이드'되었다. 이어서 전쟁이 휴전 상태로 멈추고 분단체제가 성립하여 60년이 훨씬 넘도록 지속되면서 애초의 반공과 친일의 결합은 더욱 복잡다기한 요소들과 뒤섞여 강고한 분단체제 옹호세력을 형성하게 되었다. 이들이 모두가 '토착왜구'라면 일괄 청산하기에 너무 수효가 많고 실제로 그렇게 분류하기에는 구성도 너무 다양하다.

그러므로 '일제잔재의 청산'은 '친일잔재의 청산'보다 한층 복합적이고 정교한 개념을 요한다. 가령 본문에서 거론한 '분단체제'라는 틀

안에서 남한 내의 그 수호세력, 북한 내의 수호세력, 그리고 미국과 일본 내의 분단기득권 세력을 정확히 식별하고 그 책임의 경중을 가리며 국내외 세력들 간의 결탁 양상을 인지하고 대응할 수 있어야 한다. 최근의 한·일 경제전쟁에서 현실정치에 몸담은 수많은 인사들이 '친일파' 또는 '토착왜구'의 낙인을 무릅쓰고 아베 정권 편들기에 나서는 것도, 촛불혁명에 반대하는 한·일 수구세력의 연대행동으로 인식해야 하지 않을까.

왕년의 친일세력이 8·15해방과 더불어 친미를 앞세운 새로운 복합체로 변모·진화했음을 지적했지만, 식민지시대의 친일행위 자체도 식민지 조선의 독특한 역사적 성격에 비추어 이해할 필요가 있다. 브루스 커밍스(Bruce Cumings)는 「독특한 식민지, 한국: 식민화는 가장 늦게, 봉기는 가장 먼저」(『창작과비평』 2019년 여름호)에서 한국과 일본의 관계가 "벨기에와 자이르, 혹은 뽀르뚜갈과 모잠비끄의 관계보다는 독일과 프랑스, 혹은 영국과 아일랜드의 관계와 훨씬 더 비슷"(324면; 본서 73면)함을 상기시킨 바 있다. 그런데 우리 사회의 친일잔재 청산 논의에서 가장 흔히 거론되는 것은 2차대전 이후 프랑스가 나치부역자를 처단한 사례다. 저들은 불과 몇해의 점령을 겪고도 그처럼 단호하고 철저했는데 우리는 몇배나 긴 종살이를 하고도 왜 거의 아무것도 못했냐고 개탄하기 일쑤다. 하지만 점령기간이 길어질수록 부역자 수가 늘어나게 마련이고 그들을 처단하고 청산하는 작업이 그만큼 더 어려워지는 것도 엄연한 현실이다. 더구나 프랑스·독일의 사례와 결정적인 차이는, 1940년 당시 프랑스는 국민국가가 확립된 지 오래된 상태로 적국과 협력하는 반국가행위에 대한 형법상의 처벌조항을 완비하고 있었다. 반면에 1905년 또는 1910년 당시의 대한제국은 그러한 근대국가가 아니었기에 황제를 배반한 대신과 지도급 인사들은 '역적'으로 규정되었지만 일단 일본이 점령한 뒤의 행위를 처벌할 형법 조항은 없었다. 대한민국 정부 수립 후의 친일청산이 '반국가' 아닌 '반민족' 행위를 대상으로 삼은 것도 그 때문이다.

특히 국권상실 이후 태어나서 줄곧 총독부의 법질서 아래 산 인물들의 친일행위 판정은 결코 간단하지 않다. 법적 기준은 없고 3·1의 기억과 민족정신을 배반했다는 잘못을 따져야 하는데, 독립운동가들은 예우받아야 하고 명백히 악질적인 친일부역자는 사후적으로라도 처벌·단죄해야 마땅하지만 간명한 판단이 힘든 그 중간의 회색지대가 꽤나 넓게 마련이다. 또한 국권상실 이전에 성장한 세대라 해도 3·1의 성과로 열린 민족적 자력양성의 공간을 적극 활용하면서 더러 친일의 방편을 구사하기도 한 경우가 있다면 그 공과와 세정(細情)을 살펴 종합적으로 판단할 일이지 해외운동가의 순정한 기준이나 유교의 전통적 의리론을 그대로 적용하는 것이 상책은 아닐 것이다.

독일 점령하의 프랑스와 다른 식민지 조선의 이런 현실을 감안할 때, 대한민국 초기의 반민특위가 한결 순탄한 환경에서 활동을 더 오래 지속했더라면 일종의 혁명검찰 역할에 머물지 않고 오랜 백인통치 이후 남아프리카공화국이 시도한 '진실과 화해' 위원회 같은 역할을 한국의 실정에 맞게 창의적으로 배합하는 방향으로 진화했으리라 상상해볼 수 있다. 물론 현실에서는 창의적 진화는커녕 수많은 독립운동가들이 청산했어야 할 친일파한테 도리어 청산당하고 말았다. 그 결과로 친일청산 문제에 대한 진지한 토론이나 지혜로운 대응이 오늘날까지도 힘들어졌는데, 어쩌면 이것이야말로 일제통치가 남긴 최악의 유산 가운데 하나이자 분단으로 인한 최대의 피해에 속하지 않을까 한다.

애초에 친일보다 반공·친미 분단국가의 깃발 아래 살아남은 일제잔재는 이후 자유민주주의, 지역주의, 기독교적 가치 등 다양한 깃발을 활용하면서 남녘에서 분단체제를 지탱하는 큰 기둥으로 남았다. 다만 공공연한 친일은 대체로 삼가왔는데, 최근의 한·일 경제전쟁에서 명시적 또는 묵시적으로 일본정부를 두둔하는 행태를 드러낸 것은 어쩌면 초유의 현상일 듯하다. 하필이면 왜 다수 국민이 자발적으로 일본상품 불매운동마저 벌이는 이 판국에 저들이 그러는 것일까? 앞서도 비쳤듯이 이는 촛불혁명을 빼고는 설명하기 힘들다.

친일잔재를 대거 함유한 수구정당은 촛불혁명으로 정권을 빼앗겼을 뿐 아니라 정상적인 방법으로 다시 집권할 수 있다는 희망과 그럴 의지를 상실했다. 과거에는 자신의 민낯을 가리고 국민을 속여서 정권을 잡거나 집권에 근접했었지만 지금은 그런 여유가 없게 된 것이다. 게다가 미사일 발사와 핵실험을 계속하고 험악한 언사를 토해내어 그들의 권력유지에 도움을 주던 북측이 남북화해에 응함으로써 먼저 배신을 했고, 다음으로 믿던 미국이 북과의 대결을 지속하는 대신 북미정상회담을 엶으로써 또 배신했다. 이제 그나마 남은 것이 일본인데, 아베 수상마저 북일화해를 모색하며 배신자의 행렬에 가담할까 걱정하던 참에, 촛불정부라서 국민이 동의할 수 없는 한일합의의 이행을 거부하고 삼권분립의 원칙에 따라 대법원 판결을 존중하며 '신한반도체제'를 주도하겠다고 나서는 문재인 대통령을 혼내주려고 아베가 나섰으니 촛불혁명 반대세력으로서는 천우신조(天佑神助)인 셈이다. 어차피 집권을 하려면 현 정부를 철저히 망가뜨려서 반사이익을 보는 길밖에 없는데 문재인정부를 상대 않겠다는 일본을 돕지 않고 어쩔 것인가.

그러므로 3·1 백주년을 맞아 새로운 백년의 시급한 과제로 '친일잔재 청산'을 꼽은 대통령은 방향을 제대로 잡은 것이다. 다만 '친일잔재' 보다는 '일제잔재'라는 한층 큰 틀로 접근할 일이며, '일제잔재' 또한 분단체제에서 그것이 어떻게 진화·온존해왔고 분단체제의 재생산에 어떻게 기여하고 있는지를 정확히 인식하고 대응할 일이다.

금년 들어 분단기득권 세력은 세차례의 대공세를 벌였다. 첫번째는 선거법 개정과 검찰개혁안의 신속처리법안(이른바 패스트트랙) 상정을 폭력적으로 저지하려 한 것이었는데 결국 실패했다. 게다가 상당수 의원들이 국회선진화법을 어긴 행위로 피선거권 박탈 가능성도 높아진 상태라 그야말로 '쎌프청산'을 해주는 꼴이 될 것 같다. 두번째로는 추가경정예산 심의를 거부하고 장외투쟁에 나서서 거의 100일 동안 발목잡기를 했다. 이 또한 여론의 뭇매를 맞고 결국은 처리에 응하고 말았다.

세번째는 조국(曺國) 전 민정수석의 법무부 장관 지명, 이어서 그의 임명에 반대하는 문자 그대로의 대전(大戰)이었다. 이번에는 후보자 본인의 ─ 법적 혐의 여부를 떠나 ─ 정치적·도덕적 약점이 상당수 드러남으로써 많은 사람들의 분노와 좌절감을 야기했고 거의 모든 언론기관이 야당의 공세에 합류한데다 검찰마저 개입함으로써 문재인정부의 검찰개혁 시도 자체가 좌절될 위험마저 닥쳤다. 그리고 이 세번째 대공세가 성공한다면 곧 분단기득권 세력의 기사회생과 정국주도로 이어질 판이었다.

이때 다시 한번 대세를 결정한 것이 촛불시민이었다. 9월 28일, 10월 5일 그리고 12일의 대규모 촛불집회는 촛불혁명이 지금도 진행 중이라는 역력한 증거다. 집회 주최자와 참가자들 대다수가 군중의 규모에 스스로 놀랐는데, 과거의 촛불시위들은 (2016년 가을의 국정농단 규탄시위를 포함하여) 모두가 일정한 '예열기간'을 거치면서 점차 그 규모가 늘어났지만 이번에는 불과 수천명에서 수만명이 모이던 사법적폐청산 촉구 집회가 9월 28일에 갑자기 백만명 인파로 늘어났기 때문이다. 이는 2016~17년의 촛불시위가 일회성 항쟁으로 끝난 게 아니고 정권교체를 넘어 우리 사회의 체질을 바꾸는 촛불**혁명**의 시작이었음을 웅변한다. 일단 촛불정부를 탄생시킨 시민들은 정부의 개혁작업과 분단체제 극복노력을 지켜보면서 광장을 성조기와 태극기를 휘두르는 반촛불세력에 내맡기는 듯도 했지만, 촛불혁명 자체가 좌절의 위기에 처했음을 직감했을 때 '느닷없이' 거리로 쏟아져나와 적폐세력의 공세를 막아내고 검찰개혁의 동력을 되살렸던 것이다.

한마디 덧붙이자면 촛불시민들에 맞선 대규모 반정부시위도 진행 중인 촛불혁명의 또다른 반증이라는 점이다. 한편으로 그것은 최후의 결전을 맞았다는 기득권세력의 절박함을 반영한 군중동원이지만, 다른 한편 참가군중의 절대다수가 동원되고 오도된 것만은 아니고 촛불시대의 주권의식을 다른 방향으로 표출하는 시민들의 존재를 드러낸 것이기도 하다.

주권시민들의 이런 적극적 개입에 정부가 어떻게 반응하여 당면한 개혁과제들을 완수하고 분단기득권 세력의 한 중심축에 다름 아닌 '일제잔재'의 청산작업으로 이어갈지는 지켜볼 일이다. 다만 3·1에서 시작하여 우리 시대의 촛불혁명에 이르는 경험과 경력을 자랑하는 시민들이 '촛불정부'가 얼마나 '촛불'다운가에 대한 감시도 게을리하지 않을 것이다.

1부

촛불의 눈으로 되돌아본 3·1

제1장

3·1운동, 한국 근현대에서 다시 묻다

임형택

1. 3·1운동으로 향한 나의 문제의식

한국인의 근대정신은 3·1운동으로 깨어났다. 해서 비록 그 소기의 정치적 목적은 달성되지 못했으나 이를 계기로 한국의 근대문화가 창출될 수 있었다. 그 일환으로 이 땅에 신문학도 피어났다. 이것이 3·1에 대한 나의 기본 관점이다.

나는 우리의 고전을 붙들고 있으면서 한문학을 전공으로 하는 자이다. 그럼에도 3·1에 파고들지는 못했어도 학문의 길에 들어서 어언 50년이 된 지금까지 그것은 나의 관심권에서 벗어나지 않았다. 거기에 관련한 견해를 기회가 닿을 적이면 표명해왔고 나름으로 학적 탐구를 해보기도 하였다. 일찍이 한국문학사 인식의 시론으로서 「신문학운동과 민족현실의 발견」[1]이라는 글을 발표했다. 3·1 당시 각성된 신지식층

---

1 졸고 「신문학운동과 민족현실의 발견」, 『창작과비평』 1973년 봄호; 『한국문학사의 시각』, 창작과비평사 1984.

의 의식이 신문학운동으로 발양되었다고 주장하는 내용이었다. 그리고 3·1의 힘을 받아 세워진 상해임시정부의 기관지로서 발간된 『독립신문』 지상에 실린 시편들을 '항일 민족시'라는 명목으로 소개했다. 한낱 자료 발굴에 그치지 않고 앞의 주장을 보완하는 의미를 담고 있었다.[2]

다음 「1919년 동아시아, 3·1운동과 5·4운동」[3]에서는 한반도의 3·1과 중국 대륙에서 발발한 5·4의 역사적 동시성과 함께 양자 공히 정치적으로 반제 민족주의 운동이자 신문학운동으로서 문화혁명적인 성격을 띠었다는 사실에 주목하였다. 3·1에 대한 시야를 동아시아 차원으로 넓혀 사고하려는 작업이라고 할 수 있다.

3·1은 한국 근대의 본격적인 출발 지점이다. 그렇기에 이 지점은 한국 근현대가 안고 있는 대립 갈등의 발원처이기도 하다. 3·1은 문자 그대로 거족적이어서 혁명적 영향력을 폭넓게 불러올 수 있었다. 하지만 대단히 유감스럽게도 이후로는 명실상부한 거족적인 움직임은 재현되지 못했다. 일제 지배하에서는 불가능했으니 말할 나위 없다고 하겠거니와, 1945년 8월 15일 해방의 환희를 민족 통일적으로 다 함께 만세를 부르고 어울려 춤추지 못하는 상황이 앞에 닥치고 말았다. 남북의 공간적 분리가 좌우의 이념적 갈등과 혼합되어서 마침내 분단체제로 고질

---

2 졸고 「抗日民族詩: 上海版 『獨立新聞』 所載」, 『대동문화연구』 14집, 1981; 『한국문학사의 시각』 수록. 『대동문화연구』에는 자료 소개와 함께 논문을 실었는데 『한국문학사의 시각』에는 자료를 싣지 않았다. 이 논문에서 "역외(域外)에서의 문학이 일제의 압박이 보이는 또는 보이지 않는 견제를 받으면서 전개된 역내(域內)의 문학과는 상당히 다른 양상을 띠었던 것"(『한국문학사의 시각』 315면)이라고 지적한 바 있다.

3 졸고 「1919년 동아시아, 3·1운동과 5·4운동: 동아시아 근대 읽기의 방법론적 서설」은 성균관대학교 동아시아학술원이 3·1운동 90주년에 개최한 국제학술회의의 발제문으로 『대동문화연구』 66집(2009)에 수록했고 이를 『한국학의 동아시아적 지평』(창비 2014)에 수정 후 게재하였다.

화되고 장기화하다가, 촛불에 이르러 비로소 결정적인 제동이 걸리게
된 것이다.

일제 식민지배에서 남북분단까지 이어진 한민족의 삶에서 외적 요인
이 결정력을 행사해온 것은 엄중한 사실이다. 그런데 거기에는 내적인
요인과 생리가 부단히 작용해왔다. 우리로서는 이 측면을 먼저 성찰하
고 깊이 고민해야 하지 않을까 한다.

3·1의 거족적 함성이 잦아들 무렵에 벌써 좌우의 사상 대립이 발생하
여 차츰차츰 악성화 방향으로 나아갔다. 1948년과 1949년, 한반도상에
앞서거니 뒤서거니 두개의 상호 배타적인 국가가 성립되기에 이르렀
다. 양자는 서로 이념을 달리한 만큼 각기 내세우는 정통성의 근거가 달
랐다. 주지하다시피 남쪽의 대한민국은 정통성을 3·1에서 찾아 법통을
임시정부에 대었다. 반면 북쪽의 조선민주주의인민공화국은 김일성이
영도한 '항일 혁명투쟁'을 전면에 내세웠다. 3·1에 대해 좌파에서 북조
선으로 이어진 일관된 논리는 3·1을 중시하면서도 실패의 요인을 찾는
데 초점을 맞춰서 비판적인 쪽으로 기울었다. 이처럼 남과 북의 3·1에
대한 인식론은 각도를 맞추지 못하고 있는데 양자 공히 분단의 논법인
점에서는 다름이 없다.

3·1을 자기 정통성의 근거로 삼고 있는 남쪽 역시 3·1을 대하는 눈은
대체로 선명치 못하고 애매하다. 왜 그럴까? 대한민국을 주도한 인물들
은 중국에서 들어온 임시정부 쪽과는 입장이나 노선이 맞지 않았던데
다가 이후로도 당초의 대미 의존적 성격을 탈각하지 못한 때문이다. 최
근 박근혜정권이 '역사 바로 세우기'라는 명분으로 무리하게 3·1의 평
가절하를 도모했던 것도 우파 이념이 대미 의존적으로 극단화된 양상
이 아니었던가 싶다.

올해는 3·1 백돌을 맞는 해다. 이 지점에서 무언가 하지 않으면 안 된다는 상념이 나의 뇌리를 맴돌고 있다. 거기에 관심의 끈을 놓지 않았기 때문이기도 하지만, 최근에 당면해서 체감하게 된 사태가 3·1로 눈을 돌려서 다시 묻도록 만든 것 같다. 하나의 학적 주체로서 지금까지 3·1에 관심하여 사고하고 발언했던 것도 기실 한반도의 분단 현실에 저항하고 남북에 각기 통행하는 주류 논리를 비판하려는 취지를 나름으로 포함하고 있었다. 남한사회에서 뜨겁게 타오른 '촛불', 그로 인해 개시된 제반 상황을 체험하며 더욱 절실해진 소회이기도 하다.

우리 시대에 타오른 '촛불'은 앞서 3·1이 제기한 바 미완의 과제를 완수해야 한다는 민족사적 사명을 지닌 것으로 볼 수 있다. 위로 19세기에 상승일로에 있었던 민중운동이 여기 와서 일대 전환점을 이루었다. 이후로 4·19와 6월항쟁 같은 여러 고비를 거쳐서 오늘의 '촛불'에 이르러는 민족사적 과제가 해결될 가능성이 드디어 보이게 된 것이다. 이러한 한국운동사의 역동적인 진화 과정을 살펴본 다음, 3·1을 둘러싼 근현대의 쟁점에 대해 짚어보려고 한다. 민주를 지향한 운동사를 종관하는 인식의 틀에서 3·1의 위상을 잡고 그 구도에서 3·1의 역사적 의미를 해석하려는 취지이다.

2. 운동사의 진화 과정에서 3·1 돌아보기

여기서는 중국 근대 민국혁명의 아버지인 쑨 원(孫文)이 한국의 3·1에 대해 평가하고 독립운동을 지지했던 발언으로 논의의 단초를 잡아보자. 심산(心山) 김창숙은 3·1 직후에 유림의 뜻을 모은 문건을 빠리

강화회의에 제출하기 위해 몰래 출국해서 상하이로 나갔다가, 김규식이 한국을 대표하여 빠리로 벌써 떠났기 때문에 문건을 영역해서 송부하고 자신은 상하이에 남아 임시정부의 수립 활동에 합류하게 된다. 이에 김창숙은 남행하여 광저우(廣州)로 가서 쑨 원을 만난 것이다. 쑨 원이 한국의 김창숙을 접견해서 발한 제일성은 "대저 10년이 못 되어 이같은 대혁명이 일어난 예는 동서고금의 역사에 드문 일입니다"라는 말이었다.[4] 그후에 또 예관(睨觀) 신규식(申圭植)이 한국 임시정부의 전사(專使) 자격으로 쑨 원을 찾아간다. 신규식은 앞서 중국으로 망명하여 신해혁명(1911) 당시 투쟁대열에 동참하였고 중국국민당 인사들과도 친교를 폭넓게 가졌던 터였다. 쑨 원은 신규식을 접견하자 '우리의 노(老)동지'라고 반기면서 "북벌을 완수한 후에 응당 한국의 독립운동을 전력해서 돕겠다"는 약속의 말을 한다.[5] 시점이 전자는 1919년 7월이고 후자는 1921년 10월 초이다.

그 무렵 중국은 쑨 원이 주도한 신해혁명이 낡아빠진 구체제를 전복하는 데까지는 일단 성공했으나 대륙 전역이 혼란의 수렁에 빠진 상태였다. 군벌이 각처에서 할거, 수도 베이징도 수구적·매판적 군벌세력이 장악해 있었다. 해서 쑨 원은 남쪽 바닷가로 밀려난 상태였다. 그가 신규식에게 한국의 독립을 적극 돕겠다면서 '북벌을 완수한 후'라고 단서

---

4 김창숙이 쑨 원을 만난 경위는 그의 자전적 기록인 「躄翁七十三年回想記」(『心山遺稿』, 한국사료총서 18집, 국사편찬위원회 1973, 318면)에 나와 있다.
5 『孫中山年譜長編』(陳錫祺 編, 中華書局 2003, 1382~83면)에 쑨 원이 신규식을 회견한 사실이 기재되어 있다. 한국 쪽 기록으로는 신규식의 사위인 민석린(민필호)이 남긴 「中國護法政府訪問記·孫大總統會見記」(睨觀先生記念會 編『韓國魂 暨兒目淚』, 臺灣 1955)가 있다. 필자는 이 사실을 중시해 「19세기 말 20세기 초 동아시아, 세계관적 전환과 동아시아 인식」(『대동문화연구』 50집, 2005; 『한국학의 동아시아적 지평』)에서 거론한 바 있다.

를 붙인 것은 이 때문이다. 쑨 원 자신 북벌의 성공을 보지 못하고 세상을 떠났는데, 그의 유지는 계승되어 중화민국의 통일 대업이 성사되었다. 그리고 한국의 독립운동을 돕겠다는 약속의 말 또한 망각되지 않았다. 임시정부는 중화민국 정부 당국의 지원에 힘입어 중국 역내에서 존립할 수 있었던 것이다.

쑨 원의 3·1 평가는 결코 과장이 아니다. 주권을 상실하고 나라가 식민지로 전락한 지 10년도 못 된 처지의 국민들이, 그것도 일본제국주의의 폭압적인 무단정치 아래서 거족적으로 일어난 일은 사실상 세계사적으로 유례를 찾기 어렵다. 그런 운동이 한반도에서 어떻게 일어날 수 있었을까? 이것이 첫번째 던지는 질문이다.

3·1이 식민지 피압박민족으로서 자주독립의 의사를 표명한 행위였음은 물론이다. 일본제국과 그 지배하에 놓인 한민족 사이에서 발생한 사건이다. 그런데 제국주의 국가들에 의한 식민화가 급속히 진행되어 전지구를 석권하기에 이른 20세기에 3·1은 세계사적인 의미를 지니고 있다. 따라서 3·1은 근대적인 것이고 이전의 역사운동과는 변별성이 뚜렷한 것이다. 운동형태상에서도 현저히 다름이 있다. 이 점을 특히 주목하려 한다.

3·1의 운동형태는 항용 '3·1만세' 혹은 '만세시위'라고 불러왔듯 대중시위 방식을 구사한 것이었다. 수도 서울에서 시작, 팔도의 곳곳으로 만세의 함성이 퍼져나가서 해외의 동포사회로까지 메아리가 울렸다. 뿐 아니라, "3·1운동은 불길을 중국으로 옮겼다"고 제삼자가 표현한 그대로 그 파장은 중국대륙에 미쳤다.[6] 다름 아닌 중국의 5·4운동이다. 이렇

6 아사히신문 취재반 『동아시아를 만든 열가지 사건』, 백영서·김항 옮김, 창비 2008,

듯 거족적으로 각계각층의 남녀노소가 총궐기하였지만 그 대표부는 사
회 지도층과 종교계 인사 등으로 구성되었는데 앞장서 끌고 나간 동력
은 다른 어디가 아니고 학생집단에서 나왔다. 토오꾜오 유학생의 2·8선
언은 3·1의 선성이었던바 이 경우는 전적으로 학생운동이었다. 요컨대
3·1은 근대적 지식의 세례를 받고 신교육을 이수한 지식인 학생들이 주
도한 것이었으며, 그 운동방식은 비폭력적 시위로 출발한 것이었다.

이런 3·1에 대해 던져진 질문의 해답은 두 단계로 구분지어 구하는
것이 좋겠다. 하나는 3·1에 직접적 계기로 닿는 단계이고 다른 하나는
시간을 좀 거슬러 올라가서 만나는 3·1의 원천을 이룬 단계이다. 양자
의 구획선은 전래의 중국 중심 세계가 해체되고 갑오경장이 불가피해
진 1894년이다.

조선왕조 국가는 1894년 이후 외세의 침탈로 인한 위기가 심각하게
닥쳐오면서 체제개혁과 함께 구국이 절실한 과제로 떠오르게 되었다.
의병투쟁과 함께 애국계몽운동이 자못 활발하게 전개된 것이다. 그럼
에도 결국에 주권을 상실, 피식민지로 전락하고 말았다. 근대에 들어서
자마자 난파를 당한 꼴이다. 한반도의 사람들이 경술국치(1910)를 당하
고서 일으킨 반응은 어떠했던가. 어떤 이는 통한의 심경으로 망명의 길
을 택했고 어떤 이는 실의와 좌절로 빠져들었으며, 혹 어떤 이는 일제
에 아부하여 출세와 안락을 노리기도 했다. 그런 중에 대다수는 생존을
위한 활동을 꾸려갔는데 상당수가 공사립의 각종 학교를 다니는가 하
면 일본으로 유학을 가기도 했다. 일반 사람들의 삶의 방식이었기에 이

126면. 3·1이 5·4에 미친 영향관계에 대해 필자는 「1919년 동아시아, 3·1운동과 5·4운
동」에서 다루었다.

쪽에도 응당 눈을 돌릴 필요가 있다. 비록 식민지 경영자가 베푼 교육제도로서 민족 차별적이었고 이런저런 제약이 따랐지만, 그래도 거기에 교육열·향학열을 발휘한 것이다. 이는 무엇을 뜻하는가. 한국인 특유의 기질이 그때도 발휘된 것처럼 보이는데, 불가피한 근대에 적응하기 위한 기초체력을 향상하는 방도였다고 할까. 3·1의 주력군은 바로 이 향학열로 충원이 되고 역량이 북돋워진 것이다. 근대적응과 극복의 논리가 작동된 것으로 해석할 수 있는 대목이다. 1900년대에 일어났던 애국계몽운동과 의병투쟁이 무위로 돌아간 듯 보였으나 소멸되지 않고 저류하였던데다가 1910년대에 성장한 학생들이 전면에 나서서 운동을 끌고 나갔다. 그것이 곧 3·1이다.

그 이전의 단계는 임술민란(1862)에서 발동하여 동학농민전쟁(1894)에 도착한 19세기의 민중운동이다. 농민들이 자신이 당한 억울함과 부당함을 호소하고 항의하여 집단시위를 벌인 것이 상승, 민란으로 발전하고 드디어는 전쟁의 상태로까지 발전한 것이다. 3·1과는 역사적 과제가 달랐고 운동의 주체 또한 달랐다. 그렇지만 대중시위라는 면에서는 유사성이 없지 않다. 개개의 인간이 모여서 공감하고 동의하는 주장을 세워들고 그것을 관철하기 위해 외치고 시위를 벌인 운동형태가 우리 역사상에서는 일찍이 19세기 농민저항의 과정에서 최초로 출현하였다. 민요(民擾)라는 것이다.

민요란 민이 일으킨 소요라는 뜻이다. 백성들이 집회를 열어 합의된 주장을 관철하려는 목적으로 벌이는 행위를 관의 입장에서 불손하게 본 표현이다. 하여 민의 주장이 받아들여지지 않고 탄압을 받게 될 때 순순히 물러서는 것이 아니라 거세게 항거하면 민란이 된다. 민의 모임인 민회(民會)는 민란으로 발전하는 지름길이 되었다. 19세기로 넘어서기 직전, 황해도 곡산부사로 부임하는 길의 정약용 앞에 12개조의 요구사항을 들고 나타났던 이계심(李啓心)은 사료상에서 처음 만나는 민요 형태 농민저항의 지도자이다. 임술민란 당시 진주에서 민란 지도자인 유계춘(柳繼春)을 두고 안핵사로 내려왔던 중앙의 관인은 "향회(鄕會)·이회(里會)는 그의 능사다"라고 하였다. "이회다 도회다 하는 것은 난민들이 떼로 모여 일을 꾸미는 짓"이라고 본 터였다.[7]

　민회는 민란의 출발점이 되어서 관에 매우 불온하게 비쳤음을 짐작게 한다. 민회는 민의 의견을 수렴하고 주장을 도출하는 일종의 공론장이다. 공론이라면 현대사회에 못지않게 조선사회에서도 중시된 것이었다. "공론이란 천하 국가의 원기(元氣)입니다"[8]라고 건국 당초부터 강조한 터였다. 그 공론은 누가 세우고 어디서 잡아나갔던가? 어디까지나 조정의 공론이요 사대부의 공론이었다. 민의 공론장이란 조선조의 체재에서는 있을 수도 허용될 수도 없었음이 물론이다. 민회-공론장은 실로 19세기 역사의 무대에 새롭게 등장한 것이었다.

　1893년의 보은집회는 교조신원을 요구사항으로 내건 대회였지만 동학농민전쟁의 전야제였다. 이 대회의 현장에서 누군가 발언하기를 "우리는 한자 한치의 무기도 들지 않았으니 곧 민회입니다"라고 전제한 다음, "여러 나라에도 민회가 있답니다. 조정의 정령(政令)이 민과 국에 불편한 것이 있으면 회의하여 토론한다고 합니다"라고 말한다.[9] 자칭 민회라면서 비폭력임을 강조하고 다른 나라에도 있는 일이라고 한다. 아

7 「晉州按覈使査啓跋辭」, 『壬戌錄』, 한국사료총서 8집, 1958, 22~24면.
8 태조 때 간관이 임금에게 올린 글에 나오는 말. 『태조실록』 2권, 9년 9월 을묘.
9 보은집회 당시 선무사로 내려왔던 어윤중(魚允中)이 현장을 전하는 보고문서에 나오는 말. 『東學亂記錄』 상, 한국사료총서 10집, 1959, 123면.

마도 의회 같은 것을 상정한 듯하다. 나라의 정사에 잘못이 있으면 나서서 회의하고 토론한다는 말에는 직접민주주의의 취지가 담긴 듯 여겨지기도 한다.

근대 이전의 농업사회에서 구조적으로 빈발했던 농민저항운동은 군도(群盜) 형태로 진행되다가 19세기에 이르러 민요 형태가 출현하였다. 유명한 홍길동·임꺽정은 바로 군도 형태의 농민저항운동에서 영웅으로 부각된 존재다. 군도 형태는 무장항쟁이라는 점에서 적극적이지만 농민이 자기 삶의 현장을 이탈함으로 해서 영향력의 확장에는 한계가 있다. 노동자가 작업장을 떠나 있는 상황에 견주어볼 수 있다. 민회-민요는 합법적인 방법으로서 잠재적 영향력이 무한했다. 당시 역사가 증명하는 바다. 필자는 『홍길동전』을 읽으면서 군도 형태의 농민저항에 착안하였고 후일 정약용의 「탕론(湯論)」과 「원목(原牧)」에 담긴 민주적 사상을 분석하면서 그런 민주적 정치사상을 떠올릴 수 있었던 현실적 근거로서 민회-민요에 내포된 의미를 발견하였다. 방금 호명했던 이계심을 보고 정약용은 "너야말로 관장인 내가 천냥을 주고라도 사야 할 것"이라고 격려했다. 자기주장을 당당히 들고 나서는 한 백성의 행동에서 정치의 주체가 될 가능성을 내다본 것이다.[10]

동학농민전쟁은 19세기의 역사변화를 추동한 민요 형태 농민저항의

---

10 이 단락에서 서술한 내용은 필자가 줄곧 관심을 두어온 문제이다. 여기에 처음 착안하기는 「홍길동전의 신고찰」(『창작과비평』 1976년 겨울호 및 1977년 봄호; 『한국문학사의 시각』)에서이며, 내 나름으로 학적 사고를 발전시킨 것은 「丁若鏞의 민주적 정치사상의 이론적·현실적 근거」(벽사 이우성 교수 정년퇴직 기념논총 『민족사의 전개와 그 문화』 下, 창작과비평사 1990; 『실사구시의 한국학』, 창작과비평사 2000)로 와서다. 이후로도 더러 언급하였는데 최근에는 「한국문학사를 사고하는 하나의 길: 민중운동·공론장·정의」(『고전문학연구』 54집, 2018)에서 논의를 다소 진전시켰다.

정점이자 종점이었다. 그리고 크게 달라진 환경에서 변모된 운동방식으로 3·1이 발발한 것이다. 중간의 1894~1919년은 과도기로서 새로운 형태의 운동을 양성한 기간이었던 셈이다. 한국운동사의 형태적 진화 과정에서 3·1은 그야말로 획기적인 전환점이 되었다. 이 3·1의 운동 모델은 이어져 4·19, 그리고 6월항쟁에 이른다.

다음 21세기로 넘어오면서 운동주체와 함께 운동방식에서 놀라운 변형이 일어난다. 21세기형 운동방식인 '촛불시위'이다. 21세기형은 같은 대중시위라도 양상이 크게 다르다. 종전에는 학생이 주동이 된 이른바 '데모'였다. 비록 비폭력의 집회와 시위로 출발했더라도 진압봉과 최루탄, 물대포의 폭력적 공격에 함성과 돌멩이, 화염병으로 맞섬에 따라 상황은 에스컬레이터 현상이 일어나기 마련이었다. 그런데 2008년 서울의 하늘을 뜨겁게 달군 '촛불집회'는 데모현장에 난무했던 최루탄과 돌멩이는 사라지고 일반 시민들이 너나없이 자유롭게 모여들어, 엄마들이 유모차를 밀고 나오는 평화로운 풍경이 펼쳐진다. 이는 2016년에서 2017년으로 이어진 거대한 '촛불시위'의 예행연습이었던 셈이다. 2016~17년의 '촛불'로 와서는 학생운동의 틀을 크게 파탈하여 3·1의 거족적인 형국을 부활한 일면도 있다.

3. 3·1의 혁명적 의미, 이후 좌우 통합을 위한 사상운동

쑨 원은 3·1을 대혁명으로 보았다. 그 당시나 후일에 한국인의 언급에서도 3·1을 혁명이라고 한 표현이 종종 나오는데, 1944년 제정된 '대한민국임시헌장'에는 '3·1대혁명'이라는 문구가 바로 들어가 있다.

3·1을 가리켜 혁명, 그것도 대혁명이라고 강조한 의미는 무엇일까? 이 글에서 두번째 던지는 질문이다.

　3·1은 운동에 그친 것이냐, 혁명으로 나아갔느냐? 이 문제는 근래 뜨거운 쟁점으로 떠올라 있다. 나 자신을 돌아보면 깊이 따져보진 않았지만 3·1이 과연 혁명일지 선뜻 공감을 못하고 있었다. 당시 분들이 혁명이라고 지칭했던 것은 뚜렷한 개념이 있어서가 아니고 수사적 표현이겠거니 정도로 여겼다. 그러다가 임시정부 임시의정원 문서들을 접하면서 인식의 변화가 일어나게 되었다.

3·1의 정치적 지향: 민국혁명

　필자가 먼저 우연히 접하게 된 자료[11]가 있는데 대한민국임시정부 임시의정원의 일정 기간의 회의록 사본이다. 의정원은 지금 국회에 해당하는 기구로, 임시정부가 성립하는 제도적 기초였다. 임시정부가 선 그해 1919년 8월 18일의 개원식부터 이듬해 3월 3일까지에 열린 의정원의 회의 실황을 기록한 문건이다. 이를 해방 직후에 누군가 베껴놓은 70면의 소책자 형태이다. 1974년 국회도서관에서 펴낸 『대한민국임시정부 의정원 문서』라는 책이 있다. 이는 대한민국 국회가 공간한 문헌으로, 임시의정원의 관련 서류를 모두 수합·정리한 것이다. 이 국가적인 공식

---

11 이 자료는 성균관대학교 동아시아학술원 존경각 소장의 『史料集』이라는 묶음에 들어 있는 것이다. 전체 12책의 사본으로 '사료집'이라는 명칭도 도서정리자가 붙인 가제이다. 4책까지는 한일관계사를 위주로 한 독립운동 관련 자료이며, 5책이 본 임시정부 의정원 회의록 사본이다. 6〜12책은 야담 및 한문소설류에다 잡다한 것이 포함되어 있다. 이를 모아 베껴둔 분이 누군지 쉽게 확인이 되지 않았다. 여러종의 야담 기록이 진암(震庵) 이보상(李輔相)이 지은 것이어서, 이보상 아니면 그와 관련된 누군가가 기록해놓은 것으로 추정된다.

문헌에 해당 기간의 기록은 아주 소략한 형편이다.[12] 본 자료는 분량이 많지 않으나 마침 헌법을 심의하는 기간이어서 국가 민족의 중대사를 놓고 설왕설래하는 경위가 생생히 드러난다. 본 자료에서 구황실을 대우하는 문제에 국한해 거론하려 한다.

군주제로부터 근대국가로 전환하는 길목에서 부딪치기 마련인 쟁점은 제왕의 존재를 어떻게 처리하느냐는 문제이다. 이웃의 중국을 보면 신해혁명으로 청황제 체제가 전복되었음에도 복벽(復辟, 물러났던 군주를 다시 왕위에 불러올림)운동이 고개를 들어 혁명 이후의 중국을 혼란 상태로 빠뜨리는 반작용을 하였다. 마지막 황제 푸이(溥儀)가 뒷날에 일본 침략군의 꼭두각시가 되어 허위의 만주국 황제로 이용당한 것은 유명한 이야기이다. 일본의 경우 근대국가로 변신하면서 막부(幕府) 권력은 타도되었지만 잠자는 천황을 일으켜서 군국주의가 천황제와 결탁하게 되는 사태가 빚어졌다. 반면에 한국의 경우는 주권상실과 동시에 융희황제(순종)가 퇴위하고 나자 군주제를 부활시키려는 움직임은 다시 일어나지 않는다. 복벽운동이 미동도 하지 않았던 것은 아니로되 거기에 호응이 전혀 없었던 까닭이다. 이런 현상도 한국적 특성이 아닌가 싶다. 이렇게 된 데는 물론 이런저런 원인을 들어볼 수 있겠으나, 요는 대한제국의 종막에 있었다. 오백년을 이어온 구제도의 틀이 해체됨으로 해서 구제도로 향한 회고적 정서가 해소되는 결과를 낳았다.

임시정부 헌법의 모체가 된 것은 '대한민국임시헌장'이었다. 이 헌

---

12 윤병석(尹炳奭)은 "1931년 이전의 의사록류는 『독립신문』 등에서 전재한 것이므로 (…) 제2차 사료"임을 밝히고 있는데, 1932년 윤봉길 의사의 거사 직후 임시정부에 보관되었던 서류가 일제에 탈취당한 때문이었다고 한다. 윤병석 「解題」, 『大韓民國臨時政府 議政院 文書』, 국회도서관 1974, 22~23면.

장은 1919년 4월 11일에, 임시헌법은 동년 9월 11일에 공포된 것이다. 본 자료는 임시헌법을 심의 제정하는 기간의 회의 기록이다. 임시헌장의 제1조는 "대한민국은 민주공화제로 함"이며, 제8조에 "대한민국은 구황실을 우대함"이라는 조문이 들어가 있다. 제1조는 별다른 이론 없이 통과된다. 국체를 민주공화제로 한다는 데에는 이미 공감대가 충분히 형성되었던 것으로 보인다. 허나 "구황실을 우대함"이라는 조문으로 와서는 다툼이 거세게 일어난다. 여운형은 "혁명은 철저해야" 한다는 논리로 황실 보호를 반대했으며, 안창호는 "황실도 자급자족함이 옳다" 하여 황실의 인간들도 보통 사람으로 살아가야 마땅하다고 주장하였다. 조완구가 황실 우대의 필요성을 역설하여 본 조항은 일단 8:6으로 통과된다. 그러고도 김태연이 재차 "황실 우대안 삭제를 동의(動議)"해서 토론이 재개되는바 역시 또 조완구가 버텨서 이 동의는 9:10으로 부결이 된다. 이처럼 반발을 거친 끝에 "대한민국은 구 황실을 우대함"이라는 조항이 그대로 임시헌법 제7조에 들어간 것이다.

이론적으로는 황실 우대 반대론이 당일 회의장의 분위기를 압도했다. 조완구가 황실 우대를 고집스럽게 주장한 논점은 세가지다. 하나는 "우리 민족통일에 한 방침"이 되리라 함이요, 다른 하나는 "이 조항을 빼버린 결과 인민의 반항을 살까 두렵다" 함이며, 끝으로 "우리의 전 황실은 주권을 적에게 빼앗긴 것"이라는 정상참작론이었다. 군주제의 이념적 기반이었던 충(忠)이라는 윤리는 내비치지도 않은 것이다. 다만 현실적 필요성을 역설한 일종의 전략적인 고려였다. 임시정부가 추구한 민주공화제 국가는 전통적인 군주제를 철저히 부정하는 입장이었기에, 황실의 존재에 대해서도 강하게 배격하는 태도였음을 구체적으로 확인할 수 있다.

임시정부 건립의 한 주역은 3·1의 성격을 규정지어 "우리나라의 독립선언은 우리 민족의 혁혁한 혁명의 발인(發靭, 발동)이며 신천지의 개벽"이라고 한다.[13] '민족혁명의 발인'이란 3·1 「독립선언서」의 첫머리에 나오는 "아(我) 조선의 독립국임과 조선인의 자주민임을 선언하노라"라는 바로 그 뜻이다. '신천지 개벽'이란 앞으로 실현하려는 국가 사회의 성격을 표명한 대목인데 그야말로 새세상을 열겠다는 발본적 혁신의 이상을 그려내고 있다. 곧 3·1의 시위는 독립선언이 거족적인 지지와 호응을 받은 뚜렷한 증거였고, 거기에 의거해서 대한민국의 임시정부가 출범하게 된 것이다. 이 임시정부가 바야흐로 실천해야 할 과업을 이렇게 명시하고 있다.

이는 우리 민족의 자력으로써 이족(異族, 일본을 가리킴) 전제(專制)를 전복하며, 5천년 군주정치의 구각(舊殼, 낡은 껍데기)을 파괴하고 새로운 민주제도를 건립하며 사회의 계급을 소멸하는 제일보의 착수이었다.

① 일본제국주의의 식민지배로부터 해방, ② 5천년 군주정치의 틀을 깨뜨리기, ③ 계급이 소멸된 평등사회 만들기, 이 세 과제를 제시하면서 민족의 자주적 노력으로 성취해나가야 한다고 기본 방향을 천명한 것이다. 민족·민주의 혁명적 의지가 더없이 확고하다. 당시 역사의 개념으로는 '민국혁명' 그것이다. 요컨대 3·1의 운동방향은 민족국가·민주국가를 수립하기 위한 '민국혁명'의 성격을 띠고 있었다.

---

13 「大韓民國 建國綱領·總綱」, 같은 책 21면.

3·1은 민국혁명이라는 그 정치적 목적지로 보면 미완의 혁명이다. 하지만 문화적으로 말하면 피식민지라는 제약은 따랐어도 신문학의 발전이 증명하듯 혁명성을 구현해가고 있었다. 정치적인 측면 또한 다시 생각하면 3·1로 해서 민족해방투쟁이 활발해지고 대한민국임시정부가 수립되었다. 이런 제반 동향으로 미루어 3·1운동은 혁명으로 규정지을 수 있는 것이다. 미완의 혁명인 3·1은 말을 바꾸면 '진행형 혁명'이다. '촛불' 또한 이와 유사한 성격이 아닌가 한다.

좌우의 대립구도를 극복하는 문제: 홍명희와 조소앙

이 글은 첫머리에서 3·1 이후로 거족적인 움직임은 재현되지 못한 사실을 한국 근현대의 최대 문제점으로 지적하였다. 3·1 직후로 사회주의 내지 공산주의 사상이 성행하면서 좌우의 대립구도가 확대, 고착되기에 이른 때문이다. 민국혁명이 임시정부를 출범시켰지만 그것은 실현된 것이 아니었고 겨우 첫걸음을 뗀 정도였다. 게다가 이내 좌우대립으로 인한 분열이 일어난 것이다. 3·1의 기운으로 발흥했던 신문학 또한 마찬가지로 좌파적 계급문학이 등장함에 따라 좌우로 편이 갈라졌다. 좌우의 대립 갈등은 곧 좌우의 통합이라는 기본 과제를 불러오게 된다.

피식민지에서의 대립은 적전 분열이나 다름없다. 좌우대립이 확대 발전하는 데 상응해서 이를 극복하고 통일을 기해야 한다는 주장이 당위성을 갖는 급선무로 제출된 것이다. 그리하여 통일운동의 실천적 노력과 사상적 모색이 여러모로 진전되었다. 여기서는 안에서 신간회운동을 주도한 홍명희(洪命憙, 1888~1968)의 중도주의, 밖에서는 임시정부에서 활동한 조소앙(趙素昻, 1887~1958)의 삼균주의(三均主義)를 주목하려고 한다. 통일을 위한 사상운동의 두 사례이다.

홍명희와 조소앙은 이런저런 상동점과 상이점이 있어서 흥미롭게 대비되는 인물이다. 두 사람은 한살 차이로 왕조 말엽에 태어나 일제 식민지시대를 살다가, 해방 이후 분단이 내전을 불러온 국면에서 한분은 월북하고, 다른 한분은 납북당해, 이후 두분 모두 북에서 여생을 마치게 된다. 두분 다 어린 시절에 가정에서 한문을 공부하여 교양의 기초를 쌓은 다음에 근대적인 지식과 사상을 폭넓게 섭취하였다. 같은 무렵 일본으로 유학, 근대학교를 다니다가 조국이 주권을 상실한 1910년대에 중국의 상하이로 망명하여 독립운동의 대열에 뛰어든다. 이 시절에 홍명희와 조소앙은 만나 함께 모임을 갖기도 했다.[14] 3·1 당시 한분은 안에, 다른 한분은 밖에 있었는데 그 이후로도 한분은 안에서, 다른 한분은 밖에서 활동을 이어간다. 홍명희는 기본적으로 문학인으로서 필요에 따라 정치운동의 전면에 나서기도 했으며, 조소앙은 정치가로서 문학적 글쓰기도 즐겨 한 편이었다. 사상적으로 보면 홍명희는 좌파적이면서 민족주의 색채를 띠었고 조소앙은 민족주의의 체취가 농후하면서 사회주의 논리를 수용하고 있었다.

이 두분으로 향한 시선이 남쪽에서는 가로막혀 있었다. 분단 현실에서 북쪽에 위치했기 때문이다. 필자의 경우 문학을 전공하는 처지이기에, 홍명희와 그의 『임꺽정』은 일찍이 관심권에 들어와 있었다. 조소앙에 대해서는 민족의 훌륭한 지도자라는 정도로 막연히 알고 있다가, 최근에야 『소앙선생문집』을 접해보고 지금 이 자리에서 홍명희와 함께 거론하는 것이다.

---

14 조소앙의 「年譜」에 1913년 "北京을 거쳐 上海로 망명함. 申圭植·朴殷植·洪命憙 등과 同濟社를 개조하여 博達學院을 창립하고 혁명청년을 훈련시킴"이라는 기록이 보인다. 삼균학회 엮음 『素昻先生文集』下, 햇불사 1979, 487면.

홍명희는 해외에서 풍상을 겪다가 1918년 돌아와 고향인 충청북도 괴산에서 만세시위를 주도한다. 그리고 체포당해 1년 6개월 옥고를 치르게 된다. 그는 초기 사회주의자로서 그 이론에 정통했다고 한다. 1927년 2월에 창립한 신간회는 그가 최초의 제안자이고 사실상의 주도자로 알려져 있다. 그는 「신간회의 사명」이라는 논설을 『현대평론』 1927년 1월호에 기고한다.

대체 신간회의 나갈 길은 민족운동만으로 보면 가장 왼편 길이나 사회주의 운동까지 겹치어 생각하면 중간 길이 될 것이다. 중간 길이라고 반드시 평탄한 길이란 법이 없을 뿐 아니라 이 중간 길은 도리어 (…) 갈래가 많을 것도 같다.

신간회가 추구할 노선은 민족운동으로 보면 좌편향이지만 사회주의 운동까지 아울러 보면 '중간 길'이라고 한다. 그가 제창한 중간 길은 좌우의 대립을 지양한 중도주의라고 규정지을 수 있겠다. 그는 이 중간 길은 평탄하지 않고 도리어 험난한 도정임을 전망하고 있다.

왜 중간 길인가? 그는 이르기를 "우리의 민족적 운동은 바른 길로 바르게 나가도 구경(究竟) 성공은 많이 국제적 과정에 관계가 있음"을 전제하면서도 "국제적 과정이 아무리 우리에게 유리하더라도 우리의 노력이 아니면 성공은 가망이 없고 또 설혹 노력이 없는 성공이 있다 하여도 그것이 우리에게 탐탁지 못할 것은 정한 일"임을 분명히 한다. '바른 길로 바르게 나가는', 즉 정도의 중간 길을 잡아서 노력을 다해야 성사를 기약할 수 있다는 것이다. 이 정도의 중간 길을 잡아서 매진하려면 '과학적 조직'과 '단체적 행동'이 지속되어야만 하는바 이것이 곧 신간회의 사명이다.

신간회의 사명을 표명한 이 논설은 2면에 그치는 짧은 글이지만 그의 심모원려가 압축된 내용이다. 가까운 근심으로 말하면 신간회는 내부의 분란과 외부의 방해공작으로 해체되는 운명을 맞게 된 일이다. 멀리 내다본 사려로 말하면 일본군국주의가 패망하고 국제적 관계가 유리하게 된 지점에서 그 절호의 기회에 적절히 대응하지 못하고 기껏 분단으로 귀착된 일이다. 그가 심혈을 기울인 신간회운동이 무위로 돌아간 사태는 우선 그 자신에게 심각한 상처였다. 이후 그는 칩거 상태로 들어가서 오직 『임꺽정』의 집필에 전념한다. 『임꺽정』은 신간회운동을 벌이면서 동시에 신문 연재를 시작한 것이었다. 역사소설 『임꺽정』은 사회주의 이념을 민족문학의 방향으로 통합한 데서 이루어진 우리 근대문학의 위대한 성취이다. 그에 있어서 신간회운동이 정치적 표현형식이라면 『임꺽정』은 문학적 표현형식이라고 해석할 수 있는 것이다.[15]

홍명희가 주장한 중간 길은 원론적 차원에서 제시된 데 그쳤다. 손에 잡히는 설명이 부족했던 것은, 말을 아끼는 그 자신의 성격에다가 검열을 의식한 탓도 있겠으나, 운동의 실천 과정에서 방향을 잡아가야 한다고 생각한 때문이 아닐까 한다. 결국 신간회운동은 일제의 억압 아래서 중도반단이 되어 그의 중간 길은 구체화될 도리가 없었다. 반면 조소앙의 삼균주의는 실현할 바탕이 없는 상태였기 때문에 시종 의론의 형태로 개진되었다.

조소앙은 1918년 말경에는 중국 동북지역의 길림(吉林)에 가 있었다.

---

15 관련 논의로 졸고 「벽초 홍명희와 임꺽정: 그 현실주의의 민족문학적 성격」(『임꺽정』 전 10권, 개정판, 사계절 2008, 해설)과 「민족문학의 개념과 그 사적 전개」(민족문학사연구소 엮음 『새 민족문학사강좌』 1권, 창비 2009, 총론; 『한국학의 동아시아적 지평』) 참고.

그곳에서 여준(呂準)·김좌진(金佐鎭) 등 독립지사들과 함께 대한독립의 군부를 결성하고 「대한독립선언서」(「무오독립선언서」라고 하는 것임)를 작성해서 발표했다. 그리고 1919년 초에는 국내의 비밀 연락원이 3·1 「독립선언서」의 초고를 휴대해 와서 소식을 알게 된다. 3·1 직후 상하이에 대표로 오라는 전보를 받고 역사적인 임시정부 수립 작업에 참여하게 된 것이다. 당시의 벅찬 광경을 "우리는 의정원을 조직하고 임시정부를 조직하고 다시 임시헌장을 만드는 데 세 밤을 뜬눈으로 새웠으나 조금도 피로를 느끼지 않았다"고 전한다. 또한 「자전(自傳)」에서는 "'10조 헌장' 등 중요 문자를 손수 초했다"고 술회하였다. '임시헌장'은 조소앙이 기초한 것임이 분명해 보인다. 1945년에 이르기까지 임시정부의 주요 문건들은 대개 그의 손에서 작성되었다. 그는 임시정부의 대표적인 이론가로 볼 수 있다.

앞서 중요하게 거론하고 인용했던 「대한민국건국강령」 또한 조소앙이 1941년에 작성한 것이다. 이 문건은 국회도서관 공간의 『대한민국임시정부 의정원 문서』에 수록되어 있고 『소앙선생문집』에서 친필 초안이 확인된다. 임정은 중국의 충칭(重慶)에 가 있었다. 당시 정세는 일본 군국주의가 중국 전역에서 태평양으로 전선을 무리하게 확장해 일본의 패망이 예견되는 상황이었다. 비로소 눈에 들어온 광복의 그날, 우리는 어떤 나라를 세울 것이냐? 이에 구상한 것이 다름 아닌 「건국강령」이었다. 임시정부 『관보』 제72호에 이 문건의 전문이 게재되었다고 한다. 문건은 총강(總綱)과 복국(復國, 광복의 방법)·건국의 3부로 구성된바 앞서 원용했던 문장은 총강의 제5조에서 취한 것인데 제7조를 들어본다. 이 조항은 총강 전체의 결론이다.

임시정부는 이상에 근거하여 혁명적 삼균제도로서 복국과 건국을 통하여 일관한 최고 공리(公理)인 정치·경제·교육의 균등과 독립·민주·균치(均治, 삼균정치)의 3종 방식을 동시 실시할 것임.

광복의 그날이 왔을 때 우리는 어떤 나라를 세울 것이냐? 이 과제에 '혁명적 삼균제도'가 전과정을 통관하는 '최고의 공리'라고 한다. 가장 보편적인 원리원칙임을 뜻한다. 정치의 균등, 경제의 균등, 교육의 균등이 그의 주의주장인 삼균이다. 독립한 민주국가로서 진정으로 '균치'가 실현되는 세상이 오면 실로 '신천지의 개벽'이라고 말해도 좋을 것 같다.

조소앙이 삼균주의를 착상한 것은 「자전」에 의하면 1926년 일이다. 이해에 그는 한국유일독립촉성회라는 단체를 결성하고 「삼균제도」라는 글을 지었다. 국내에서 신간회운동이 일어난 그즈음이다. 이후로 그는 임시정부의 활동에서도, 귀국하여 벌인 정치활동에서도 오로지 삼균주의를 실천하기 위해서 전심전력하였다. 스스로 자기 생애를 요약하여 "실천은 삼균을 행함에 있었다"고 한 말이 그것이다.

그는 자신의 삼균주의가 역사적 연원이 있는 것처럼 말했지만 분명치 않다. 필자가 보기로 그의 삼균주의는 정약용의 「원정(原政)」에 표명된 정치학에 통한다. 공자가 일찍이 세운 "정치란 정(正)이다"라는 명제를 균(均)으로 해석한 것이 정약용의 정치학이다. 무릇 정치의 원리는 균분·균형·공평에 있다고 설파한 것이다.[16] 조소앙이 삼균주의를 사고할 당시 정약용의 저술을 접할 수 있었을 것 같지는 않다. 요컨대 삼균

---

16 졸고 「다산의 민주적 정치사상, 법치와 예치」, 유네스코·남양주시 공동주관 '다산 정약용 해배 200주년 기념 국제 심포지엄: 지속 가능한 발전, 정약용에게 길을 묻다'(2018. 4. 5~6) 기조 발제문.

주의는 조소앙의 독창적 사상으로, 악성화돼가는 좌우의 대립을 극복하기 위해 고민한 결과일 것이다. 자신의 독서 및 사상적 편력에서 얻어진 바가 응당 없지 않을 텐데 그는 자기의 사상을 "물질과 정신의 통일, 동서양의 융회"라고 밝히기도 했다.[17] 특히 쑨 원의 삼민주의의 영향이 드리워 있고 공산혁명을 강행하는 소련의 현실이 반면교사가 되지 않았을까 싶다.

　조소앙은 삼균주의를 임시정부의 기본 정신으로 못 박아서 「건국강령」으로 삼도록 하였다. 삼균주의가 근본이라면 「건국강령」은 그 실천방안이었던 셈이다. 하지만 과연 그의 의도대로 실현될 수 있었을까? 그렇지 못했던 것은 해방 이후의 실제 상황이 역력히 보여준다. 해방 이전의 임정 내에서도 삼균주의가 두루 지지를 받았느냐 하면 실은 그러지 못했던 것 같다. 삼균주의 자체는 추상도가 높기 때문에 표면적으로 별로 쟁점화되지 않았던 것으로 보이나, 토지제도 문제에 당해서는 논란이 많았다. 「건국강령」의 제3조에서 "토지제도는 국유로 확정할 것"이라 규정하고 있다. 국유란 사유에 반대되는 공유의 개념이다. 이르기를 "국유의 범주는 우리 거룩한 조상들이 지극히 공평하게 나눠주었던 법을 준수하여 후세의 사유 겸병(兼倂)의 폐단을 혁파해야 한다"고 한다. 의정원 회의의 진행 과정에서 이 문제가 거센 반발에 부딪혔다. 이

---

17 조소앙은 「자전」에서 자기의 사상을 요약하여 "신라시대에 가장 힘을 발휘했던 '화랑'으로 본체를 삼고 易學과 변증법으로 방법을 삼다. 理氣로 내닫고 性相에 노닐며 물질과 정신을 통일하고 동서양을 융회하였다. 실천은 삼균을 행함에 있고 마음이 노닐기는 三空에 있다. 용감히 한국의 주류사상을 짊어진 것이다."라고 한다. 참고로 원문도 함께 제시해둔다. "以新羅時代最有力之'花郎'爲體, 以易學與辨證法爲方法. 馳騁理氣, 傲遊性相, 統一物心, 融會東西. 在實行爲'三均', 在遊心爲'三空'. 勇敢負擔韓國之主潮思想焉."(삼균학회 엮음, 앞의 책 156~58면)

로 미루어 삼균제도는 사실상 공감대가 형성되지 못했을 것으로 짐작된다. 더더구나 해방 이후 미군정하에서 임시정부 자체가 인정을 받지 못해 개인 자격으로 귀환할 수밖에 없었으며, 남한의 단독정부에 조소앙은 불참하였으니 그의 삼균제도는 발붙일 틈조차 없었다. 오직 그 자신이 삼균주의는 '최고의 공리'라는 신념을 접지 않고 발분하여 그것을 실천할 정당을 결성한다거나 대중선전을 하는 등 전심전력하였다. 그러다가 그 육신이 납북을 당함에 따라 삼균주의는 실종되고 말았다.

4. 한국 근현대가 3·1에 진 채무

1차대전의 종결이 본격적인 의미의 20세기가 시작되는 계기가 되었던바 동아시아의 20세기는 한반도의 3·1이 중국대륙의 5·4에 연동됨으로 해서 개시되었다.

세계대전의 포화가 멈추자 지구촌 사람들은 '인류의 신기원' '해방의 신기운'이 왔다고 환호하였다. 그런데 '신기원'과 '신기운'이 과연 동아시아에, 한반도에 도래하였던가. 신기운이 미쳐서 함성이 천지를 진동하였지만 피식민지 억압의 상태에서 풀려나지 못하였다. 그 이후 오늘에 이르는 역사까지 되짚어보자면 1945년 2차대전의 종결로 해방의 날을 맞았는데 한반도상에는 분단의 장벽이 들어섰고 체제를 달리하는 두개의 국가가 수립되어 오늘에 이르도록 대립 갈등하는 구도가 바뀌지 않고 있다.

1989년 지구적인 냉전체제가 해체되는 외적 상황 변화에도 한반도의 분단체제는 해체되지 않았다. 그래도 세계사적 변화의 기운이 한반도라고 비껴갈 수만은 없었다. 노태우정부의 북방정책, 김대중정부의 6·15선언, 노무현정부의 10·4선언으로 남북·좌우의 대립을 극복하려는 움직임이 일어나기 시작한 것이다. 이 진로를 역전시키려던 것이 이명박·박근혜 정부의 수구·반공주의이고, 여기에 제동을 건 것이 '촛불혁명'이다.

이 대목에서 홍명희의 발언을 다시 떠올려보자. "성공은 많이 국제적 과정에 관계"가 있지만 국제적 상황이 아무리 우리에게 유리하게 돌아가더라도 "우리의 노력이 아니면 성공은 가망이 없고 또 설혹 노력이 없는 성공이 있다 하여도 그것이 우리에게 탐탁지 못할 것"이다. 2차대전의 종결, 냉전체제의 해체라는 유리한 국면이 도래하였음에도 그 호기를 제대로 살려낼 우리의 주체적 능력이 부족했던 것 아닌가. 이 점은 사실이다. 무엇보다도 3·1 이후로 형성된 좌우의 대립 갈등을 해결하지 못한 데 원인이 있고 그것은 핵심 요인이다. 한국 근현대가 3·1에 진 채무이다. 이 채무를 어떻게 갚을 것인가? 본고가 던지는 마지막 질문이다. 앞의 두 질문과 달리 이 질문은 험난했던 과거사의 질곡으로서 답은 미래사에 속하는 일이다. 곧 우리의 현재적 채무이다. 그렇기에 참으로 난제 중의 난제이다.

그런데 최근 운동사의 진화 과정에서 놀라운 전기를 이룩한 '촛불혁명'으로 해결의 실마리가 드디어 가시화된 것이다. 지금 '촛불'의 뚜렷한 성과라면 역시 남북관계의 진전이다. 당초에 3·1의 목적지가 민족·민주국가의 수립에 있었던 터이므로, 이는 우리 근현대가 3·1에 갚아야 할 채무의 일순위이다. 여기에 우리로서 유의할 점이 있다. 남북의 대립 갈등을 해소하고 화합을 도모하는 과제이다. 주적 개념으로 상대를 원수처럼 대하거나 아니면 강 건너 불처럼 바라보는 상태에서는 의식하지 못했던 사안이다. 백주년을 앞에 두고 3·1을 기리고 높이는 담론들이 언론매체에 차고 넘친다. 매우 반갑다. 그런데 여기에도 따져볼 점이 없지 않다. 대부분의 언설들을 살펴보면 북의 존재를 괄호치고, 의식하지 않는 것이다. 더러는 남북관계와 아울러 북미관계가 발전하는 상황 변화를 반기면서도 남북의 평화공존으로 만족하며 거기에 사고를 멈추고 있다.

필자가 보기에 3·1 찬양론은 북의 존재를 배제하는 논리로 직진하는 지름길이 되고 있다. 분단의 남쪽에 수립되었던 국가는 자기 정체성의 근거를 3·1에 댔던 사실을 서두에서 언급했다. 말하자면 3·1에 근거한 남한정통론은 북조선을 부인하는 논리로 이용되어온 셈이다. 이러한 분단의 논리를 극복하는 일이 선결 과제이다. 본고에서 3·1 이후 좌우 통합을 위한 사상운동에 각별히 역점을 두었던 것은 바로 이 문제점을 심각하게 본 때문이다.

홍명희는 신간회운동을 일으키면서 '정도의 중간 길'을 들고나왔다. 그의 중도주의는 편가르기를 하지 말자는 절충론이 아니며, 진정 '바른 길'이어야 함을 강조했다. 옳고 바른 길을 찾아서 바르게 가야 하는 것이었다. 그 길은 조소앙의 방식으로는 삼균주의이다. 삼균주의는 3·1의 '민국혁명'을 완수하려는 의도에서 창출된 것이자 좌우로 분열된 독립운동 진영을 화합하려는 통일전선론이기도 했다.

삼균제도가 임정의 의정원 회의에서 쟁점이 되었던 사안은 토지국유론이었다. 조소앙의 「건국강령」 친필 초고를 보면 끝에 '자본주의 소멸' '계급해소' '도시 농촌 농공(農工) 통일' 등의 글자가 잡다하게 적혀 있다. '자본주의 소멸'에 우선 시선이 닿는데 '소멸'이란 무슨 뜻을 담고 있을까? 문제는 자본주의인데, 그 자신 문장으로 만들지 않았던 것을 보면 이에 대한 생각은 고민 수준이 아니었을까 싶다. '자본주의 소멸'이라고 쓴 뜻은 자본주의는 끝까지 추구할 것이 아니고 언젠가 소멸시켜 '계급해소'를 달성해야 한다는 의미일 것이다. 자본주의는 삼균주의와 개념적으로 궁합이 맞지는 않지만 애당초 거부했던 것 같지는 않다. 그는 토지국유제 문제로 공격을 받았을 때 사유재산은 보호하고 토지는 국유로 하는 것이라고 설명한다. '농공의 통일'을 사고한 것도 흥미로운 대목이다. 그의 머릿속에 잠복된 '자본주의 소멸'은 자본주의를 애당초 배격해야 한다는 것이 아니고 장차 극복할 방도, 그것이 사라지는 단계를 사고했던 것 같다. 민족혁명과 함께 민주혁명을 염원한 것이 그의 삼균주의이다.

오늘의 촛불혁명이 21세기를 열어가자면 한국 근현대가 3·1에 진 채무를 갚는 데서 출발할 필요가 있다. 또한 3·1의 최종 목적지가 '신천지의 개벽'이라고 한다면 오늘의 촛불혁명과도 일맥상통하는 길이다. 물론 20세기와 21세기는 시대 상황이 크게 다르고 따라서 해결해야 할 과제 또한 크게 다르다. 지금의 촛불시대를 열어가는 '바른 길'을 찾아가는 데 3·1 이후로 제기된 좌우 통합을 위한 사상운동은 요긴한 참조사항이고 풍부한 지혜를 제공할 수 있을 것이다.

제2장

독특한 식민지, 한국
- 식민화는 가장 늦게, 봉기는 가장 먼저

브루스 커밍스

1

한국의 제국 경험이 다른 식민지들과 구별되는 몇가지 특징이 있다. 첫째, 세계시간대에서 그 경험은 '때늦은' 것이었다. 1866년 벨기에 국왕 레오폴트 2세는 세계 전역에 가차없이 확장된 유럽식민주의에 주목하면서, "세계는 이미 거의 다 약탈되었다"라고 말했다. 일본의 한국 합병은 그로부터 거의 반세기 뒤에 이루어졌다. 그때쯤에는 반(反)식민주의 사상과 운동들이 특히 영국과 미국에 널리 퍼져 있었고, 우드로우 윌슨(Woodrow Wilson)이 민족자결을 요청하는 14개조 평화원칙을 발표할 당시(1918년—옮긴이), 일본은 그들의 식민기획을 본격적으로 출범시

---

* 나는 2019년 3월 28~29일 서울에서 열린 '3·1운동 및 대한민국임시정부 수립 100주년 기념 국제학술포럼'에서 파워포인트를 이용해 연설해달라는 요청을 받았다. 3·1운동에 관해서 수년 전 확고한 결론에 도달했던 터라, 그때의 전반적인 진술들이 여전히 옳다고 생각하는지 자문했다. 답은 '그렇다'는 것이었다. 그래서 연설의 대부분을 나의 저서 *Korea's Place in the Sun: A Modern History*(한국어판 『브루스 커밍스의 한국현대사』, 창작과비평사 2001)에서 끌어왔다. 논문을 요청받았더라면 새로운 내용으로 집필해야 했을 것이다—필자.

이 글의 원제는 "Korea, A Unique Colony: Last to be Colonized and First to Revolt"이다—편집자. ⓒ Bruce Cumings 2019 / 한국어판 ⓒ 창비 2019

키지도 못한 상태였다.

　두번째 특징은 한국과 일본이 왜 손톱으로 칠판을 긁는 것같이 힘겹고 불편한 현대사를 공유하고 있는지 알려준다. 그것은 두 나라의 관계가 벨기에와 자이르(콩고민주공화국의 옛 이름), 혹은 뽀르뚜갈과 모잠비끄의 관계보다는 독일과 프랑스, 혹은 영국과 아일랜드의 관계와 훨씬 더 비슷하기 때문이다. 전지구적 식민주의는 흔히 이전에 아무것도 존재하지 않던 곳에 새로운 국가를 세우고, 민족·인종·종교·부족의 경계들에 따라 이리저리 나누어진 수많은 지리적 단위들을 정리해서 새로운 국경선을 긋고 다양한 부족과 민족으로 결집했다고 여겨진다. 하지만 한국에서 이 모두는 1910년 이전 수세기 동안 존재해왔다. 한국은 유럽 민족들보다 훨씬 이전에 민족적·언어적 통일성을 이루었고 오랫동안 공인된 국경선을 갖고 있었다. 더구나 중국에 상대적으로 인접한 까닭에, 한국인들은 늘 일본에 대해 잘하면 우월하고 못해도 동등하다고 느끼며 살았다.

　그리하여 1910년 이후 일본인들은 새것을 만드는 대신 대체하는 데 주력했다. 한국의 양반 출신 선비-관리들을 일본인 지배 엘리트로 교체했으니, 그런 관리들은 대부분 흡수되거나 해산되었다. 이전의 중앙 중심 국가행정 대신에 식민지식 강압적 조정을 실시했으며, 유교 고전을 일본식 근대교육으로 바꾸었다. 또한 초보 단계의 한국 자본과 전문기술 대신에 일본 자본과 기술을 구축하였으며, 한국의 인재를 일본의 인재로 대체했다. 종국에는 심지어 한국어 대신 일본어를 쓰게 했다.

　한국인은 이러한 정책들에 대해 일본에 전혀 고마워하지 않았고, 일본이 새로운 것을 창출했다고도 믿지 않았다. 오히려 그들은 일본이 **구체제**, 한국의 주권과 독립, 초보적이지만 자생적인 근대화, 그리고 무엇보다도 국가적 자긍심을 송두리째 앗아갔다고 생각했다. 그리하여 일부 다른 식민지 민족들과 달리, 대다수 한국인들은 일본의 통치를 오로지 불법적이고 굴욕적인 것으로만 받아들였다. 그뿐만 아니라 지리적으로나 공통된 중국문화권이라는 점에서, 더 중요하게는 19세기 후반까지의 발전수준 면에서 양국이 아주 가깝다는 사실 때문에 한국인들은 일본의 지배에 더더욱 치를 떨었고, 무엇보다 양국 관계에 격렬한 감정이, 즉 한국인들에게 "역사의 우연들만 아니라면 우리가 잘나갈 텐데"라는 생각이 들게 하는 혐오/존중의 양가적 메커니즘이 생겨났다.

셋째, 한국 식민화가 시기적으로 너무 늦었다는 점 외에도, 일본은 강대국, 특히 시어도어 로즈벨트(Theodore Roosevelt) 미국 대통령으로부터 결정적인 지원을 받았다(1905년 미국과 일본이 태프트-카쯔라 밀약을 통해 필리핀과 한국에 대한 각자의 지배를 상호 인정한 것을 가리킨다—옮긴이). 일본은 영국과 미국이 일본 몫으로 주려고 한 제국을 얻었고, 1930년대 세계경제의 붕괴 이후에서야 다른 열강들과 마찬가지로 배타적인 지역 권역(圈域)을 조직하고자 했다(그리고 심지어 그때조차도 일본의 시도는 미온적이었고, 그때조차도 그들의 발전계획은 "정통적으로 서구적인" 것이었다).[1]

일본 식민주의자들은 1905~10년 사이에 이루어진 그들의 권력 장악에 대한 격렬한 저항 때문에 한국통치의 첫 10년간 강압적인 '무단통치'를 밀어붙였다. 교사들까지 제복을 입고 긴 칼을 차고 다녔다. 총

---

1 Akira Iriye, *Power and Culture: The Japanese-American War, 1941-1945*, Cambridge, MA: Harvard University Press 1981, 3~4, 15, 20, 25~27면 참조. 이리에(Iriye)는 배타적인 동북아 지역패권을 장악하려는 일본의 계획이 1936년부터 시작되었다고 하지만, 그 계획은 1939년에도 청사진이 없었고 1941년 중반까지도 체제 내의 핵심 강국들에 좌우되었다고 한다.

독부가 한국사회에 군림하면서 독단적이고 강제적인 통제권을 행사했다. 총독부와 관계를 맺은 세력은 오로지 잔존하는 상류계급과 식민지 벼락부자들뿐이었으며, 그 관계마저도 한국인들에게 국가기구의 중요한 역할을 맡기기 위한 것이 아니라 반대세력을 끌어들이거나 저지하기 위해 고안된 보잘것없는 것이었다. 일본인들은 한국에서 의심할 여지 없이 중앙관료권력을 강화했고, 토지귀족들과의 오랜 균형과 긴장을 완전히 깨버렸다. 나아가 상명하복식 운영을 통해 최초로 군(郡) 단위 이하로 내려가 마을 안까지 효과적으로 파고들었는데, 어떤 면에서 해방 이후의 한국은 아직도 이를 극복하지 못하고 있다. 오늘날 한국이 여전히 지방자치권이 현저히 저조한 국가인 이유도 여기에 있다. 중앙행정관, 지방사무원, 지주 집안으로 이루어진 기존 군 차원의 축(軸)에 고도의 기동력을 갖춘 중앙통제형의 국가경찰력이 가세하였는데, 이들은 중앙의 지휘에 따르며 자체의 통신 및 수송 시설을 보유하고 있었다. 수십년간 검은 제복의 경찰이 치안을 담당했고, 논에서 시작해 중간상인, 창고, 수출항을 거쳐 일본에 이르는 쌀 생산라인의 방어벽에 병력을 배치하여 '수확물을 거둬들이는 일'을 도왔다.

1919년, 대중운동이 이집트와 아일랜드를 포함한 식민지·반(半)식민지 국가들을 휩쓸었고 한국도 예외가 아니었다. 한국이 특별한 것은 인도에서의 간디의 전술을 앞질러 보여준 3·1운동의 비폭력정신이었다. 윌슨의 민족자결 약속에 고무되어 3월 1일 33인으로 구성된 지식인집단이 일본으로부터의 독립을 요구했고, 이에 촉발된 전국적인 대중시위가 수개월간 계속 이어졌다. 일본은 경찰과 헌병만으로 이 저항을 저지하지 못했고, 육군은 물론 해군까지 동원해야 했다. 3월에서 4월까지 최소한 50만명의 한국인들이 시위에 참가했고, 600군데 이상의 장소에서 소요가 일어났다. 가장 악명 높은 사건 중 하나는 일본 헌병들이 시위 참가자들을 교회 안에 가두고 교회를 전소시킨 일이었다(일제가 1919년 4월 15일 3·1운동 참가 주민들을 교회에 가두고 총살한 후 증거를 없애기 위해 교회를 불태운 수원 제암리 학살사건을 가리킨다—옮긴이). 나중에 조선총독부는 3·1운동의 희생자가 사망 553명, 체포·구금 1만 2천명 이상이라고 발표했지만, 한국의 민족주의 자료들은 사망자 총 7500명, 체포·구금된 사람 4만 5천명이라고 집계했다.

한국인들이 일본의 또다른 식민지인 타이완과 극명한 대조를 보여준 것도 흥미롭다. 관찰력이 예리한 어느 미국인 여행자는 한국의 3·1운동과 중국의 획기적인 5·4운동 이후에도 타이완에는 일본 옷을 입은 사람들이 꽤 많지만, 한국에서는 "게따를 신고 키모노를 걸친 사람을 한명도 본 적이 없다"고 기록했다. 그는 한국에서 "독립문제"는 중차대한 사안인 반면, "타이완에서 독립이란 설령 고려된다 하더라도 전혀 가망이 없고 심지어 생각할 가치도 없는 것으로 여겨진다"[2]고 썼다. "타이완에서는 장려하면 될 일이 한국에서는 강압해야만 이루어진다"[3]는 한 관리의 진술은 아마도 식민지 타이완과 식민지 조선의 차이를 가장 잘 드러내는 발언이었을 것이다.

한국인들의 저항에 몰리고 윌슨과 레닌을 비롯한 대외적 비난에 맞닥뜨리자, 일본 지도자들은 자신들이 엉뚱한 세기(世紀)에 식민지 개척에 나섰음을 문득 깨달았다. 오매불망 '근대적'이기를 바라던 그들은 자신들의 강압적인 지배가 시대에 뒤떨어졌다고 비난받고 있음을 알

---

2 Harry A. Franck, *Glimpses of Japan and Formosa*, New York: Century 1924, 183~84면.
3 Ramon H. Myers and Mark R. Peattie, eds., *The Japanese Colonial Empire, 1895-1945*, Princeton: Princeton University Press 1984, 42면.

게 된 것이다. 그리하여 1919년 중반, 일제는 먼 장래에 있을 독립에 대비해 한국인들을 지도하겠다며 '문화통치'를 개시했다. 이 새 정책을 계기로 식민통치에 대한 '점진주의적' 저항의 시기가 열렸고, 이 시기에 한국인들은 언론과 결사의 자유에 대한 규제가 완화된 것을 이용해 다양한 민족주의, 사회주의, 공산주의 단체들을 일부는 공개적으로 일부는 비밀리에 조직했다. 이제 한국 신문들을 다시 사 볼 수 있게 되었고, 1920년대 초반에는 그외에도 다수의 한국어 출판물들이 간행되었다. 이광수(李光洙) 같은 작가는 자국어로 쓴 민족주의적 소설들로 유명해졌으며, 정인보(鄭寅普)와 최남선(崔南善) 같은 이들은 한국사 연구를 심화하여 단군신화와 한국의 역사적 '얼'을 탐구하였다.[4]

3·1운동에 대해서 미국 선교사들은 판단이 갈렸다. 그들은 모두 식민 당국의 폭력에 질색하였으나, 급진주의자들과 선동가들이 그런 폭력을 도발했다고 비난하는 사람도 많았다. 대다수 선교사들은 1919년 이후 새로 시행된 '문화통치'에 갈채를 보냈고, 이 새 방침에 대한 일본 측 명분을 그대로 되풀이했다. 1920년 5월, 허버트 웰치(Herbert Welch) 감리교 상주감독은 많은 한국인들이 여전히 즉각적인 독립을 요구하고 있지만, "가장 지적이고 장기적 안목이 있는" 일부 한국인들은 "신속하게 독립할 가망은 없으며, 물리적 조건, 지식, 도덕성, 정부업무 처리능력 면에서 한국민을 성장시키기 위해 장기적 태세를 갖추어야 한다는 것을 납득하고 있다"[5]고 기록했다.

이는 물론 일본 총리 하라 케이(原敬)가 내세운 새 '문화통치'의 명분

---

4 1919년 이후의 변화상에 대한 최상의 기록으로 Michael Robinson, *Cultural Nationalism in Colonial Korea, 1920-25*, Seattle: University of Washington Press 1988 참조.
5 Alleyne Ireland, *The New Korea*, New York: E. P. Dutton 1926, 70면에서 재인용.

이었으니, 한국인들이 먼 훗날 독립할 수 있도록 "정당한 절차에 따라" (하라의 표현) 준비시킨다는 것이었다. 1919년, 식민지 행정관 니또베 이나조오(新渡戸稲造)는 그 주장의 근거를 이렇게 설명했다.

나는 한국인들과 가장 가깝고 진실한 친구에 속한다고 생각한다. 나는 그들을 좋아한다. (…) 나는 그들이 상당한 수준의 자치를 수행하도록 훈련받을 수 있는 유능한 국민이며, 현재는 그에 대비해서 후견을 받는 시기라고 생각한다. 그들로 하여금 우리가 한국에서 하고 있는 일을 배우게 하자. 우리의 군국주의적 행정이 저지른 수많은 실수를 정당화하거나, 우리의 일부 업적을 자랑하기 위해 하는 말이 아니다. 아주 겸허하게, 그러나 일본이 극동의 융성이라는 원대한 책무를 떠맡은 간사(幹事)라는 확고한 신념을 가지고 생각하건대, 어린 한국은 아직 자치능력이 없다.[6]

기독교가 일본에 반대했다는 것은 사실인 동시에 신화이다. 1919년의 독립운동과 같은 폭압의 시대에 교회는 성역이었고, 많은 서양 선교사들은 사회적 약자와 평등주의적 충동을 북돋아주었다. 그러나 이승만(李承晚)을 비롯한 친미 정치가들이 위대한 기독교 지도자이자 식민주의에 대한 저항자라는 해방 이후의 이미지는 틀린 것이다.

이승만과 김규식(金奎植) 같은 이들이 배재학당 같은 기독교계 학

---

6 Stefan Tanaka, *Japan's Orient: Rendering Pasts into History*, Berkeley: University of California Press 1993, 248면에서 재인용.

교에 들어간 것은 기독교 신앙보다는 영어를 배워 정치적 입지를 얻기 위해서였다. 영어를 중요시하지 않자 배재학당 등록인원은 감소했다. 1905년, 등록한 지 하루 이틀 만에 "학생 절반이 영어를 찾아 다른 곳으로 가버렸다."[7]

한국인들 가운데 진정으로 기독교 신앙에 끌린 이들은 신분이 낮은 사람들이었다. 세기의 전환기에 "서울의 버림받은 계층인 백정 3만명이 개종한 사건은 곧 '선교활동의 가장 주목할 만한 특색 중 하나'가 되었다."[8] 한국사회의 위계적 계급구조로 인해 평민들은 하느님 앞에서 모든 사람이 똑같다는 평등주의적 이상에 이끌렸던 것이다.

그러나 가장 큰 분열이 한국을 1차대전 이후 세계사의 주류로 끌어들였으니, 그것은 자유주의적 이상주의와 사회주의 간의 분열, 윌슨과 레닌 사이의 분열이었다. 자유주의자들은 윌슨의 민족자결의 이상과 연계되는 장점이 있었던 반면, 미국이 한국의 독립을 지원하는 데 관심이 없는 것이 불리한 점이었다. 게다가 한국 내에서 그들의 사회적 기반은 아주 보잘것없었다. 사회주의자들은 '볼셰비끼' 사상을 옹호하는 자는 누구든 표적으로 삼고 감옥으로 보내버리는 일본 경찰의 활동이 불리한 점이었던 반면, 잠재적으로 거대한 대중적 기반과 조국을 위한 희생정신이 장점이었고, 그리하여 1920년대 말경에는 그들이 한국의 저항운동을 주도하게 되었다. 한국 공산주의에 관한 선구적인 학자인 서대숙(徐大肅)에 따르면, 좌익과 공산주의자들은

---

7 Gregory Henderson, *Korea: The Politics of the Vortex*, Cambridge, MA: Harvard University Press 1968, 207면.
8 같은 곳.

(…) 한국혁명의 주도권을 민족주의자들로부터 빼앗아오는 데 성공했다. 그들은 한국인들, 특히 학생, 청년단체, 노동자, 농민들 사이에 공산주의의 영향력을 뿌리 깊이 심었다. 그들의 용기와, 때로는 뜻을 이뤄내겠다는 완강한 투지가 한국 지식인들과 작가들에게 심대한 영향을 끼쳤다. 끝나지 않을 것 같던 외세의 억압 앞에서 그렇게 오랫동안 숨죽이며 지냈던 나이 든 한국인들에게 공산주의는 새로운 희망이자 마법의 손길 같았다. (…) 일반적인 한국인들에게 공산주의 사상은 어떨지 몰라도 공산주의자들의 희생은 민족주의자들이 이따금 행한 폭탄 투척보다 훨씬 강한 호소력이 있었다. 고문당하는 공산주의자들의 초췌한 모습, 모든 한국인들의 공동의 적을 향한 그들의 단호하고도 규율 잡힌 태도는 사람들에게 폭넓은 영향을 미쳤다.[9]

같은 이유로 1930년대는 이전 10년보다 훨씬 더 양극화되었다. 일본은 한국의 유명인사들에게 일본에 협력하도록 엄청난 압박을 가했던 것이다. 한국인의 부일협력의 비극은 3·1운동의 지도자 중 하나였으나 1938년 무렵 "야마또족(大和民族)"과 "[일본] 천황가의 영원한 만세일계(萬世一系, 일본 왕실의 혈통이 단 한번도 단절되지 않고 계승되었다는 주장이다—옮긴이)"[10]를 찬양하는 연설을 하게 되는 최린(崔麟) 같은 인물, 근대화론자이자 민족주의자였으나 중추원 직위를 받은 윤치호(尹致昊), 그리고

9 Suh Dae-sook, *The Korean Communist Movement, 1918-48*, Princeton: Princeton University Press 1967, 132면.

10 Carter J. Eckert, *Offspring of Empire: The Koch'ang Kims and the Colonial Origins of Korean Capitalism*, 1876-1945, Seattle: University of Washington Press 1991, 231면.

발 빠르게 일본 대재벌에 자신들의 명운을 걸어 전쟁 특수를 챙긴 김성수(金性洙) 같은 실업계 지도자들에게서 발견할 수 있다.

이들은 떳떳한 독립 한국의 자생적 지도자이자 중간계급 혁명의 선구자가 될 수도 있었던 사람들이다. 그러나 그들의 부일협력(일본의 엄청난 압력이 있었음은 분명하지만, 그런 압력에도 불구하고 계속 저항한 사람들도 있었다) 때문에, 일본은 한국에서 근대적이고 자유주의적인 엘리트의 출현을 약화시킬 수 있었다.

3·1운동의 지속적인 영향 가운데 제대로 된 평가를 가장 못 받은 것이 있다. 3·1운동을 계기로 일본의 지도자들은 기업체로 열려 있는 새 통로를 통해 온건한 한국 지도자들을 흡수하고 급진적인 지도자들을 고립시켜야겠다고 믿게 되었다. 새로 시행된 '문화통치' 하에서 한국의 상업은 성장하기 시작했다. 한 자료는 "한국인 기업가의 수가 엄청나게 증가"했다고 주장했지만, 1920년대 말까지도 한국인들은 아직 전체 납입자본의 약 3%만을 소유할 뿐이었다. 대다수 한국인 자본가들은 여전히 곡물이나 곡물 기반의 주류를 거래하는 상인, 도매상, 중개인이었고, 이들의 활동은 여러 신흥 항구에서 우후죽순처럼 퍼져나갔다.

문화통치가 한국의 산업에 가져온 가장 중요한 성과는 얼마 안 되어 한국 산업이 동북아시아 지역경제 전체에 대한 일본의 '행정지도(指導)'에서 필수불가결한 역할을 수행하게 되었다는 점이다. 이제 한국은 식민의 중심부를 배후지 경제권들과 연결하는 계획에 참여하게 되었으니, 오늘날까지 동북아시아에 영향을 미치는 일본 특유의 건축적 자본주의가 생긴 것은 바로 이 시점부터라 하겠다.[11] 스테판 타나까(Stefan

11 Bruce Cumings, "The Origins and Development of the Northeast Asian Political Econo-

Tanaka)는 일본이 **토오요오시**(東洋史) ─ 일종의 자국민 중심주의로서의 동양사, 혹은 동아시아사 ─ 담론을 통해 중국 본토에서 제국 정복에 나설 때, 한국과 만주는 종종 만선(滿鮮)으로 뭉뚱그려져서 일개 '지역들'에 불과하게 되었다고 주장한다. 중일전쟁이 시작될 때까지는 이 개념이 주로 정치경제적 측면을 지녔다면, 이것은 곧 "초국적 거대 지역주의"로 탈바꿈한다. 가령 히라노 요시따로오(平野義太郎) 같은 학자들에게 **토오요오**(東洋)란 동아시아 국민국가들 너머로 확대될 수 있지만, "본국이 식민지와 맞서는 형국의" 제국주의와는 여전히 구분되어야 한다는 것이다.[12]

일본은 식민지에 근대적 중공업을 건설한 극소수의 식민열강에 속한다. 한국과 만주에 제철, 화학, 수력발전 시설을 건설했고, 만주에는 한때 자동차공장도 세웠다. 새뮤얼 호(Samuel Ho)에 따르면, 식민지시대가 끝날 무렵 타이완에는 "장차 산업화의 강력한 토대를 제공할 산업적 상부구조가 존재했고" 주요 산업으로는 수력발전, 금속(특히 알루미늄)공업, 화학공업, 그리고 발달된 수송체계 등이 있었다. 1941년경 타이완에서 탄광을 포함한 공장의 고용인원은 18만 1천명에 달했다. 1930년대에 제조업은 연평균 약 8%씩 성장했다.[13]

한국에서 산업발전은 훨씬 규모가 컸는데, 그 이유는 타이완에 비해 한국의 농업이 상대적으로 성장하지 못했기 때문일 수도 있겠지만,

my," *International Organization* 38, 1984, 1~40면.

12 Stefan Tanaka, 앞의 책 247~57면.

13 Samuel P. Ho, *Economic Development of Taiwan, 1860-1970*, New Haven: Yale University Press 1978, 70~90면; Lin Ching-yuan, *Industrialization in Taiwan, 1946-72: Trade and Import-Substitution Policies for Developing Countries*, New York: Praeger 1973, 19~22면.

더 확실한 것은 한국이 일본 및 중국 내륙지방 양쪽과 인접해 있기 때문이었다. 1940년에 이르면, 광부들을 제외하고 일본 본토와 만주의 공장과 탄광 노역을 위해 이주한 수십만의 한국인을 계산에 넣지 않고도 약 21만 3천명의 한국인 노동자들이 산업체에서 일하고 있었다. 1929~41년 사이에 광업과 제조업의 순수가치(net value)는 266% 성장했다.[14] 1945년경 한국은 식민 중심부에 유리하도록 편향되긴 하지만 제3세계에서 가장 발전된 국가에 속하는 산업기반시설을 갖추고 있었다. 더욱이 한국과 타이완 양국은 준주변부의 특징들을 띠기 시작했다. 한국의 개발 주변부는 만주였는데, 한국은 그 지역으로 노동자·상인·군인을 보냈고, 일본인 권력자와 중국인 농민 사이의 중간 위치를 차지하는 관료도 파견했다. 한국산 쌀은 일본으로 실려 갔기 때문에, 고전적인 중심부-준주변부-주변부 관계에 따라서 한국 농민들의 식량을 대기 위해 만주에서 조(粟)가 수입되었다. 타이완은 지리적으로 동남아시아 및 남중국에 인접한 관계로 "이 지역들로부터 들여온 특정 원자재들을 가공해서 이곳들로 수출할 완제품을 생산하는 천혜의 장소"가 되었다.[15]

이 논리의 핵심은 1921년 총독부 산업위원회에서 드러나는데, 이 위원회는 막 태동한 한국 섬유산업에 대한 지원을 처음으로 요구하고, 한국 기업에는 국내시장만 겨냥하지 말고 특히 한국 상품이 가격우위를 점하는 아시아대륙 수출용으로 생산할 것을 요구했다. 한국인들이 이 위원회의 일원이었고 한국 회사들에 대한 국가보조금과 온실 '보호'를 발 빠르게 요청한 것을 보면, 이 요구가 순전히 '상명하달' 행위는 결코

14 Edward S. Mason et al., *The Economic and Social Modernization of the Republic of Korea*, Harvard University East Asian Monographs 1981, 76, 78면.
15 Lin Ching-yuan, 앞의 책 19면.

아니었다. '점진주의'라는 일본의 새 정책이 조금이라도 의미를 가지려면 한국의 기업가 계급 부양이 필수적이었으니, 논쟁의 여지가 없지 않으나 위원회의 이 회의는 사실상 이 계급의 생일 축하파티였다(위원회가 열리기 사흘 전에 2개의 폭탄이 총독부 건물에 투척되었다).[16] 그러나 일본이 훨씬 더 큰 구상을 하고 있었다는 것은 1921년의 회의 이전에 제출된 '일반 산업정책'을 위한 제언에서 명백히 드러난다.

한국(조선)은 제국 영토의 일부이기 때문에 한국의 산업계획은 제국의 산업정책과 일치해야 한다. 그런 정책은 일본, 중국, 극동 러시아에 둘러싸인 한국의 지정학적 위치에 의거하여 인접지역들의 경제적 조건들을 참작해야 한다.

한 일본대표는 한국의 산업이 토오꾜오에서 진행되는 전반적인 계획에 필수적으로 들어갈 것이며, "공존공영하는 단일한 한·일 통합체"[17] 내에서 한국이 자신의 적절한 위치를 받아들이고자 한다면 한국 산업은 일정한 보호를 요구하게 될 것이라고 설명했다.

결론적으로, 사람들이 거의 묻지 않는 질문을 던지고자 한다. 모든 것을 고려했을 때, 일본은 한국을 식민화해서 무엇을 얻었는가? 한세기 이상 지난 후 돌이켜볼 때, 그것은 그럴 만한 가치가 있는 일이었는가? 110년이 지난 현재, 일본과 대한민국의 관계에는, 특히 '위안부'라 불리는 성노예들의 궁극적인 운명과 같은, 식민지시대가 남긴 문제들이 아

---

16 Carter J. Eckert, 앞의 책 44, 82~84면.
17 같은 책 115, 128면에서 재인용.

직 산적해 있다. 하지만 식민지 투쟁을 지침으로 삼아서 1948년 반일국가로 형성된 한반도의 나머지 반쪽과는 일본이 2019년 현재까지도 아무런 공식적인 관계가 없다는 것을, 그리고 이 나라가 지금 핵무기와 미사일로 무장하고 있다는 것을 일본의 어떤 식민주의자들이 상상할 수 있었겠는가? 바로 이렇게 식민주의는 전혀 예기치 못한 악몽을 낳는다.

분단되지 않은 자유국가인 일본에서 대다수 역사가들이 그들의 제국주의 역사를 정직하게 평가하기를 꺼린다는 사실은 제국주의 충동이 아직 죽지 않았을지 모른다는 것을 끊임없이 암시한다. 중국에서 일본이 벌인 행적에 관해서는 얼마간의 진지한 성찰이 있는 것 같다. 하지만 일본이 한국에서 저지른 행위들에 대한 성찰은 거의 전무하다. 20세기는 일본이 러시아를 물리치고 전세계에 서서히 두각을 나타내는 가운데 시작되었으며, 그 세기가 진행될수록 일본은 불을 향해 달려드는 나방처럼 재앙으로 이끌려갔다. 영국과 미국은 20세기 전반부 태평양 지역의 강국이었고, 그들은 일본을 하나의 패권국이 아니라 하위 파트너로 받아들였다. 일본은 세계의 다른 나라들과 원만하게 살 수 있는 능력에 대해 남아 있는 우려를 아직 불식하지 못했으며, 그러한 우려가 일본의 가까운 이웃나라들에서보다 더 큰 곳은 없다. 일본은 태양을 향해 날아가는 이카로스다.

번역 강미숙/인제대 교양학부 교수

제3장

시간(Kairos)과 기억(Memory)
– 건국 원년, 건국기념일, 연호

도진순

> 과거를 지배하는 자는 미래를 지배하고,
> 현재를 지배하는 자는 과거를 지배한다
> ──조지 오웰

1. 건국절 논쟁과 국정교과서를 넘어서

대한민국의 건국연도 및 연호(年號) 문제는 '건국절' 또는 '국정교과서' 문제와 관련하여 2006~2008년 이후 10년 이상 뜨겁게 논란되었다. 2017년 문재인정권이 출범하면서 드디어 이 논쟁은 일단 평정된 듯하다. 문대통령은 더불어민주당 당대표 시절에 이미 '1919년 건국론'을 지지한 바 있으며,(2016. 8. 15. 페이스북) 대통령 취임 후에도 기회 있을 때마다 이러한 주장을 반복했다. 2017년 대통령 취임 후 첫 8·15 기념사에서 "2019년은 대한민국 건국 100주년"이라 명확하게 표명하여 "문재인 대통령이 '건국절 논란'을 끝냈다"는 평가를 받게 되었다.[1]

---

* 이 글은 2018년 8월 22일 한국근현대사학회 학술회의 '독립운동, 그 기록과 기념의 역사'에서 발표한 필자의 발제문 「시간(Kairos)과 기억(Memory): 건국 원년(元年)과 연호(年號)」와 이를 축약한 「역사와 기억: 건국연도와 연호, 그 정치적 함의」(『역사비평』 2019년 봄호)를 다시 수정·보완한 것이다.

1 https://www1.president.go.kr/articles/524; https://www.huffingtonpost.kr/2017/08/14/story_n_17749008.html.

그리하여 '1919년 건국설'의 핵심 기지라 할 수 있는 사학계 일각에서는 승리의 분위기가 완연했다. 1919년 건국론을 주도한 교수들의 저서에 대한 서평 제목이 「반동의 역사는 가라: 역사의 정의로 '건국절'을 무너뜨리다」인 것도 그러한 분위기의 일단을 느끼게 한다.[2]

　　'1948년 건국론'에 대해 여러번 비판한 바 있는 사학계 원로 학자께서는 2016년 제52회 고양포럼 강연에서 다음과 같이 주장하였다.

　　대한민국 건국을 1948년이 아닌 1919년으로, 즉 일제강점기 시대로 했을 때 그들이 가지게 될 부담은 무엇일까. 그들 입장에서는 대한민국이 해방 이후 1948년에 건국되어야지만 친일부역자들에게 언젠가 내려질 단죄의 근거가 약해질 것이라고 판단할 것이다. 친일 행적은 건국 이전의 일이 되기 때문에 면죄부를 받기 한결 쉽다고 판단할 수 있는 것, 이것은 단순한 반공 문제, 좌우체제의 문제가 아니라 지금 이 나라의 기득권층인 친일세력들의 생존이 달린 문제다.[3]

　　이분의 논지는 '1948년 건국론'이 반공이나 좌우 문제가 아니라 친일부역의 은폐와 관련된다는 주장이다. 1948년 건국절이나 국정교과서의 부당성을 강조하기 위한 것이라고 하더라도 여기에는 상당한 논리의 비약이 있다. 재조(在朝)와 재야(在野)라는 말이 있듯이 정부에의 참여

2　김용달 「반동의 역사는 가라: 역사의 正義로 '건국절'을 무너뜨리다」, 『한국근현대사연구』 81집, 2017.

3　http://www.mygoyang.com/news/articleView.html?idxno=40768. 이만열 전 국사편찬위원회 위원장의 같은 논지의 글은 「대한민국 90년, 정부수립 60주년」, 경향신문 2008. 6. 3; 「'건국 60년' 역사인식 잘못됐다」, 경향신문 2008. 7. 29. 참고.

여부는 개인의 선택 사항이 될 수 있지만, 국가는 차원이 다르다. 임시정부 수립이 국가 수립과 곧바로 일치한다면, 거기서 이탈해나간 사람들이나 그것의 해산을 주장한 사람은 재야인사가 아니라 비(非)국민 또는 반(反)국민이 되는 것이다. 임시정부 외곽에서 활동했던 독립운동가들, 나아가 일제의 국적을 가지지 않을 수 없었던 한반도의 2천만 동포들도 비(非)국민·반(反)국민이 되는 심각한 문제가 야기되는 것이다.

한편, '1919년 건국론'을 선도한 교수께서는 '1948년 건국론'은 "북한을 이롭게 하는 이적행위"가 된다고 여러번 주장하였다.

〔1919년 건국론으로〕 대한민국임시정부의 존재를 인정하면 민족의 정통성이 대한민국에 있다는 것, 조선민주주의인민공화국이 괴뢰국이라는 것이 명확히 드러난다. 이런 점에서 1948년 건국론은 북한을 이롭게 하는 이적행위가 되지 않을 수 없다.[4]

여기서는 친일 문제 외에 반공·좌우의 문제가 건국 논쟁에 정면으로 개재되어 있다. 과연 '1919년 건국론'은 대한민국의 정통성과 북의 괴뢰성을 강조하는 반공·반북의식과 모종의 친연관계가 있는가? 그렇다면 남북의 화해와 통일을 모색하는 오늘날 그것을 어떻게 해석해야 하는가? 등 중요한 과제를 남기고 있다.

급기야 이 문제는 2018년 4월 27일 남북정상회담 및 판문점선언과도 연결된다. 2018년 7월 3일 문대통령은 "3·1운동과 임시정부 수립 100주

---

4 한시준 『역사 농단: 1948년 건국론과 건국절』, 역사공간 2017, 20~22, 101~102면. 1948년 건국론에 대한 한시준의 비판은 2008년부터 근 10년간 계속되었다. 한시준 「대한민국 '건국 60년', 그 역사적 모순과 왜곡」, 『한국근현대사연구』 46집, 2008.

년을 기념하는 일이 정의롭고 공정한 나라의 토대"라고 강조하고, "지난 1월 정부는 대한민국 임시정부기념관 건립위원회를 출범"시켰다고 알렸다. 나아가 "저와 김정은 〔북한 국무〕위원장은 3·1운동 100주년 남북 공동 기념사업 추진을 논의했고 판문점선언에 그 취지를 담았"다고 밝혔다.[5]

그런데 2017년까지 '1919년 건국'을 강조하던 문재인 대통령은 막상 2018년 8·15 기념사에서는 '건국 100주년'이라는 단어를 사용하지 않았다.[6] 또한 문대통령이 언급한 남북 공동 기념사업에는 "3·1운동 100주년" 기념사업만 들어가 있고, 임시정부와 관련해서는 남쪽만의 사업으로 설정되어 있다. 이는 결코 우연이 아닐 것이다.

남북 공동의 3·1운동 100주년 기념사업에 대해 북측의 구체적인 언급은 없었지만, 3·1운동은 남북이 근현대사를 같이 기억·기념하는 한 계기가 될 수도 있을 것이다. 그러나 대한민국임시정부에 대해서 북은 대단히 비판적이다. 북의 역사학을 대표하는 『조선전사』는 임시정부를 "사대주의적인 매국매족 행위" "정치적 야욕을 채워보려는 투기 행위의 산물" "부패 타락한 부르죠아민족운동 상층분자들의 파벌싸움 마당" 등의 서술로 강도 높게 비판하였다.[7]

물론 북의 이러한 견해에 동의할 수 없지만, 이제 건국연도 문제는 건국절이나 국정교과서 문제와 결합된 보수정권과의 기억투쟁이라는 구

---

5 경향신문 2018. 7. 3.
6 https://www1.president.go.kr/articles/4022. 대통령은 한군데에서 "정부수립 70주년"이라는 표현을 사용했다.
7 조선민주주의인민공화국 사회과학원 역사연구소 『조선전사』 15권, 평양: 과학백과사전종합출판사. 217면.

도를 넘어, 한반도 전체의 남북 및 좌우가 민족운동사를 기억·기념하는 중요한 과제와 연결되어 부상하고 있다. 이는 사실 새삼스러운 문제가 아니다. 분단 한반도에서 남북의 건국 문제가 지니는 폭과 깊이는 출발부터 원래 그러한 것이었다.

필자는 국정교과서도 반대했고, 1948년 8월 15일 건국절 지정도 지지한 바 없지만, 그간의 '건국절'이나 '건국연호' 논쟁에는 전혀 참여한 바가 없다. 그것은 그간의 논쟁이 협애한 이념적 단죄에 치우쳐 있었고, 이승만(李承晩)과 김구(金九)의 주장이 왜곡·전복되어 진행되는 개탄스런 상황이었기 때문이다. 이제 건국절과 국정교과서 문제가 일단락된 듯하여 학문적 논의가 가능하다고 믿고 싶으며, 무엇보다 이 문제가 남북 공동의 새로운 역사기억과 연결되는 시급성 때문에 이 글을 쓰게 되었다. 이 글은 기존의 삐뚤어진 논쟁을 원점에서 다시 정리하는 것에서 출발하지 않을 수 없다.

2. 연호와 건국

(1) 단기와 민국, 건국기념일

대한민국 건국 논쟁에서 이승만이나 김구가 사용한 "대한민국 ○○년"이라는 '민국(民國) 연호'가 중요한 근거로 제시된 바 있기 때문에 먼저 연호 문제를 간단하게 정리하고자 한다. 연호란 어떤 기념비적인 사건을 기준으로 햇수를 헤아리는 기년법(紀年法)을 말한다. 그런데 연호를 건국과 일치시키거나 "동일한 연호를 사용하면 동일한 나라"라는 주장[8]은 전혀 타당하지 않다. 현재 서력(西曆) 연호를 같이 쓰지만 중국과 한국은 다른 나라이며, 단기(檀紀)의 경우 대한제국과 대한민국 시기에도 사용된 바 있다. 또한 같은 대한민국 시기 내에서도 1948년 정부수립 이후 단기가 사용되다가 1962년 서기로 전환되었다. 결론적으로 연호는 나라의 건국연도 문제와 직접적인 관련은 없다.

전근대 군주제 국가, 특히 명(明)나라 때부터는 한 군주가 한 연호만 사용하는 '일세일원제(一世一元制)'가 확립되었다. 우리나라 조선시대에도 우리 군주의 재위기간을 "금상(今上)" 등의 표현으로 사용하기도 했으나, 공식적으로는 중국 명나라 황제의 연호를 사용했다.

우리나라에서 중국 황제의 연호가 완전히 끊어진 것은 청일전쟁에서 청(清)이 패배하고 난 이후이다. 그것이 1894년의 "개국(開國) 503년"인데, 이는 1392년 조선왕조의 건국을 기원(紀元)으로 계산한 것이다. 3년 뒤 1897년(개국 506년)에는 고종이 대한제국을 선포하고 황제의 지위에 올라 독자 연호로 광무(光武)를 사용했다.

대한제국이 흔들리면서 광무(光武) 외에 새로운 연호가 부상했다. 그 대표적인 것이 단기(檀紀)이다. 예컨대 신채호(申采浩)는 대한제국을 넘어 민족의 유구한 역사를 기억하여 애국심을 고취하고자 단기 사용을 적극 주장하였다.[9] 단기는 일반적으로 B.C. 2333년을 고조선의 건국 원년(元年)으로 비정하는데, 이는 중국의 황제 원년인 B.C. 2698년보다는 이후이지만, 일본의 황기(皇紀)에는 1700년가량 앞선다.[10] 이처럼 한·

8 한시준, 앞의 책 85, 202면.
9 「역사에 관한 管見 二則」, 대한매일신보 1908. 6. 17; 단재신채호전집편찬위원회 엮음 『단재신채호전집』 6권, 독립기념관 한국독립운동사연구소 2008, 421면; 정영훈 「단기 연호, 개천절 국경일, 홍익인간 교육이념」, 『정신문화연구』 2008년 겨울호 167면.

중·일 삼국에서는 근대 민족주의가 고양되면서 그 나라 최초의 건국일을 연호로 하는 일련의 흐름이 있었다.

1910년 일본의 한국병탄 이후 조선왕조나 대한제국의 연호는 소멸했고, 1919년 3·1운동 시기에 이르면 「기미독립선언서」의 관기(款記)가 "조선건국 4252년 3월 1일 조선민족대표"로 되어 있듯이, 단기가 대표적인 연호가 되었다. 「기미독립선언서」에 서명한 민족대표 33인에는 천도교, 기독교, 불교계 대표들이 고루 포함되었으며, 전국적으로 일어난 만세운동에는 양반, 농민, 천민, 기생, 학생 등이 가리지 않고 참여했다. 이 선언문의 연호가 단기인 것이다.

1919년 3·1운동의 최대 성과로서 대한민국임시정부가 수립되었다. 그런데 대한민국임시정부는 「기미독립선언서」의 단기 연호가 아니라, 1919년을 원년으로 하는 민국 연호를 사용하였다.[11] 이것은 1911년 신해혁명으로 수립된 중화민국의 민국 연호에서 영향을 받은 것으로 보이지만, 아무튼 3·1운동과 임시정부의 수립을 강조하고 인정받기 위한 것이었다.

이후 대한민국임시정부는 국무회의(1919. 12)와 임시의정원 회의(1920. 3)를 거쳐 국경일 두가지를 제정하였다. 하나는 1919년 3월 1일의 '독립선언일'이며, 다른 하나는 B.C. 2333년 음력 10월 3일의 '건국기원절'이다.[12] 1919년 3·1운동으로 수립된 임시정부는 민국 연호를 사용하면서, 단군이 나라를 세웠다는 B.C. 2333년 음력 10월 3일을 '건국기원절'로

---

10 서영대 「근대 동아시아 3국의 신화적 국조 인식」, 『고조선단군학』 23호, 2010.

11 한시준, 앞의 책 201면.

12 조덕천 「대한민국임시정부의 국경일 제정과 '건국기원절' 기념」, 『한국근현대사연구』 82집, 2017, 185~86면.

기리며 우리나라가 오랜 국가의 역사가 있었다는 것을 강조하고, 3·1운동을 '독립선언일'로 기리며 새로운 건국을 위한 독립운동을 전개하고자 한 것이다. 이미 설명하였지만, 임시정부에서 민국 연호와 건국기원절의 연도는 일치하지 않는다. 아니, 일치할 수가 없다. 독립운동이란 나라를 잃은 민족이 나라를 다시 찾아 세우는 건국(복국)운동이기 때문이다.

해방 이후 김구와 임정 요인들은 귀국 도중 상하이에서 건국기원절을 맞이했다. 1945년 음력 10월 3일은 양력으로 11월 7일이었다. 이날 상하이 대광명영화관(大光明電影院)에서 '건국기원절' 행사가 열렸는데, 김구의 연설문 전문이 상하이 교민신문인 『대한일보』에 3회에 걸쳐 연재되었다.

우리는 오늘에 4278년의 ① 건국기념절을 맞게 되였습니다. 이것은 조국의 해방된 후에 우리가 맞는 첫 경절(慶節)입니다. (…) 우리와 성조(聖祖) 한배검은 4277년 전 이날에 우리의 조국을 세우셨습니다. (…) 우리는 우리의 손으로 우리의 조국을 해방하지 못하고 필경 동맹군의 손을 빌어서 해방하게 되였습니다. 우리는 우리를 위하야 다대한 노력을 한 동맹국에 향하야 무한한 감사를 드리는 동시에, 우리의 친선하는 우방과 우리의 존경하는 선열에 대하여 또한 깊이깊이 부끄러움을 느끼고 있습니다. 여러분 우리는 조국의 해방된 후에 처음 맞는 ② 건국기념절을 당하여 철저하게 회개하여야 하겠습니다. 진심으로 회개하여야 하겠습니다. (…) 오늘의 ③ 건국기원절을 맞을 때에 나는 4277년 전에 우리 한배검이 우리를 위하여 세워주신 것과 같은 그 아름답고 위대한 독립 자유 행복의 신민주국가를 우리의 손으로 건설하기 위하여 여러분 앞에 나의 소감을 대강 고하는 것입니다. 조국 독립의 완성과 여러분 동포의 건전한 분투를 빌고 이만 그칩니다.[13] (번호는 인용자)

김구는 이날을 건국기념절(①, ②) 또는 건국기원절(③)로 기리면서, 새로운 건국 즉 "독립 자유 행복의 신민주국가를 우리의 손으로 건설" 하기 위해, 우리 손으로 독립을 쟁취하지 못한 것을 "철저하게" "진심으로" "회개"할 것을 주문했다.

(2) 연호와 건국기념일 또는 건국연도

대한민국임시정부뿐 아니라, 대부분의 국가에서 연호와 건국기념일 또는 건국연도는 일치하지 않는 것이 일반적이다. 한반도와 동아시아만 보면 먼저 북한, 즉 조선민주주의인민공화국(DPRK)의 '공화국 창건기념일'은 1948년 9월 9일(9·9절)이다. 그러나 연호는 1948년 건국이후 서력 연호를 사용하다, 1997년부터 현재까지 김일성 탄생 연도인 1912년을 기원으로 하는 주체 연호를 사용하고 있다.

중국의 경우 청나라 시기에는 황제별로 일세일원(一世一元)의 연호를 사용했으나, 청말 멸청흥한(滅淸興漢) 운동과 더불어 한족은 황제의 후손이라는 의식이 강화되면서 1903년경부터 황제 기념인 황기(皇紀)를 사용하기 시작했다.[14] 그런데 1911년 10월 10일 우창(武昌)에서 신해혁

---

13 대한일보 1945. 11. 14~16.
14 중국의 황제 원년이 언제인가는 여러 설이 있었지만, 1911년 신해혁명 이후 B.C. 2698년으로 통일되었다.

명이 시작되었고, 이듬해 1912년 1월 1일 난징(南京)에서 중화민국(中華民國)이 수립되었다. 이후 중화민국은 우창봉기가 일어난 1911년 10월 10일, 쌍십절을 국경일(國慶日)로, 중화민국이 수립된 1912년 1월 1일을 개국기념일(開國紀念日)로 하고, 1912년을 원년으로 하는 민국 연호를 사용하였다.

지금도 타이완에서는 1911년 10월 10일은 '국경일', 1912년 1월 1일은 '개국기념일'로 기리며, 1912년의 '민국 연호'를 사용하고 있다. 한편 대륙 중화인민공화국의 건국기념일인 '국경절(國慶節)'은 마오 쩌둥(毛澤東)이 톈안먼(天安門)광장에서 건국을 선포한 1949년 10월 1일에서 비롯된 10·1절이다. 그러나 중화인민공화국의 연호는 서력이다.

일본은 아끼히또(明仁) 천황이 즉위한 1989년 1월 8일부터 '헤이세이(平成)'란 연호를 사용하였지만, 2019년 5월 1일 나루히또(德仁) 황태자가 새로이 천황에 즉위하면서 '레이와(令和)'를 사용하고 있다. 그러나 '건국기념의 날(建國記念の日)'은 이와 무관하게 1872년에 제정된 '기원절(紀元節)'에서 유래했다. 메이지(明治) 일제(日帝)는 『일본서기』의 진무(神武) 천황이 즉위했다는 "신유(辛酉) 1월 1일"을 양력으로 환산하여 B.C. 660년 2월 11일을 기원절로 제정했고, 이후 메이지, 쇼오와(昭和) 등 천황 연호와 더불어, 기원절에서 비롯된 황기(皇紀) 연호를 병용했다. 특히 파시즘이 심화되면서 기원절과 황기가 강조되었다. 대표적인 예가 1940년(昭和 15年) "황기 2600년"의 각종 기념행사였다.

이처럼 기원절과 황기가 일제의 천황제 파시즘과 깊은 관련이 있기 때문에, 1948년 GHQ(General Headquaters, 연합국 최고사령부)는 이를 폐지시켰다. 이후 일본의 우파는 여러번 '건국기념일'이란 이름으로 기원절 부활을 시도했다. 1957년 자민당이 '건국기념일' 제정에 관한 법안

을 제출한 것을 포함하여 열번의 제출과 폐기를 반복하다, 1966년 '건국기념일'이 아니라 '의(の)'를 삽입한 '건국기념의 날(建國記念の日)'로 결정되었다. 그리하여 현재 일본에서 황기 연호는 사라지고 천황 연호 '레이와'를 사용하고, 이와 별도로 기원절에서 비롯된 '건국기념의 날'이 있다.

이처럼 한·중·일 3국에서 건국 원년을 기원으로 하는 연호를 사용하는 나라는 없다. 타이완만이 건국 원년을 기원으로 하는 민국 연호를 사용하고 있다. 이승만과 김구, 나아가 대한민국임시정부가 1919년 원년의 민국 연호를 애용한 것은 분명한 사실이다. 그러나 그것이 건국연도와 일치하는 것은 전혀 아니다. 김구와 임시정부는 민국 연호를 사용했지만 B.C. 2333년 음력 10월 3일을 건국기원절로 준수했다. 뒤에서 살펴보겠지만 이승만은 민국 연호를 포기하고 단기 사용을 추인했지만, 1919년 건국론을 고수했다.

3. 임시정부의 「건국강령」과 김구의 건국론

(1) 임시정부의 「건국강령」

독립운동이란 나라가 없거나 나라를 잃은 상태에서 나라를 세우거나 다시 찾기 위한 운동을 말한다. 즉 나라가 이미 건국되어 있으면 그것은 독립운동으로 개념화할 수 없다. 그리하여 식민지를 경험한 세계의 수많은 나라들의 건국절은 대개 '독립기념일'로 명명되는 경우가 많다. 그런데 우리나라의 경우 1919년 3월 1일에 독립·건국된 것이 아니기 때문에 대한민국임시정부에서는 이를 '독립기념일'이나 '건국기념일'이 아니라 '독립선언일'로 기념하고, 이와 별도로 B.C. 2333년 10월 3일을 '건국기원절'로 지정하였던 것이다.

나라를 세우는 독립〔건국〕운동을 견인하는 지도체로서는 정부(임시정부 또는 망명정부)와 정당 두가지가 있다. 정당도 전위정당, 대중정당 등 여러 형태가 있으나 정당은 전국민이 아니라 유유상종하는 당원을 기초로 한다. 그러나 정부는 정당과 달리 전국민적 주권을 기본으로 하는 유일(唯一) 정통성을 지녀야 한다. 이것이 결여되면 '괴뢰정부'가 되기 때문이다. 투표를 통한 주권 확인의 어려움 때문에 망명 또는 임시정부는 대단히 특수하고 한정된 시기를 전제로 한다.

1919년 3·1운동 이후 독립운동이 임시정부 형태로 귀결된 데는 제1차 세계대전의 종전, 폴란드의 임시정부 성립과 독립, 윌슨(W. Wilson)의 민족자결주의와 빠리강화화의 등의 국제정세가 지대한 영향을 주었다. 1918년 11월 11일 제1차 세계대전이 독일 등 동맹국의 패배로 끝나면서, 폴란드를 지배하던 괴뢰국은 와해되었다. 당시 폴란드에서는 각 정파들이 임시정부 또는 공화국을 선언하는 혼선이 있었지만, 폴란드의 독립영웅이었던 유제프 피우수트스키(Józef Piłsudski)가 독일에서 석방되어 11월 10일 바르샤바에 도착한 이후 미국 윌슨 대통령의 민족자결권을 상기시키며 모든 정당이 참여하는 정부를 구성하기 위해 제헌의원선거를 공포하였다. 이러한 과정을 거쳐 폴란드는 123년 만에 독립에 성공했다.

정당이 아니라 정부가 독립운동을 선도하는 데에는 두가지 근본적인 문제가 있다. 우선 가장 중요한 것으로 정부는 보통선거 등 국민주권에 기초해야 하기 때문에 그것이 불가능한 망명정부의 경우 매우 한시적인 "임시"가 되지 않을 수 없다는 점이다. 다른 하나는 정당과 달리 정부는 유일 대표성을 지닌 '정통성'을 가져야 한다는 것이다. 이것이 "임시" "정부"의 조직제가 지니는 근원적 특성이다. 다시 말하면 정당과 달리 정부는 국민주권의 정기적인 확인이 없이 장기적으로 지속되면 정통성 등 여러가지 시비에 빠지기 쉽다.

1919년 3·1운동과 대한민국임시정부도 윌슨의 민족자결주의 영향 아래 독립이 곧 박두할 것이라는 낙관적 정세관에 의해 수립되었다. 3·1 「독립선언서」는 "위력(威力)의 시대(時代)가 거(去)하고 도의(道義)의 시대(時代)가 내(來)"하는 "신천지(新天地)가 안전(眼前)에 전개(展開)"된다고 보았다. 그리하여 1919년 9월 11일 제정 공포한 「대한민국임시헌법」에서 "아국(我國)이 독립국(獨立國)임과 아민족(我民族)이 자유민(自由民)임을 선언"하였으며, 임시정부는 이러한 "선언"이 곧 실현될 수 있을 것으로 기대했다.

그러나 이러한 낙관적 정세 판단은 착오였고, 외교에 의한 임시정부 승인은 좌절되었다. 그러자 상해임정은 대혼란에 빠졌다. 1923년 1월 3일 상하이 인민정부대례당에서 국민대표회의가 개시되어 근 1년간 대립과 혼란을 거듭하였다. 중요한 분파로서는 상해임정을 해산해야 한다는 창조파(김규식), 임정을 개조하자는 개조파(안창호), 그리고 임정 옹호파(김구)가 있었다. 6월 3일 창조파는 새로운 기관을 세워 국호를 '한(韓)'으로 정하기로 결정하였다. 이에 대해 개조파 위원 57명이 반대 성명을 냈으며, 상해임정 또한 이에 반대하여 내무총장인 김구는 내무령 제1호로서 국민대표회의의 해산을 명령했다.

이후 중일전쟁과 제2차 세계대전 발발 등으로 전쟁의 파고가 높아지면서 대한민국임시정부는 독립운동의 중심으로 부상하였다. 전쟁은 파고가 높아질수록 오래 계속될 수 없으며, 종전이 되었을 때 건국은 가시권에 들어오게 된다. 이런 비상한 시기에는 정당보다 정부가 상황을 주도하기에 유리하다. 그리하여 임시정부는 1941년 11월 28일 독립과 건국을 대비하여 「대한민국건국강령」을 발표했다.

「건국강령」은 총강(總綱)·복국(復國)·건국(建國) 3장 22개 항으로 구성되어 있다. 총강에서 삼균주의에 의한 신민주국 건설의 원칙을 표방했고, 이어서 복국과 건국을 각각 3기로 나누어서 정리했다.

제2장에서 자세하게 언급된 복국 3단계는 다음과 같이 요약할 수 있다. 1단계는 임시정부가 일제와 혈전(血戰)을 선포·수행하는 단계이며, 2단계는 임시정부가 국내의 일부 영토를 회복하여 당(黨)·정(政)·군(軍)의 국내 통치가 시작되는 단계, 3단계는 국토와 인민을 완전 해방하여 탈환한 단계이다.[15] 1941년 11월 「건국강령」 발표 당시의 정세는 이 단계구분에 따르면 건국 이전 복국 1단계에 해당한다.

제3장에서는 건국의 3단계를 다음과 같이 규정했다.

一. 적의 일체 통치기구를 국내에서 완전히 박멸하고 국도(國都)를 전정(奠定)하고 중앙정부와 중앙의회의 정식 활동으로 주권을 행사하며 선거와 입법과 임관(任官)과 군사와 외교와 경제 등에 관한 국가의 정령(政令)이 자유로 행사되어 삼균제도(三均制度)의 강령과 정책을 국내에 추행(推行)하기 시작하는 과정을 건국의 제1기라 함.

二. 삼균제도를 골자로 한 헌법을 실시하여 정치와 경제와 교육의

---

15 대한민국임시정부 선전부 엮음 『大韓民國臨時政府에 關한 參考文件 第一輯』, 1946, 10~11면.

100

민주적 시설로 실제상 균형을 도모하며, 전국의 토지와 대 생산기관의 국유가 완성되고, 전국 학령 아동의 전수가 고급교육의 면비 수학이 완성되고, 보통선거 제도가 구속 없이 완전히 실시되어 전국 각 리(里)·동(洞)·촌(村)과 면(面)·읍(邑)과 도(島)·군(郡)·부(府)와 도(道)의 자치조직과 행정조직과 민중단체와 민중조직이 완비되어 삼균제도가 배합·실시되고 경향(傾向)[원문] 각층의 극빈계급의 물질과 정신상 생활 정도와 문화 수준이 제고·보장되는 과정을 건국의 제2기라 함.

三. 건국에 관한 일체 기초적 시설 즉 군사·교육·행정·생산·위생·경찰·농·공·상·외교 등 방면의 건설기구와 성적이 예정 계획의 과반이 성취될 때를 건국의 완성기라 함.[16]

건국의 단계구분에서 핵심은 전국적으로 보통선거가 실시되어 정식 정부가 수립되는 2단계이다. 사실 전국적 보통선거가 없는 건국이란 민주공화국에서 원칙적으로 있을 수 없다. 이러한 전국적 보통선거로 나아가기 위해 '과도정부'가 법령 등을 정비하는 단계가 건국 1단계, 보통선거에 의한 정식 정부 수립 이후 삼균주의에 의한 계획의 과반이 달성된 시기를 건국 3단계로 규정했다.

1946년 1월 8일 임정 측은 「건국강령」을 전단으로 만들어 전국에 배포했다.[17] 즉 해방 이후에도 대한민국임시정부의 건국 방략은 기본적으로 1941년의 「건국강령」에 의거하였던 것이다.

---

16 같은 책 11~12면.
17 「전단(1946. 1. 8)」, 국사편찬위원회 엮음 『자료대한민국사』 1권, 1968.

(2) 김구: 「국내외 동포에게 고함」과 「임시정부의 당면 정책」14개조

1945년 8월 김구는 광복군 제2지대의 OSS(Office of Strategic Service, 미 CIA의 전신)와의 합동훈련을 시찰하기 위해 중국 시안(西安)을 방문했다가 종전과 해방 소식을 듣게 되었다. 충칭(重慶)으로 돌아온 김구는 1945년 9월 3일 임정 주석 명의로 「국내외 동포에게 고함」과 14개조의 「임시정부의 당면 정책」을 발표했다. 이 성명과 당면 정책은 해방 직후 김구의 첫 공식 건국론인데, 임정의 「건국강령」을 충실하게 따르고 있다.

우리가 처한 현 단계는 「건국강령」에 명시한 바와 같이 건국의 시기로 들어가려 하는 과도적 단계이다. 다시 말하면 광복의 임무를 아직 완전히 끝내지 못하고 건국의 초기가 개시되려는 단계이다.[18]

앞서 「건국강령」에서 전국토와 인민이 회복되는 것을 복국 3단계로 규정했다. 백범은 당시를 복국 3단계가 완전하게 마무리되지 않은 차원에서 건국 1단계로 들어가려는 과도기로 규정했다. 그렇다면 그 시기 「임시정부의 당면 정책」은 무엇이었는가? 14개조 중에서 몇가지를 보면 다음과 같다.

① 본 임시정부는 최단기간 내에 곧 입국할 것.
⑥ 국외 임무의 결속과 국내 임무의 전개가 서로 연결되는 데 필수한 과도 조치를 집행하되, 전국적 보통선거에 의한 정식 정권이 수립

---

18 김구, 도진순 엮고 보탬 『백범어록』, 돌베개 2007, 28면.

되기까지의 국내 과도정권을 수립하기 위하여 국내의 각 계층, 각 혁명당파, 각 종교집단, 각 지방대표와 저명한 각 민주영수회의를 소집하도록 적극 노력할 것.

⑦ 국내 과도정권이 수립된 즉시 본 정부의 임무는 완료된 것으로 인정하고, 본 정부의 일체 직능 및 소유 물건을 과도정권에게 교환할 것.

⑧ 국내에서 건립된 정식 정권은 반드시 독립국가, 민주정부, 균등사회를 원칙으로 하는 새로운 헌장에 의하여 조직할 것.

⑨ 국내의 과도정권이 성립되기 전에는 국내 일체 질서와 대외 일체 관계를 본 정부가 책임지고 유지할 것.[19]

이 당면 정책을 「건국강령」과 결합하면 다음의 2단계로 정리할 수 있다.

건국 1단계는 대한민국임시정부의 입국과 임정 주도의 과도정권 수립이다. 임시정부가 최단시일 내 귀국하여(①), 국내 일체 질서와 대외 일체 관계를 본〔임시〕 정부가 책임지고 유지하면서(⑨), 국내 과도정권을 수립하기 위하여 국내의 각 계층, 각 혁명당파, 각 종교집단, 각 지방대표와 저명한 각 민주영수회의를 소집하도록 적극 노력한다(⑥). 국내 과도정권이 수립된 즉시 임시정부의 임무는 완료된 것으로 인정하고, 본〔임시〕 정부의 일체 직능 및 소유 물건을 과도정권에 넘긴다(⑦). 이처럼 '임시정부' 주도의 '과도정권' 수립을 '임정법통론'이라고 한다.

건국 2단계에서 핵심은 전국적 보통선거에 의한 정식 정권 수립이다

---

19 『자료대한민국사』 1권, 48~49면; 『백범어록』 29~31면.

(⑥). 정식 정권은 반드시 독립국가, 민주정부, 균등사회를 원칙으로 하는 새로운 헌장에 의하여 조직할 것(⑧)이라 규정했다.

(3) 임정법통론과 건국 활동

1945년 11월 5일 임정 요인들은 충칭에서 환국길에 올랐다. 충칭을 떠나기 전날 이들은 앞으로의 포부를 기념 휘호에 담았다. 그중에는 당연히 '건국'이 들어 있는 것이 많았다. 법무부장 최동오의 '화평건국(和平建國)', 문화부장 김상덕의 '단결건국(團結建國)', 국무위원 황학수의 '건국필성(建國必成)' 등이다.[20]

귀국 직후 김구의 활동은 임정법통론에 의한 건국운동으로 요약된다. '건국'이라는 김구의 표현을 굳이 한두가지 소개한다면, 1945년 12월 2일 백범은 좌익 청년들에게 "나를 지팡이 삼아 건국의 영웅이 되라" 당부했고,[21] 1946년 2월 14일 민주의원 개원식에서는 "온갖 칭찬과 비난에 연연하지 않고 이 건국 대업에 정진"하겠다고 다짐했다.[22]

1945년 귀국 이후 김구는 신탁 정국을 맞이하여 임정의 정권 직접 장악을 시도했으나 실패했고, 「건국강령」의 원칙에 따라 비상국민회의 등 민주영수회의를 통한 과도정권 수립을 강구했지만 그것도 실패했다. 1947년 백범이 건국실천원양성소(建國實踐員養成所)를 만든 것도 건국 과업의 요원을 양성하기 위한 것이었다.

임정법통론이 좌절되고 난 이후인 1948년 3월 21일, 백범은 『신민일

---

20 조선일보 2018. 1. 4.
21 서울신문 1945. 12. 3; 신조선보 1945. 12. 4; 『백범어록』 46면.
22 대동신문; 동아일보 1946. 2. 15; 『백범어록』 77면.

보』 사장과의 대담에서 건국과 통일에 대해 솔직한 심경을 피력했다. 『신민일보』 사장이 환국 직후에는 친일파와도 합작하고 왜 지금 와서 매국노라고 비판하는가라고 질문하자, 그는 다음과 같이 해명했다.

우리는 극단의 악질이 아니면 그들을 포섭하여 건국 사업에 조력하도록 하는 것이 옳다고 생각한 것입니다.[23]

즉 귀국 직후 건국 사업에서 좀더 폭넓은 연대를 모색하기 위해 친일파와도 합작했다고 해명한 것이다. 1948년 3월 1일 김구는 "양심건국"이란 휘호를 남겼는데, 이것은 해방 직후와는 달리 이제 친일파가 건국에서 배제되어야 한다는 의사표시였다. 1948년 4월 15일 경교장에서는 남북연석회의 한국독립당 대표 환송연이 열렸다. 이 자리에서 김구는 출입기자단에게 "지금 우리나라가 당면한 건국 사업은 실로 곤란한 바크다"고[24] 하면서 북행을 앞둔 착잡한 심경을 토로했다.

이상 언급한 바와 같이, 김구와 임시정부는 해방 이후 임정법통론에 의한 「건국강령」을 실천하기 위해 노력했다. 그러나 결국 실패했고, 1948년 5·10선거에 참여하지 않았다.[25] 5월 말 국회는 개회했고 이승만 주도로 임시정부의 법통을 계승하는 '전문'이 헌법에 들어가게 되었다. 6월 초 이에 대해 김구는 "현재 국회의 형태로서는 대한민국임시정부 법통을 계승할 아무런 조건도 없다"는 견해를 밝혔다.[26]

---

23 『백범어록』 230면.
24 경향신문; 자유신문; 조선일보 1948. 4. 17; 『백범어록』 243면.
25 도진순 『한국민족주의와 남북관계: 이승만·김구 시대의 정치사』, 서울대학교출판부 1997.
26 서울신문; 경향신문 1948. 6. 8.

4. 이승만: 1919년 건국론과 연호 논쟁

(1) 한성임시정부와 중경임시정부

해방 직후 이승만도 정세가 건국 도정에 올랐다고 본 점에서는 임시정부와 입장을 같이했다. 1945년 11월 28일 오후 7시 20분, 이승만은 서울중앙방송국의 주례방송을 통하여 임시정부 요인들의 귀국을 환영하는 메시지를 발표했다.

① 기미년 3월 1일을 기하여 33인이 경성 명월관(明月館)에 모여 독립성명서에 서명하고 독립선언을 목판(木版)에 인쇄하여 비밀히 전국에 전달하여 3월 1일 경성 탑동공원(塔洞公園)에 수만명을 모아 선언서를 낭독했다. ② 이때 한편 4월 16일 13도 대표가 경성에 비밀히 모여 국민대회를 열고 임시정부를 조직하여 전문을 인쇄하여 세계에 발포하니 이로써 임시정부는 귀한 피로 만들어진 것이다. (…) ③ 우리는 이들〔중경임시정부〕 지도자와 함께 멀지 않아 건국에 성공하리라고 믿는다.[27] (번호는 인용자)

①은 물론 1919년 3·1운동을 의미하는 것이다. ②에는 사소한 착오가 있다. 13도 대표자대회가 열리기로 한 곳은 인천 만국공원이었고, '국민대회'는 4월 23일 경성의 봉춘관(奉春館)에서 열렸다.[28] 이러한 착오가

---

27 서울신문; 자유신문 1945. 11. 30.
28 정병준 『우남 이승만 연구』, 역사비평사 2005, 178~96면.

있지만, 여기서 이승만이 강조한 것은 1919년 3·1운동의 '귀한 피'가 자신을 '집정관총재'로 추대한 한성임시정부로 귀결되었다는 것이다. 즉 1945년 11월 28일 이승만은 김구 이하 중경임시정부 요인들을 환영하면서(③), 자신을 집정관총재로 추대한 1919년 한성임시정부를 강조했다(②). 이것은 매우 노련한 화법이어서 당시 아무도 주목하지 못했지만, 상당한 정치적인 의미를 지닌다. 그 의미는 이후 점차 분명하게 드러난다.

③에서 알 수 있는 또 하나의 중요한 사실은 이승만도 건국을 멀지 않은 '미래의 과제'로 언급했다는 것이다. 해방 이후 '건국'은 좌우를 불문하고 보편적인 최대의 과제였으며, 독립운동 진영의 당연한 귀결이었다. 여운형(呂運亨)이 조직한 '건국준비위원회'의 명칭이 단적인 표징이다. 1945년 12월 13일 이승만은 '조선건국청년회'에서 조직한 '건국청소대'에 가서 '일장격려'를 했다.[29] 이처럼 '건국'은 시대적 과제이자 유행어였다.

(2) 국회의장 「식사」와 제헌헌법 '전문': 1919년 건국론

1948년에 들어 이승만과 김구의 정치적 행로는 이전의 경쟁적 협조와는 달리 적대적으로 분리되기 시작했다. 김구는 4월 남북연석회의에 참여했으며, 이승만은 5·10선거를 주도하여 5월 31일에는 국회의장으로서 국회 개회의 「식사(式辭)」를 발표했다. 이 「식사」는 이승만의 1919년 건국론과 민국 연호를 이해하는 데 가장 중요한 문건이라 자세

---

29 동아일보 1945. 12. 14.

한 검토가 필요하다.[30]

① 우리는 민족의 공선(公選)에 의하여 신성한 사명을 띠고 국회의
원 자격으로 이에 모여 우리의 직무와 권위를 행할 것이니 먼저 헌법
을 제정하고 대한독립민주정부를 재건설하려는 것입니다. 나는 이 대
회를 대표하여 오늘의 대한민주국이 다시 탄생된 것과 따라서 이 국
회가 우리나라에 유일한 민족대표기관임을 세계만방에 공포합니다.
② 이 민국은 기미년 3월 1일에 우리 13도 대표들이 서울에 모여
서 국민대회를 열고 대한독립민주국임을 세계에 공포하고 임시정부
를 건설하여 민주주의의 기초를 세운 것입니다. (…) ③ 오늘 여기에
서 열리는 국회는 즉 국민대회의 계승이요, 이 국회에서 건설되는 정
부는 즉 기미년에 서울에서 수립된 민국임시정부의 계승이니, 이날
이 29년 만에 민국의 부활일임을 우리는 이에 공포하며, ④ 민국 연호
는 기미년에서 기산할 것이요, ⑤ 이 국회는 전민족을 대표한 국회이
며, 이 국회에서 탄생되는 민국정부는 완전한 한국 전체를 대표한 중
앙정부임을 이에 또한 공포하는 바입니다. (…)
⑥ 대한민국 30년 5월 31일 대한민국 국민의회 의장 리승만.

(밑줄은 인용자)

국회 개회 식사에 이승만은 대한민국이 1919년 3·1운동의 귀결인
한성임시정부에 뿌리를 두고 있음을 강조했다(②). 이는 앞서 살펴
본 1945년 11월 28일 서울중앙방송의 담화와 기조를 같이하는 이승만

---

30 서울신문; 경향신문; 조선일보; 동아일보 1948. 6. 1.

의 지론이었다. 또한 김구나 중경임시정부 요인들의 참여가 없어도 1948년의 대한민국은 1919년의 임시정부를 계승할 수 있다는 의미이기도 했다.

나아가 대한민국의 정부와 국회는 한성임시정부를 계승하여 "부활"한 것이며(③), 그리하여 "대한독립민주정부를 재건설"하여 "대한민주국이 다시 탄생된 것"이라고 규정했다(①). ①에서 헌법을 "제정"한다고 하여 1948년 당시를 건국(建國)으로 보는 착란도 없진 않지만, 「식사」는 기본적으로 '1919년 건국, 1948년 재건'이 기조를 이루고 있다.

이와 관련하여 연호도 "기미년(1919)에서 기산"하는 "민국 연호"를 강조하고(④) "대한민국 30년"으로 표기했다(⑥). 해방 이후 복간된 신문과 잡지들이 대거 단기를 사용했고, 미군정은 호적을 단기로 교체하는 작업을 진행하는 등,[31] 당시 단기 연호가 보편화되었지만, 이승만은 1919년 기원의 민국 연호를 사용해야 한다고 강조했다. 그런데 이승만이 임시정부의 부활과 1919년 민국 연호를 강조한 중요한 목적은, 대한민국 국회가 "우리나라에 유일한 민족대표기관" 즉 '전민족의 국회'이며(①, ⑤), 대한민국 정부는 한국 전체를 대표하는 중앙정부라는 것이었다(⑤). 즉 남한만의 단독정부가 아니라는 것이다. 이것이 이승만이 1919년 건국과 민국 연호를 주장하는 핵심적인 동기였다.

이승만의 이러한 주장은 북과 좌익에 대한 제의 및 경고와도 연결되었다. 그는 "이북 5도"에서 선거가 시행되지 않아 대표를 선출하지 못한 것을 "극히 통분히 여기는" 유감을 표명했다. 그러나 "이북에서 넘어

---

31 정영훈 「단기 연호, 개천절 국경일, 홍익인간 교육이념」, 『정신문화연구』 2008년 겨울호 168면.

온 450만 이재동포(罹災同胞)가 우리 선거에 참가했고 피선된 대표도 여럿"이라, 대한민국 국회가 남측만 대표하는 것이 아니라 주장했다. 또한 "상당한 수효", 즉 국회의 전체 의석 300석 가운데 북한 몫으로 1/3인 100석을 비워놓았으니, 자유선거에 의해 이북 대표 100명이 선출되어 대한민국 국회에 참여하기를 촉구했다. 나아가 이승만 국회의장은 「식사」에서 남한 내 공산주의자들에게도 다음과 같이 경고했다. "우리가 마지막으로 한번 더 기회를 줄 것이니, 개과회심(改過回心)해서 전민족이 주장하는 국권 회복에 우리와 같이 합심합력"할 것을 제의하고, "종시 회개치 못하"면 "국법으로 준엄히 처단할 것"이라고 경고했다. 여기서도 강조한 것은 '전민족'에 의한 국권과 국법이었다.

요컨대 이승만의 '1919년 건국론'은 1948년 5월 31일 국회의장 식사에서 본격적으로 등장한다. 그것은 김구와 중경임시정부 요인들의 건국 참여 여부와 관계없이 1919년의 한성임시정부를 건국의 기점으로 강조하는 것이었다. 또한 그것은 5·10선거에 의해 수립된 국회와 정부가 남한 단독이 아니라 한국 전체를 대표하는 유일한 의회이며 중앙정부라는 주장, 반북·반공적인 입장과 강하게 연결되어 있었다.

(3) 제헌헌법 '전문'과 정부 수립 「기념사」

이승만 국회의장은 제헌헌법의 "맨 꼭대기"인 '전문(前文)'에 '1919년 건국론'이 들어가야 한다고 강조하였고, 또한 주도하였다.

① 유구한 역사와 전통에 빛나는 우리들 대한국민은 기미(己未) 삼일운동으로 대한민국을 건립하여 세계에 선포한 위대한 독립정신을

계승하여 이제 민주독립국가를 재건함에 있어서 정의 인도와 동포애로써 민족의 단결을 공고히 하며 모든 사회적 폐습을 타파하고 민주주의 제(諸) 제도를 수립하여 정치, 경제, 사회, 문화의 모든 영역에 있어서 각인의 기회를 균등히 하고 능력을 최고도로 발휘케 하며 각인의 책임과 의무를 완수케 하여 안으로는 국민생활의 균등한 향상을 기하고 밖으로는 항구적인 국제 평화의 유지에 노력하여 우리들과 우리들의 자손의 안전과 자유와 행복을 영원히 확보할 것을 결의하고 우리들의 정당 또 자유로히 선거된 대표로써 구성된 국회에서 ② 단기 4281년 7월 12일 ③ 이 헌법을 제정(制定)한다.[32]

'전문' ①에서 1919년 삼일운동으로 수립된 것은 대한민국임시정부가 아니고 "대한민국"이며, 그리하여 1948년 수립된 대한민국은 "민주독립국가를 재건"한 것으로 표현했다. 그러면서도 한편으로는 ③에서 기존의 대한민국 정부의 헌법을 '개정(改正)'하는 것이 아니라 새로 "제정(制定)"하는 것으로 표현했다. 즉 5·31 국회의장 「식사」처럼 약간의 착란이 있다.

이러한 착란은 1948년 건국이라는 사실과, 그 원년을 1919년으로 소급해서 기억·기념하려는 욕구의 충돌에서 비롯된 것이다. 이러한 착란은 이후에도 종종 드러난다. 1948년 8월 15일 이승만 대통령은 「대한민국 정부 수립 국민축하식 기념사」에서 "오늘에 거행하는 이 식은 우리의 해방을 기념하는 동시에 우리 민국이 새로 탄생한 것을 겸하는 것"이라고 선언하면서도, "건국 기초에 요소 될 만한 몇 조건" 운운하면서

---

32 동아일보 1948. 7. 26.

"건국"이라는 단어도 사용하였다.[33] 즉 한편으로는 1919년 건국된 국가를 다시 재건하는 것이라고 하면서, 다른 한편으로는 '헌법의 제정' '건국의 기초' 등을 언급하였다.

제헌헌법 '전문'은 1919년 건국론에 입각해 있지만, 연호는 1919년의 민국 연호가 아닌 단기를 사용했다(②). 이승만은 「국회의장 취임사」에서 민국 연호의 중요성을 언급했지만, 헌법 '전문'에서 당시의 관례대로 단기 연호를 사용한 데 대해 특별히 이의를 제기하지 않았다. 당시는 국회에서 대통령선거가 치러지기 이전이었다.

(4) 「대통령 취임사」와 민국 연호 논쟁

1948년 7월 24일 이승만은 국회에서 "여러번 죽었던 이 몸이 하나님의 은혜와 동포의 애호로 지금까지 살아 있다가"로 시작하는 「대통령 취임사」를 발표했다. 7월 24일의 그의 「대통령 취임사」는 5월 31일의 국회의장 「식사」에 비해 유엔에서의 대한민국 승인 문제와 정부 운영의 당면 현안 등 실무적인 내용을 많이 포함하고 있다. 또한 중앙정부의 입장에서 북의 공산주의자에 대한 경고를 빠뜨리지 않았다.

이북 동포 중 공산주의자들에게 권고하노니, 우리 조국을 남의 나라에 부속하자는 불충한 사상을 가지고 공산당을 빙자하여 국권을 파괴하려는 자들은 우리 전민족이 원수로 대우하지 않을 수 없나니. (…) 이북의 공산주의자들은 이것을 절실히 깨닫고 일제히 회심개

---

33 경향신문; 동아일보; 서울신문; 조선일보 1948. 8. 16.

과(悔心改過)해서 우리와 같이 같은 보조를 취하여 하루바삐 평화적으로 남북을 통일해서 정치와 경제상 모든 복리를 다 같이 우리끼리 〔누리게─인용자〕 하기를 바라며 부탁합니다. 만일에 종시 깨닫지 못하고 분열을 주장해서 남의 괴뢰가 되기를 감심(甘心)할진대 종차(從次)는 천의(天意)와 인심(人心)이 결코 방임치 않을 것입니다.[34]

이승만은 이 「대통령 취임사」에서 단기가 아닌 "대한민국 30년"이라는 민국 연호를 사용했다. 이후 이승만행정부는 7월 31일 '국무총리 이범석 임명안'과 8월 1일 '대법원장 김병로 임명 승인안' 등 정부 문서에서도 '대한민국 30년'을 공식 연호로 사용했다.[35] 당시 국회는 단기 연호를 사용하고 있으며, 제헌헌법 '전문'에도 단기가 언급되었다.

그리하여 8월 5일 국회 본회의에서 조헌영(趙憲泳) 의원은 이승만 대통령이 「취임사」에 민국 연호를 사용한 것은 헌법 위반이라며 문제를 제기했다. 이것이 위헌인가에 대해서는 여러 주장이 있었으나, 입법부와 행정부의 연호 통일이 필요하다는 데는 신익희(申翼熙) 국회의장을 필두로 많은 의원들이 동의했다.[36] 국회에서 연호 문제가 격론 중인 가운데도 행정부는 여전히 민국 연호를 사용했고, 대한민국 정부 공보처에서 발간한 『관보』 첫 호도 "대한민국 30년 9월 1일"이라고 표기했다.[37]

한편 1948년 8월 16일 김병로(金炳魯) 대법원장은 국회 본회의에서 취임 인사를 하면서 "1945년 8월 15일 해방" "1946년 7월 1일부터 군정

---

34 서울신문; 동아일보; 경향신문; 조선일보 1948. 7. 25; 『제헌의회속기록』 1권 635~37면.
35 한시준, 앞의 책 84~85면.
36 『제헌의회속기록』 1권, 760~65면.
37 한시준, 앞의 책 200면.

하에 사법사무에 책임"등 서기 연호를 사용했다.[38] 즉 행정부는 민국 (民國) 연호, 입법부는 단기(檀紀), 사법부 수장은 서기(西紀)를 사용하여 어떤 식으로든 연호의 통일은 필요했다.

국회는 논의를 거듭하다 법제사법위원회(위원장 백관수)에 법안 초안을 의뢰했다. 9월 7일 법제사법위원회에서는 자체 논의, 민간 자문, 행정부 의견 청취 등의 결과를 토대로 단기 연호로 통일할 것을 본회의에 보고했다.[39] 당시 국회는 이청천(초대 무임소장관), 이인(초대 법무장관), 김도연(초대 재무장관), 안호상(초대 문교부 장관) 등 4명의 국무위원을 초대하여 정부 측 의견도 청취했다. 정부 측은 "이유로는 여러가지 말씀이 많이 있지만 요건은 '정치적 의미'에서 민국 30년으로 쓰는 것이 좋겠다고 작정(作定)했다"는 입장을 밝혔다.[40] "정치적 의미"가 구체적으로 무엇인지 더이상 언급되지 않았지만, 정부에서 민국 연호를 사용한 핵심적 이유가 '정치적 의미'라는 것은 확인할 수 있다.

그러나 국회의 법제사법위원회는 또다시 단기 연호로 결정하여 본회의에 제출했다. 1948년 9월 12일, 국회 본회의에서 "대한민국의 공용 연호는 단군기원으로 한다"는 '연호에 관한 법률'이 재석 133석 중 찬성 106표, 반대 6표의 압도적 차이로 통과되었다.[41] 상황이 이에 이르자 이승만 대통령도 "단기 4281년 9월 25일", 이 단기 연호 법안에 서명하여 공포하면서, 자신이 그간 민국 연호를 선호한 이유를 담화로 자세하

---

38 『제헌의회속기록』 1권, 782면.

39 같은 책 1111면.

40 같은 책 1111~12면.

41 서영대 「단군관계자료」, 윤이흠 외 『단군, 그 이해와 자료』, 서울대학교출판부 1994, 608~34면.

게 발표했다. 그것은 요컨대 1919년의 3·1운동으로 비롯된 민국 전통은 "미국의 독립선언보다 영광스러운" 것인데, 이를 무시하고 신화시대인 B.C. 2333년의 단군까지 거슬러 올라가는 연호(단기)는 바람직하지 않다는 것이었다. 이승만 대통령의 1919년 건국론과 민국 연호 강조는 1776년 7월 4일 독립선언을 기리는 미국의 독립기념일(Independence Day)을 강력하게 의식하는 것이었고, 다른 한편으로는 이승만 자신을 미국의 조지 워싱턴(George Washington)과 비교하는 화법이기도 했다.

이상 언급한 바를 요약하면 이승만이 1919년을 건국 원년으로 보고 민국 연호를 강조한 목적은 다음 세가지 정도로 정리할 수 있다. ① 1919년 3·1운동과 임시정부 수립 및 '건국'은 1776년 미국의 독립선언과 독립기념일에 비견할 정도로 중대한 의미가 있다. 1945년 미군정 이전인 1919년부터 한국인은 민주주의를 시작하였다. ② 김구와 임시정부 요인들의 참여 여부와 관계없이 1948년의 대한민국은 1919년 한성 임시정부를 계승했다. ③ 1948년 수립된 대한민국은 단독정부가 아니라 중앙정부이며, 북은 남의 국회 안에 그 일부로서 들어와야 한다. 비록 민국 연호 사용은 좌절되었지만, 이승만 대통령이 1919년을 건국 원년으로 강조하는 것은 전혀 흔들리지 않았다.

5. 시야의 확대와 전환을 위하여

조지 오웰(George Orwell)은 『1984』에서 "과거를 지배하는 자는 미래를 지배하고, 현재를 지배하는 자는 과거를 지배한다"고 했다. 즉 '현재'를 지배하는 자가 '과거'를 통제하고, 이를 통해 원하는 '미래'를 욕망한다는 것이다.

현재가 과거를 통제하는 방식은 단순한 '사실(fact) 그 자체'가 아니라, 특정한 시간을 '기억'(memory)하고 '기념'(Commemoration)하는 것이다. '건국'은 국가가 건립되었다는 '사실'의 문제이지만, '건국'에 '절(節)'이 추가되면 '기념일'이 되어 기억과 기념의 문제가 된다. 그리하여 그 나라 역사의 많은 건국 중에서 특정의 건국연도는 일반적인 연대기의 시간(크로노스Chronos)이 아니라, 특별한 의미와 결합하는 카이로스(Kairos)의 시간이 되어 청사(靑史)에 길이 남는 '역사적 시간'으로 등극하게 되는 것이다.

그간 '건국'과 '건국절'에 대한 논쟁에서는 역사적 사실(fact)과 후대의 기억(memory)이 혼재되어 많은 혼란을 초래했다. 예를 들면 "조선왕조가 1392년 음력 7월 17일 건국되었다"는 것은 조선왕조 건국에 대한 찬반 여부와 관계없는 사실의 문제이다. 조선을 거부하고 여전히 고려를 지지하던 두문동(杜門洞)이나 고려동(高麗洞) 선비들의 의지와 관계없이 조선은 건국된 것이다. 그러나 조선왕조가 건국된 '1392년'을 특별히 기리거나, '음력 7월 17일'을 '건국절'로 지정하는 것은 사실의 차원이 아니라 기억·기념에 관한 문제이다. 한국의 많은 건국 중에서 조선왕조의 건국을 건국절로 기념해야 한다는 데 동의하는 사람이 현재에는 거의 없을 것이다.

김구와 임시정부는 임시정부가 수립된 1919년의 민국 연호를 즐겨 사용했지만, 건국절은 단군조선의 건국일, 즉 B.C. 2333년 10월 3일(음)이었다. 해방 이후 김구는 입정법통론을 통한 건국을 도모했으나 실패했다. 반면 이승만은 1948년 5·10선거를 통해 대한민국의 '건국'을 주도했다. 여기까지는 '사실'의 문제이다. 이승만이 주도한 대한민국의

116

건국을 어떻게 기억·기념하는가는 정파와 입장에 따라 다를 수 있다.

그중 하나가 이승만이 주도한 특별한 방식이었다. 그것은 1919년 한성임시정부의 성립을 카이로스의 시간으로 기억·기념하는 것이었다. 구체적으로 그것은 1919년 건국론과 민국 연호의 사용이었고, 1948년의 건국은 '정부수립'으로 표현되었다. 민국 연호의 사용은 결국 좌절되었지만, '1919년 건국, 1948년 정부수립'이라는 프레임의 기억 방식은 여전히 강조되었다.

'1919년 건국론'은 기나긴 논쟁에서 오해되어온 것처럼 김구와 임시정부가 주도하고 이승만 '마저도' 그렇게 따라간 것이 결코 아니다. 이승만 '이야말로' 이 기억의 창시자이자 주도자였다. '1919년 건국론'을 두고 1919년에 정말 건국이 되었는가라는 사실(fact) 논쟁으로 끌고 가는 것은 혼란만 더할 뿐이다. 국민의 보편적 주권행사가 없이 나라, 그것도 민국(民國)이 건국되었다고 주장하는 것은 민(民)을 졸(卒)로 보지 않는 이상 불가능한 이야기이다.

그러니까 '1919년 건국론'은 역사나 사실의 문제가 아니라, 이승만이 주도한 특별한 기억·기념의 방식이었다. 1919년 대한민국 건국론은 김구와 임정의 참여 없이도 임정의 법통을 이어받았다는 기억 방식이고, 해방 이후 미국과 미군정의 도움 이전부터 민주주의를 시행했다는 기억 방식이며, 대한민국이 단독정부나 분단국가가 아니라 한반도 유일의 중앙정부라는 기억 방식이자, 남에 의해 통일되어야 한다는 욕망의 표현이었다. 또한 1919년 건국론의 장막 뒤에는 한성임시정부의 집정관으로 추대된 이승만 자신에 대한 선양이 자리하고 있었다.

1948년 8월 15일 건국되었다는 사실과, 그 건국을 어떻게 평가하고 기억·기념하는가는 별개의 문제이다. 김대중 대통령과 노무현 대통령의 경우, 1948년 8월 15일의 '건국'이 지니는 미비한 점을 여러가지 지적했지만 건국 사실 자체를 무시한 것은 아니었다. 김대중 대통령의 1998년 광복절 경축사는 제목부터 「제2의 건국에 동참합시다: 대한민국 50년 대통령 경축사」이며, 1948년 이후 "대한민국 건국 50년사는 우리에게 영광과 오욕이 함께했던 파란의 시기"라고 규정했다.[42]

노무현 대통령도 1948년 8월 15일을 건국으로 본 것은 마찬가지였다. 2003년 「제58주년 광복절 경축사」는 해방과 건국을 다음과 같이 기념했다.

오늘은 참으로 뜻깊은 날입니다. 58년 전 오늘, 우리의 아버지 어머니들은 일본제국주의의 압제에서 해방되었습니다. 빼앗겼던 나라와 자유를 되찾았습니다. 그로부터 3년 후에는 민주공화국을 세웠습니다. 국민이 주인이 되는 나라를 건설한 것입니다. 그리고 지금 우리는 이러한 해방과 건국의 역사 위에서 자유를 누리며 새로운 미래를 준비하고 있습니다. 참으로 감격스러운 일이 아닐 수 없습니다.[43]

2019년은 3·1운동과 임시정부 수립 100주년이 되는 역사적인 시기이며, 아울러 한반도가 분단(division), 전쟁(war), 냉전(cold war)을 넘어서는 전환이 모색되는 시기이다. 한반도 전체의 좀더 확대된 시선에서 보면 100년 전의 3·1운동과 대한민국임시정부의 수립, 1948년의 대한민국 건국, 이 세가지는 각각 다른 차원의 문제이다. 이 세가지를 반드

---

42 http://theme.archives.go.kr/viewer/common/archWebViewer.do?singleData=Y&archiveEventId=0050753917.

43 http://archives.knowhow.or.kr/record/all/view/86645.

시 하나로 묶어서 기념해야 한다는 것은 특정 기억의 독점이자 강요이며, 당시의 역사적 사실과도 맞지 않다.

역사적 사실이나 현실과 어긋나는 기억의 강요는 바람직하지도 않고 가능하지도 않다. 이 자리에서 길게 언급할 겨를이 없지만, 제2차 세계대전 이후 연합국에 의해 동서로 분할 점령된 독일의 건국기념일(National Day)은 참고할 만하다. 서독은 1949년 5월 23일 수립되었지만 전범국가라 그런지 특별히 건국기념일을 지정하지 않았다. 반면 동독은 건국된 1949년 10월 7일을 '공화국의 날'(Tag der Republik)로 기념했다.

1953년 6월 17일 동독에서 시민봉기가 발생하자, 이듬해 서독은 이 날을 '독일통일의 날'(Tag der deutschen Einheit)로 기념했다. 그러나 이후 통일 가능성이 보이지 않아 기념일이 유명무실해지자, 서독은 1963년 대통령 포고에 의해 이날을 '독일민족기념일'(Nationalen Gedenktag des deutschen Volkes)로 바꾸었다.

1989년 11월 9일 베를린장벽이 무너지자, 이날이 통일 독일의 새로운 건국기념일로 지정되었다. 그런데 11월 9일은 독일 역사에서 다른 유명한 사건들과 중복되어, 독일은 1990년부터는 실제 통일이 성립된 10월 3일을 새로운 '독일통일의 날'로 정하여 현재까지 기념하고 있다.

서독과 동독의 경우, 분단으로 탄생한 건국절보다는 통일을 견인해 내는 현실의 추동력이 더 중요한 힘을 발휘했다. 우리나라에서도 신라가 삼국을 통일했다고 해서 고구려와 백제보다 건국이 더 찬란한 것은 아니었다. 건국절 등 국가 탄생의 연원과 정통성에 대한 기억·기념도 중요하지만, 당면한 시대적 과제에 제대로 대처하면서 미래를 통제하는 현실의 다이내믹이 더 중요하다.

"역사를 잊은 민족은 미래가 없다"고 남발되는 정체불명의 교리는 자칫하면 무지보다 위험한 도그마가 될 수 있다. 조선은 어제의 역사, 즉 임진왜란·병자호란과 명에 대한 사대의 역사를 기억하고 기리다가, 오늘 당면하는 대항해시대와 근대의 넓은 세계에 문을 닫았고, 결국 쇄국과 멸망의 길로 나아갔다. 역사와 기억이 오용되거나 도그마가 된 경우는 우리 역사에서 한두번이 아니다. 2019년에도 '100주년의 마법'에 구애되어 당면한 엄중한 현실에서 괴리되고 1919년의 '찬란한 역사'로 회귀하는 경우가 허다하였다.

2019년 3월 28일 서울 프레스센터에서 열린 '대통령직속 3·1운동 및 대한민국임시정부 수립 100주년 기념사업추진위원회 국제학술포럼'의 캐치프레이즈는 "3·1운동에서 촛불혁명으로, 임시정부 수립에서 통일 한반도로"였다. 3·1운동을 촛불혁명으로 연결시킨 것은 "현재를 지배하는 자가 과거를 지배한다"를 그대로 드러낸 것이라 할 수 있다. 그런데 "임시정부 수립에서 통일 한반도로"는 주체 측의 의도와 정반대되는 이승만의 '1919년 건국론'을 떠올리게 할 수밖에 없다. 언급한 바와 같이 이것은 한반도 유일의 중앙정부인 대한민국에 의해 통일되어야 한다는 기억의 방식이었고, 북은 임시정부를 격렬하게 비판하고 있다. 그러니까 임시정부의 수립과 통일 한반도 사이는 순접의 연결이 아니라 만만치 않은 충돌과 괴리가 자리하고 있는 것이다.

보르헤스의 말처럼, "진정한 선구자는 미래(후세)뿐만 아니라 과거(선조)에 대해서도 새로운 빛을 던져주는 사람이다". 우리에게 박두해오는 문제들을 정시(正視)하면서 새로운 미래를 구상한다면, 이것은 여태까지 고식적으로 알아왔던 지난 100년의 역사에 대해서도 새로운 빛을 던져줄 수 있다. 100년 전의 과거에서 새로운 현실과 미래가 창출되는 것이 아니라, 새로운 현재와 미래가 그간 묵혀져 있던 과거에 새로운 빛을 던질 수 있는 것이다.

이제 우리의 역사 기억 방식도 바뀌어야 한다. 단순히 기존의 친일과 반일, 우익과 좌익, 남과 북의 대립 구조로는 지나간 역사도 반쪽의 기억이 되기 쉬우며, 다가오는 역사적 대변화를 감당하기도 힘들 것이다. 엄중한 분단적 정전체제에서 평화와 통일로 나아가는 도정을 숙고하면서 100년 전의 3·1운동, 임시정부, 그리고 해방 이후의 건국에 대해 새로운 빛을 던져야 할 때이다. 100주년의 축제가 아니라 성찰이 필요한 때이다.

제4장

연동하는 동아시아와 3·1운동

─ 계속 학습되는 혁명

백영서

1. 새롭게 묻는 3·1운동의 세계사적 의미

촛불의 시대정신은 3·1운동 인식에 어떤 새로운 빛을 투영할 것인가?
'촛불혁명'으로 열린 새로운 정치공간과 남북화해의 움직임은 3·1운
동을 새롭게 해석하려는 움직임을 촉발한다. 때마침 올해로 100주년
을 맞아 좀더 근원적인 문제의식이 대두되고 있다. 촛불혁명이라는 또
다른 역사적 전환을 경험하면서 지난 100년의 역사를 근본적으로 되돌
아보게 된 것이다. '3·1혁명'이라는 용어까지 부각되면서 3·1운동(이하
3·1)이라는 익숙한 용법에 안주해온 기존 역사인식의 틀을 새롭게 점검
해보기를 요구한다.[1]

3·1은 1920년대부터 사회역사적 변화 속에서 부단히 재의미화되었
다. 특히 해방 이후 분단 상황이 고착되면서 남북 간에 달리 기억되었

---

[1] 『창작과비평』 2019년 봄호 특집도 그러하거니와, 이기훈 엮음 『촛불의 눈으로 3·1운동을
보다』(창비 2019)도 이러한 시대 요구에 대응한 것이다.

고, 남한 내부에서도 3·1의 의미 부여를 둘러싸고 종종 기억투쟁을 겪어왔다. 박근혜정부 시기 건국절 문제를 둘러싸고 3·1과 임시정부의 역사적 의미에 대해 벌어진 논쟁이 기억에 생생하다. 올해로 100주년을 맞는 중국의 5·4운동(이하 5·4)도 그간 재기억화 방식에 대해 지속적으로 논란을 겪어왔다. 5·4를 어떻게 기억하는가는 역사문제일 뿐만 아니라 현실문제이다. 지금 대두되는 3·1의 새로운 의미화 방식 — '3·1혁명'으로 명칭을 변경하자는 제안까지 나오는 움직임 — 역시 사회적·정치적 상황 변화에 반응한 것임은 당연하다. 문제는 이 새로운 기억화가 얼마나 공유영역(commons)으로 작동할 수 있는가이다. 필자는 이 과제를 감당하기 위해서는 3·1의 세계사적 의의 내지 문명전환의 의미를 검토하는 작업이 필수적이라고 생각한다.

사실 한국학계에서 그간 3·1의 세계사적 의미에 대한 논의가 없었던 것은 아니다. 3·1이 중국의 5·4를 비롯한 동시대 다른 민족운동에 미친 영향을 강조한 주장은 일찍부터 있었다. 그러다가 이런 해석이 '시간의 선도성'에 얽매인 것이고 '세계사적 의의'는 약소민족의 '동시성'(simultaneity)이라는 관점에서 재정립할 수 있을 것이라는 제안도 나왔다.[2] 3·1과 5·4의 관계를 '역사적 동시성' 속에서 파악해야 한다는 주장도 이어졌다.[3]

필자는 동시성이라는 시각을 적극 받아들여 3·1의 세계사적 의미를 해석하되, 3·1을 동시성을 지닌 다른 나라의 사건들과 비교할 때 드러

---

2 한승훈 「'3·1운동의 세계사적 의의'의 불완전한 정립과 균열」, 『역사와 현실』 108호, 2018, 238~39면.
3 임형택 「1919년 동아시아, 3·1운동과 5·4운동: 동아시아 근대 읽기의 방법론적 서설」, 박헌호·류준필 엮음 『1919년 3월 1일에 묻다』, 성균관대학교출판부 2009, 35면.

나는 개별성도 아울러 주목하고자 한다. 이를 위해 먼저 '연동하는 동아시아'라는 시각에서 3·1을 다시 보려고 한다. 연동은 "서로 깊이 연관된 동아시아가 다방향으로 상호 작용하는 공간(곧 구조)을 서술하는 동시에 주체적인 연대활동을 가리키는 용어"다.[4] 여기에 좀 덧붙이자면 연동은 구조적 연관과 행위 주체의 상호참조를 의미하는데, 후자의 경우 운동뿐만 아니라 사상·제도 영역에 두루 걸쳐 나타난다. 세계체제에 접속되면서도 제국 일본, 반(半)식민지 중국, 식민지 한국 세 나라가 그 위계구조에서 다른 위치를 점한 채 상호 작용하는 동아시아적 양상에 좀더 주목할 것이다. 서구 열강의 대리역인 일본제국의 팽창이 두 나라의 (반)식민성을 규정하는 역할을 했기 때문이다. 그렇다고 삼국의 사건을 일일이 비교하려는 것은 아니고, 반식민지였던 중국의 반일 민족운동인 5·4를 발견적 장치로 삼아 반식민지와 식민지라는 차이가 갖는 의미를 염두에 두고[5] 3·1을 조명하려고 한다.[6]

이 점을 중시하는 것은 '문명화'를 앞세운 제국주의가 조성한 (반)식민지 근대의 복잡성을 꿰뚫어 보고 거기 내재된 근대극복의 계기를 찾기 위해서이다. 이때 '근대적응과 근대극복'의 동시수행을 의미하는 '이중과제론'은 매우 유용한 방법이다.[7] 이를 통해 볼 때 중국

---

4 졸저 『핵심현장에서 동아시아를 다시 묻다』, 창비 2013, 318면.
5 식민지가 어느 한 나라의 직접 지배를 받아 주권을 상실한 것이라면, 반식민지는 직접 지배를 받지 않으나 불평등조약과 세력권의 분할을 통해 영향력을 행사하는 여러 열강들에 의해 주권이 제약받는 것을 의미한다.
6 3·1과 5·4를 본격 비교한 졸고 「역동하는 동아시아의 1919: 혁명의 기점으로서의 3·1운동과 5·4운동」, 『개념과 소통』 23호, 2019. 6. 참조.
7 이중과제론은 근대다운 특성을 반드시 성취해야 하는 긍정적 가치로 보는 태도(예컨대 근대주의)나 폐기해야 하는 낡은 유산으로 보는 태도(탈근대주의)의 이분법의 덫을 넘어서려는 창의적 이론이다. 이에 힘입어 '침략과 저항'의 단선적 역사 이해를 극복할 수 있

은 1911년 공화혁명에 성공했으나 8년 만에 5·4가 일어나고, 한국은 1910년 일본에 강제병합당한 지 9년 만에 3·1이 일어나는 과정의 같고 다름이 지니는 구조적 의미가 좀더 또렷해질 것으로 기대된다.

연동하는 동아시아와 이중과제론의 시각에서 3·1의 세계사적 의의 내지 문명전환의 의미를 다시 묻는 이 작업이 3·1을 새롭게 조명하는 하나의 방법적 모색이 되기를,[8] 그리고 촛불혁명의 역사적 근거를 다지는 동시에 동아시아의 지난 100년, 특히 한국의 100년의 역사를 다시 보는 데 기여하기를 기대한다.

2. 1919년, 새로운 시대의 도래: 개조와 해방의 큰 흐름

한·중·일 세 나라의 근대이행 경로는 청일전쟁(1894~95)에서 러일전쟁(1904~1905)에 이르는 10년간에 결정적으로 갈라졌다. 중국은 청일전쟁에서 패해 열강의 분할지배의 위기에 처함으로써 반식민지로 전락했고, 일본은 1876년 강화도조약 체결에 따라 세계체제의 반주변부로, 러

을 것으로 기대한다. 백낙청 「근대, 적응과 극복의 이중과제」, 송호근 외 『시민사회의 기획과 도전』, 민음사 2016 및 백낙청 외 『문명의 대전환을 공부하다』, 창비 2018 참조.

8 70주년을 맞은 역사학계는 민중사관에 입각해 3·1을 해석한 총결산을 출간한 바 있다(한국역사연구회·역사문제연구소 엮음 『3·1 민족해방운동 연구』, 청년사 1989). 그런데 1990년대 이후 탈민족·탈근대 인식틀이 역사와 문학 연구의 주류를 차지하면서 3·1 연구에도 큰 변화가 이뤄졌다. 흔히 '문화사적 전환'이라 지칭되는 것인데, 민중의 개별화되고 다성적인 주체로서의 면모가 부각되고, 생활세계나 그것을 전승하거나 재현하는 매체 및 형식 등 주관적 측면이 주로 다뤄졌다(허영란 「한국 근대사 연구의 "문화사적 전환": 역사 대중화, 식민지 근대성, 경험세계의 역사화」, 『민족문화연구』 53호, 2010, 92~93면). 필자는 이러한 조류가 3·1의 이해를 다채롭게 만든 성과를 활용하면서도, 식민주의의 규정성 그리고 재래의 운동과 사상 경험의 재구성 등에 둔감한 그 구조적 인식의 결여를 경계한다.

일전쟁을 거치며 중심부로 상승했다. 이렇듯 분기가 형성된 관건은 조선이다.

그런데 중국은 반식민지라는 조건이 허용한 상대적인 자율성의 공간을 활용해 1911년 신해혁명에 성공했다. 얼핏 보면 근대적응에 성공한 듯하나, 그것이 공화의 '형식'을 갖춘 데 그쳐 그 '실질'을 채우려는 5·4가 일어났다.[9]

이에 비해 조선은 1년 앞서 이미 일본제국에 강제병합되고 말았다. 식민당국은 자본주의의 주요 장치들을 식민지에 법적·제도적으로 구축하는 '문명화' 정책을 시행한다 했으나, 재원이 부족한데도 불구하고 서구의 시선을 의식해 너무 조급하게 추진했다. 그래서 무단통치, 즉 헌병·경찰·관리를 매개로 총독부의 폭력적인 지배질서를 민중생활 일체에 관철하는 식민지 근대화 방식을 택한 것이다.[10] 지방에 대해서는 조선시대 지방사회의 독특한 자치적 성격과 전통적인 중앙의 민에 대한 간접 규제 대신 향촌 자율성의 해체와 직접 규제를 강행함으로써 반감을 샀다. 또한 재정 부족을 메우기 위해 주세·가옥세·연초세·영업세·인지세 같은 조세를 신설하고 번잡한 신고서 양식을 채택하면서 식민지 주민이 일상생활에서 겪는 고통을 가중시켰다. 그들은 교육·행정·사법에서의 일상적인 차별이나 공동묘지령, 뽕나무 강제 재배, 화전 단속, 간척사업에의 부역동원 같은 미시적 통제정책에도 시달렸다. 게다가 물가의 살인적 급등 및 콜레라와 장티푸스, 스페인독감 같은 전염병

---

9 신해혁명과 5·4를 제1, 2차 공화혁명의 연속체로 보는 해석은 민두기 『중국의 공화혁명』, 지식산업사 1999 참조(특히 결론).

10 권태억 「1910년대 일제의 '문명화' 통치와 한국인들의 인식: 3·1운동의 '거족성' 원인 규명을 위한 하나의 시론」, 『한국문화』 61집, 2013, 357~59면.

의 창궐도 가세해, '폭발력을 내장'한 지경에 있었다. 문명화의 정당성
에 현저한 균열이 생긴 것이다.

그렇다고 강제병합된 지 겨우 9년 만에 3·1이라는 전민족적 저항운
동이 일어난 것을 적개심과 반항심만으로 설명할 수는 없을 것이다. 여
기서 먼저 1919년을 '인류의 신기원, 해방의 신기운'으로 읽은 시대적
분위기를 살펴볼 필요가 있다.

1919년을 그렇게 인식하게 만든 시대적 사건은 다름 아닌 1차대전이
었다. 비록 전쟁 자체는 비극이지만, 그 결과는 정의와 인도 중심의 '신
사회 건설'로 귀결되고 있다는 인식이 세계 전체에 확산되어 '개조'가
유행어가 되다시피 했다. 신문이나 전보 같은 근대 미디어를 통해 "실
시간에 가깝게 '경험'된" 세계대전은 "세계의 '세계성'을 자각하게 하
고 '동시대성'의 감각을 형성하게 만든 사건"이었다.[11] 조선인은 세계대
전을 통해 서구문명, 문명개화에 대한 개항 이래의 콤플렉스를 어느정
도 극복하고, 희망적 관점에서 일본을 포함한 현 세계질서의 근본적 개
편과 개조를 전망하며, 그러한 세계질서 재편과정에서 민족의 미래를
꿈꾸기에 이르렀다.[12] 세계적 차원에서 동시대인에게 획기적인 것으로
인식되는 특정 사건들이 발생한 '지구적 순간'(global moment)[13]을 공
유하며 문명전환의 새 시대를 맞는 느낌을 처음으로 가졌을 터이다.

그런데 여기에서 좀더 깊이 생각해볼 것은 조선인들이 세계에 대한

---

11 차승기 「폐허의 사상: '세계 전쟁'과 식민지 조선, 혹은 '부재 의식'에 대하여」, 『문학과사
　회』 2014년 여름호 411면.
12 이태훈 「1910~20년대 초 제1차 세계대전의 소개양상과 논의지형」, 『사학연구』 105호,
　2012, 213면.
13 Sebastian Conrad and Dominic Sachsenmaier, *Competing Visions of World Order: Global
　Moments and Movements, 1880s-1930s*, Palgrave Macmillan 2007, 9, 13면.

동시대적 감각을 가지면서도 조선이 그것과 어긋날지도 모른다고 우려했다는 사실이다. 세계사적 전환에 (빠리강화회의에 공식 대표를 파견할 수 있던 중국과 달리) 식민지 조선이 참여할 여지가 있는가에 대한 초조감은 당시 조선인들의 사유와 실천에 중요 변수로 작용하였다.[14] 이 점을 극적으로 보여주는 사례가 있다. 윤치호는 민족자결론에 낙관하는 풍조를 경계하면서 조선 문제는 베르사유협상에서 거론도 되지 않을 것임을 간파하고 3·1에 참여하지 않았다. 이에 비해 최린은 결과에 대한 확신은 없더라도 각국이 소리 높여 평화를 제창할 때 조선민족도 동참하면 좋을 것으로 판단하고 3·1에 참여했다.[15] 아마도 상당수 사람들이 양자의 사이에 위치했을 터이나, 정확한 지식에 기초해 비관한 사람이 아니라 의지에 기대어 낙관하면서 나선 사람들이 국제질서 변동의 (의미를 오해한 것이 아니라) 틈새를 활용해 '지구적 순간'에 동참하며 이를 자기 사회의 변혁과 일치시키고자 한 것이다.

이같은 세계사적 자각은 당시 기독교와 천도교 같은 종교계 인사나 교사·학생들 사이에 널리 공유되어 있었다. 천도교인이자 농민인 황해도의 문창환(당시 24세)이 신문하던 수사관에게 "바로 만국평화회의도 눈앞에 닥친 오늘 조선의 독립은 그 회의의 문제가 되어 좋은 결과에 도달해야 하는 사리라고 생각"한다고 말한 것은 그 확산의 정도를 가늠케 하는 생생한 예라 하겠다.[16]

「독립선언서」에 압축적으로 표현되었듯이 이제 "신천지가 안전에 전개"되리라는 기대 섞인 시대인식과 국제정세 파악은 식민당국의 억압

---

14 차승기, 앞의 글 411면.
15 송지예 「"민족자결"의 수용과 2·8 독립운동」, 『동양정치사상사』 11권 1호, 2012, 199면.
16 「文昌煥 신문조서」, 『한민족독립운동사자료집』 13권, 국사편찬위원회 1990, 158면.

128

의 강도와 더불어 3·1이라는 집단적 저항을 촉발한 요인임이 분명하다. 그러나 이보다 더 중요한 것은 저항 주체의 형성이다.

3. 3·1에 나타난 민의 결집 경험: 주체·매체·목표

민의 결집 경험을 주체, 매체, 목표로 나눠 살펴보려 하는데, 이를 가로지르는 특징은 식민지라는 조건에서 연유하는 근대성과 전근대성의 혼재와 그 의미의 재구성이다. 이 조건은 일제의 '문명화' 정책이 지향한 근대에 '부정적 특성'이 있음을 간파케 하였을 뿐만 아니라 재래의 운동과 사상 경험을 살려 전민족적 저항을 이끌어내는 연료가 되었다.

먼저 주체의 측면부터 들여다보자. 1919년의 시위운동은 전국적인 지휘기구 없이 방방곡곡에서 3, 4월간 자발적으로 전개되었다. 그로 인한 운동의 분산성과 조직적 준비 부족이 일제의 무력탄압을 극복할 수 없었던 내적 요인으로 작용했지만 그럼에도 자발적 조직화, 전민족적 확산, 적극적 투쟁 양상 및 민중의 헌신성은 3·1의 중요한 특징이 아닐 수 없다.[17]

물론 시위운동을 동원할 수 있는 조선인의 조직적인 역량이 분산된 채로 존재했다. 3월 1일 「독립선언서」를 공표한 33인의 대표 전부가 종교계 인사(천도교 15인, 기독교 16인, 불교 2인)였다. 권유받은 명망가들이 거절했기에 불가피한 면도 있었겠지만, 자국 정부가 없는 식민지 조건에서 종교가 사실상 민족의 대변체(代辯體) 구실을 자임한 이례적 특징을

---

17 정용욱 「3·1운동사 연구의 최근 동향과 방향성」, 『역사와 현실』 110호, 2018, 295면.

반영한 것일 수 있다.[18] 특히 신도 수가 300만에 달하고, 일제의 정교분리정책에 협력한 기독교와 달리 당분간 교정일치의 노선을 유지하고자 한 천도교(1905년 동학에서 개칭)는 민족대표의 구성과 자금 조달은 물론이고 지방의 시위 확산에서도 중요한 역할을 맡았다. 그뿐만 아니라 한말 애국계몽운동과 식민지배라는 엄혹한 여건에서 민족주의 교육에 의해 성장한 청년학생층, 그리고 향촌사회에 대한 일제의 조직적 해체정책에도 불구하고 남아 있던 향촌공동체의 양반유생 및 동학농민운동이나 의병운동의 흐름이 작동했다.

그들의 활동상은 흔히 '도시형-평화형' 시위에서 '농촌형-공세형' 봉기로 변화해간 것으로 이해된다.[19] 그러나 전체상을 보면 처음부터 양자가 혼재했던 것 같다. 무엇보다 3·1을 전국적으로 확산시킨 주역인 농민의 참여로 만세시위가 '내란'을 방불케 하는 양상을 띠었다는 사실도 그간 지방사 연구성과가 축적되면서 드러났다.[20] 폭력적 시위의 양상이 나타났고, 처음부터 폭력행동을 불사한 경우도 있었다. 이때의 폭력행동이란 비대칭적 폭력 진압에 대응한 "불의에 대한 정당한 분노"였다. 게다가 나름의 자율성에 따라 일본제국의 식민주의 체제폭력의 대리기구와 그 대리인으로 대상이 한정된 것이었다.[21] 이것은 민족대표가 당초 요구한 전술적 고려사항인 시위방법으로서의 '비폭력'과 배치된다기보다 민족자결, 민권 및 평등의 실현을 담은 적극적인 평화, '아

18 장석만 「3·1운동에서 종교는 무엇인가」, 박헌호·류준필 엮음, 앞의 책 211면.
19 이정은 『3·1독립운동의 지방시위에 관한 연구』, 국학자료원 2009, 340면. 대개의 고등 국사 교과서가 이렇게 서술하고 있다.
20 배성준 「3·1운동의 농민봉기적 양상」, 박헌호·류준필 엮음, 앞의 책 297면.
21 김영범 「3·1운동에서의 폭력과 그 함의」, 『정신문화연구』 41권 4호, 2018, 86, 93면.

래로부터의 평화'[22]라는 세계사적 의미가 있다.

3·1 주체의 양상은 5·4의 그것과는 차이가 있다. 5·4는 근대 지식인과 '신청년'인 학생들의 주도 아래 상인과 노동자가 참여하여 삼파(三罷)투쟁(철시·파업·동맹휴교)을 벌인 도시를 중심으로 한 각계(직능별) 민중연합의 민족운동이었다. 물론 조선에서도 학생이 촉매 역을 한 것은 마찬가지이고 상인과 노동자의 참여가 없었던 것은 아니다. 상인들이 조선시대 국정 항의 수단이었던 철시라는 재래 방식을 활용해 가담했다. 또한 노동자와 직공은 파업을 감행했고, 학생들은 3개월 이상 동맹휴교를 벌이기도 했다. 그러나 중국에 비하면 규모가 작았다. 이것은 반식민지 상태에서 자율성이 상대적으로 제약된 정부이긴 하나 자체의 힘으로 근대에 적응하면서, (1차대전으로 서구 열강이 제 문제에 몰두하느라 상대적으로 중국에 틈새가 생긴 시기를 활용해) 민족산업이 활황을 이룬 중국과 식민지 조선의 차이이다.

여기에서 3·1의 독특성인 근대성과 전근대성의 혼재와 재구성이 또렷해진다. 위에서 보았듯이 종교세력, 청년학생, 양반유생이 참여했고, 여기에 동학농민운동이나 의병운동의 흐름이 민란의 투쟁 경험과 기억을 바탕으로 가세한 것이다. 이 점에서 3·1은 5·4의 주체인 각계 민중연합보다 더 다층적인 주체의 (범계급적·범민족적) 연대운동이라 할 만하다. (종교세력과 농민이 직접적인 원동력이었음은 두드러진 차이다. 이들은 근대극복의 촉매 역할을 할 가능성을 안고 있었다.)

이 특징은 그들이 운동을 확산하는 데 활용한 각종 매체에서도 드

---

22 열강국가 지도자 중심으로 논의된 '위로부터의 평화'가 아니라 '아래로부터의 평화'라는 발상은 권헌익 인터뷰 「1919년의 세계사적 의미를 되새기는 '평화 연구' 필요」, 한겨레 2018. 9. 14. 참조.

러난다. 먼저 국상이라는 의례와 만세라는 결집 매체부터 살펴보자. 3·1은 마지막 왕이나 다름없는 광무황제(고종)의 국상으로 많은 사람이 모일 것을 예상하고 이 기회를 활용한 것이다. 그런데 황제에 대한 애도·추모의 분위기와 어울리지 않는 유희이자 축제로서의 만세에 대한 호응이 혼재한 독특한 양상을 보여주었다.[23] 이 점은 '만세'라는 구호에서 좀더 선명하게 드러난다.

조선조에서 '천세(千歲)'와 혼용되던 '만세'는 1897년 대한제국의 성립으로 일원화되었고, 독립협회운동을 거쳐 애국계몽운동기에 일반화되어 근대적 지식인에 의해 계몽적으로 확산된 정치문화였다. 그런데 3·1에 이르러 그것이 "민란의 정치문화를 매개로" 하여 "민족의 일체감을 양성해 일본에 대한 저항을 전국적으로 표상하는 민중의 발성장치"가 되었다.[24]

민중동원의 주요 매체였던 태극기와 깃발에서도 이러한 양상은 잘 드러난다. 대한제국 황제의 통치권을 표상한 태극기는 3·1 지도부가 제국의 기억을 직접적으로 불러일으킬까 우려해 조직적으로 활용한 것 같지는 않다. 그러나 이것이 점차 국가와 국민의 일체화를 표상하는 쪽으로 의미가 바뀌었다.[25] 또한 동학농민운동에서 이미 수없이 등장했던 깃발을 통해 시위 참여자 자신 혹은 자신이 속한 공동체의 명의를 밝히는 사례들이 종종 나타났다. 이제 깃발들은 개인과 집단의 정치성을 표방하는 수단이요 투쟁과 저항의 근대적 상징이 되었다. 만세가 지역으

---

23 권보드래 「3·1운동의 밤」, 박경석 엮음 『동아시아의 '근대' 체감』, 한울 2018, 102면.

24 조경달 『민중과 유토피아』, 허영란 옮김, 역사비평사 2009, 243면.

25 권보드래 「'만세'의 유토피아: 3·1운동에 있어 복국(復國)과 신세계」, 『한국학연구』 38집, 2015, 204면.

로 확산될수록 지하신문이나 선언서보다 깃발과 통문이나 격문이 더 많이 활용되었다.[26]

그밖에 공론장으로 학교, 교회 등 종교시설 및 장터가 활용된 것도 눈여겨봐야 한다. 정기시가 열리는 장터는 운동에 관한 소문이 구전되는 폭발적 매개공간이었다. 19세기 말 농민운동에서 불리었던 현실비판가사와 1900년대 신문이라는 새로운 매체를 이용해서 실현된 소통방식인 계몽가사[27]가 각종 애국운동가에 미친 영향도 무시할 수 없지 않을까 한다. 또한 봉화시위나 등불행진(山呼) 같은 재래의 방식을 활용한 것도 놓쳐서는 안 된다.[28] 그밖에 기차에 의해 재래적인 방식인 소문과 방문(訪問)이 증폭되고 근대적 인쇄매체(등사기 등) 덕에 3·1의 '전국화'가 이뤄진 것도 주목된다.[29]

이와 같이 재래적 비문자미디어와 근대적 문자미디어가 운동의 필요에 따라 두루 동원된 매체의 다층성은 3·1로 형성된 저항문화의 특성이라 하겠다. 신해혁명 때는 재래적 결집 매체가 더러 동원되었지만, 5·4 시기 자본주의가 한층 더 진전되어 주요 도시에서 조직된 동아리(社團), 신문과 잡지 및 전보 같은 근대적 인쇄매체가 주로 활용된 사실과 대조된다. 이 역시 반식민지와 식민지의 차이가 빚은 특성이다.

이어서 3·1에 참여한 사람들의 목표에 대해 살펴볼 차례이다. 현장에

---

26 박찬승 「3·1운동기 지하신문의 발간경위와 기사내용」, 『한국학논집』 44집, 2008; 이기훈 「3·1운동과 깃발」, 이기훈 엮음, 앞의 책 참고.

27 임형택 「한국문학사를 사고하는 하나의 길: 민중운동·공론장·정의」, 『고전문학연구』 54집, 2018.

28 조경달, 앞의 책 240면; 배성준, 앞의 글 310면.

29 천정환 「소문(所聞)·방문(訪問)·신문(新聞)·격문(檄文): 3·1운동 시기의 미디어와 주체성」, 박헌호·류준필 엮음, 앞의 책 259면.

서 불린 '만세'에는 개인과 민족의 해방 욕구, 그리고 새나라에 대한 기대가 담겼다. 그렇다면 그들은 새나라를 공화정으로 표상했을까. 이와 관련해 애국이 곧 충군이라는 관성에도 불구하고, 대중적 역량을 과시한 3·1의 "시위자들은 고종과 함께 왕조적 질서에 대한 역사의 장례를 치렀던 셈"이다.[30] 조선에서 1919년 전후해 복벽운동도 없지는 않았지만, 강제병합으로 사실상 군주제가 폐기되다시피 한 공백에서 과거와의 단절은 쉽게 공화정에 대한 전망을 불가역적인 것으로 확산시켰다. 여기에 신해혁명 소식도 작용했다. 이 점은, 중국이 신해혁명으로 황제제도와 형식적으로 단절해 5·4를 거쳐 공화의 실질을 추구하는 단계를 밟은 것과 다르다.

공화주의라는 쟁점과 관련해, 필자는 3·1 전개과정에서 대두된 '국민대표'라는 구호의 사용에 특별한 의미를 부여한다. 국민국가를 새로 구성하는 과정에서 국민에게 주권이 있고 국민들이 주권을 대표에게 위임했다는 사상이 국민대표라는 인식에 잘 드러난다. 4월 23일 종로 보신각을 중심으로 대대적으로 벌어진 시위가 '국민대회'였다. 여기에서 지역의 대표가 국민대표를 구성한다는 발상이 나타났다. 국민의 대표로 구성되는 공화국이라는 이상은 민중 사이로 빠르게 확산되었다. 3·1의 과정에서 단체나 조직을 만들지 않고 스스로 민족대표 혹은 국민대표로 자처하는 개인들도 출현했다.

5·4에서 톈안먼광장에 모인 민중들이 연 것이 '국민대회'였고, 이 경험으로부터 각계 연합의 권력체인 '국민회의' 구상과 이를 실천하려는 '국민회의운동'이 1920년대로 이어져 중국국민당과 공산당에도 영향

---

30 김흥규 『근대의 특권화를 넘어서』, 창비 2013, 179면.

을 미쳤다. 선거를 통해 지역대표를 제대로 뽑을 수 없었던 당시 민주주의를 실현하는 방식으로 제기된 것이다. 여기 담긴 대표성과 직접성의 의미는 되새겨볼 만하다. 3·1과 5·4에서 이들 대표가 선거와 같은 공식적이고 합법적인 선출과정을 거친 것은 아니다. '대표'의 정당성은 잇따른 민중시위에 의해 사후적으로 추인되고, (일본)제국주의의 지배를 거부하고 국민의 이해를 대변할 때 인정되는 것이다.[31] 식민지 조선에서 후자가 좀더 두드러졌다고 판단된다. 이는 지역대표로 구성된 대의제 민주주의를 넘어선 좀더 새로운 민주주의의 실험으로 읽을 수 있지 않을까 싶다.[32]

3·1에서 표출된 공화제에 대한 열망을 담아 1919년 4월 11일 중국 상하이에서 대한민국임시정부가 출범했다. 3·1의 정신은 이날 선포된, 10개 조항으로 이뤄진 '대한민국임시헌장'에 반영됐다. 임정의 법통성이 갖는 정치적 함의, 그리고 임정에 대한 과잉기대감과 맞물린 과잉대표성에 대한 논란이 학계에 존재하는 모양이다.[33] 이 논의에 개입하기보다는 임정의 지향을 포함해 3·1이 독립의 정당성을 주장하는 내적 논리가 자결(自決)에 입각한 민주와 평등의 실현이라는 실질을 추구한 점,

---

31 이기훈 「3·1운동과 공화주의: 중첩, 응축, 비약」, 『역사비평』 2019년 여름호.
32 졸고 「중국현대사에서의 민주주의와 국민회의운동」, 『인문과학』 84집, 연세대 인문과학연구소 2002. 여기에서 필자는 국민회의운동에 관심 갖는 동아시아 연구자들이 "각자가 처한 현실, 특히 현존하는 대의제 민주주의에 대한 비판에서 출발하여 대안적 민주주의 모델을 추구"하려는 동기를 갖고 있다고 보았다(169면). 한국 학계에서는 직업대표제가 대표성과 직접성을 획기적으로 제고하여 민주공화의 원리에 더 충실하다는 견해를 축으로 중국 민주주의를 재검토한 유용태의 「20세기 중국의 민주주의 구상」(『녹색평론』 2018년 1-2월호)이 있다.
33 김정인 「3·1운동과 임시정부 법통성 인식의 정치성과 학문성」, 『서울과 역사』 99호, 2018, 234면; 공임순 「3·1운동의 역사적 기억과 배반, 그리고 계승을 둘러싼 이념정치: 3·1운동의 보편(주의)적 지평과 과소/과잉의 대표성」, 『한국근대문학연구』 24호, 2011, 221면.

달리 말하면 민주주의를 새롭게 구상하는 원천으로서 의미가 있음[34]을 새겨두는 데 그치겠다. 이 민주공화라는 목표가 대의민주주의를 넘어서고 평등을 추구한다는 점에서 "표면적으로 보면 근대적 정치모델을 추구한 것처럼 보이지만 내용적으로 근대극복의 의지를 포함한" 자산으로 삼을 수 있을 것이다.[35]

이와 함께 필자는 새나라에 대한 열망을 단순히 제도적으로 공화정이 실현되었는가에 축소해 이해할 일은 결코 아니라고 강조하고 싶다. 3·1에 나타난 '종교적 열망'이라 부름직한 유토피아에의 열망, 즉 개인의 이익과 민족의 독립과 세계 해방이 융합된 '현세적 유토피아니즘',[36] 또는 억눌리고 잠재해 있던 민중의 변혁의식이 일거에 폭발한 '해방주체의식'[37]에 주목해야 한다.

동학을 비롯한 여러 민중신앙을 통해 전승된 후천개벽의 소망과 대동사상[38]이 새세상에 대한 열망으로 힘을 실어줘, 3, 4월간 계속된 3·1이 계급과 계층, 도시와 농촌을 망라한 전민족적 항쟁으로 거듭났으며, 전국을 "인민자치의 해방구"[39]로 만들었다. 1911년과 1919년 두 단

---

34 김정인 『오늘과 마주한 3·1운동』, 책과함께 2019, 202~208면.
35 이남주 「3·1운동, 촛불혁명 그리고 '진리사건'」, 『창작과비평』 2019년 봄호 69면; 본서 187면.
36 권보드래, 앞의 글 212면.
37 조경달, 앞의 책 230면.
38 이상사회로서의 대동사회 사상을 밑바탕에 둔 유교적 보편주의, 곧 '문명주의'와 민족자결주의가 결합한 것을 3·1의 의미로 보는 견해도 있다. 미야지마 히로시 「민족주의와 문명주의: 3·1운동에 대한 새로운 이해를 위하여」, 박헌호·류준필 엮음, 앞의 책 67면.
39 김정인 「3·1운동의 민주주의 혁명성 문제」, 『3·1혁명 100주년기념사업추진위원회 결성식: 95주년 기념 학술회의』, 3·1혁명 100주년기념사업준비위원회 2014, 139면. 당시 총독부의 재판, 경찰과 행정 제도를 거부하거나 면 단위 자치를 시행해야 한다는 의견이 제기되었고, 실제로 일부 지역에서는 시위 대중이 면사무소를 장악, 며칠 동안이나마 행정 업

계 공화혁명을 거친 중국과 달리 압축된 에너지가 한번에 불붙어 그만큼 파급력이 컸던 것이 아닐까. 아마도 그래서 훗날 '그 위대한 정신의 비약'으로, 또는 '헤테로토피아적 공간'[40]으로 기억되는 것일 터이다.

3·1로 얻어진 해방의 체험은 사회적·개인적인 영역 전반에 걸쳐 시간관념에 미친 영향에서 잘 드러난다. 당시 '기미 이후(己未以後)'라는 관용어가 자주 사용되었는데 이는 "전에 보지 못하던 새 현상", 즉 "전에 듣지 못하던 새말이 많이 생기고 전에 쓰지 못하던 새 문자도 많이 쓰게 된" 상황을 의미했다. 3·1은 당대 민족운동 혹은 '사회운동'을 시기구분하는 중요한 단위이자 개인 시간을 재는 한 척도, '시간적' 기준점 역할을 맡았다.[41] 이러한 분위기가 팽배했기에 3·1로 인해 이전에 부정적으로 묘사된 조선인의 민족성에 관한 긍정적인 평가가 가능하게 되었다는 사실도 흥미롭다.[42]

이 자신감이야말로 '3·1운동세대'라는 새로운 주체를 탄생시켰다. 이 변혁의 사건을 경험한 그들이 바로 '하늘을 본' 사람들이다.[43]

무를 스스로 처리한 적도 있다. 권보드래, 앞의 글 212~13면.

40 김진호 「3·1절과 '태극기 집회': 잃어버린 민중의 기억」, 이기훈 엮음, 앞의 책 참고.

41 류시현 「1920년대 삼일운동에 관한 기억: 시간, 장소 그리고 '민족/민중'」, 『역사와 현실』 74호, 2009, 183~85면.

42 「일본 친구여(상)」, 동아일보 1921. 3. 4; 『일제하 동아일보 압수 논설집』, 동아일보사 1978, 30면; 류시현, 앞의 글 191면에서 재인용.

43 동학에 4·19를 겹쳐 본 신동엽의 시 「누가 하늘을 보았다 하는가」에 착안해 촛불혁명의 주체를 "하늘을 본 시민"으로 지칭한 백낙청의 표현 참고. 백낙청 「하늘을 본 뒤에 무엇을 할까」, 창비주간논평 2018. 12. 27.

4. 3·1의 성공과 실패를 넘어서: 운동과 사상의
   누적적 성취

베르사유조약 체결 과정에서 미해결된 문제를 논의하기 위해 모인 워싱턴회의(1921~22)에서 미국·영국·일본의 협조체제(곧 워싱턴체제)가 성립되어 열강의 동아시아에 대한 기득권이 보장되는 '상대적 안정기'에 들어갔다. 일부 독립운동가의 전망과 달리 일본의 입지는 굳어졌다. 1922년을 전후한 시점의 이러한 국제정치적 상황과 맞물려, 3·1로 분출된 독립에의 기대는 약화되었다. 3·1이 수그러들면서 민중은 일상생활로 돌아간 것처럼 보인다. 3·1 직후와 비교하면 비관적인 분위기가 짙어졌다.

이러한 국면이 초래된 것은 일차적으로 1919년의 민족봉기가 식민당국에 의해 폭력적으로 억압된 탓이다. 그런데 1919년에 분출된 해방의 열망 속에 담긴 다양성이 공화의 지향으로 수렴되긴 하였으나 그 제도화의 길이 제약된 식민체제 아래 그 실질을 둘러싸고 곧 분화가 벌어질 수밖에 없었다는 면도 무시할 수 없다. 그 결과 민족운동세력이 좌우익으로 갈라졌다. 그렇다면 3·1은 실패한 것인가.

근대성의 지표인 국민국가 건설이라는 정치제도화의 기준에서 볼 때 단기적인 성취에 실패한 것은 부인하기 어렵다. 당장 독립하여 자주적인 국민국가를 세운 것이 아니고, 공화정을 채택한 임시정부 설립의 의의는 높이 평가되나 파벌과 갈등에 시달려 한반도 안팎의 민족운동 전체에 지도력을 발휘할 수 없었던 한계도 무시할 수 없다. 같은 시기 반식민지 중국에서 5·4를 경험하고 새로운 주체로 각성한 청년학생들이 '사회개혁적 자아'의 형성 경험을 거쳐 직업혁명가로 전환하며 국민당

과 공산당이 연합해 추진한 반제반군벌의 국민혁명에 참여한 양상과 분명 차이가 있다.[44]

물론 당시 일본 하라(原敬) 내각이 권력층 내부의 분파를 이용해 제국의 식민지 경영 전략을 개혁하는 데 추진력을 제공해 식민지가 본국의 질서 변동에 영향을 미친 사례가 된 것을 정치제도화 측면에서 3·1의 효과로 볼 수 있다. 더욱이 그 일환으로 조선에 대한 통치정책도 문화통치로 바뀌어 한반도에서 민족운동이 활력을 띨 제도적 공간을 확보한 것도 중요한 성취이다.[45]

그러나 3·1의 의미를 제도화의 측면에서만 좁게 평가할 일은 아니다. 그를 넘어 사상과 운동 경험이 계속 학습되는 '점진적·누적적 성취'(incremental achievement)[46]로서의 3·1에 주목해볼 필요가 있다. 1920년대 이래 각지에 청년회는 물론이고 전국적인 규모의 농민·노동자·여성 단체도 결성되었다. 또한 중국으로 떠난 이주자들의 국경횡단적 단체들(특히 항일 무장투쟁조직)도 출현했다. 그래서 해외 독립운동가 단체들이 '대혁명'으로 지칭해왔고, 1941년 (좌우합작의) 임시정부가 '3·1대혁명운동'이라 불러 「건국강령」에도 그렇게 적혔다. 해방 직후에도 좌우익 모두에게 (분기된 채로) 중시되었다. 또한 1950년대를 거치면서 한반도의 남쪽에서 3·1을 남북통일과 결부시켜 기억하는 관습을 확립한 동시에 1950년대 중반 이후부터는 3·1을 민주주의와도 결

---

44 졸저 『중국현대대학문화연구』, 일조각 1994 참고(특히 결론).
45 총력전인 1차대전을 겪은 일본정부가 1920년대 들어가 안정적인 자원공급의 중요성을 절감하고 식민지에서 유화적인 통치방침으로 전환한 경제적 요인도 주목해야겠지만, 그렇다고 해서 조선이 제국 일본에 미친 영향이 덜 중요한 것은 아니다.
46 Nak-chung Paik, "South Korea's Candlelight Revolution and the Future of the Korean Peninsula," *The Asia-Pacific Journal* Vol. 16, No. 3, 2018. 12. 1, 6면.

합시킨 과정은 이미 상당히 밝혀졌다. 그러니 여기서는 문명론적인 차원의 성취에 대해서 좀더 깊이 살펴보겠다.

우선 3·1 당시 조선인들이 3·1의 세계사적 동시성을 꿰뚫어 보았음은 뜻깊다. 3·1이 5·4에 미친 영향에 대한 1920년대의 인식을 보여주는 『동아일보』의 한 사설을 인용해보자. "기미년 우리 3·1운동에 곧이어 일어난 모든 민족운동 중에는 중국의 5·4운동도 그 하나이니"(1925. 3. 2)라고 5·4와의 연관을 언급했다. 그뿐만 아니라 1918년 일본에서 일어난 서민의 '쌀소동'도 조선인들은 연동된 것으로 파악했다. 1차대전의 호경기 이래 갑자기 식생활이 풍부해져 쌀밥을 먹게 된 일본의 도시 빈곤층이 쌀값 폭등으로 타격을 받자 분노한 나머지 1918년 저 유명한 '쌀소동'을 일으킨 데 비해, 조선인은 쌀값 폭등에 덜 민감해 쌀소동이 일어나지 않았다. 강제병합 이후 쌀 공출이 증가하면서 잡곡을 더욱더 주식화할 수밖에 없었기 때문이다.[47] 그런데 당시 염상섭은 "쌀폭동과 유학생의 행동은 그 표면은 달라도 그 생존의 보장을 얻으려는 진지한 내면의 요구에 있어서는 다른 점이 없다"[48]고 보았다.

이같은 '연동하는 동아시아'에 대한 자각은 '지구적 순간'을 지역적으로 전유한 새로운 시대인식·세계인식에서 우러나온 것이기에 더욱 돋보인다. 같은 맥락에서, 현상유지국인 '영미 본위의 평화주의'를 비판하며 자신을 축으로 동아시아 질서를 재편할 것을 주장하는 현상타파국 일본의 평화론이 지닌 모순을 폭로하고,[49] '이중적 주변'인 조선

47 趙景達「シベリア出兵と米騒動」, 『歴史地理教育』 2018년 6월호 6~8면.
48 염상섭 「조야의 제공에게 호소함」, 한기형·이혜령 엮음 『염상섭 문장 전집 1: 1918-1928』, 소명출판 2013, 48면.
49 이리에 아키라 『20세기의 전쟁과 평화』, 조진구·이종국 옮김, 연암서가 2016, 105, 106면.

의 독립이 "동양의 평화가 중요한 일부가 되는 세계평화에 꼭 있어야 할 단계"임을 짚어낸(「독립선언서」) 동아시아 인식도 나타났다. 그런데 3·1을 경험한 그들은 한걸음 더 나아가 거기에서 근대극복의 계기를 찾았다.

식민지 시기 일제가 강조했던 '선진문명기술'을 기준으로, 즉 근대적 응의 시각에서만 보았을 때는 일본에 대해 비판적인 입장을 지니기 어려웠다. 그런데 이제 세계사적 조류인 정의와 인도에 입각한 '개조'의 시대에 부합하는가 여부가 우열을 판단하는 중요한 기준이 되었다. 이 기준에 비춰보면, 일본은 남녀불평등, 관존민비, 노동자·농민의 열악한 생활환경 등이 존재하는 나라일 뿐만 아니라 조선, 중국을 침략한 '불의'의 존재가 된다. 요컨대 일본이 서구문화보다 후진적이라고 평가할 수 있는 인식틀을 확보한 것이다.[50] 그런데 근대의 '성취할 만한 특성'을 기준으로 일본이 그에 미달함을 지적하는 데 그친다면 근대극복의 계기로 부족하나, 이같은 문명비판론이 조선에 밀착해 식민지 현실을 천착한다면 그 의미는 달라질 수 있다.

여기서 더 깊이 들어가, 세계체제의 위계구조에서 하위인 식민지에 처한 조선인은 세계의 시간과 조선의 시간 사이에 놓인 불일치에 민감하기 때문에[51] 오히려 조선이 근대적응에 매몰되지 않고 대안적 문명에 도달할 지름길을 찾을 수 있다는 문제의식에 이른 사례를 보자. "현대문명이 최후의 표준이라 하면 말할 것이 없지마는 현대문명 이상에 현대문명을 파괴하고 나아갈 그 어떤 경애(境涯)가 있어" 인류가 미리

---

50 류시현, 앞의 글 192면.
51 허수 「제1차 세계대전 종전 후 개조론의 확산과 한국 지식인」, 박헌호·류준필 엮음, 앞의 책 151면.

그 방향으로 나아가기 위해 "무한의 노력을 힘쓴다 하면 우리들에게 이만한 행복이 다시없을 것"이니, "조선사람 된 자——또는 조선과 같은 처지에 있는 민족으로서는 낙심 말고 노력"해야 한다고 역설한 문장이 그에 해당한다.[52] 이것은 하나의 사례에 불과하나, 당시 천도교가 주도해 상업적으로도 성공한 종합지 『개벽』(1920. 6~1926. 8)의 주요 논조에 닿아 있다. 이는 세계사적 조류인 문명비판론(특히 자본주의 병폐를 비판한 개조론)과 결합된 천도교의 ('새로운 세상을 연다'는 뜻의) 개벽사상, 곧 문명전환운동을 바탕으로 하는데, 이 내용이 당대의 조선민족이 꾸려가던 일상적 삶의 곤궁에서 비롯되는 실감에 잘 부합되었기 때문에 1920년대에 '시대의 총아'가 되었다.[53]

조선이 다른 피억압민족들과 더불어 추구해야 할 대안적 문명의 길에 대한 자각은 당시 동아시아에서 연동되는 열띤 쟁점인 동서문화논쟁의 구도에 비춰보면 도드라진 의미를 갖는다. 1920년대 중국에서 '중서문화논쟁'이 대두했는데, 서양문명은 몰락했고 중국문명이 인류의 대안이라는 문화보수주의와 그에 저항하여 중국은 아직 서구에서 배울 것이 많다고 주장한 후스(胡適)로 대표되는 서화론자(西化論者), 여기에 맑스주의자 진영들이 가세했다. 그런데 중국의 문화논쟁을 일본의 『카이조오(改造)』지에 관통된 문명론과 비교한 논자는 일본 논의의 왜소함이 드러난다고 지적한다. 근본적으로 『카이조오』는 중국 지식계에서 보였던 근대문명에 대한 근원적인 회의가 보이지 않고, 서양의 새로운 지적 흐름을 순수한 이론으로 전달하는 수준에 머물렀다. 반면 중국

---

52 저자 미상 「問題의 解決은 自決이냐 他決이냐」, 『開闢』 33호, 1923. 3. 인용문은 현대 표기로 바꿈.
53 최수일 『'개벽' 연구』, 소명출판 2008, 399~403면.

지식인에게서는 서양문명에 대한 근원적 회의가 보이지만 문화적 민족주의와 결합된 면이 있다.[54] 이 관점에 비춰 당시 조선의 사상계를 보면, 조선은 근대문명의 가치와 과거 제국주의 국가들을 분리시킴으로써 자유, 평등, 정의, 인도와 같은 보편적 근대가치를 통해 근대화에 매몰된 일제의 지배이데올로기를 비판하는 동시에 장기적으로 일제의 식민통치를 사상적으로 상대화하고 비판할 기반을 갖게 되었다.[55] '이중과제'의 관점에서 말하면, 제국주의 일본은 근대의 적응, 아니 추종에 치우쳤고, 반식민지 중국은 근대극복에 관심이 미쳤으나 근대적응에 치중하면서 중국문화의 특수성을 강조하는 문화적 민족주의로 보완하고자 했다. 이에 비해 식민지 근대의 '부정적 특성'을 체감하며 근대극복에 더 관심을 갖게 된 조선은 근대적응과 근대극복의 이중과제를 동시에 수행하는 긴장을 유지할 계기를 발견하면서 일국을 넘어 피압박민족들과의 연대의 길을 열 가능성이 있었다고 볼 수 있지 않을까.

이러한 대안문명론을 당시의 사상계 구도 속에 놓고 보면 그 의미가 한층 더 선명해진다. 19세기 말 이래 개화파의 흐름이 근대적응에 치중한 나머지 3·1 쇠퇴기에 식민성을 도외시한 타협적 자치론으로 기울기 쉬웠다면, 척사파의 흐름은 근대의 '성취할 만한 특성'조차 간과하다가 해외무장투쟁으로 그 일부 명맥을 유지하거나 정치와 거리를 둔 채 개인수양(內修)에 침잠했다. 이 두 흐름에 비한다면 동학이 주도한 개벽파가 '이중과제'의 수행에 어느정도 부합하는 흐름이다.[56] 동학농민운동

---

54 백지운 「문명의 전환과 세계의 개조: 1차대전 직후 『카이조오(改造)』의 문명론」, 『동방학지』 173집, 2016, 156면.
55 이태훈, 앞의 글 225면.
56 삼자구도에 대해서는 백낙청 외, 앞의 책 242면 및 조성환 『한국 근대의 탄생: 개화에서

의 실패 뒤 식민지배 아래 개화파를 일부 수용하는 동시에 천도교라는 종교단체로 전환해 3·1에 크게 기여하고, 대안문명론을 제기하면서 사상계에 상당한 영향력을 가졌던 것이다.[57]

대안문명론은 지식인 사회를 넘어 (일상의 생활세계로 돌아간) 민중에게도 일정 부분 공유되었다. 3·1 때 폭발적으로 분출했던 해방에 대한 경험을 내연(內燃) 상태로 품고 있던 일부는 민족종교에서 그 염원을 이어가기도 했다. 그런데 세계시장에 더 깊이 얽혀 들어가는 식민지 조건에서 주술성에 의존해 초월적인 정신세계로의 비약을 선택한 위험은 없는지 각 종교를 유형별로 분별해볼 필요가 있다.[58]

이 기준에서 보면 그 지도부가 1920년대 후반 신·구파로 분열되어 일부가 근대적응에 치중한 나머지 점차 식민당국의 근대화정책에 순응하다 끝내 교단 자체가 (여전히 커다란 영향을 가졌으나) 전쟁협력 단체로 변질하고 만 천도교의 한계도 설명된다. 이에 비해 동학의 개벽론을 계승하는 동시에 불교와도 결합한 불법연구회(해방 후 원불교의 전신)가 개인수양과 사회변혁을 동시수행하면서 물질개벽(곧 물질문명시대)에 상응하는 정신개벽을 제창한 문명전환운동은 당시 민족종교 가운데 이중과제의 기준에 어울리는 것으로 주목할 가치가 있다.[59] 이것이 식민

개벽으로』, 모시는사람들 2018, 109~10면.

57 허수는 대안적 문명론을 당시의 개조론의 하나의 갈래인 문화주의적 개조론으로서 분류하고, 그 가치를 실현할 수 있는 실질적인 역량과 제도를 마련하는 데 미흡했음을 지적하면서도 그것이 귀중한 이론적 자산으로서 현재적 의미를 가질 수 있다고 본다. 허수 「20세기 초 한국의 평화론」, 『역사비평』 2014년 봄호 63면.

58 趙景達「植民地朝鮮における佛法研究會の教理と活動」, 武内房司 編『戰爭·災害と近代東アジアの民衆宗教』, 有志社 2014. 그는 당시 종교를 대부흥운동, 종말적 미신 강화, 종교의 정치운동화 및 내면세계 구제와 사회공헌의 동시 수행이라는 네가지 유형으로 구별한다.

59 백낙청 외, 앞의 책 243, 245~48면.

144

지 조건에서 영향력이 크지도 않았을뿐더러 자주적 국민국가 건설이라는 제도적 차원의 절실한 과제와 바로 연결되지 않는 한계가 지적될지도 모르겠다. 이와 관련해 8·15 뒤 두달 만에 2대 종법사의 『건국론』이 발표된 것으로 미뤄보면 그에 대한 경륜이 내재했던 것 같다는 짐작만을 덧붙이고 싶다.[60] 단, 식민체제를 감당하면서 이를 극복하는 이중과제를 수행하는 긴장을 얼마나 실행했는지는 깊이 들여다볼 일이다. 물론 원불교 이외의 다른 사례들(종교뿐만 아니라 사회주의를 포함한 다른 여러 갈래의 사상과 운동 경험들)도 같은 기준에서 더 검토해볼 여지가 있겠지만, 앞으로의 일감으로 미룰 수밖에 없다.[61]

이것은 암흑기라 할 1910년대 혹독한 상황에서 새로운 지적 자극에 끊임없이 노출된 지식인들의 치열한 사상적 고투와 민중의 '새세상'을 향한 오랜 열망이 3·1로 합류해 솟구쳤다가 자신감과 좌절감을 잇달아 경험한 뒤에 거둔 결실이다. 공화정이 형식상 들어섰으나 곧 위안 스카이(袁世凱)의 복벽(1915)이라는 막간극을 겪을 정도로 그 혁명의 성과가 굴절되는 과정에 대한 반성에서 반전통과 서구화에 몰두했던 중국과는 다른 경로의 '신문화운동'을 겪은 셈이다.

그러한 고투와 열망이 있었기 때문에 3·1의 사상과 운동 경험은 계속 학습되는 원천이 되어왔다. 서로 다른 시기의 다음 두 인용에 귀 기울여보자. 소설가 안회남(安懷南)은 해방 직후, 28년 전의 3·1보다 "더 크

---

60 백낙청 「통일사상으로서의 송정산의 건국론」, 백낙청 지음, 박윤철 엮음 『문명의 대전환과 후천개벽』, 모시는사람들 2016.
61 그같은 관점에서 시도된 작업은 백낙청 「3·1과 한반도식 나라만들기」, 『창작과비평』 2019년 여름호 314~17면(본서 27~31면) 참조. 여기서는 일본의 식민지체제에 대한 개량 아닌 변혁(곧 독립)을 수행하되 양 극단을 배제한 변혁적 중도주의를 적용해볼 것을 제안하고 있다.

고 더 힘찬 새로운 3월 1일을 가져와야 할 것"이라고 다짐한다. 그보다 한참 뒤 생명운동가 장일순(張壹淳)은 민족의 자주를 천명하는 속에도 "비폭력이라고 하는 정신"이 깃들어 있는데 "그건 바로 동학의 정신"임을 지적하며 '반생명적인 일체'의 것과 싸우는 정신으로서의 3·1을 노래한다.[62] 3월 1일이 단순한 기념일이 아니라 부단히 시대의 과제에 대응해 새로운 변혁의 주체를 일깨우는 자원임을 보여준다.

5. 1919년과 2019년의 대화

이 글을 마무리하기 전에 피할 수 없는 질문에 이른 것 같다. 3·1운동을 '3·1혁명'으로 고쳐 불러야 하는가이다.

사실 혁명과 시위 사이 '운동'이라는 용어로 낙착된 것은 해방 이후이고 이것이 지금까지 이어져왔다. 그런데 거슬러 올라가면 3·1을 전후해 언론·출판 공간의 제한으로 '혁명'을 제대로 거론할 수 없던 시절에도 조선 청년들이 1910년 이후 신해혁명을 동시대적 사건으로 겪고 타이쇼오(大正)데모크라시의 문화적 환경에 영향받은 가운데 혁명 개념을 어느정도 이해하고 있었다. 그들은 혁명이 곧 왕조 교체라는 오랜 해석에서 벗어나 "구세계의 파괴라는 한층 더 보편적인" 의미로 받아들였다.[63] 위에서 언급했듯이 일제강점기 '3·1대혁명'으로 부른 것에서 시

---

62 안회남 「폭풍의 역사」(1947. 4), 『한국소설문학대계』 24권, 동아출판사 1995, 527면; 장일순 「상대를 변화시키며 함께」, 김익록 엮음 『나는 미처 몰랐네 그대가 나였다는 것을』, 시골생활 2012, 113면.

63 권보드래 「1910년대의 '혁명': 3·1운동 전야의 개념과 용법을 중심으로」, 『개념과 소통』

작해 최근에도 그런 주장이 제기된 바 있다.[64] '3·1혁명'이라는 용어가 그 나름의 인식의 계보를 갖고 있다는 얘기이다.

그런데 이 용어가 새삼 이목을 끈 것은, 문재인정부와 여당에서 직접 거론하면서부터이다. 그 배후에는 지난 박근혜정부 시절의 건국절 논란을 둘러싼 논의가 뜨거웠던 사정도 있다. 그러나 3·1의 기억은 민주화운동 과정에서 당대의 주체들에 의해 끊임없이 역동적으로 '재구성' 되어왔다는 더 큰 맥락을 놓쳐서는 안 된다.

좀더 시야를 넓혀 오늘날의 동아시아 맥락에서 이 문제의식을 보면 그 의의가 한층 더 심대하다. 중국도 일본도 지난 100년간의 근현대사를 새롭게 해석하려 애쓰고 있다. 세계자본주의체제의 심화된 위기로 기존의 세계질서와 발전모델이 혼미해진 또 한번의 문명전환의 국면에서 각국의 역사적 경로를 돌아보며 발전모델을 모색하려는 노력이 표출된 것이다. 우리가 1919년과 2019년의 대화를 적극 시도하는 것은 이러한 추세에 어떻게 대응하면서 여기에 기여할 것인가를 묻는 일로 이어진다. 이 큰 과제를 염두에 두되 지금은 3·1이 '혁명'인지에 대해 필자 나름의 견해를 짧게 밝혀보는 것으로 갈음하고자 한다.

이 문제를 다룰 때 먼저 교과서적(또는 사전 항목의) 혁명 개념에서 어느정도 자유로울 필요가 있다. 물론 아무런 근거 없이 혁명이라는 개념을 확장하고 3·1을 과대포장하는 역사의 남용은 피해야 할 것이다. 그러나 세계사 차원에서 사례를 비교하며 이 개념을 재규정할 필요가 있으려니와 한반도 차원에서 혁명을 "구세계의 파괴라는 한층 더 보편

15호, 2015, 68~69, 76면.

64 이준식 「'운동'인가 '혁명'인가: '3·1혁명'의 재인식」, 『3·1혁명 100주년기념사업추진위원회 결성식: 95주년 기념 학술회의』 42~56면.

적인" 의미로 인식한 당시의 실감과 더불어 3·1혁명의 현재성을 복합적으로 시야에 넣기 위해 적극 논의해볼 필요는 있다. 여기서 필자는 정권의 전복에 그치지 않는 사회 전체의 대대적인 전환을 혁명이라 보고 그 결과가 '점진적·누적적 성취'로 드러난다는 뜻에서 '계속 학습되는 혁명' 또는 '현재 진행 중인 혁명'이라 부르고자 한다. 이럴 경우 충족되어야 할 세가지 요건이 있다.[65]

첫째, 3·1혁명의 목표와 오늘 우리들의 역사적 과제 사이에 뚜렷한 연속성이 있는가. 민족의 자주와 통합 그리고 민주주의의 과제는 식민과 냉전을 거쳐온 오늘날에도 여전히 살아 있다. 남북화해가 진전되면서 새로운 한반도공동체를 구상하려 할수록 절실하다.

둘째, 그러한 목표에는 역사의 흐름을 근본부터 바꾸어놓으려는 '혁명적 차원'이 있는가. "구세계의 파괴"나 "새로운 시대"로 표현된 군주제와의 급격한 단절과 공화정의 추구, 그리고 문명전환 인식은 한반도는 물론이고 세계사적으로도 변혁의 의미를 갖는다. 식민지 조건에 직핍한 '근대의 이중과제'에 부합하는 자원으로서의 의의도 중요롭다. 이의의는 일본과 연동하는 양상에서 잘 드러나지 싶다. "3·1운동에 어떻게 대처할 것인가"는 일본의 "운동과 체제 쌍방의 장래를 결정하는 시금석"이었다.[66] 그런데 3·1(및 5·4)에 타이쇼오데모크라시 시대(1905~31) 운동 측도 체제 측도 적극 대응하지 못한 채, 일본의 대세는 "밖으

---

65 이 발상은 4·19의 현재성을 강조하는 뜻에서 '미완의 혁명'이라는 호칭을 택하면서 그 근거로 세가지 기준을 제시한 바 있는 백낙청에게서 시사받았다. 백낙청 「4·19의 역사적 의의와 현재성」, 『분단체제 변혁의 공부길』, 창작과비평사 1994, 53~54면.
66 마쓰오 다카요시 「다이쇼오데모크라시와 3·1독립운동」, 정원즈 외 『3·1운동과 1919년의 세계사적 의미』, 동북아역사재단 2010, 126면.

로 제국주의, 안으로 입헌주의"로 응결되고 말았다.[67] 이렇듯 3·1은 한반도를 포함한 연동하는 동아시아의 지난 100년사를 다시 보게 하는 발본적 의미를 갖는다. 중심부 일본이 (청일전쟁과 러일전쟁 승리에 힘입어) 1910년 조선을 강제병합하고 3·1을 겪고 조선 지배에 약간의 양보를 함으로써 근대적응에 성공한 듯하나 그 극복과제에 소홀함으로써 길게 보면 국익조차도 일본인 전체를 위한 것도 지속적인 것도 못 된 한계가 드러나지 않는가. 이에 비해 반식민지 중국은 3·1에 지지를 보내며 5·4를 일으켜 역사 변혁의 획을 그으며 '지구적 순간'에 동참했다.

마지막으로 3·1에서 시작된 근원적인 움직임이 오늘날까지 그 실질을 꾸준히 확보해온 사실이 확인되어야 할 것이다. 동학운동에 내재한 새로운 세계를 향한 변혁의 노력은 3·1로 결실을 본 이래 4·19와 5·18, 6월항쟁 그리고 촛불혁명으로 이어지는 '점진적·누적적 성취'의 양상을 갖는 한국 근현대사의 역동성을 지속시켰다("불가능하다는 것을 알면서도 행"하며[68] 반전이 거듭되는 굴곡을 감당한 점증하는 과정으로서의 변혁은 중국이나 일본의 역사와 비교해보면 두드러진다). 이 역사를 이끈 주체는 식민지의 절망을 넘어 3·1의 빛을 온몸으로 체험한 사람, 곧 '하늘을 본' 사람들이다. 정치제도의 혁신에 그치지 않는 더 깊은

---

67 趙景達「シベリア出兵と米騷動」8면. 요시노 사꾸조오(吉野作造)(나 그가 이끈 黎明會 같은 계몽단체)처럼 두 운동을 이해하려고 노력하고 제국 개조의 필요성을 역설한 국제적 '타자감각'을 갖춘 운동세력이 존재한 사실의 역사적 의의는 일정 정도 인정해야 할 것이다. 그들의 제국 일본 재편론과 동아시아연대 모색을 음미해야 한다는 견해도 있다. 米谷匡史「三·一獨立運動, 五·四運動と帝國日本のデモクラシー」,『歷史地理教育』2019년 3월호 33면.

68 孟眞(傅斯年)「朝鮮獨立運動中之新敎訓」,『新潮』1권 4호, 1919. 4. 1. 당시 베이징대학 학생운동 지도자인 그는 '혁명의 신기원'을 연 3·1운동이 비폭력혁명이자 불가능하다는 것을 알면서도 행한 혁명이며 순수한 학생혁명이라는 세가지 교훈을 남겼다고 평가했다.

'새세상'에 대한 열망은 1919년과 2019년을 관통한다.

이렇게 볼 때 3·1이 '혁명의 요건'을 상당 정도 갖춘 셈이니, '계속 학습되는 혁명'이나 '현재 진행 중인 혁명'에 합당하지 않나 싶다. 그러나 합의가 잘 안 된다면 '3·1운동'이라 불러도 좋은데 최소한 **혁명적 현상**이요 **혁명적 성격**을 가진 것임은 이번에 함께 확인해둘 일이다.

그런데 이런 역사인식이 남북화해와 통합이 진전되는 과정에서 공유될 수 있을까. 주체사관에 입각한 북쪽의 '3·1인민봉기'와 남쪽의 '3·1운동' 사이에는 분기가 분명히 존재한다(특히 임정 평가가 그렇다). 그러나 역사인식의 차이를 '생산적 자극물'로 적극 활용하면서, 낮은 수준의 '차이의 공존'을 거쳐 높은 수준의 '인식의 공유'로 향상해가는 역사화해의 여정에 민족과 민주라는 공통 화두를 제공하는 3·1의 기억은 유용하다.[69]

3·1의 경험은 아직도 학습이 계속되는 현재적인 역사이다. 이 새로운 기억화를 (특정 정권의 법통 논란에 휘둘리지 않고) 공유영역으로 전환하는 일은, 촛불혁명으로 또다시 '하늘을 본' 일반 시민과 역사연구자가 공동주체로서 문명전환기에 함께 이룩해나갈 세계사적 프로젝트이다.

---

69 한반도 전체의 좀더 확대된 시선에서 보면 100년 전의 3·1운동, 대한민국임시정부의 수립, 대한민국의 건국은 각각 다른 차원의 문제임을 논증하며, 기존의 건국절 논쟁 구도에서 벗어나 남북을 아울러 소통할 수 있는 더 확대되고 열린 시야에서 세 사건을 어떻게 기억할 것인가 고민해야 할 시기라고 주장한 도진순 「역사와 기억: 건국연도와 연호, 그 정치적 함의」, 『역사비평』 2019년 봄호 참조.

제5장

3·1운동과 국가문명의 '교(敎)'
- 천도교(동학)를 중심으로

정혜정

1. 들어가는 말

3·1운동은 조선의 자주독립과 신국가 건설을 위한 민족운동이자 국가 정체성을 확립한 것이었다. 3·1운동으로 탄생한 임시정부는 대한제국에서 민주공화국으로 국가체제를 전환시킨 개화기 국가수립운동의 결실이라 할 수 있다. '조선민국임시정부헌장'은 "전국 300여처에 일어난 3·1운동에 의한 국민의 신임을 임시의정원의 결의로 임시헌장을 선포한다"고 밝히고 있고 '대한민국임시헌장' 역시 임시정부의 주권적 근원이 3·1운동에 있음을 명시하고 있다. 요컨대 3·1운동은 천도교에 의해서 주도된 대중화, 일원화, 비폭력 원칙의 민중운동으로서 온 겨레의 의사에 따라 임시정부를 탄생시킨 거족적 독립운동이었던 것이다.

그러나 3·1운동과 관련하여 천도교나 의암(義菴) 손병희(孫秉熙)에 대한 평가와 이해가 제대로 이루어지지 못하고 있다. 혹자는 33인의 민족대표와 무관하게 빠리강화회의에 촉발되어 어느날 갑자기 민중이 들고 일어난 것으로 이해하기도 한다. 그러나 3·1운동은 거의 10년 전부터 준비된 것이었다. 의암 손병희는 동학혁명 당시에는 북접통령으로서 전봉준과 연합하여 활약하였고, 갑진개화운동(1904) 때에는 동학의 체천행도(體天行道)와 교정쌍전(敎政雙全)의 사상에 근거하여 정부혁신을 도모하면서 민중국가 수립의 개화운동을 전개시켜나갔다. 그리고 3·1운동과 대한민국임시정부 탄생에 이르기까지 역사의 중심에 서서 활약한 인물이다.

천도교(동학)는 오늘날과 같은 서구적 개념의 종교가 아니다. 서구 근대에서 종교는 전제왕권을 옹호했기에 타도대상이었고, 성속(聖俗)·정교(政敎)의 분리와 '교육에서의 종교 중립'으로 제한되었다. 또한 서구 각국이 제국주의 침탈로 세계를 식민지화할 때는 종교를 앞세워 종교 위에 국가가 군림했다. 이는 일본제국주의도 마찬가지이다. 그러나 근대 한국의 종교는 우주의 근본을 자각하는 전통적 교(敎)의 개념 위에서 대동단결로 국난을 헤쳐나가고자 하는 정치적 수단의 의미가 강했다. 성속일치(聖俗一致)와 정교일치(政敎一致)를 내세웠을 뿐만 아니라 교육과 종교 역시 분리되지 않았다. 또한 종교는 서구처럼 학문의 한 분과영역으로 배당되는 것이 아니라 정치, 철학, 사회규범, 역사, 교육을 통합적으로 이해하는 학문적 전통에서 수립되었다. 천도교는 곧 동학(우리 학문)으로서 자국의 정신을 대표하는 '교(敎)'임을 자처했다. 그 당시 교(敎)라는 말은 전통사회에서 사용되던 교(敎)의 의미로서 종교와 교육을 아우르는 동시에 정치적 의미를 띠며 또한 국가의 이상을 담지하는 것이었다. 한국 근대에서 종교는 제국주의 침략의 방편이나 자본가를 옹호하는 세력이 아니라 민족의 자유와 자주적 국권을 지키는 정신적 힘으로서 중시되었다. 또한 민족주의 역시 서구의 민족주의와 달랐다. 당시 정인호의『국가사상학』(1907)에 의하면 민족주의란 "타

152

민족으로 하여금 우리의 자유를 침노하지 못하게 하고 우리 또한 타민족의 자유를 침범하지 않는 공명정대한 주의"를 의미했다. 또한 3·1운동 당시 해외에서 선포된 「대한독립선언서」(1919)에서는 '대한의 권(權)' '대한의 토(土)' '대한의 민(民)' 어느 하나 양도할 수 없는 것으로서 우리 민족은 모든 나라와 협화(協和)하여 세계로 함께 나아갈 천민(天民)이라 말하고 있다. 이는 국가의 요소를 주권, 영토, 국민으로 놓고 천인(天人)의 주체, 천민(天民)의 주권(天權)을 말한 천도교의 국가관과도 연맥되는 동시에 인류의 자유평등을 실현하는 천도교의 '범인간적 민족주의'와도 상통한다.

2. 3·1운동과 의암 손병희에 대한 평가

의암 손병희는 동학혁명운동에서 개벽의 개화운동으로 나아가 천인(天人)사상에 기초한 공화와 자치, 의회 설립을 주장했고, 민중국가 수립을 도모해나갔다. 한일 강제병합 이후에는 3·1운동의 민중시위를 계획하여 대중화, 일원화, 비폭력의 방법노선을 정하고 천도교의 민중 기층조직과 기독교, 불교 등 각계 인사와 접촉하여 독립운동을 연합시켜나갔다.[1] 당시 천도교가 비폭력을 선택한 것은 동학혁명의 경험에서 나온 것으로서 희생을 줄이고자 한 전략이었고, 민족대표들이 장소를 옮기고 스스로 전화를 걸어 잡혀간 것 역시 독립운동으로서 평화적이고

---

1 『묵암비망록』 1918. 5. 6. 박걸순 『이종일 생애와 민족운동』(독립기념관 한국독립운동사연구소 1997)에 수록.

당당한 의기에 입각한 운동을 도모했기 때문이다.[2] 그러나 현재 3·1운 동과 관련하여 천도교 및 손병희에 대한 평가는 의도적으로 폄하되거 나 제대로 이루어지지 못한 측면이 있다. 여기에는 여러가지 이유가 있 겠지만 손병희 및 천도교가 친일시비에 휘말린 탓도 있고, 천도교가 서 구 추종의 문명개화를 추구하는 것으로 보아 이를 동학의 변절로 규정 한 탓도 있다. 또한 동학혁명을 우위에 두어 천도교를 배제한 점, 그리 고 3·1운동에서 천도교의 역할을 축소시킨 점 등 여러가지 원인을 꼽을 수 있을 것이다.

기존 연구는 손병희가 일본 망명 당시 쌍두마차를 타고 다닐 정도로 일본 체류 생활이 매우 호사스러웠고, 러일전쟁 때 일본에 군자금을 댔 다 하여 비판을 가하며[3] 혹자는 손병희가 수운과 해월을 신(神)으로 만 들고 자신도 성사(聖師)와 인황씨로 추앙하게 했다 하여 이를 문제삼기 도 한다.[4] 그러나 최근 손병희가 호사스러운 망명생활을 했다는 것은 사 실이 아니었음을 말해주는 자료들이 나오고 있고,[5] 손병희가 러일전쟁

---

2 당시 손병희는 만약 민족대표들이 학생들과 시민 앞에 선다면 이들의 행동이 필경 폭동화 할 것이라 하여 장소를 옮기고, 쫓아온 학생들은 "돌아가 온전한 방법으로 일본에게 우리 민족의 평화적 성품을 인식시켜 그들이 스스로 물러나게 하라"고 간곡히 타일러 보냈다 고 한다(『묵암비망록』 1919. 3. 2). 송건호는 이를 두고 민족대표들이 반항다운 반항을 시 도하지 않았고, 독립선언문에서 일제 침략의 죄상을 죄책(罪責)하지 않겠다고 한 것도 투 쟁이 아닌 호소를 택한 것이라 하여 비판한 바 있다. 그는 특히 3·1운동은 33인의 주장과 상관없이 벌어진 민중의 반일투쟁이라 하여 민족대표들을 폄하하였다. 송건호 「3·1정신 에 대한 반성」, 경향신문 1966. 2. 28.
3 최기영 「한말 동학의 천도교로의 개편에 관한 검토」, 『한국학보』 76집, 1994, 96면.
4 한겨레신문 1994. 3. 22.
5 최근 새로운 일본 자료가 소개되어 손병희에 대한 재조명이 이루어지고 있다. 예를 들어 손병희가 "거금의 자금을 갖고 한국 자제의 교육비와 그외 유익한 사업에 투자하는 데 전 혀 인색하지 않았고 정작 자신은 극히 절약하여 함부로 낭비하지 않았으며 성품이 극히 단정하여 조금도 비난할 점이 없고 또한 독서를 좋아하고 유익한 책은 이를 한역(韓譯)하

당시 일본에 군자금을 댄 것은 그 전쟁에서 일본이 승리할 경우에 전승국의 위치를 함께 얻고자 함이었다는 이돈화의 글이 인용되고 있다. 또한 신사(神師)와 성사를 칭한 것은 인간을 신성(神聖)의 결합[6]으로 보는 맥락에서 비롯된 것으로 이는 모든 사람에게도 해당되는 것이었기에 이 모두 반론이 가능하다.

또한 현재 역사학계에서는 손병희의 문명개화를 서구문명화 혹은 일본화로 단정지어 동학운동이 변질된 것으로 보는 경향도 크다. 특히 최기영은 손병희가 "서구문명의 수용으로 부국강병을 이룬 일본 문명에 압도"[7]되었고, 1890년대 말부터 한국도 일본처럼 문명개화를 이룩해야 한다고 생각했으며 그 필요성을 절감하여 일본이 주장하던 동양평화론 내지 아시아연대론을 그대로 수용했다고 보았다. 또한 손병희의 모든 정치활동은 오로지 동학 교단의 정치세력화를 도모한 것이라 단정짓고 있다. 고정휴 또한 동학이 천도교로 개편된 이후 천도교는 서구문명의 전면적 수용을 주창하는 한편 일본의 보호국화를 불가피한 현실로서 받아들여 실력양성으로 나아갔고, 입헌군주제로의 전환을 시도했다고 보았다.[8]

게 해서 늘 반드시 읽는다"(機密第85號, 明治 37年 9月 7日, 「李祥憲身元及擧動に關し回申」, 『要視察韓國人擧動』 3권, 국사편찬위원회 2002; 윤소영 「3·1운동기 일본 신문의 손병희와 천도교 기술」, 『한국독립운동사연구』 57집, 독립기념관 한국독립운동사연구소 2017, 21면에서 재인용)는 손병희에 대한 기록을 볼 수 있다. 윤소영은 이 기술이야말로 손병희의 실제 모습을 보여주는 것이라 하였다.

6 신성의 결합이란 신권(神權)과 성권(聖權)의 결합을 의미한다. 인간에게 부여된 하날〔天〕을 신권이라 하고, 이를 자각하여 신인일치(神人一致)를 이룬 자유와 창조를 성권이라한다. 천도교에서 말하는 인권(人權)이란 신권과 성권의 결합에서 오는 천권(天權)이다.

7 최기영 『한국근대계몽사상연구』, 일조각 2003, 228면.

8 고정휴 「3·1운동과 천도교단의 임시정부 수립 구상」, 『한국사학보』 3·4호, 고려사학회 1998, 201, 234면.

손병희가 동학운동의 방향을 개화혁신운동으로 전환한 것은 이종일, 양한묵, 장효근 등 독립협회의 개화파와의 교류에서 비롯된다.[9] 이종일[10]은 실학의 계승으로서 동학사상을 인식했고, 동학을 항일세력으로 보았으며 '동학은 민족의 호흡'과 같다 하였다. 천도교의 개화혁신운동은 우리 고유정신인 천(天)사상에 기초하여 교정쌍전의 종교문명과 정치문명, 그리고 도덕문명을 지향한 것이었다. 또한 이는 궁극적으로 공화와 지방자치를 표방한 것이었다. 특히 손병희는 천인(天人)의 하날격(天格)[11]을 통해 인화(人和)를 이룸으로써 이를 국민 전체의 합의체를 이끌어내는 공화(共和)의 근거로 삼았고, 또한 의회 설립과 자치제를 주장했다. 실제 1907년 지방자치제가 역사상 처음으로 홍천군에서 실시되었던 사실을 주목할 필요가 있다.[12] 천도교의 개화혁신운동은 교정쌍전의 하날문명에 초점을 둔 동학운동의 계승이자 개벽운동이라 할 수 있다.

---

9 정혜정 「동학·천도교의 개화운동과 '하날(天)'문명론」, 『한국학연구』 66집, 고려대학교 한국학연구소 2018, 256면.

10 묵암(默菴) 이종일(李鍾一, 1858~1925)은 『제국신문』 사장으로서 1905년 천도교에 입도했다. 1910년 8월 천도교회월보과장으로 취임하여 『천도교회월보』를 독립정신을 고취시킬 한 방법으로 삼았다(『묵암비망록』 1910. 10. 31). 당시 모든 신문과 잡지가 폐간당한 상황에서 『천도교회월보』는 조선혼을 고취시키는 유일한 언론이었다. 그는 1962년 건국훈장 대통령훈장을 추서받았다.

11 동학에서 천인(天人)이란 하날(天)이 나에게 있음을 깨달아 하날의 마음(靈)으로 하날의 이치가 작용하도록 하고 하날을 행하는 사람이다. 이러한 천인의 인격은 곧 천격(天格)으로 명명되었다. '천(天)'을 '하날'로 표기한 것은 『용담유사』에 표기된 '하늘'을 따른 것이다.

12 정혜정, 앞의 글 255면.

3. 3·1운동의 전개과정과 임시정부 수립

3·1운동은 단순한 독립선언만을 목적한 것이 아니라 정부수립까지
를 염두에 둔 것이었다. 임시정부 수립은 한일 강제병합이 일어나기 이
전부터 건의되었고,[13] 조소앙이 기초한 「대동단결선언」(1917)에서도 언
급된 바 있다. 그러나 국내에서 독립선언과 동시에 임시정부수립안이
제시된 것은 3·1운동의 준비를 통해서 그것이 이루어졌기 때문이다.
3·1운동이 본격적으로 거론된 것은 이 운동이 일어나기 거의 10년 전부
터라고 볼 수 있고, 정신적 바탕은 동학운동에서부터 준비된 것이었다
고 말할 수 있다. 이병헌에 의하면 손병희는 경술국치 한달 20일 전인
1910년 7월 2일에 일반 교도들을 모아놓고 독립운동의 뜻을 피력했다
한다.[14] 『묵암비망록(默菴備忘錄)』[15]에 의하면 이종일이 손병희에게 '동
학운동의 계승으로서 대중봉기운동을 제안'한 것이 1910년 10월 7일이

---

13 신한민보 1910. 7. 6.

14 천도교 오상준은 1907년에 "우리가 살 길은 우리 겨레의 정신력을 이루어 천만의 입으로
자유가를 부르고 천만의 손으로 자유기를 잡으며 천만인의 자유피로써 저 자유의 적에 대
항하는 것"(오상준 『초등교서』, 보문관 1907, 38면)이라 하여 민중시위운동을 제기한 바
있다. 이는 훗날 현실이 되어 3·1운동 당시 2천만 겨레가 일제히 일어나 하나의 입이 되어
'대한독립 만세'를 외치고 하나의 손이 되어 태극기를 잡으며 2천만의 자유피로써 자유를
천명했다.

15 『묵암비망록』은 일기체로 기록된 것인데, 그 내용상 사료 검토의 필요성이 제기되고 있
다. 그 이유는 독립협회 개화파인 이종일이 1898년 손병희가 도망다니는 상황임에도 불구
하고 그와 만났다는 기술이 있는데다, 기존에 알려지지 않아 검증할 수 없는 비밀결사들
이 등장하기 때문이라는 것이다(최기영, 앞의 책; 고정휴, 앞의 글 214~15면). 그러나 이
에 대한 반론도 가능하다. 도망다녔다고 해서 이종일을 만날 수 없다는 것은 설득력이 떨
어지고 비밀결사 자체도 존재했다. 의암의 신문(訊問)조서를 보면 천도교는 정치적 비밀
결사를 조직해 3·1 조선독립을 기획한 것으로 기록되고 있다. 金正明 編 『朝鮮獨立運動』 I,
民族主義運動 篇, 原書房 1967, 802면.

다. 그리고 다음 해 5월 손병희를 찾아가 '지난 갑오동학운동과 갑진개화 신생활운동의 정신을 오늘에 되살리고 천도교가 이를 선도하여 다시 거국·거족적인 민주주의 민중시위운동을 일으켜 조선이 완전한 독립국가로서의 면모를 갖추도록 할 것'에 대한 자신의 계획을 진언했다. 이에 손병희 역시 탁견이라고 말하면서 민중시위 계획을 추진해보라 지시했다 한다.

1912년 1월 16일 묵암 이종일은 천도교 이종훈과 임예환을 만나 민중운동의 농어민 포섭 문제를 협의했고, 이종훈은 농민의 피해 상태를 조사한 결과 농민의 8할이 배일감정이 농후하니 우선 경기지방의 농민을 상대로 시위운동을 일으키면 효과적일 것이라고 하였다. 또한 임예환은 서해안 일대의 어민을 대상으로 조사하여 어민의 6할 이상이 일본에 적대감정을 가지고 있음을 알려왔다. 이에 이종일은 농어민을 상대로 비정치성의 집회를 구상하고 나서 서울 중심의 노동자를 포섭할 것을 계획했고,[16] 손병희의 후원에 따라 보성사 사원 60여명이 중심이 되어 범국민신생활운동을 계획 추진키로 모두와 합의하였다.[17] 그리고 1912년 4월 15일부터 우이동에 신축된 봉황각에 전국의 교인 우수 지도자를 모아놓고 하날님께 기도하고 심신을 단련하는 연성수련회를 시작하여, 1915년까지 3년 동안 일곱차례를 열었고, 이신환성(以身換性)을 강조하였다.

당시 손병희는 "과거 동학군의 무장행동이 일본에 의해 참패당했기 때문에 비폭력적인 항쟁이 이같은 직접 식민통치하에서는 한가지 방법"[18]

---

16 『묵암비망록』 1912. 2. 25.
17 『묵암비망록』 1912. 6. 30.
18 『묵암비망록』 1912. 9. 24.

이 될 것이라 생각했다. 이종일은 자신의 생각도 손병희와 같아 지식인을 상대로 민족문화 수호를 위한 전통유지운동을 착수해보자고 제안을 했다. 이에 그는 손병희의 동의를 얻어 1912년 10월 31일 '민족문화수호운동본부' 결성하고 그 본부를 보성사에 두어 총재 손병희, 회장 이종일, 부회장 김홍규, 제1분과위원장 권동진, 제2분과위원장 오세창, 제3분과위원장 이종훈, 기타 장효근, 신영구, 임예환, 박준승 등을 내정했다.[19]

원래 이종일은 처음부터 무장노선을 취했다. 그러나 우선 지식인을 상대로 민족문화수호운동을 확산해나가고 무장투쟁[20]은 비밀히 준비해 나갔다. 1913년 4월 6일 천일(天日)기념일을 계기로 지방에서 올라온 신도들을 설득하여 민족문화수호운동을 펼치도록 하고 이를 구실삼아 지방조직을 강화하면서 인적 구성을 각 교구별로 의뢰했다.[21] 이 조직은 민중시위운동의 동원과 그 이념 전파의 목적을 달성할 중요한 사업이었다. 1914년 8월 31일에는 보성사 내에 독립운동의 중추적 역할을 수행할 비밀결사로 '천도구국단(天道救國團)'을 조직하여 단장 이종일, 부단장 김홍규, 총무 장효근, 섭외 신영구, 행동대장 박영신을 각기 선임하였다. 민족문화운동수호본부와 비밀결사인 '천도구국단' 50여명을

---

19 『묵암비망록』 1912. 10. 31.
20 이종일은 당시 비폭력의 민중시위와 함께 무장투쟁을 준비하고 있었다. 그는 군자금 10만원과 무기 100정을 목표로 하여 은밀히 동지들과 함께 일제의 감시를 피해 무장투쟁 준비를 하였는데, 보성사 비밀창고에 일본식 장총 10여정을 모을 수 있었고 실탄도 200발이나 쌓아두었으며 군자금도 600여원을 넘고 있었다고 한다. 3·1운동은 평화적이고 비폭력적인 시위방식을 취하더라도 이후의 독립운동은 무장투쟁으로 나갈 것을 그는 생각했던 것이다(『묵암비망록』 1916. 4. 22). 그는 자신의 비망록에 "오늘도 우리의 무장세력 양성 목표의 달성을 위해 뛰고 또 뛰었다"(『묵암비망록』 1917. 12. 12)고 적고 있다.
21 『묵암비망록』 1913. 4. 6.

핵심으로 삼아 동학에서 갑진개화—민중·민족주의운동으로 역사적 맥을 이어가고자 했던 것이다.

1916년 3월 3일 천도교뿐만 아니라 기독교와 불교를 독립운동에 포함시키고자 이상재와 한용운을 찾아가 접촉했다. 이종훈이 이상재를 찾아가 취지를 설명하니 이상재가 천도교 측에서 나선다면 기독교인들을 동원해주겠다고 하였고, 최린이 일본 유학 때 알게 된 한용운을 방문하여 의견을 교환하면서 불교 측과도 협의가 시작되었다. 그리고 1917년 6월부터 본격적인 민중시위 준비를 위해 연합전선을 확대해 갔다. "종교인이 앞장서서 시위운동을 일으키면 농어민, 상인, 노동자, 학생 등은 반드시 그네들의 사활적인 이해관계 때문에 뒤이어 봉기할 것"[22]이었다.

손병희는 1918년 5월 5일 권동진, 오세창, 최린, 이종훈 등 4명과 함께 다른 나라의 경우와는 달리 우리의 독립운동은 대중화, 일원화, 비폭력의 원칙에 입각해야 한다는 점을 논의했다.[23] 대중화란 각계각층의 민중을 동원하는 것이고, 일원화는 여러 계층의 독립운동계획을 하나로 대동통합하자는 것이며, 비폭력은 갑오동학운동의 경험에 따라 희생을 줄이기 위한 것이었다. 손병희는 1918년 12월 6일 전체 교인들이 1919년 1월 5일부터 2월 22일까지 49일 특별기도회를 갖도록 전국 교구에 시달하고 매일 오후 9시에 일제히 촛불을 밝히고 기도식을 봉행하게 하였다. 또한 인일(人日)기념식 때문에 상경한 간부들을 상춘원으로 불러 "먼저 보국안민(輔國安民, 독립)이 된 다음에야 광제창생(廣濟蒼生) 포

---

22 『묵암비망록』 1918. 1. 27.
23 『묵암비망록』 1918. 5. 6.

덕천하(布德天下)도 할 수 있다"고 강조하면서 "보국안민이 되고 못 되는 것은 새해 1월 5일부터 시작하는 특별기도에 달려 있으니 정성껏 시행하라"고 거듭 지시하였다. 이는 3월 1일 거사를 앞에 두고 전국 교인들의 독립정신을 고취하고 헌신적 정신을 갖도록 하는 준비운동이었다.

또한 3·1운동 당일 인쇄된 『조선독립신문』도 주목할 필요가 있는데, 발행을 주도한 인물은 보성사 사장과 천도교회월보과 과장을 맡고 있던 이종일이었으며, 월보 주필이던 이종린이 창간호 원고를 집필하고 발행 실무를 담당하였다. 또한 대도주(大道主) 박인호와 이 신문의 사장이었던 보성법률상업학교 교장 윤익선 및 인쇄를 담당했던 보성사 감독 김홍규 등이 주요 관련 인물이다.[24] 당시 『조선독립신문』은 독립선언과 가정부(假政府) 수립 등의 소식도 알렸지만 무엇보다 큰 목적은 불굴의 독립정신을 고취하는 것에 있었다. 일제는 다음과 같이 기술하고 있다.

> 3월 1일 손병희 등이 독립선언서를 발포하여 因하야 그 선언서 발포의 전말을 기술하고 또 조선독립사상을 고취하야 국헌을 문란케 하는 취지를 기재한 조선독립신문을 일반에게 반포하니 경성에서는 각처에서 이에 의하여 조선독립에 관한 황당무계한 사실을 날조하고 또는 全鮮에 亘하야 봉기한 독립운동의 풍문을 과장하는 등 불온한 文辭로서 독립사상을 고취 선전함과 같이 문서를 간행 반포하야 讚揭하는 자가 속출하얏더라.[25]

---

24 이동초『천도교 민족운동의 새로운 이해』, 모시는사람들 2010, 154~55면.
25 윤병석『한국근대사료론』, 일조각 1979, 224면.

『조선독립신문』 3월 3일자(제2호)에서는 "가정부조직설, 일간 국민대회를 개(開)하고 가정부를 조직하며 가대통령을 선거하였다더라" 하여 임시정부의 조직을 기정사실화하고 그 절차 및 정부형태로서 대통령제의 공화체제를 밝히고 있다.[26] 민주공화의 임시정부 수립의 구상은 3·1운동 지도부 내의 의견이 반영된 것이라 할 것이다. 의암 손병희를 비롯하여 3·1운동의 지도부는 자신들이 감옥에 갇힐 것을 전제하여 임시정부 수립의 후사를 도모하였을 것이고 그 담당자들이 누구였는지는 자료의 한계로 명확히 할 수 없으나 고정휴는 그 임무를 윤익선[27]이나 이관[28]에게 지시하였을 것으로 추측하고 있다.[29] 그리고 최초 기획된 임시정부안은 손병희를 국가수반으로 하는 민주공화국의 정부수립을 구상한 것이었다. 당시 만들어진 임시정부안은 최종 상해임시정부로 안착되기까지 5종(대한민간정부, 조선민국임시정부, 대한국민의회〔노령정부〕, 신한민국정부, 한성임시정부[30])로 분류된다. 이 가운데 대한민간정

---

26 당시 손병희는 옥중에서 신문을 받을 때, 민주정체의 국가를 지향했음을 밝힌 바 있고, 종교가 만족히 행해지기 위해 조선의 독립을 도모했다고 말했다(金正明 編, 앞의 책 802면). 여기서 종교가 만족히 행해진다는 것은 '신인일치의 세계 문명화'를 뜻한다.

27 윤익선(尹益善, 1872~1946)은 대한제국 내부 주사로 있다가 1903년 보성전문학교 법학과를 졸업한 후 서북학회(1908)를 조직하여 애국자강운동을 펼쳤다. 그는 이종훈의 연원(淵源)으로 1907년에 천도교에 입도했고, 보성전문학교 학감을 거쳐 1911년 보성전문학교 교장을 역임했다. 3·1운동 때 『조선독립신문』 사장을 맡아 1년 6개월간 옥고를 치렀고, 조선민국임시정부안에 법무경으로 지명되기도 하였다. 1962년 건국훈장 국민장을 추서받았다.

28 이관(李瓘, 1860~1928)은 『천도교회월보』 창간 당시 월보과장을 지냈고 1919년 3·1운동 당시 격문을 기초했다. 또한 「독립선언서」를 지방 대표들에게 배부하고 활동하다가 피체되어 징역 7월에 집행유예 3년을 받아 8개월의 옥고를 겪었다. 1990년 건국훈장 애족장을 추서받았다.

29 고정휴, 앞의 글 212면.

부, 대한국민의회, 조선민국임시정부 등 3개안은 손병희를 수반으로 하고 있고 신한민국정부는 이동휘를, 한성임시정부는 이승만을 수반으로 하고 있다. 1919년 4월 2일자 『국민보』에는 손병희를 대통령으로 추대하는 사진과 함께 대한국민공화정부의 성립을 알리는 기사가 실린 바 있다. 그러나 손병희 등 민족대표들이 감옥에 갇힘에 따라 손병희를 대통령으로 추대했던 현순과 이광수 등의 독립임시사무소의 역할은 해외 독립운동가들에게 맡겨졌고, 임시의정원 회의 개최로부터 "불과 12시간 만에 조직이 완료"[31]되어 대한민국임시정부가 탄생하였다. 이는 3월 초부터 상하이에 설치된 독립임시사무소가 이전부터 진행시켜왔기 때문에 가능한 일이었지만 이후 이승만으로 인하여 많은 문제를 껴안게 되었다.

4. 교(敎)의 개념과 국가문명

오늘날 종교, 혹은 교육이라는 말은 익숙하게 사용하지만 교(敎)라는

---

30 한성임시정부는 1919년 4월 23일 서울 시내에 배포된 전단에 의하여 알려진 정부이다. 이는 이승만을 옹호했던 기호파 기독교계 지도자들이 그 배후세력이라 할 것이다. 조선민국임시정부가 조선국민대회, 조선자주당 연합회의 명의를 사용한 것을 따라 한성정부의 경우도 그들의 대표성을 내세우기 위하여 국민대회라든가 13도 대표의 명의를 활용했다. 이때 회의에 참석한 종교단체 대표들을 보면 천도교는 불참했고, 불교와 유림은 각 1명뿐인데 기독교 측에서는 5명이었다는 점에 주의를 기울일 필요가 있다. 또한 한성정부 조직에 앞장선 이규갑과 홍면희가 국민대회 개최를 일주일 정도 앞두고 4월 중순 중국 상하이로 망명했다는 것은 곧 국민대회가 비밀리에 조직된 임시정부를 대외적으로 알리기 위한 구실에 지나지 않았음을 말해준다. 고정휴 『이승만과 한국독립운동』, 연세대학교출판부 2004, 54면.
31 고정휴 『3·1운동과 임시정부수립의 숨은 주역 현순』, 역사공간 2016, 65~69면.

단독 글자는 거의 사용하지 않는다. 그러나 3·1운동을 전후한 근대 시기에 교(敎)는 종교나 교육과 더불어 익숙하게 쓰인 용어로서 종교와 교육을 포괄하는 넓은 의미로 사용되었다. 이는 전통사회에서 사용되던 교(敎)의 의미를 계승하면서도 국가문명의 정치이상을 구현하기 위한 수단적 의미가 강했고 그 실현을 위해서는 자신 안에 부여된 우주 근원과 합일하는 각성을 강조한 것이었다. 종교나 교육의 개념은 국가 관념과 애국사상 및 문명화가 전개되는 가운데 즐겨 사용된 것이었다. 그러나 당시는 인민은 있어도 국민이 형성되지 못한 시기[32]였기에 종교란 전국의 인민을 가르치고 그 도를 돈독하게 믿게 하여 그 뜻을 하나로 모아 국가단체가 되고자 하는 의미가 컸다.[33] 국교는 나라의 정신을 대표하는 것이고, 종교는 나라의 으뜸으로 삼는 정신을 지칭했다.

반면 현대에 사용하고 있는 종교라는 용어는 기독교의 역사를 배경으로 형성된 서구 근대의 산물이고, 제국주의라는 이데올로기적인 목적이 의도적으로 스며들어 있어 제3세계에도 적용될 수 있는 보편적 개념이 아니다. 특히 현대에서 종교란 이론화되고 규범적이며 권위주의적인 측면이 강하여 종교의 해체가 주장되는 현실이고, 서구적 종교의 이미지로 비서구적 타자를 재창출하려는 이데올로기적 프레임에 불과한 것으로 비판되기도 한다. 장석만은 이러한 '종교의 전통'과 '교(敎)

<hr>

32 '대한민국임시헌장'(약칭 '헌장')에서는 인민과 국민 모두를 쓰고 있고 학계에서는 인민과 국민의 구별을 크게 두지 않는 경향이 있지만 당시 인민과 국민은 구별되어 쓰이기도 하였다. 인민은 여러 시대에 걸쳐 형성된 풍속과 특질적 문화가 후손에게 계승되면서 이루어지는 것이라면 국민은 인민의 정치적 단결체로서의 국가에 소속된 인민을 뜻한다(오상준, 앞의 책 59면).
33 김성희 「교육종지 속설」, 『대한자강회월보』 13호; 부산대학교 점필재연구소 고전번역학센터 『대한자강회월보편역집』 1권, 소명출판 2012, 90면.

의 전통'을 구분하면서 이전의 '교(敎)의 전통'이 '종교 전통'과 얼마나 다른지에 관해 사람들이 별로 관심을 기울이지 않는 것을 지적한 바 있다. 그리고 그는 '종교 전통'이 갖는 개념틀은 '교(敎)'의 개념틀이 지녔던 것과 같은 포괄성을 가지고 있지 않다는 것, 그리고 서구 전통에서 "국가 주도의 계몽적인 교육이 보통사람들을 대상으로 이루어지며, 신자들의 교육은 국가기관이 아닌 종교기관이 맡아 진행하는 반면 '교(敎)의 전통'에서 교육은 이런 구분이 없다"[34]는 것을 차이점으로 제시한 바 있다. 그러나 결국 그는 '교(敎)의 전통'이 서구 근대의 물질문명과 밀접하게 결합되어 있다[35]하여 서구 개념에 종속된 종교의 의미를 주목할 뿐 주체적으로 새롭게 규정된 종교 개념은 간과하고 있다.

애국자강운동 시기에 사람들마다 민중국가 수립을 지향하면서 종교를 주목하고, 주체적으로 '교(敎)'의 개념을 확보해나간 것은 서구 제국주의가 종교를 앞세워 침략을 감행한 것과 무관하지 않다. 당시의 애국운동이 국교의 확립에 눈을 돌린 것도 서구 열강의 종교적 침략이 전례 없이 강화되고 있던 사정과 관련되고, 종교를 앞세운 서구 제국주의를 따라 자연히 우리도 '교(敎)'에 관심을 갖게 된 것이다. 「대한독립선언서」와 '헌장'을 기초한 조소앙 역시 "종교란 특별한 정치수단"[36]으로서 종교가 국가에 미치는 영향과 정치에 이용됨이 매우 깊은 관계임을 말했다. 또한 '교(敎)'라는 글자 이름 자체가 권선징악의 도를 말한다는

---

34 장석만 「종교문화 개념의 등장과 그 배경: 소전 정진홍의 종교문화 개념의 의미」, 『종교문화비평』 24호, 2013, 24~28면.

35 장석만 「개항기 한국사회의 "종교" 개념 형성에 관한 연구」, 서울대학교 박사학위논문 1992, i면.

36 「信敎論」, 『대한유학생회학보』 1호, 1907. 3; 한국정신문화연구원 엮음 『한국독립운동사 자료집: 조소앙편(1)』, 한국정신문화연구원 1995, 517~19면.

점에서 모든 교는 서로 다를 바가 없다 하였다. 그는 '교(敎)'의 의미를 구체적으로 ① 실행주의, ② 임성자적(任性自適), ③ 종교적 이상, ④ 정치상 의미 등 네가지로 제시하였는데 이는 조소앙뿐만 아니라 당시 사람들이 가졌던 일반적인 교(敎)의 개념이었다고 할 수 있다. 먼저 실행주의란 인간이 일상에서 실천해야 할 도덕적 행위를 말하고, 임성자적이란 인간이 천(天)을 품부받았으나 천(天)을 유지유각(有知有覺)함으로 얻는 자유를 말한다. 학문이 있은 후에 천(天)을 알고, 천(天)을 경험한 이후에 깨달음으로 자유로워지는 것이기에 사람들마다 자유를 원한다면 천(天)을 알고 깨달아야 한다는 것이다. 또한 종교적 이상이란 마을마다 모든 인민이 믿는 나라의 가르침(國敎)이 있어 모든 국민이 더불어 원하고(共願) 함께 기뻐하고 따르는 이상을 지칭한다. 끝으로 정치상 의미란 강탈당한 재정과 군권(軍權)의 회복을 말하는데, 결국 교(敎)란 도덕의 실행과 본성의 자각, 그리고 국교를 통해 공유되는 이상과 정치적 주권의 회복을 의미한다. 이는 주권을 상실한 시대를 반영한 개념이자 정치적 의미를 띠는 교(敎)로서 국가의 이상을 담지하는 것이었다. 요컨대 조소앙이 말하는 교(敎)란 인간의 신인화(神人化), 애국 관념의 정치화, 문명의 신성화(神聖化)라 할 수 있다. 3·1운동을 이끌어낸 민중들의 의기와 독립만세운동은 바로 1900년대부터 시작된 종교운동, 즉 국교운동을 통한 교(敎)의 확산으로 가능했다.

1907년 대한자강회 활동을 펼쳤던 김성희는 국가와 종교, 그리고 교육의 긴밀한 유기적 관련을 강조하면서 전국민이 종교를 통해 유일무이의 큰 단체인 국가를 형성하는 것이고, "유일한 자유권을 주로 삼고, 평등권을 보조한 연후에야 그 국가의 종교에 도달할 수 있는 것"[37]이라 하였다. 애국자강운동기에 교(敎)로서 종교 혹은 국교가 주장되었던 것은 민중의 힘을 하나로 모을 수 있는 정신적 힘이 필요했기 때문이며, 이는 힘을 결집하여 자유권과 평등권 등 국권회복을 이루는 수단으로 인식되었다. 국권을 회복하고 나라의 독립을 유지하기 위해서는 종교가 필요했고, 이를 통해 2천만 동포의 마음속에 민족정신과 정치사상을 확고히 세워 정신적 자강을 실현하는 것이 우선시되었던 것이다.

신채호도 국민과 종교는 서로 뗄 수 없는 밀접한 연관성을 지녔다고 강조하면서 "종교는 국민에게 좋은 감화를 주는 일대 기관"이라 하였고, "국민의 정신과 기개가 이에 기초"하며 국민의 정의와 도덕도 이로부터 나오는 것임을 강조하였다.[38] 천도교 오상준도 종교란 "세계 풍화의 근원이자 인민정신의 골자요 국가 정치의 기관"[39]이라 하였다. 종교는 나라를 보존하고 발전시키는 정신적 힘으로서 나라의 성패를 좌우하는 정치기관이자 "자국의 정신을 교육하는 것"[40]을 지칭했다.

국민 각 개인은 국가를 조직하는 일원이기에 국가의 흥망존폐는 인민 각자에게 달려 있다. 인민의 지혜가 열리지 않고 학술이 강론되지 않으면 국가 역시 문명으로 나아가지 못하는 것이다.[41] 국민은 국가의 제한 범위를 벗어나면 성립할 수 없고, 국가의 교육을 벗어나면 앞으로 나아갈 수 없으므로 인민의 전진은 결국 국가문명의 발현으로 귀결된다.[42]

---

37 김성희, 앞의 글; 부산대학교 점필재연구소 고전번역학센터, 앞의 책 95면.
38 신채호 「20세기 신국민」; 황공률 『조선근대애국문화운동사』, 평양: 사회과학출판사 2012, 202면에서 재인용.
39 오상준, 앞의 책 15면.
40 같은 책 32면.
41 「의무교육 품의(稟議)」, 『대한자강회월보』 11호; 부산대학교 점필재연구소 고전번역학센터, 앞의 책 25면.
42 오상준, 앞의 책 72~73면.

그런데 이 인민의 전진을 가로막고 국민으로 나아가 세계 동포와 함께 발전해나갈 수 없게 만든 것이 당시 자본제국주의의 침탈이다. 3·1「독립선언서」에서 우리가 구시대 유물인 침략주의·강권주의에 희생을 당하여 "우리 생존권의 박탈됨이 무릇 얼마이며 심령상 발전의 장애됨이 무릇 얼마이며 민족적 존영의 훼손됨이 무릇 얼마이며 신예(新銳)와 독창(獨創)으로써 세계문화의 대조류에 기여하고 보비할 기회를 잃음이 무릇 얼마이뇨" 함도 이와 같은 맥락에서 선언된 것이다. "각개 인격의 정당한 발전을 이루려 하면 최대급무가 민족적 독립을 확실하게 함"에 있고, 나라의 안위가 지켜지려면 이를 뒷받침할 수 있는 국교(國敎)가 있어야 하며 그래야 인민이 생존권을 누리며 심령의 발전으로 국가문명의 이상과 세계문화에 기여할 수 있는 것이었다.

또한 종교 확립에서 가장 기본이 되는 것은 우리 고유의 혼인 민족혼이 담겨 있고, 애국사상을 배양할 수 있는 것이어야 했다. 민족정신이 없고 애국사상이 없으며 또한 국가 관념이 없는 맹목적인 종교는 "종교의 노예"[43]가 될 뿐이다. 당시 천도교는 수백만의 도인을 가진 조직으로서 '으뜸되는 가르침(종교)'을 자처했고, 천도(天道)의 '우리나라 정신'으로 애국 관념을 대중들에게 확산시켜나갔다. 이종일은 1906년『제국신문』논설에서 당시 장안에 천도교에 들지 않은 자가 없을 정도로 천도교가 크게 확산되었음을 언급한 바 있다.[44]

---

43 신채호, 앞의 글; 황공률, 앞의 책 205면에서 재인용.
44 제국신문 1906. 2. 13.

5. '대한민국임시헌장'에 나타난 국가문명과 신인일치

1919년 4월 11일에 선포된 '대한민국임시헌장'은 모두 10개조로 되어 있는데 선포문 서두에서는 신인일치(神人一致)로 내외가 협응하여 3·1혁명을 기의했고, 국민의 신임으로 대한민국임시정부가 조직된 것임을 명시하고 있다. 또한 대한민국은 '신(神)의 의사'에 의하여 건국되었고 그 정신을 세계에 발휘하며 나아가 인류문화와 평화에 공헌하는 '신국(神國) 건설'의 지향을 나타내고 있다.

神人一致로 中外協應하야 漢城에 起義한지 三十有日에 平和的 獨立을 三百餘州에 光復하고 國民의 信任으로 完全히 다시 組織한 臨時政府는 恒久完全한 自主獨立의 福利에 我 子孫黎民에 世傳키 爲하야 臨時議政院의 決議로 臨時憲章을 宣布하노라. (…)
第7條 大韓民國은 神의 意思에 依하야 建國한 精神을 世界에 發揮하며 進하야 人類의 文化 及 平和에 貢獻하기 爲하야 國際聯盟에 加入함 (…)
同胞國民이어 奮起할지여다. 우리의 流하난 一滴의 血이 子孫萬代의 自由와 福樂의 價이요 神의 國의 建設의 貴한 基礎이니라. 우리의 人道가 마참내 日本의 野蠻을 敎化할지오 우리의 正義가 마참내 日本의 暴力을 勝할지니 同胞여 起하야 最後의 一人까지 鬪할지어다.[45]

3·1「독립선언서」에서도 조선독립이 "일천(一天)의 명명(明命)"임

---

45 『대한민국임시정부자료집』 1권, 국사편찬위원회 2005, 3~4면.

을 말하고 있고, '헌장'에서는 신인일치를 말하는데, 그 의미를 파악하기 위해서는 '헌장'을 기초한 조소앙의 사상을 살펴볼 필요가 있다. 기존 연구에서는 조소앙의 종교사상을 동학이나[46] 단군신앙의 영향으로 보고 있는데[47] 구체적인 분석은 가해져 있지 않다. 조소앙의 「일신교령(一神敎令)」(1914)과 「대동종교신창립」(1915) 및 「대동단결선언」(1917)과 「대한독립선언서」(1919)는 그 의미를 파악함에 있어서 주요 검토 자료가 될 것이다.

조소앙(趙素昻, 1887~1958)은 1904년 황실유학생으로 선발되어 1912년 메이지대학 법학부를 졸업했다. 1910년 이전까지만 해도 그는 유교를 종교의 중심으로 삼아야 한다는 생각을 가졌지만 기존의 생각을 변화시켜 기독교에 입교했고 1911년 이후에는 공자, 예수, 석가뿐만 아니라 '누구나 성인(聖人)이 됨'을 주장하여 자신도 '성(聖)'을 작(作)하여' 인민을 인도하리라는 결심을 했다. 1914년에는 「일신교령」을 발표해 일신(一神)이 만물의 주인이라 주장하고, 신(神)으로써 교(敎)를 삼아 합덕을 이루는 영각(靈覺)을 호소하였다. 그리고 단군, 붓다, 공자, 소크라테스, 예수, 마호메트의 육성(六聖)은 신의 아들로서 나 자신의 전신이라 하였다.

---

46 서굉일은 조소앙의 대동종교가 유불선 3교를 하나로 묶은 수운의 사상을 중시하고 수운이 태어난 날, 도를 깨친 날, 운명한 날 모두를 성일(聖日)로 정한 것을 볼 때 대동종교에서 동학이 차지하는 비중이 크다고 주장했다(서굉일 「조소앙의 六聖敎와 21세기 문명」, 『삼균주의연구논집』 19집, 1999, 23면). 또한 서굉일은 조소앙의 대동종교가 수운의 삼교합일과 신인합일의 사상을 원용한 것으로 보고 있다(같은 글 24면).

47 김기승은 조소앙의 육성교가 동학의 유불선에 단군사상이 결합된 것으로 보기도 한다. 김기승 「조소앙의 육성교 구상에 나타난 민족주의와 세계주의」, 『국사관논총』 99집, 국사편찬위원회 2002, 174면.

蕩蕩一神이 惟眞惟聖하시니 萬物之主요 百敎之宗이라. 神以爲敎하니 一惟合德일새 自彊會一이라사 福祿이 無窮하리라. 杏我宗徒아 靈覺乎尒로뎌. 予有十相하야 應言而顯하니 神子六聖이 卽予前身이라. 若檀君과 佛陀와 孔子와 屬羅泰瑞와 耶蘇基督과 謨哈默德은 是元聖名이니라.[48]

조소앙이 말한 일신교는 20세기 현재의 새로운 단계에 들어선 종교를 지칭하는 이름이고, 영각을 통해 현현한 여섯 성인[六聖]은 자신의 전신이 되며 모두가 영각을 통해 성인이 됨을 강조한 것이었다. 이는 손병희가 말한 일신교와 맥락이 닿는다. 의암은 '교(敎)란 천(天)의 대정신이고 사람은 이 정신 범위 내에서 생성되는 것'으로서 과거 다신(多神)시대로부터 사상이 진보함에 따라 '일신(一神)을 숭배하는 교문(敎門)을 세우니 천(天)은 그 추상적인 가장 큰 범위'[49]라 했다. 천(天)의 대정신은 곧 '일신'이며, "모든 교문이 일신을 숭배하는 교문 아래로 들어온다"[50]고 하여 의암은 육성으로 상징되는 모든 교를 일신교의 한 문에 합치시킨 바 있다. 또한 육성은 과거 사상의 진화 과정상에서 생겨난 주요 교문의 육성(석가, 공자, 예수, 마호메트, 브라만, 노자)을 지칭하는 것으로서[51] 다신시대에서 일신시대로 넘어가는 종교사적 발전의 과정에서 세워진 것이었다.

---

48 「一神敎令」 30면. 서굉일, 앞의 글에 수록.
49 『大宗正義』, 천도교경전, 558면.
50 같은 책 559면.
51 『天道太元經』, 천도교경전, 552면.

한편 조소앙이 제시한 육성은 시기별로 차이가 있다. 「일신교령」에서는 단군, 붓다, 공자, 소크라테스, 예수, 마호메트였지만 「대동종교신창립」에서는 소크라테스와 마호메트가 빠지고 그 대신 노자와 수운을 육성에 포함시켰다. 여기서 육성은 일체로서 동원동심(同源同心)이라 했고 신의(神意)라 하여 생령(生靈)52을 널리 구한다고 하였다. 신령일치(神靈一致)에 이르면 나는 육성과 일체가 되고 나 역시 성인이 되는 것이다. 대동종교의 육성에서 각 성인의 종지는 다음과 같이 제시되었다.

神之化者 卽一見 妄主眞 檀君敎皇 三一神誥

仙之大者 抱一見 虛主實 老子敎帝 道德經

誠之達者 貫一見 悖主仁 孔子敎帝 孝經

佛之極者 歸一見 苦主悲 釋迦敎皇 圓覺大經

赦之主者 主一見 憎主愛 基督敎帝 山上寶訓

靈之覺者 誠一見 迷主信 水雲敎帝 玄機經53

조소앙은 수운의 동학을 "靈之覺者 誠一見 迷主信"이라 하여 신인일치의 영각을 동학에 배당하였다. 동학에서 "영각성(靈覺性)은 하날(天)이 부여한 것"54이다. 조소앙 자신이 「일신교령」에서 강조했던 '영각자

---

52 조소앙은 여러 선언문에서 '생령'이라는 표현을 자주 썼는데 생령은 동학에서도 즐겨 사용된 표현이다. 동학에서는 수운 때부터 천령(天靈), 강령(降靈), 신령(神靈), 성령(性靈), 심령(心靈) 등 영(靈)이라는 말을 빈번하게 사용했고, 생령은 해월 최시형 때부터 나온 말이지만 하날님이 감응하는 시천주의 영기(靈氣)가 있는 사람을 일컬어 '산 자(生者)'라 했고, 이를 '생령'이라 하였다. 그러나 손병희에 오면 이러한 생령은 곧 민(民)을 의미하였다. 『明理傳』, 천도교경전, 614면.

53 「大同宗敎新創立」 54면.

(靈覺者)'를 수운의 종지로 설명한 것은 동학과 조소앙 양자의 사상적 일치를 드러낸다 할 수 있다. 또한 조소앙은 수운교제의 종지를 '미주 신(迷主信)'으로 말하고 대표적인 경전으로 「현기경」을 꼽고 있는데 먼 저 천도교(동학)에서 말하는 미(迷)와 신(信)의 개념이 어떻게 쓰였는 지를 이해할 필요가 있다.

① 내가 주체가 되어 나의 하날을 작용케 한즉 하날이 내 마음에 있음이 覺이고 나의 몸으로 저 세상에 부림을 당한즉 세상이 내 마음 의 주체가 되니 이를 迷라 한다.[55]

② 사람의 마음은 곧 하날(天)의 靈이다. 이 하날의 영으로 하날의 이치를 작용케 하여 하날을 행하는 까닭에 만물 또한 감화하여 능히 靈迹을 이루는 것이니 (…) 하날과 내가 둘이 되어 나뉘면 미혹(迷)이 라 하고, (…) 하날과 내가 항상 하나로서 나뉘지 않으므로 覺이라 하 는 것이다.[56]

③ 세계 어느 종교를 막론하고 그 신앙의 힘은 迷信으로 말미암아 생겨난다. 미신이라 함은 교를 믿는(信教) 처음에 精魂이 미망계에 유 입하여 信途를 의심하고 방황하는 意思를 포함하는 것이다. 그러나 (…) 미신에서 시작하여 미신으로 끝나는 것도 있으나 (…) 미신에 서 시작하여 眞信으로 마치는 것도 있으니 吾教가 곧 이것이다. (…) 吾道는 직접으로 하날(天)을 모시며(侍) 하날(天)과 하나(一) 되니 나 (吾)의 감응은 곧 하날(天)의 감응이다.[57]

---

54 玉泉子 「對教理講習諸君ᄒᆞ야 寄贈一語」, 『천도교회월보』 5호, 1910. 12.
55 박명선 「迷與覺의 解說」, 『천도교회월보』 7호, 1911. 2, 13면.
56 같은 글 14~16면.

①에서 '각(覺)'은 하늘이 내 마음에 있어 그 하늘의 작용을 깨닫는 것이고, 반대로 '미(迷)'는 세상이 내 마음의 주체가 되어 내 몸이 세상에 부림을 당함이다. ②에서 '각(覺)'은 하늘의 영(靈)으로 하늘의 이치가 작용하게 하고 하늘을 행하므로 하늘과 합함을 뜻한다. 반대로 '미(迷)'는 하늘과 사람의 마음이 둘이 되어 서로 합하지 못함을 뜻한다. ③에서 미(迷)는 미망으로부터 오는 의심을 뜻하고 진신(眞信)과 반대되는 개념으로 쓰였다. 진신이란 '각(覺)'을 수반하여 하늘과 합한 천심(天心)을 확고히 지켜가는 것을 뜻한다. 그리하여 "我心이 하늘과 하나이면(同天) 東西가 하나 되고 我言이 하늘과 하나 되면(一天) 모든 민족들이 함께 대동세계를 이루는 것"[58]이다. 조소앙은 「대한독립선언서」에서 대한민족의 궁극이 "동심동덕(同心同德)"과 "우주의 진선미(眞善美)를 체현"함[59]에 있음을 말하였는데, 진선미 역시 신령일치를 뜻한다. 그리고 신령일치이기에 동심동덕이 이루어지는 것이었다.

靈은 반드시 마음에 있고, 誠을 다하면 靈覺하나니 정성을 다하는 것은 敎에 있고 敎로부터 나오는 것이 神이라 (…) 靈을 진실로 깨달으면 神이 반드시 응함이라. 그러므로 靈覺한 후에야 神靈이 相靈하고 相靈 이후에야 神靈이 감응하고 感應 이후에야 神靈이 一致하고 일치 이후에야 반드시 善을 증명하나니 선하다는 것은 곧 眞善美요 진

---

57 이준석 「迷信解」, 『천도교회월보』 7호, 1911. 2, 22~23면.

58 박종원 「信仰은 敎의 本分이오 人의 幸福」, 『천도교회월보』 2호, 1910. 9, 34면.

59 「대한독립선언서」 175면. 서굉일 「조소앙의 육성교의 문화사적 의의」, 『삼균주의연구논집』 22집, 2001, 174~76면에 수록.

선미란 우주 본체이라.[60]

조소앙이 수운의 종지로서 말한 "靈之覺者 誠一見 迷主信"은 하날이 나에게서 작용함을 깨달아 지성을 다하고 미망으로부터 하날의 영인 천심을 지켜가는 신(信)을 의미한다. 의암 손병희는 『현기문답(玄機問答)』에서 교(敎)를 믿는다는 것은 곧 정성의 근본에 자신을 세우는 것이라 하였다. 즉 굳건히 하날[天]에 대한 믿음으로 지성(至誠)과 성력(誠力)을 다하여 생각과 말과 일을 살피면 일동일정(一動一靜)이 천리에 합하고 천리에 합하면 일신상의 광채와 사회문명이 고등한 이치로 나아간다는 것이다.[61] 조소앙 역시 신과의 합일은 지성(至誠)에 의거하는 것으로서 지성보다 신령한 것은 없다 했고, 또한 영각을 부각시켰기에 그가 말한 신인일치는 천도교(동학)에서 말하는 천인(天人), 신인(神人), 성령인(性靈人), 영각(靈覺)의 신인합일(神人合一)[62]을 지칭하는 것이라 할 수 있다. 이는 조소앙이 3·1운동을 준비하는 천도교(동학)의 역할에 주목함에 따라 동학에 대한 관심이 제고된 것일 수도 있고, 그 이전부터 그가 동학에 심취했을 수도 있다. 그의 수행방법에서도 동학처럼 「영대개명주(靈臺開明呪)」「심통성경주(心通性境呪)」「영대개명가(靈臺開明歌)」「심통성경가(心通性境歌)」등의 노래와 주문이 중심적인 자리를 차지하게 되는 것은 이러한 맥락에서 이해될 수 있다.

---

60 「一神敎令」 34면.
61 『玄機問答』, 천도교경전, 811~14면.
62 신인합일이라는 말은 해월 최시형이 먼저 썼다. 해월은 '개인 각자가 능히 신인합일이 자아(自我) 됨을 깨달으면[覺] 모든 일이 함이 없는 가운데서 화하여 천리와 천도에 순응하게 된다 하였다. 『해월신사법설』, 천도교경전, 423~24면.

또한 조소앙이 동학의 경전으로 제시한 「현기경(玄機經)」은 앞에서 언급한 『현기문답』으로 추측되는데 이 책의 주된 내용은 한울[天]이 곧 신(神)이요, 신(神)은 곧 사람의 성령(性靈)으로서 이 '영(靈)'이 머무는 곳을 영대(靈臺)라 하고, 사람마다 신령(神靈)의 광채로 세계를 문명하게 하는 것이 곧 교(敎)의 정신임을 말한 것이다.[63] 조소앙 역시 신령일치의 영각을 말했고, 심통성(心通性)의 영대가 밝게 열리는[開明] 경지에 이르러 신(神)과 영(靈)이 합일됨을 강조했다. 그가 대동종교의 핵심을 신령합일과 신인일치의 영각에 두고 있고, 영대의 열림을 말한다는 점에서 이는 곧 동학(천도교)의 사상을 적용한 것이라 할 수 있다.

입교하는 자는 계명을 받고 주문을 암송하여 지성(至誠)을 다하게 하면 7일 이내에 심통성(心通性)의 영대(靈臺)가 밝게 열리는 경지에 이르게 된다. 이것이 이른바 신(神)이라 하는 것인데 지성보다 신령한 것은 없다는 것이 바로 이것이다.[64]

영안(靈眼)이 한번 열리고 신광(神光)이 널리 비추이면 자연히 선을 이루나니 마치 천심(天心)에 이름과 같다. (…) 그러므로 인생이 영(靈)과 신(神)의 합함을 알면 오직 선의 빛을 발하여 천지에 가득하니 이와 같이 한 이후에 신화(神化)의 영각(靈覺)이 이롭지 않음이 없을 것이다.[65]

---

63 『玄機問答』, 천도교경전, 800면.
64 「大同宗敎新創立」 51면.
65 같은 글 35면.

일체육성(一體六聖)은 동원동심(同源同心)일새 그 정신을 구궐(究厥)하면 신의(神意)가 세상에 널리 나타나 생령을 광도(廣導)할 것이니 신령일치(神靈一致)의 경지에 이르면 육성이 함께 상합함이로다.[66]

조소앙이나 동학(천도교)에서 말하는 신인일치는 신령일치이다. 육성일체는 같은 근원의 동심(同心)으로서 생령을 널리 구하는 신의(神意)를 나타냄이기에 신령이 일치하면 육성과 상합을 이룸과 같다. 그러므로 '헌장'에서 말한 신인일치는 영각의 신령일치로서 동원동심을 이루는 대동일치이다. 대동일치에서 신의(神意)가 드러나고, 또 건설되는 신국(神國) 역시 대동일치로 신의(神意)를 세상에 드러내 생령들을 위하는 문명의 나라이다. 요컨대 3·1운동과 대한민국임시정부의 탄생은 동학운동의 연장으로서 신인일치의 영각성에 의해 문명이 열려가는 것이고, 신국가 건설은 동심동덕에 근거하여 대동단결을 이루는 민주공화에, 그리고 남녀 빈부 귀천을 막론하고 모두가 자주평등한 사회를 이룩하여 세계문화를 발전시켜나가는 것에 목적이 있었다.

---

66 「一神敎令」 36면.

제6장

3·1운동, 촛불혁명 그리고 '진리사건'

이남주

2016년에서 2017년으로 넘어가는 겨울 동안, 주말마다 거리를 밝혔던 촛불들은 정당성을 상실한 권력을 탄핵하면서 사회변혁의 흐름을 만들어냈다. 이 극적인 변화는 촛불혁명으로 규정되곤 했고, 2017년 5월 조기대선을 거쳐 출범한 문재인정부도 촛불혁명의 계승을 공언했다. 그리고 100주년을 앞둔 3·1운동을 혁명으로 규정해야 한다는 주장이 확산되고 있는 점이 흥미롭다. 학계에서는 이 주장이 수년 전부터 제기되었지만 최근에야 사회적 관심과 지지를 받기 시작했다.[1] 이는 우리 사회에서 이념적 프레임에 의해 불온시되던 혁명이라는 개념이 촛불혁명을 경유하면서 사회의 대전환에 대한 갈망을 담아내는 표현으로 수용되기 시작한 변화와 관계가 있다. 따라서 혁명으로 규정 가능한지 여부와는 별개로 3·1운동의 성격을 둘러싼 논란은 촛불혁명의 의미를 더 풍부히 하고 사회의 대전환과 관련한 정치적 사유를 진전시킬 수 있

---

[1] '3·1혁명 95주년 기념 학술회의'(2014. 2. 26)에서 이 주장이 처음으로 진지하게 제기되었다. 관련 내용은 이 회의의 발표문과 토론문을 모은 『3·1혁명100주년기념사업추진위원회 결성식: 95주년 기념 학술회의』, 3·1혁명100주년기념사업준비위원회 2014 참고.

는 계기를 내포한다. 그렇지만 3·1운동을 혁명으로서 소환하는 것이 단순히 이 정치운동의 표피적 측면, 특히 저항의 형식을 낭만화하는 방식으로만 진행되면, 이는 사회적 대전환에 대한 열망이 높아진 시기에 일시적으로 이루어진 언어유희에 그치게 될 가능성이 높다. 그보다 혁명의 이름으로 소환하고자 하는 정치적 상상은 무엇인가를 점검함으로써 사회 대전환에 대한 사유를 활성화하는 일이 필요하다. 이를 통해 촛불혁명의 성격과 촛불혁명이 나아갈 길을 더 분명하게 밝힐 수 있다.[2]

1. 국민주권을 소환한 3·1운동과 촛불혁명

3·1운동과 촛불혁명의 연결은 단순히 3·1운동이 100주년을 맞이한다는 외생적 계기에 의해 주어진 것만은 아니다. 촛불항쟁이라는 저항방식이 3·1운동에서 기인한 것이라는 인식은 꽤 광범위하게 공유되고 있는데, 이를 넘어 두 정치운동은 한국 근현대사에 매우 중요한 작용을 한 정치적 이념과 지향을 공유하고 있다. 최근 3·1운동을 혁명으로 규정할 수 있다는 학계의 주장은 이를 계기로 조선의 왕권정치가 사실상 종결되고 민주공화제가 독립국가의 정치모델로 확고히 자리를 잡았고,

---

2 백낙청은 촛불혁명을 혁명으로 규정하면서도 이를 전통적 혁명과는 다른 새로운 성격의 혁명("비혁명적 방식에 의한 혁명적 과업의 성취")으로 설명했다. 이처럼 시민들의 평화적 직접행동을 기초로 하는 사회적 전환은 한국적 현상만이 아니라 다른 나라에서도 확인할 수 있고 종래의 혁명 개념에 수정을 요구하고 있다고 강조했다. 이에 대해서는 백낙청 「'촛불'의 새세상 만들기와 남북관계」, 『창작과비평』 2017년 봄호와 Nak-chung Paik, "South Korea's Candlelight Revolution and the Future of the Korean Peninsula," *The Asia-Pacific Journal* Vol. 16, No. 3, 2018. 12. 1. 등 참고.

이러한 지향이 대한민국의 건국으로 이어졌다는 사실을 주요 논거로 삼는다. 예를 들어 1919년 4월 임시정부가 제정한 '대한민국임시헌장'의 1조는 "대한민국은 민주공화국제로 함"이다. 그리고 임시정부가 국내의 한성지부, 노령의 대한국민의회와 통합을 이루면서 제정한 '대한민국임시헌법'(1919. 9. 11)의 제2조는 "대한민국의 주권은 대한인민 전체에 재함"이라고 되어 있다.[3]

그리고 "대한민국은 민주공화국이다. 대한민국의 주권은 국민에게 있고, 모든 권력은 국민으로부터 나온다."는 대한민국 헌법 제1조이자 촛불혁명을 상징하는 구호다. 대한민국 헌법은 대한민국임시정부 헌법의 연장선상에 있기 때문에 당연하다고 할 수도 있지만 거리에서 이 구호가 다시 등장한 것은 분명히 의미심장한 일이다. 헌법 조항이 거리에서 외쳐지는 것 자체가 낯선 현상인데 하필이면 100년이라는 시간을 건너뛰어 두 정치운동이 같은 구호로 연결된다는 것은 시사하는 바가 크다. 여기서 이 연결이 정치적 낙후의 표상인가, 아니면 어떤 새로운 가능성의 표현인가라는 질문을 던질 수 있다.

'민주공화'라는 이념이 어느정도는 상식화된 현대사회에서 이 이념이 계속 소환되는 현상은 정치적 낙후성의 증거로 보이기 쉽다. 실제로 한국 정치의 문제점을 서구에 비해 낙후된 정치제도에서 찾는 발상이 우리 사회에서도 꽤 일반적이다. 그러나 서구 정치의 오늘이 우리 정치의 내일이 되어야 한다는 사고는 두가지 면에서 우리 현실에 대한 그릇된 인식을 갖게 한다. 첫째, 한국의 정치발전이 서구와는 다른 경로로 진행될 수밖에 없다는 사실을 외면하게 한다. 식민주의와 분단체제

---

3 이준식 「대한민국임시정부의 이념적 지향」, 『인문과학연구』 24집, 2017, 67~69면.

가 한국사회에 미치는 제약을 고려하지 않으면 3·1운동에서 촛불혁명까지 민주와 공화라는 이념이 어째서 계속 호소력을 발휘하는지 이해하기 어렵고, 이러한 호소력이 갖는 에너지를 활용하기도 어렵다. 둘째, 이러한 저항이 지닌 가능성을 제대로 포착하기 어렵게 한다. 대의민주주의 혹은 법의 지배라는 형식은 민주주의 혹은 국민(인민)주권이라는 이념 내부의 해방적 성격을 거세하는 과정이기도 했다. 그나마 형식적 영역, 주로 대의제에서 이룬 진전마저 최근 심각한 도전에 직면하고 있다. 반면 촛불혁명은 거리에서 민주공화라는 이념을 소환하고 그와 관련한 사회적 논의를 촉발함으로써 인류사회를 근대에 진입시켜놓고도 현재는 폐쇄된 것처럼 보이는 '정치적 가능성'을 다시 열었다. 따라서 민주공화라는 구호는 낙후성의 표현이 아니라 새로운 가능성으로 간주되어야 한다. 3·1운동과 촛불혁명의 이러한 내적 연관성은 촛불혁명 이후 직면한 문제의 성격을 명확하게 이해하고 이를 해결할 수 있는 정치적 사유의 길을 열어준다.

이 사유를 진전시키는 데 바디우(A. Badiou)의 '사건'과 관련한 논의가 유용한 참조점을 제공한다. 사건이라는 개념은 사회의 질적 전환을 매우 단절적으로 설명하는 것처럼 보이지만 반드시 그렇지는 않다. 우선 바디우는 상황과 존재구조에 대립하는, 즉 "상황이, 그리고 그 속에서의 일상적 행동방식이 설명할 수 없는 것", 그리고 "우리로 하여금 새로운 존재방식을 결정하도록 강요하는" 것을 '사건'으로 정의했다. 그렇지만 사건에 의해 새로운 존재방식이 바로 확립되는 것은 아니다. 이러한 사건이 소환하는 주체가 사건적인 잉여적 부가물의 관점에서 상황에 관계하는 것을 '충실성'으로, 그 충실성이 상황 속에서 생산하는 것을 '진리'로 지칭한다.[4]

이러한 관점에서 보면 역사에서 새로운 질서의 수립은 급격한 정치적 변동과 함께 완료되는 것이 아니라 사건에 대한 공적 선언(주체화)과 사건적 충실성에 의해 지탱되는 진리공정을 통해서 실현된다. 실제로 역사 속에서 혁명이라고 일컬어지는 여러 진리사건도 진리공정을 촉발하는 계기였지, 그것이 초래한 정치사회 변동이 진리의 온전한 실현이라고 보기는 어렵다. 심지어 사건-이후의 과정은 선형적 발전이 아니며 중단이나 심각한 퇴보도 겪곤 한다. 3·1운동도 하나의 진리사건으로 도래했고 국민(인민)주권의 선언과 그에 대한 충실성이 지탱하는 역사적 시퀀스가 진행되어왔다. 촛불혁명은 그 시퀀스에서 또 하나의 고양기이자 그 자체로 진리사건적 의미를 갖는다. 촛불혁명의 특별한 의미는 과거의 민중항쟁·시민항쟁과는 달리 절차적·형식적 민주주의가 어느정도 정착되었다는 인식이 지배적인 상황에서 다시 민주주의와 국민주권을 소환하는 대규모 시민항쟁이 진행되었다는 데 있다.[5]

2. 새로운 혁명과 이중과제

3·1운동에서 촛불혁명까지의 과정을 진리사건 이후의 시퀀스로 인식하면 혁명에 대한 인식지평이 넓어진다. 이를 통해 촛불혁명의 혁명

---

4 알랭 바디우 『윤리학』, 이종영 옮김, 동문선 2001, 54~56면. 앞으로는 일상적 용어로서의 사건과 바디우적 용법에서의 사건을 구분하기 위해 후자는 '진리사건'으로 표현한다.
5 새뮤얼 헌팅턴(Samuel P. Huntington)은 신생 민주주의의 공고화는 '두번의 수평적 정권교체' 테스트를 거쳐야 한다고 주장한 바 있다. 한국적 맥락에서 왜 '두번의 수평적 정권교체'가 민주주의 공고화의 기준이 되기 어려운지에 대해서는 백낙청과 박성민의 대화를 참고. 백낙청 외 『백낙청이 대전환의 길을 묻다』, 창비 2015, 316~31면.

적 의미를 거세하려는 경향은 물론이고 혁명을 낭만화하는 경향과 구별되는 실천공간을 구성할 수 있다.

이 두 경향은 상반된 실천적 지향을 수반하지만 혁명에 대한 관습적 이해는 공유한다. 즉 혁명을 폭력을 동반하는 대규모 저항에 의한 정치권력의 급격한 교체, 그리고 이를 통한 구체제에서 신체제로의 급진적 전환으로 인식한다. 그렇지만 역사 속에서 혁명으로 일컬어지는 사건 중 이러한 정의에 부합하는 경우는 생각보다 많지 않다. 혁명 개념이 정치적·역사적 언어 안에서 확실한 위치를 차지하게 된 계기인 명예혁명(Glorious Revolution, 1688)도 위와 같은 의미와는 거리가 멀다.[6]

미국혁명(1775~83), 프랑스혁명(1789~99) 등 비교적 전형적인 근대혁명의 경우도 복고적 지향과 참신성에 대한 지향이 매우 복잡하게 상호작용하며 혁명을 촉발했다. 물론 혁명이 진행되면서 참신성에 대한 추구가 전면에 등장해 혁명이라는 용어가 새로운 의미를 획득했고,[7] 이러한 추세가 러시아혁명(1917)까지 이어지면서 혁명에 대한 위와 같은 정의가 확립되고 광범하게 받아들여져왔다. 이에 따라 혁명은 역사의 극적인 단절을 상징하지만, 모든 혁명이 바로 혁명정신을 충실하게 반영하는 새로운 체제의 확립으로 이어지지는 않았다. 혁명에 대한 전통적

---

6 한나 아렌트 『혁명론』, 홍원표 옮김, 한길사 2004, 115면.
7 같은 책 116~17면. 찰스 테일러(Charles Taylor)는 혁명과정에서 새로운 정치적 상상과 전통적 관습 혹은 제도가 서로 배척하기만 하는 것이 아니라 서로 결합하기도 한다는 점을 보여주었다. 나아가 그는 새로운 정치적 상상을 담아낼 수 있는 새로운 정당성의 원리(인민주권 원리)의 적절한 실현이라고 간주될 수 있는 정치 관습의 존재가 혁명이 새로운 정치제도의 구축으로 이어지는 데 관건적 역할을 했으며 그 존재 여부가 미국혁명과 프랑스혁명의 전개에 큰 영향을 주었다고 주장했다. 찰스 테일러 『근대의 사회적 상상』, 이상길 옮김, 이음 2004, 제8장.

이미지를 확립하는 중요한 계기인 프랑스혁명의 경우 혁명 이후 왕당파 등 전근대적 정치사회세력이 오랫동안 지배적 영향력을 행사했다. 이뿐만 아니라 왕당파 등의 정치적 영향력이 소멸하고 근대적 정치질서가 확립된 이후에도 프랑스혁명의 정신이 온전히 실현되었는지에 대해서는 의문이 제기될 수 있다. 즉 혁명은 대부분 일정한 시기 내에 이루어진 정치사회체제의 전환이라는 측면과 함께 새로운 정치사회 질서에 대한 상상이 촉발하는 과정의 시작이기에 혁명정신이 구현되려면 상당한 시간이 걸릴 수 있고 온전한 구현이라는 사유 자체가 문제화될 수 있는 과정이다. 전자의 경우에 국한하더라도 우리가 생각하는 것보다 더 많은 시간 동안 낡은 것과 새로운 것 사이의 복잡한 상호작용을 거치게 된다.

"비혁명적 방식에 의해 혁명적 과업을 달성하는" 촛불혁명의 경우 더욱 그렇다. 촛불혁명의 혁명적 의미도 국민(인민)주권에 대한 공적 선언을 통해 진리공정을 지속시킬 수 있는 계기를 만들고 이를 위한 새로운 에너지를 창출했다는 데 있다. 즉 촛불혁명은 장기적으로 보면 사건으로서의 3·1운동이 촉발한 역사 시퀀스 내에 있지만 그 안에서 중요한 진전을 이루는 한 국면이다. 그리고 어느 정도의 진전을 이룰지는 현재의 실천이 결정하게 되는 진행 중인 혁명이기도 하다.

동시에 촛불혁명이라는 표현이 관습적 혹은 낭만적 혁명론을 소환하는 결과로 이어져서는 안 된다. 관습적이라 함은 혁명을 여전히 단기간 내에 구체제를 척결하고 신체제로 전환하는 것으로 인식하는 태도를, 낭만적이라 함은 신체제에 대한 상상이 결여된 상태에서 막연한 새로움에 기대는 태도를 각각 가리킨다. 이러한 태도가 현재 삶에 대한 불만과 급진적 변화에 대한 열망을 담을 수는 있겠지만 사회의 대전환에 유

184

의미한 실천으로 이어지기는 어렵다. 현재 촛불혁명을 경유하며 고양된 요구와 현실 사이의 낙차가 큰 것은 사실이다. 하지만 주관적 열망만으로 그 낙차를 소멸시킬 수는 없다. 그렇다면 국민주권이라는 진리를 생산하는 과정 중 촛불혁명이라는 단계에서 얻을 수 있는 성과와 그렇지 않은 목표 혹은 지향을 구분하며 실천경로를 선택해야 한다. 촛불혁명의 혁명적 의미를 거세하며 현실에 안주하려는 경향과 혁명의 완수를 성급하게 이루려는 경향 사이에서 대전환의 길을 찾고자 하는 태도가 필요하다는 뜻이다.

이 지점에서 바디우의 진리사건 개념의 모호성을 극복할 필요가 있다. 바디우는 진리사건이 단절에서 새로운 보편성 구축으로 나아가는 계기를 제공한다고 주장하지만 새로운 보편성의 내용을 명확하게 드러내지 않는다. 소위 "문자를 넘어서는 법"이라는 표현에서 바디우의 딜레마가 잘 드러난다.[8] 사건에 대한 충실성이 주관적 믿음으로 전락할 수 있으며 진짜 진리사건과 거짓 진리사건을 구별하기 어렵다는 비판이 제기되는 이유가 여기에 있다.[9] 존재와 사건을 대립시키는 방식도 실천상의 난점을 제기한다. 실천은 존재하는 상황 내에서 진행되어야 하며 이를 초월한 공간에서 진행될 수 없기 때문이다. 바디우도 바울의 사례를 들어 '보편'을 상황 내의 특수성을 부정하거나 억누르는 것이

---

8 바디우도 "우리는 **문자를 넘어서는 법, 영의 법의 실존**이라는 아주 난해한 질문을 던지지 않을 수 없다"며 여기서 직면한 곤경을 간접적으로 토로한 바 있다. 알랭 바디우 『사도 바울: '제국'에 맞서는 보편주의 윤리를 찾아서』, 현성환 옮김, 새물결 2008, 167면. 바디우의 보편주의와 법의 관계에 대한 논의는 매우 복잡한데, 이는 바디우가 율법의 폐기를 강조하는 동시에 문자를 넘어서는 법이라는 이름으로 사랑을 끌어들이는 데서 발생한다. 황정아 『개념비평의 인문학』, 창비 2015, 77~78면.
9 도미니크 핀켈데 『바울의 정치적 종말론』, 오진석 옮김, 도서출판b 2015, 48면.

아니라 이에 무관심하고 이를 가로지르는 것으로 설명하고 보편이 상황 내의 특수성과 결합하고 이를 활용할 가능성을 시사했다.[10] 그렇지만 전체적으로 바디우의 논의가 단절을 지나치게 강조하고 존재와 사건을 이분법적으로 정의한다는 문제점을 부정하기 어렵다.[11]

바디우 등이 진리내용을 구성하는 데 조심스러운 태도를 취하게 만든 원인은 짐작하기 어렵지 않다. 현실사회주의에서 실천의 좌절, 특히 소련의 실험이 실패로 규정되면서 자본주의에 대한 대안모델을 제시하는 것에 조심스러운 태도를 취할 수밖에 없었다. 그 조심성이 정치에서 윤리로 관심을 이동시키거나 차이에 주목하게 만들기도 했는데, 정치에서 보편주의적 진리관을 고수하고자 한 바디우도 진리내용을 섣부르게 구성하기는 어려웠을 것이다. 그렇지만 진리사건의 선언에 담긴 지향과 진리과정에 들어가고자 하는 주체가 직면하는 현실 사이의 간극을 좁힐 수 있는 실천 공간을 찾지 못하면 진리과정을 지속시키기 어렵다. 즉 바디우의 사건에 대한 사유가 주체화와 진리의 실현과 관련한 새로운 지평을 열어주기는 하지만 새로움을 현실에 어떤 방식으로 기입해갈 것인가라는 물음 앞에 난감한 처지에 빠지게 된다.

이러한 곤경을 타개하는 데 근대적응과 근대극복을 동시적 과제로 수행해야 한다는 이중과제의 관점이 도움을 줄 수 있다. 근대는 그 시작부터 극복에 대한 지향을 내포하고 있었다. 자본의 형성과 함께 자본을 소멸시키는 요인이 같이 생성되는 구조를 밝히고자 한 『자본론』(*Das Kapital*)에서 이러한 인식이 분명하게 드러난다. 그런데 자본주의가 내

---

10 예를 들어 바디우는 바울이 유대교와의 단절을 주장하지 않았다는 점을 언급했다. 알랭 바디우, 앞의 책 72~73면.
11 황정아, 앞의 책 79~81면.

적 모순을 갖고 있음에도 불구하고 자본의 논리가 세계를 전일적으로 지배하게 된 상황을 넘어서는 일은 쉽지 않다. 정치적 실천이 가장 기본적 토대인 일국적 차원에서 이를 근대와의 단절을 통해 단번에 극복하려는 시도는 번번이 심각한 실패로 귀결되었다. 이것이 위에서 언급한 것처럼 자본주의 세계체제의 대안을 상상하는 능력을 크게 제한했다. 동시에 지구적 차원에서 이에 대한 순응 외의 길은 없다는 이데올로기를 강화했다. 이중과제론은 자본주의 세계체제 내에서 진정한 변혁은 적응과 극복을 동시적 과제로 추진하는 데서 길을 찾을 수 있다고 주장한다.[12] 이러한 접근으로 사건의 단절적 힘이 단순한 일탈로 치닫는 것이 아니라 세계 안에서 작용하도록 할 수 있다. 이러한 인식이 있더라도 현실에서는 적응과 극복 사이의 긴장이 무너질 가능성은 항상 존재하고 이것이 실천적으로 극복이나 순응에 편향된 결과를 초래할 수 있다. 따라서 구체적인 실천은 항상 이중과제의 시각에서 평가와 성찰이 진행될 때 자본주의 세계체제 내에서 진리생산 과정이 지속될 수 있다.

3·1운동부터 촛불혁명까지의 과정도 이중과제적 실천지평과 관계가 깊다. 3·1운동에서 제출된 '민주공화'라는 목표가 표면적으로 보면 근대적 정치모델을 추구한 것처럼 보이지만 내용적으로 근대극복의 의지를 포함한다.[13] 그 지향이 한반도와 한국에서 어떻게 추구되었고 어떤

───────

12 이중과제론에 대해서는 백낙청 「근대, 적응과 극복의 이중과제」, 송호근 외 『시민사회의 기획과 도전』, 민음사 2016 및 백낙청 외 『문명의 대전환을 공부하다』, 창비 2018 참고.

13 3·1운동 이후 대의민주주의를 넘어서고 평등의 가치를 실현하는 새로운 민주주의를 모색하는 흐름이 강하게 유지되었고, 조소앙의 삼균주의가 대표적인 경우이다(이준식, 앞의 글 56~57면). 강경석도 3·1운동 직후에 작성된 염상섭의 글을 인용하며 당시 지식인 중에도 자본주의 근대의 극복을 식민성 극복과 같이 생각했던 지적 흐름을 소개한 바 있다. 그뿐만 아니라 염상섭이 "혁명을 괄호친 실력양성론이나 자력양성을 건너뛴 사회주

좌절을 겪었는지는 그 이후의 역사가 잘 보여주고 있다. 그에 대한 자세한 논의는 이 글이 감당할 주제는 아니지만 이중과제적 긴장이 유지되며 새로운 실천지평을 열어나가기보다는 극복과 적응이 대립하는 방향으로 사태가 전개되었다는 점은 지적해두고자 한다. 한편에서는 극복의 측면이 극단적으로 추구되고 다른 한편에서는 극복의 지평을 배제하는 순응이 주류적 흐름을 형성했다. 그중 순응은 일정한 성과를 거두었지만 그 한계도 뚜렷하다. 무엇보다 촛불과 같은 시민저항이 반복된 역사가 이를 입증한다. 이러한 역사는 앞에서 언급한 것처럼 제도정치의 낙후만을 의미하는 것이 아니며 국민(인민)주권이라는 대의민주주의의 형식으로 소화될 수 없는, 나아가 자본주의체제와 쉽게 화해하기 어려운 근원적인 해방의 요구를 계속 문제화한 과정이다. 특히 분단체제로 인해 민주공화제의 형식마저 근본적인 위협을 받는 조건이 오히려 민주공화라는 이념에 대한 충실성을 더 강화했다. 백낙청은 촛불혁명의 혁명적 의의를, 한국 현대사에서 처음으로 반공반북을 위해서라면 헌법이나 법률을 안 지켜도 된다는 오래된 관행, 즉 일종의 '이면헌법'을 무력화하고 국민주권을 명기한 헌법이 제대로 작동할 수 있도록 하고 남북관계의 전환을 촉진함으로써 이 흐름의 역진이 불가능하도록 만든 데서 찾는다.[14] 즉 3·1운동부터 촛불혁명까지 시민항쟁과 같은 저항운동을 통해 민주공화의 해방적 지향을 실현하기 위한 흐름이 지속되었고, 그 속에서 이중과제의 긴장도 유지되어왔다. 이는 유럽과 미국

의혁명론"과는 다른 실력양성과 혁명적 실천을 하나의 과제로 인식했다는 점을 높이 평가했다(강경석 「민족문학의 '정전 형성'과 미당 퍼즐」,『창작과비평』 2018년 겨울호 57~59면). 이러한 지적들도 이중과제론적 문제의식을 기반으로 한다고 볼 수 있다.
14 Nak-chung Paik, 앞의 글 4~5면.

에서는 신자유주의가 초래한 문제에 대해 국가주의적·인종주의적 경향의 대응이 주류를 이루는 것에 반해 한국의 촛불혁명에서는 더 평등하고 민주적인 사회로의 전환을 추구하는 경향이 중심이 되었다는 점에서 다시 확인된다.

3. 촛불혁명이 나아갈 길: '평화와 협력'의 한반도체제

그렇다면 역사 시퀀스 내에서 진리의 최종적 실현은 아니더라도 확실한 진전을 이루려면 촛불혁명은 어떤 방향으로 발전해야 하는가? 한국사회가 혁명이라는 이름에 걸맞게 변하고 있는가에 대한 의문이 최근에 늘어난 점도 우려되는 현상이다. 이러한 의문은 높아진 변화의 기대를 따라가지 못하는 현실에서 비롯되기도 하고, 또 촛불혁명의 정신을 퇴색시키거나 그에 반하는 방향으로 사태가 전개되는 데에서 비롯되기도 한다. 앞에서 강조한 것처럼 전자의 상황을 점진적인 방식으로 진행될 수밖에 없는 촛불혁명을 부정하거나 폄훼하는 이유로 삼아서는 안 된다. 주관적 기대를 앞세워 객관적 상황에 대한 비관적 정조를 확산시키는 것은 그 의도와 달리 촛불혁명의 진전에 장애를 조성하게 된다. 그뿐만 아니라 촛불혁명이 이미 거둔 성취를 간과하는 문제도 있다.

촛불혁명의 일차적 성취는 민주주의의 지평을 확장한 것이다. 지난 시기의 민주화는 중앙권력에 대한 견제장치를 강화시켰으나 가정이나 학교, 직장 같은 사회의 기초 단위는 권위주의나 가부장주의의 영향에서 자유롭지 못했다. 소위 '갑질'에 대한 지속적 폭로와 사회적 공분의 표출은 생활공간에서의 민주주의를 진전시키는 중요한 계기를 제공해

주고 있다. 그중에서도 성차별에 대한 사회적 감수성이 비약적으로 발전하며 한국사회를 변화시키는 주요 동력이 되고 있다. 가장 은폐되어 있던 차별과 억압 구조에 대한 거센 도전이 진행되고 있는 것이다. 물론 사회에 편재하는 갑질을 문제화하는 것이 구조적 균열을 가리는, 사실상의 을-을갈등을 일으켜 진정한 '갑'의 문제가 가려지지 않도록 주의할 필요는 있다.

더 중요한 점은 촛불혁명이 남북관계의 전환을 이끌어내고 한반도 평화프로세스를 진전시킴으로써 한국사회, 나아가 한반도의 결정적인 전환을 촉진하고 있는 것이다. 지금은 분단 이후 그 어느 때보다 '평화와 협력의 한반도체제' 구축의 가능성이 높다. 무엇보다 남과 북 모두 적대관계에 의존해 기득권을 지키려는 시도로는 지속 가능하고 인간다운 삶을 보장하는 방향으로 진전하기 어렵다는 인식이 확산되었다. 최근 남북관계의 진전은 우연이나 정세적 대응의 결과가 아니라 한반도 대전환의 필요성에 대해 높은 수준의 공감대가 형성된 결과이다. 한반도를 둘러싼 주변국의 이해관계는 여전히 복잡하나, 한반도가 통제 불능의 상황에 빠지면 자신들의 국가이익에 큰 타격을 입을 수 있다는 점을 인식하면서 이들도 한반도 평화정착에 그 어느 때보다 진지하게 접근하고 있다. 교착과 진전을 반복하고 있는 북미관계의 변화에 따라 속도는 달라지겠지만 한반도 평화프로세스를 지속할 수 있는 동력이 형성되고 있다. 이 과정이 지속되면 한반도 차원에서 새로운 질서의 구축과 함께 남과 북 모두에서 분단체제 아래 억눌려 있던 해방적 힘이 획기적으로 활성화될 것이고, 이는 촛불혁명이 열어놓은 가능성의 구현을 더 촉진할 수 있다.

그런데 이를 위해서는 주체적 측면에서 해결해야 할 문제가 있다. 우선 한국사회의 변화를 한반도 차원의 변화와 별도의 문제로 보는 태도를 극복해야 한다. 한반도 평화프로세스가 진전될수록 기존처럼 북에 대한 적대적 의존관계를 활용해 촛불의 진전을 가로막으려는 수구의 준동은 더 거세질 것이다. 한반도의 평화가 자신을 무덤으로 보낼 것이라는 사실을 누구보다 분명하게 인식하고 있기 때문이다. 소위 '합리적 보수'를 자처하는 정치인조차 대통령을 두고 김정은 대변인 운운하며 결단코 남북관계의 진전을 막으려는 것도 이러한 이유다. 이러한 행태가 극복되지 않는 한 한국 정치에서 합리적 보수가 의미있는 정치세력으로 성장하기 어렵다. 작금의 상황에서 북과의 협력관계를 진전시켜 평화프로세스를 역진 불가능하게 만들기보다는, 북의 존재를 사유지평 밖으로 밀어내는 방식으로 분단문제를 해결하려는 시도는 의도와는 달리 촛불혁명이 열어놓은 가능성을 반공·반북 공세로 좌절시키려는 수구세력에게 힘을 보태는 결과를 초래할 수도 있다. 그러한 흐름이 영향력을 키워가면 남북관계도 새로운 어려움에 직면할 수 있다. 남북협력을 새로운 수준으로 높여갈 때 분단체제를 극복하고 새로운 한반도체제의 건설이 가능해진다.[15]

그리고 현재 분단체제를 극복하는 작업이 본격화되는 단계에 새로운

---

[15] 이렇게 볼 때 남북관계를 국가간 관계로 전환시킴으로써 분단체제로부터 비롯되는 문제를 해결할 수 있다는 발상은 남북협력을 실천적 지평에서 밀어낸다는 점이 가장 큰 문제이다. 소위 '양국체제론'이 이러한 발상의 대표적인 사례인데 이에 대해서는 김상준「분단체제론과 양국체제론」, 『녹색평론』 2019년 1-2월호 47~48면 참고. 이 글에서 강조하는 국가간 관계로서의 안정성은 현재 남북이 합의한 남북연합이나 낮은 단계의 연방제라는 틀 내에서도 실현할 수 있으며 더 중요한 문제는 이러한 틀 내에서 남북협력의 수준을 어떻게 높여갈 것인가에 있다. 이에 대해서는 졸고「분단 해소인가, 분단체제의 극복인가」, 『창작과비평』 2018년 봄호 23~26면 참고.

한반도체제의 비전을 구체화해야 한다. 새로운 한반도체제는 평화정착 과정을 기초로 하며 비핵화와 평화협정 체결이라는 고비를 넘을 때 그 건설을 본격적으로 추진할 수 있다. 그렇지만 이 과정은 긍정적 방향으로 진전되더라도 비핵화 자체의 복잡성과 평화협정 체결과 관련한 새로운 의제 등을 고려하면 단기간에 마무리되기 어렵다. 이뿐만 아니라 남북의 합의에 기초해 추진할 수 있는 일도 계속 증가하고 있다. 따라서 한반도체제의 건설은 평화프로세스를 기초로 하지만, 이에 전적으로 좌우되지는 않아야 한다. 남북이 한반도에서 소극적 평화를 실현시키는 것을 넘어 한반도 차원에서 새로운 정치적·사회적·문화적 질서를 구축하고 나아가 한반도와 주변 지역의 관계 조정을 통해 동북아와 동아시아 차원에서 새로운 질서를 구축해가야 한다. 이러한 일들이 같이 진행될 때 한반도 평화를 정착시키는 과정에서 제기되는 여러 복잡한 문제 또한 최소화할 수 있다.

한반도체제는 남북이 평화적·점진적·단계적 방식으로 재통합해가는 과정을 남북연합이라는 거버넌스로 관리하는 것을 기초로 한다. 남북연합은 두가지 다른 차원의 속성을 내포한다. 하나는 남북이 국가 자격으로 국제사회 활동에 참여하는 것과 내부에 대한 주권적 통치권을 상호 인정하는 국가간 관계로서의 속성이다. 이와 함께 민족공동체 의식을 기초로 양자의 재통합을 추구하는 특수관계이다. 특수관계적 속성은 단순히 민족통일이라는 당위성에서 비롯하지는 않는다. 남북분단이 초래한 상호적대 및 그 재생산을 뒷받침하는 정서와 사회적 기초를 청산해가는 작업은 분리의 법적 승인이 아니라 다양한 영역에서의 화해와 협력의 과정을 필요로 한다. 그리고 이러한 진전이 없으면 국가간 관계의 규범에 기초한 관계의 안정성도 항상 위협받을 수밖에 없다. 그뿐만 아니라 대외적으로도 한반도의 평화번영프로세스가 순조롭게 진행되기 위해서는 남북관계의 이러한 특수관계적 속성에 대해 국제적 승인을 받고 이를 적극 활용해야 한다. 대북제재 해제까지는 아니더라도 완화가 필요한데, 개성공단이나 금강산관광의 재개 등은 남북관계의 특수성을 인정받을 때 더 쉽게 이루어질 수 있다. 물론 남북관계의 진전에 발맞추어 남북연합 내에서 국가관계로서의 규범과 특수관계로서의 규범 사이의 상호작용이 어떻게 관리되어야 하는가에 대해서는 지속적인 연구와 논의가 필요하다.

또한 남북연합이라는 틀에 조응하는 한반도 경제 및 사회 거버넌스를 구축해가야 한다. 개방적이고 균형적인 경제공동체로서의 한반도를 지향하는 남북의 경제협력을 규율하기 위한 제도를 구축해야 한다. 이는 영역별 협력에서 출발해 포괄적인 경제협력으로 나아가야 하는데, 그 과정에서 중국과 홍콩 사이에 체결한 '경제동반자협정'(CEPA, 2011)이나 중국과 타이완 사이의 '양안경제협력기본협정'(ECFA, 2010) 등을 참조할 수 있다. 사회체제의 경우는 사회관리나 사회복지는 독자적으로 체제를 구축하겠지만 남북 간 인적 왕래와 문화교류 등과 관련한 합의된 규범이 요구된다. 동아시아 협력에도 새로운 접근이 필요하다. 노무현정부 시기 동북아협력론은 주로 남북관계의 진전이 어려운 조건에서 비핵화 및 남북관계 진전에 유리한 환경을 조성하거나 이에 새로운 동력을 제공하기 위한 차원에서 접근했다면 앞으로는 남북관계의 진전을 기초로 동북아 혹은 동아시아 협력을 촉진하는 일에 더 초점을 맞추어야 한다. 그리고 한반도체제의 건설과 마찬가지로 적어도 동북아 협력에서는 남북의 공감대를 높이고 협력을 강화해야 한다. 이 모든 것이 촛불혁명이 열어놓은 새로운 가능성을 실현해가는 데 있어 핵심적인 사업이다.

촛불혁명이 이제 정치적으로 중요한 고비를 맞고 있다. 민주주의의 꽃이라는 선거 국면에 진입할수록 시민들은 오히려 참여와 발언의 공간에서 딜레마에 빠지곤 했다. 당파나 개인적 이익을 앞세우는 행태를 견제할 수 있는 수단이 부족하다보니 주어진 조건에서 최선의 지혜를 짜내야 했다. 선거를 앞두고 분당된 상태에서도 야당인 더불어민주당이 새누리당에 승리한 2016년 총선이 대표적 사례이다. 그러나 탄핵을 이끌어낸 정치연합이 계속 분화되어온 지금까지의 상황이 지속된다면 2020년 선거에서는 그보다 더 어려운 숙제가 주어질 것이다. 이런 조건에서 촛불혁명의 성과를 굳히는 정치 국면을 만들어내기 위해 시민들이 할 수 있는 일은 무엇인가?

무엇보다 한반도 평화프로세스를 한반도체제 건설로 이어가야 한다는 점에 대한 시민적 공감대를 넓혀가야 한다. 분단체제가 가장 큰 적폐이고 이를 넘어서는 일이 적폐청산의 가장 중요한 내용이다. 촛불혁명은 한반도체제의 구축으로 하나의 단계가 마무리될 수 있다. 그럼에도 여전히 남북관계를 정부 여당의 일로 생각하는 경우가 적지 않은데 이제 시민이 주도적으로 참여하는 '시민참여형' 통일의 조건을 형성해야 한다. 남북연합을 건설하는 사업에 시민들이 참여할 수 있는 공간을 만들고 넓혀가는 일을 본격적으로 준비해야 하는 것이다. 지역과 부문마다 이를 위한 시민참여조직을 만들어가는 방법을 적극적으로 고려할 필요가 있다. 이 작업이 순조롭게 진행될 때 내년 총선을 수구의 정치적 영향력을 소멸시켜 진보와 보수의 발전적 관계를 만드는 장으로 만들수 있다.

이와 함께 70% 이상의 지지를 모았던 촛불혁명의 정치적 에너지를 복원하기 위해 노력해야 한다. 40% 전후의 득표율로 과반수 의석을 확보하는 식의 여당 승리가 2020년 총선의 목표가 되어서는 안 되는 이유이다. 선거법이 개정되어야 한반도체제로의 전환을 이룰 정치연합을 구축하는 길이 열릴 수 있다. 만약 총선에서 여당이 승리하더라도 촛불혁명을 부정하는 강한 야당이 출현하면 정치 상황은 극도로 악화될 수 있다. 적어도 정부 여당이 촛불혁명의 초심을 잃지 않고 사회 대전환을 위해 기득권을 넘어서는 결단을 보여주어야 시민들도 촛불혁명의 진전을 위한 정치적 동력을 모아줄 수 있다. 이러한 방향으로 정부 여당이 움직일 수 있도록 더 적극적인 개입과 발언이 필요하다. 총선 전에 이러한 노력이 성과를 거두면 좋겠지만, 그렇지 못하더라도 촛불혁명의 진전을 위해서는 계속 필요한 일이다. 그리고 이러한 개입과 발언은 시민사회 혹은 그 안에서 자신의 부분적 이익을 특권화하는 식이 아니라 촛불혁명을 진리사건으로 받아들이고 이에 충실성을 구현하는 지평에서 이루어져야 한다. 이 점이 시민사회에서도 촛불혁명에 대해 더 깊이 논의해야 하는 이유이다.

2부

3·1 이후 누적되어온 운동과 사상

제7장

3·1운동, 젠더, 평화

이지원

1. 여성들의 3·1운동 다시 보기

2019년 3월 1일, 3·1운동 100주년을 맞아 한국정부는 75명의 여성에게 독립유공자 서훈을 주었다. 한번에 서훈받은 여성독립운동가 숫자로는 역대 최대였다. 아울러 유관순에게 독립유공 1등급인 대한민국장을 추서했다. 유관순의 감옥생활을 담은 영화 「항거」가 개봉되어 많은 관객들을 끌었다. 3·1운동 100주년의 해에 여성들의 항일 독립운동에 대해 높아진 관심을 반영하는 장면들이다.

100년 전인 1919년 3·1운동의 현장에는 많은 여성들이 있었다. 「독립선언서」의 '민족대표'에는 여성이 없었지만, 3·1운동의 현장에는 여성들이 대거 참여했다. 이러한 여성들의 3·1운동에 대해서는, 독립운동에서 여성도 민족의 일원임을 보여줬고, 민족사·독립운동사에서 '역사의 주역으로서 여성'이 있었음을 증명했다는 것으로 설명하는 것이 일반적이다.[1] 3·1운동이 100주년을 넘어서는 오늘날 3·1운동 기억문화의 상징이 되고 있는 유관순도 민족사 차원에서 민족통합과 애국심의 상징으로 소환되고 있다.[2] 근대국가의 구성원으로서, 독립운동의 주체로서 '민족 여성'을 발견하는 것은 근대사에서 유의미한 일이다. 그러나 그것만으로 전근대적인 젠더규범을 벗어던지고 주체적인 삶의 선택으로서의 독립운동과 저항의 길을 간 여성들의 역동성과 역사성을 설명하기에는 부족하다. 일제시기 독립운동은 근대의 역사성 속에서 설명될 때 단순한 애국심을 넘어서는 진보적인 역사지향의 의미를 확보할 수 있다. 근대사에서 여성은 새롭게 등장한 근대 주체였다. 독립운동은 일제로부터 독립한 근대국가에서 근대적인 정치·경제·사회·문화의 진보적 변화를 지향하는 역사 흐름에 있었고, 그 흐름 속에서 여성이 대두하였다. 여성이 근대 주체로 대두하면서 남녀에 대한 젠더관계의 인식과 표상도 변하였다.

젠더에 대한 인식과 표상은 생물학적 정체성에 근거하지만 정치적·제도적·문화적으로 규범이 만들어지는 역사화의 과정을 갖는다.[3] 조앤 스콧(Joan Wallach Scott)은 여성으로서의 젠더 정체성은 전적으로 사회에 의해 만들어진 구성물이며, 젠더관계가 역사적으로 구성되는

---

1 정요섭 『한국여성운동사』, 일조각 1971; 3·1여성동지회 문화부 엮음 『한국여성독립운동사』, 3·1여성동지회 1980; 박용옥 「3·1운동에서 여성의 역할」, 『한국 여성 근대화의 역사적 맥락』, 지식산업사 2001; 박용옥 『여성운동』, 독립기념관 한국독립운동사연구소 2009.

2 2019년 3·1운동 100주년을 맞이하여 대한민국 정부가 유관순에게 기존의 3등급 독립장 외에 최고등급인 1등급 대한민국장을 추가로 서훈한 근거는 "국민통합과 애국심 함양에 기여한 공로"였다. 문재인 대통령은 국무회의에서 "유관순 열사가 3·1 독립운동의 표상으로 국민에게 각인돼 있다는 사실만으로도 1등급 훈장 추서의 자격이 있다고 생각한다"고 하였다. 한겨레 2019. 2. 26.

3 역사에서 젠더사로서 여성을 다루는 방법론과 관점에 대해서는 존 W. 스콧 「젠더: 역사분석의 유용한 범주」, 송희영 옮김, 『국어문학』 31집, 1996; 조운 W. 스콧 「젠더와 정치에 대한 몇가지 성찰」, 배은경 옮김, 『여성과사회』 13호, 2001; 조앤 W. 스콧 『페미니즘 위대한 역사』, 공임순·이화진·최영석 옮김, 앨피 2017 참조.

방식을 분석할 것을 제안한 바 있다. 19세기 말 이래 한국사회의 개혁과 변화와 흐름 속에서 '여성'은 근대적 주제어였다. '근대적'이라는 것은 과거와의 단절을 표명하는 과정에서 생산된 실천과 담론의 구성체이기에,[4] 복합적이고 때로는 유동적이다. 일제시기에 들어서 제국주의와 식민지, 모더니즘과 전통, 규범과 일탈, 긍정과 부정이 뒤섞이는 가운데 근대적 주제어인 '여성'에 대한 담론과 표상은 더욱 복합적이고 유동적이 되었다.[5] 그러한 복합성과 유동성 속에 3·1운동에 참여한 여성들이 있었던 것이다.

3·1운동 중에 거리와 감옥에서 보여준 여성들의 저항과 그에 대한 기억은 여성들의 삶을 변화시켰고 여성에 대한 사회적 인식에 변화를 가져왔다. 여성들이 거리에서 집단적으로 시위를 벌이고, 감옥에서 고문당하고 재판을 받는 것은 여성들 스스로도 새로운 체험이었고, 그 광경을 본 사람들에게도 충격이었다. 3·1운동을 반대했던 윤치호조차도 자신의 일기에 "경찰서에서 구치소로 이감되는 여학생들의 모습이 조선인들의 가슴속에 증오와 분노의 격렬한 감정을 불러"일으켰다고 기록했다.[6] 여성들이 시위를 준비하고 거리에서 나가 함성을 지르며 마침내 정치범이 되어 감옥생활을 하게 되는 것은 중세적인 젠더규범과 다른 새로운 여성의 모습이었다. 3·1운동의 현장에서는 폭력적 진압이, 구금 이후에는 성적 폭력이 자행되었다. 식민주의 폭력에 굴하지 않고 싸운 여성들의 실천은 독립운동인 동시에 여성 주체의 여성운동이자 폭력에 저항한 평화운동이었다.

---

4 리타 펠스키 『근대성과 페미니즘』, 김영찬·심진경 옮김, 거름 1998.
5 이지원 「일제시기 젠더문화의 일면」, 『동방학지』 186집, 2019.
6 김상태 편역 『윤치호 일기』, 역사비평사 2001, 86면.

이러한 점에서 3·1운동에서의 여성의 참여는 민족의 일원으로서 동참했다는 식의 민족사의 보충사(compensatory history)라는 관점을 넘어서,[7] 여성을 주체로 놓고 사회적 격변과정에서 발생한 여성의 다양한 경험과 정체성, 여성 역할의 변화, 젠더관계 표상의 변화, 평화와 인권의 가치 등으로 읽을 필요가 있다. 3·1운동은 한국의 민족운동사·독립운동사에서 중요한 분기점이었지만, 젠더사·평화사에서도 중요한 분기점이었다. 당시에도 "조선 신진여성으로서 정치적 의식을 가지게 된 것은 이때를 최초라고 하야도 과언이 아니다"[8]라고 할 정도로 3·1운동은 여성들의 삶과 여성에 대한 인식에 변화를 가져왔다. 3·1운동 이후 많은 여성단체가 조직되었고, 여성해방론이 제기되는 가운데 이념적으로나 실천적으로 여성운동이 활발해졌다.[9] 마치 2016~17년 '촛불혁명'을 경험한 여성들이 미투운동과 페미니즘의 새로운 시대를 연 것처럼, 3·1운동의 경험은 여성들의 삶과 젠더관계에 커다란 전환점이 되었다. 3·1운동을 여성을 주체로 놓고 젠더와 평화의 관점으로 파악할 때, 역사의 표면에 드러난 몇몇 사람들 속에서 개인 이름의 여성 인물은 없더라도 한국 근현대사의 역사를 움직여가는 도도한 흐름에 중요한 물꼬를 만들고 있었다는 것을 읽어낼 수 있을 것이다.

---

7 '보충사'(compensatory history)라는 말은 Gerda Lerner, "Placing Women in History: Definitions and Challenges"(*Feminist Studies* Vol. 3, No. 1/2, 1975)에서 처음 사용되었다. 최근 3·1운동의 여성들에 대해 민족사의 보충사라는 관점이 아닌 여성 자체를 주체로 놓는 관점의 연구들이 이루어지고 있다. 이지원 「젠더사로 읽는 3·1운동」, 『내일을 여는 역사』 74호, 2019; 소현숙 「3·1운동과 정치주체로서 '여성'」, 한국역사연구회 3·1운동100주년기획위원회 엮음 『3·1운동 100년 5: 사상과 문화』, 휴머니스트 2019.
8 「조선여성운동의 사적 고찰」, 동아일보 1928. 1. 6.
9 이지원 「1920년대 여성운동의 이념과 활동」, 『한민족독립운동사』 9권, 국사편찬위원회 1991.

2. 여성들의 네트워크, 운동을 조직하다

여성들의 3·1운동에서 주목되는 것은 여성들이 단순히 참여했다는 것이 아니라, 여성들만의 사회적 네트워크가 만들어지고 작동했다는 점이다. 이전 시기 여성들은 집안이나 친족 네트워크를 넘어서 여성들만의 사회적 네트워크를 만들기 어려웠다. 3·1운동 당시 여성들은 가족이나 친족 네트워크를 넘어서 학교나 교회 같은 근대적 조직들을 통해 서로 연대하고 결속하여 거리의 저항운동에 나섰다. 여성들은 단순히 남성들의 보조적 역할만을 담당하지 않았고, 지역에 따라서는 준비 단계부터 여성 네트워크가 주도적인 역할을 하여 3·1운동의 시위를 가능하게 했다.

여성의 주도로 3·1운동이 시작된 개성의 경우를 보자.[10] 개성에서의 시위는 호수돈여학교 부설 유치원 교사인 권애라와 전도부인(傳道婦人) 어윤희 등이 「독립선언서」를 배포하면서 시작되었다. 1919년 3월 1일에 시작된 만세시위가 전국적으로 이어진 데는 「독립선언서」의 조직적인 배포가 큰 역할을 했다. 천도교계 인쇄소인 보성사에서 인쇄한 「독립선언서」는 '민족대표'로 이에 서명한 오화영에 의해 1919년 2월 28일 개성 송도면의 강조원 목사에게 전달되었다. 강조원은 28일 밤 신공량, 이강래, 오진세, 최중순, 박용하, 손금성, 최규남, 이만규 등 개성의 남성 인사들과 만나 선언서 배부를 의논하였다.[11] 그러나 회의에 모인 사람들은 누구 하나 말도 없었고 배부하겠다고 나서는 사람도 없었다. 결

---

10 이지원 「개성의 3·1운동」, 『역사와 현실』 113호, 2019.
11 「姜助遠 신문조서」, 「李萬珪 신문조서」, 「申公良 예심청구서」, 『韓民族獨立運動史資料集』 15권, 국사편찬위원회 1991.

국 28일 밤, 「독립선언서」 배부 계획을 세우지 못하고 「독립선언서」는 북부예배당 지하 석탄창고에 숨겼다. 다음날 아침, 경성에서 온 「독립선언서」가 배부되지 않은 것을 알고 북부예배당 지하실에서 이를 갖고 나온 것은 호수돈여학교 부설 유치원 교사 권애라(權愛羅)였다. 권애라가 신공량에게 「독립선언서」 배포에 대해 묻자 그는 권애라에게 "부인은 관계하지 않는 것이 좋다고 주의"를 줬다.[12] 그러나 권애라는 신공량의 주의를 뒤로 하고 북부예배당 지하실 석탄창고에서 선언서를 갖고 나왔다. 그리고 같은 호수돈여학교 공간에서 생활하며 친숙한 전도부인 어윤희와 「독립선언서」 배포를 의논하였다. 오후 2시경 어윤희는 호수돈여학교 구내 남감리교기숙사에서 같이 거주하던 전도부인 신관빈과 함께 개성 읍내 북본정과 남대문 사이에서 지나가는 사람 수십명에게 「독립선언서」를 배포했다.[13]

「독립선언서」가 배포된 이후 개성의 첫 만세시위는 호수돈여학교 여학생들이 주도하였다. 호수돈여학교에서의 만세시위 준비는 당시 학생회장이던 이경신과 그의 언니인 미리흠학교 교사 이경지 자매가 역할을 수행하였다.[14] 호수돈 여학생으로서 준비에 참여한 학생은 이경신, 유정희, 조화벽, 김낸시, 이봉근, 조숙경, 김신렬, 최옥순 등 모두 17명이었다.[15] 다음날인 3월 3일 오후 2시 호수돈여학교 학생 35명은 기도회를 마치고 삼삼오오 대오를 이루어 찬송가, 독립가를 부르며 거리행진에

---

12 「申公良 신문조서」, 『韓民族獨立運動史資料集』 18권, 국사편찬위원회 1991.
13 독립운동사편찬위원회 엮음 『독립운동사자료집』 5권, 독립유공자사업기금운영위원회 1971, 116면.
14 『新東亞』 1965년 3월호 74~79면.
15 독립운동사편찬위원회 엮음 『독립운동사』 9권, 독립유공자사업기금운영위원회 1977, 221면.

나섰다. 개성 최초의 만세시위였다. 학생들의 시위행진에 일반 군중도 가세하여 1천여명에 달하는 시위행렬이 계속되었다.[16] 학생들이 연행되자 경찰서에서는 호수돈여학교 교장 미국인 와그너(Ellasue C. Wagner)를 불러 이들을 설득하도록 했으나 학생들은 '이미 어제 퇴학신청서를 제출하였기 때문에 학교와는 아무런 관계가 없다, 그러니 교섭에 응할 수 없다'라고 하며 승복하지 않았다.[17]

부산 최초의 만세시위도 일신여학교 학생들에 의해 일어났다. 일신여학교 교사 주경애는 학생들이 부산상업학교 학생들과 연락하여 시위를 준비하도록 주선했다. 부산에 「독립선언서」가 전달된 것은 3월 2, 3일경이었다. 경성에서 학생대표들이 내려와 부산상업학교와 동래고등보통학교 학생들에게 독립시위를 독려했다. 3월 7일에는 연희전문학교 학생이 내려와 동래고등보통학교 학생들에게 「독립선언서」를 전달했다. 3월 10일경에는 동래고보를 졸업하고 경성고등공업학교에 다니던 곽상훈이 「독립선언서」를 들고 부산에 내려와 학생들을 만났다. 이러한 움직임 속에 부산지역 학생들은 동래 장날인 3월 13일에 만세시위를 일으킬 것을 모의하고 준비에 들어갔다. 이때 일신여학교 교사 주경애는 학생들이 부산상업학교 학생들과 연락하여 시위를 준비하도록 했다. 일신여학교 학생들은 3월 10일에 기숙사에 모여 태극기 100개를 제작했다. 3월 13일이 아닌 3월 11일 밤 9시에 고등과 학생인 김응수, 송명진, 김순이, 김난줄, 박정수, 김반수, 심순의, 김봉애, 김복선, 김신복, 이

---

16 독립운동사편찬위원회 엮음 『독립운동사』 2권, 독립유공자사업기금운영위원회 1971, 189면.
17 「朝鮮騷擾事件關係書類 共7冊 其7 高第5725號」, 일본방위성방위연구소 소장(http://db.history.go.kr/samil/home/document/select_document_detail.do).

명시 등 11명의 학생이 교사인 주경애, 박시연과 함께 태극기를 손에 들고 독립만세를 외치며 기숙사를 나와 좌천동 거리까지 행진하는 시위를 감행했다. 여기에 군중이 가세하면서 수백명에 이른 시위대는 2시간 동안 만세시위를 벌였다.[18] 일신여학교의 만세시위는 부산 최초이자 경남지역 최초의 만세시위였다.

토오꾜오에서 「2·8독립선언서」를 갖고 국내로 들어온 김마리아가 2·8독립선언 소식을 알리고 독립운동을 준비한 것도 그녀가 관계 맺고 있던 여학교·여학생 네트워크가 없었으면 불가능했다. 김마리아는 동경여자유학생친목회 회장으로서 「2·8독립선언서」를 발표할 때 참석했다가 체포되었다. 그녀는 구금에서 풀려나자, 2월 17일에 독립선언서를 품고 귀국했다. 부산에서 대구로 갔다가, 다시 광주에 들러 수피아여학교 교사인 언니의 주선으로 교직자와 간호원들을 초대하여 독립운동의 필요성을 역설하면서 동참할 것을 권유했다. 2월 21일 김마리아는 이화학당 교사인 박인덕, 신준려 등을 만나 2·8독립선언 소식을 알렸다. 그리고 정신여학교 교장, 천도교 지도자 등을 만나 독립운동이 시급함을 역설했다. 이후 3·1운동 발발 소식을 듣고 곧바로 토오꾜오여자전문학교 학생 황에스터, 이화학당 교사 박인덕, 토오꾜오여자미술전문학교 졸업생 나혜석 등과 여학생의 만세시위 참여를 준비했다.[19]

이처럼 3·1운동에서 큰 역할을 한 여성 네트워크는 여학생, 교사, 전도부인 등이 중심이 된 것이었다. 여성들의 사회적 활동은 3·1운동 이

18 한국독립운동사편찬위원회 엮음 『한국독립운동의 역사 20: 국내 3·1운동 II —남부』, 독립기념관 한국독립운동사연구소 2009, 253~54면.
19 보훈처공훈전자사료관 http://e-gonghun.mpva.go.kr; 전병무 『김마리아』, 역사공간 2013. 34~46면.

전에도 존재했었다. 1898년 「여권통문」을 발표하여 관립여학교 설립을 청원하고 만민공동회에도 참여한 찬양회의 활동, 국채보상운동, 교육운동 등이 있었다.[20] 3·1운동에서 나타난 여성의 네트워크는 국권상실 이전 여자고등보통학교 교육이 도입된 이후 그 수혜를 입은 여성들의 증가를 바탕으로 억눌렸던 여성의 사회참여가 분출된 것이라고 볼 수 있다. 더욱이 여학교의 대부분이 기숙사생활을 하는 상황에서 여학교는 여성들만의 공간이고 이들이 시위를 준비하기 가장 적합한 네트워크를 제공했다. 그러한 네트워크에 의해 경성에서는 3월 1일 이후 이화, 정신, 진명, 숙명, 배화, 동덕 등 여학교에서 시위가 일어났으며, 대구의 명신여학교, 마산의 의신여학교, 전주의 기전여학교, 광주의 수피아여학교, 함흥의 영신여학교, 원산의 루씨여학교 등 전국 각지의 여학교의 학생들이 시위운동의 주체로서 활동하였다.

1919년 4월 중국 길림성에서 발표되고 디아스포라 조선 여성사회에 배포된 「대한독립여자선언서」는 여성들만의 독립선언서로서, 여성들이 새 국민이 되는 독립운동에 동참할 것을 촉구하였다. "같은 국민 같은 양심의 소유자이므로 주저함이 없이, 살아서는 독립기 아래서 활기 있는 새 국민이 되고, 죽어서는 구천하에서 수많은 선철(先哲)을 찾아가 모시는 것이 우리의 제일가는 의무이므로, 동포여 빨리 분기하자"라고 적고 있다. 8명의 여성의 이름으로 발표된 이 선언서는 당시 세계정세를 잘 설명하고, 여자도 무장하고 싸워야 한다는 내용을 담고 있다. 여성들은 가정이 아닌 사회 속에서 여성들의 네트워크를 만들었고, 사회적·공적 영역에서 그들의 새로운 모습을 보여줬다.

---

20 박용옥 『한국근대여성운동사 연구』, 한국정신문화연구원 1984.

3. 거리와 감옥의 여성들, 젠더규범을 바꾸어가다

(1) 거리 시위, 사적 경험이 공적 영역으로

거리는 전통적으로 여성들의 공간이 아니었다. 거리에서 이루어지는 여성들의 시위는 전통적으로 표상된 정숙한 여성의 모습이 아니었다. 그러나 여성들은 새로운 낯선 공간인 거리로 나갔다. 어머니로서, 부인으로서, 딸로서, 또 개인으로서 여성들은 식민지 거리에서 독립만세를 외치며 시위를 했다. 그 과정에서 여성들은 죽기도 했다. 유관순의 어머니는 시위를 벌이다 현장에서 죽음을 당하였다. 제주도에서는 3월 23일에 부인·아동들을 중심으로 이루어진 200여명의 시위대열이 시위로 잡혀간 사람들의 석방을 요구하며 가두행진을 전개하다가 일제 당국의 진압으로 여덟명이 붙잡혀갔다.[21] 여성 개인은 각각의 입장과 사정에 의해 시위에 참여했다. 사적인 경험이 공적 영역으로 확장되는 경험이었다. 이러한 경험을 통해서 여성들은 3·1운동의 주체가 되어갔다.

기생들의 시위도 그렇게 발현되었다. 자유로운 영혼과 예술적인 감수성을 지니고, 남자들에 맞서 시대에 대해 나름대로 일갈할 수 있는 힘과 자존심도 지닌 기생들을 일본은 식민지 기생법에 의해 기생조합에 가입시키고 창기와 동급으로 만들었다. 일본은 에도막부(江戸幕府) 시대부터 이미 토오꾜오에서 영업세를 받고 홍등가를 열 정도로 성문화가 상업화되어 있었으나, 조선은 그렇지 않았다. 일제는 기생들을 몸 파는 여자로 규정하고 강제적으로 성병 검사를 받게 했다. 이러한 상황에

---

21 한국독립운동사편찬위원회 엮음, 앞의 책 230~31면.

서 기생들은 식민통치에 대한 저항의식과 직업의식을 갖게 되었다. 기생들이 외친 "만세!"라는 단어에는 여러 의미가 담겨 있었다고 하겠다. 3·1운동에서 기생들은 단순한 시위 참여를 넘어서 자신들의 목소리를 내었고, 군중들의 참여와 연대를 촉발하는 데 중요한 역할을 하였다. 안성 시위에서 경찰이 총을 발포해 군중들을 해산시키는 위협적인 상황에서도 3월 3일 안성기생조합 기생들이 안성부 내에서 만세를 부르며 시위운동을 전개하자 군중 1천여명이 가세하였다. 군청에 다다른 기생들은 군수실로 들어가 군수를 끌어내어 독립만세를 외치게 했으며 이후 경찰서와 면사무소에 들어가 만세를 부르고 안성 곳곳을 행진하였다. 3월 29일 수원기생조합의 기생 김향화는 검진차 자혜병원으로 가던 도중에 여러 기생과 일제히 만세를 불렀으며, 진주의 기생들도 독립선언의 시위를 했다.[22] 진주기생 한금화는 손가락을 깨물어 흰 명주 자락에 혈서로 가사를 짓기도 했다.[23] 이러한 기생들에 대해 조선총독부 경찰 당국자는 "기생들은 화류계의 여자라기보다 독립투사였다. 이 기생들의 빨간 입술에서는 불꽃이 튀기고 놀러오는 조선 청년들의 가슴속에 독립사상을 불러일으켰다."[24]라고 하였다.

간호사들의 시위도 개인의 사적인 경험이 공적 영역으로 확장된 것이었다. 간호사나 산파는 교사와 함께 당시 근대교육을 받은 여성들이 진출하는 새로운 직업이었다. 3월 1일 만세시위가 일어나자 서울에 있

---

22 이동근 「의기 수원기생들의 3·1운동」, 경기도 향토사연구협의회 엮음 『수원지역 여성과 3·1운동』, 경기도 2008; 이동근 「1910년대 '기생'의 존재양상과 3·1운동」, 『한국민족운동사연구』 74집, 2013.

23 독립운동사편찬위원회 엮음 『독립운동사자료집』 6권, 독립유공자사업기금운영위원회 1973, 93면.

24 千葉了 『朝鮮獨立運動祕話』, 京城: 帝國地方行政學會 1925, 66면.

는 각 병원에 부상자들이 줄을 이었다. 당시 총독부의원에는 박자혜를 비롯한 조선인 간호사 18명이 있었다. 박자혜는 어린 시절 10여 년 궁중생활을 하다 1910년 경술국치 이후 궁녀 신분을 유지하지 못하게 되었다. 이에 구 왕실의 후원으로 설립된 숙명여학교에 들어가 기초과정인 기예과에 입학하고, 졸업 후 사립 조산부양성소를 다녔다. 조선총독부는 1914년 산파규칙을 반포, 시행했는데, 박자혜는 산파자격증을 얻어 총독부의원 산부인과에 취업했다. 직업은 여성의 자립과 경제적 독립의 필요조건이었다. 궁녀라는 직업이 없어진 박자혜는 취업을 위해 산파자격증을 따고 간호사가 된 것이다. 3·1운동 당시 총독부의원 간호사로 있었던 박자혜는 조선인들이 시위를 하며 부상당한 것을 보면서, 동료 간호사들과 연락하여 '간우회(看友會)'를 조직하였다. 박자혜는 간호사들에게 동맹파업에 참여할 것을 주창하여, 3월 10일 만세운동을 계획하였다. 이 사건으로 박자혜는 일경에게 체포되게 된다. 그후 그는 베이징으로 망명하여 옌징대학 의학부를 다니던 중 1920년 우당 이회영의 부인 이은숙의 소개로 만난 신채호와 결혼하여 산파라는 직업을 가진 직업여성이자 독립운동가의 아내로 살게 되었다.[25] 근대 전환기 여성들은 노동의 자유와 권리를 갖는 직업을 갖고자 하였고, 이를 통해 자신의 삶에 대한 자율권을 갖는 주체가 되는 경험을 하였다. 거리의 시위는 그러한 주체적인 삶의 장면과 중첩되어 어우러지고 있었다.

3·1운동에서 '거리'에 나가 '시위'라는 근대적 방식으로 자신의 목소리를 낸 여성들은 개인 여성으로서 젠더적 정체성과 독립운동의 주

---

25 「냉돌에 飢腸 쥐고 母膝에 兩兒啼泣: 신채호 부인 방문기」, 동아일보 1928. 12. 12; 이현희 「태업으로 항일한 간호원」, 여성동아편집부 엮음 『己未年 횃불 든 女人들: 아아 三月』(『여성동아』 1971년 3월호 별책부록); 대한간호협회 『간호사의 항일구국운동』, 정문각 2012.

체라는 민족적 정체성을 체험하게 되었다. '양같이 순하던 여학생들'이 기숙사 문을 부수고 담을 넘어 성난 사자처럼 아우성치는 거리의 시위 군중이 된[26] 순간 여학생들은 그동안 자신들에게 강요되었던 '정숙하고 조신한 여성'으로 젠더화된 규범을 벗어던졌다. 부산의 일신여학교 학생 김응수는 거리에서 노래를 부르고 태극기를 흔들다가 잡히자 "세살 먹은 아이도 제 밥을 빼앗으면 달라고 운다. 우리들이 우리나라를 돌려달라고 운동하는데 무엇이 나쁘냐?"라며 경찰에 소리를 질렀다.[27] 경성여고보의 여학생 최은희는 시위현장에서 "담배를 피워 물고 길거리에서 버티고 바라보던 남학생 뺨을 갈기기"도 하였다.[28] 거리의 시위에서 여성들은 제국주의 지배와 남성 중심의 규범에 저항하는 민족적·젠더적 해방의 통쾌함을 체험했다. 3·1운동에서 근대 전환기 여성 개인의 다양한 모습과 실천이 공적 현장에서 이루어졌다. 그것은 독립운동인 동시에 여성들이 사회의 주체로 나아가는 여성운동이었다. 여성들은 식민지 사회에서 개인의 삶을 개척하며 사회적 정체성을 만들고, 공적 영역에서 실천했다. 근대 역사의 주체로서 여성은 사적 경험이 공적 영역으로 확장되면서 성장하고 있었다.

(2) 감옥, 민족적·젠더적 공간

여성들은 시위로 인해 구속되는 순간부터 나라를 잃은 민족이자 여

---

26 최은희 「기숙사 문을 부수던 혈기」, 여성동아편집부 엮음, 앞의 책 163면.
27 독립운동사편찬위원회 엮음 『독립운동사』 3권, 독립유공자사업기금운영위원회 1971, 181면.
28 최은희, 앞의 글.

성으로서 식민지배의 폭력에 노출되었다. 감옥은 두가지 의미에서 격리된 공간이었다. 첫번째는 일본제국주의와 민족적으로 격리된 곳이다. 두번째는 남성과 여성이 젠더적으로 격리된 곳이다. 일제 통치자는 3·1운동 이전에 동시에 많은 여성 정치범들을 구금한 적이 없었다. 분리된 공간에서 여성들이 겪어야 했던 감옥생활과, 혹독한 고문, 특히 성적인 고문이 자행되었던 사실은 감옥이 여성에게는 남성과 다른 젠더적 공간이었음을 의미한다. 숭의여학교 학생 이효덕은 3월 3일 만세를 부르다 경찰서에 잡혀갔다. 대다수가 남자였고, 여성은 이효덕 혼자였다. 여성을 유치할 공간이 없어서 방치되었다가 1주일을 굶고 평양검사국으로 호송되었다. 당시 상황을 그는 다음과 같이 증언하고 있다.

> 역시 유치장은 만원이었고, 여자는 나 혼자였다. 나는 또다시 복도에 앉아서 놈들의 노리갯감이 되었다. 한번은 참다못해 일본 형사의 얼굴에 침을 뱉었다. 그날밤 1시 소년감옥실 독방에 구치되었다. 그날이야말로 사는 날인 듯싶었다. 혼자서 마음 놓고 잘 수 있다고 생각을 하니 나는 너무 감사하고 엎드려 기도를 드렸다.[29]

구금된 이후 여자는 혼자뿐인 공간에서 섹슈얼리티의 불안과 공포를 느꼈다. 혼자서 마음 놓고 잘 수 있는 것이 기쁠 정도로 여성은 구금 이후 식민통치 지배구조의 폭력과 성적 폭력에 노출되었고, 감옥은 젠더적 분리를 통해 통제되는 공간이었다.

감옥으로 송치된 후 여성들은 여옥사에 구금되었다. 그곳에서 여성

---

29 이효덕 「교장 선생님이 앞장섰던 그날」, 여성동아편집부 엮음, 앞의 책 131면.

들은 여성으로서, 정치범으로서 젠더적 동지애를 체험했다. 유관순이 수감되었던 감옥으로 알려진 서대문감옥 여옥사 8호 방을 예로 들어보자. 3·1운동 시기 서대문감옥 여옥사 8호 방에는 유관순만이 아니라 개성의 시위를 주도했던 권애라, 어윤희, 신관빈, 심명철과 수원 기생시위를 주도한 김향화, 구세군 전도부인 임명애 등이 있었다. 개성 시위로 잡혀온 네명은 어윤희가 나이가 가장 많았지만, 개성의 시위를 주도하고 논의할 정도로 동지적 관계에 있었다. 유관순은 서울의 3월 1일과 3월 5일의 학생시위에 참여하고 고향인 충남 천안으로 내려가 4월 1일에 병천 아우내 장터의 시위를 주도했다. 유관순은 경성복심법원에서 재판을 받기 위해 서대문감옥으로 이감되어 왔다. 유관순은 권애라의 이화학당 후배였다. 8호 감방의 여성들은 시위에서 부모를 잃고 부상과 고문 후유증으로 고생하던 유관순을 함께 돌보았다. 임명애는 1919년 3월 10일과 26일 파주의 시위를 주도하여 투옥되었다. 당시 임명애는 만삭의 몸이었다. 그래서 복역한 지 한달 만에 출산을 위해 임시 출소하였다가 아이를 낳고 11월에 다시 갓난아이를 품에 안고 입소하여 8호 감방에 재수감되었다. 갓난아기를 기르기에 감방은 열악한 곳이었다. 8호 감방의 여성 정치범들은 자신들이 먹을 음식을 조금씩 덜어 산모와 신생아를 챙겨주는 등 동지애를 발휘하여 모성을 보호하고 아기를 함께 돌보았다.

감방생활은 식민지 여성으로서의 젠더적·민족적 의식을 더욱 깊게 했다. 개성 시위를 주도한 권애라는 여학교 다닐 때부터 창가와 웅변을 잘하는 활달한 여성이었다.[30] 그는 감방에서 동갑내기 수원 기생 김향

───────
30 권애라에 대해서는 이지원 「권애라」, 독립기념관 한국독립운동사연구소 『3·1운동에 앞

화에게 훗날 그의 트레이드마크가 된 「개성난봉가」를 배워, 출옥 후 그 노래를 개사하여 웅변대회와 강연회에서 불렀다.[31] 그녀가 부른 「개성난봉가」는 자신의 고향인 개성의 박연폭포를 소재로 한 서도민요를 개사한 노래였다.

빨가벗기고 붉은 옷 입힐 때는 피눈물 뿌렸건만
한 접시 누른 콩밥 눈앞에 뜨일 때는 철없이 기뻤다.[32]

옥에 갇혀 기결수가 되면 붉은 색 옷을 입게 되는데, 이때 빨가벗겨졌던 장면을 떠올린 것이다. 이 노래는 여성이 3·1운동 때문에 보안법이란 죄명으로 구금되어 감방생활에서 옷이 발가벗겨지며 느꼈던 성적 폭력에 대한 고통과 배고픔의 비애를 담고 있다. 감방에서는 죄수들에게 형량과 죄목에 따라 밥의 양을 정해서 틀에 넣어 밥을 주었다. 틀에 넣어 누른 틀밥, 이른바 '가다밥'(型ご飯, 카따밥)이다. 수감자에게는 콩 50%, 좁쌀 30%, 현미 20%의 밥을 그러나 개인별 형량과 노역의 정도에 따라 차등을 두어 배식하였는데, 등급별로 깊이가 다른 원통형의 틀에 밥을 찍어 배급하였다고 한다. 이 때문에 감옥의 밥을 일본어로 틀을 뜻하는 가다(型)를 붙여 '가다밥'이라 했다. 「개성난봉가」에서 '한 접시 누른 콩밥'은 그 '가다밥'이다. 감방생활의 고통 가운데 가장 큰 고통은 배고픔이라 했던가. '독립'을 외치다 정치범이 되어 고문을 당하며 감방에 들어왔지만, 주린 배를 채울 수 있는 밥을 보자 철없이 웃었다는 쓸쓸함

장선 여성들』, 역사공간 2019 참조.
31 매일신보 1920. 5. 24; 동아일보 1920. 5. 24; 1925. 10. 11.
32 「토론회성적」, 동아일보 1920. 5. 24.

214

과 인간적인 소회를 독립운동의 기억으로 노래한 것이다.

여성의 감옥생활을 표현한 「개성난봉가」를 부른 여성웅변가의 모습은 당시 큰 반향을 일으켰다. 여성이 근대적 공론의 장인 강연회에서 남성들과 함께 연사가 되었다는 것도 놀라운 사건이었지만, 기생의 노래를 유치원 교사인 신여성이 불렀다는 것도 충격적인 사건이었다. 당시 여성계몽을 떠들던 신여성들도 이러한 상황을 불편하게 여긴 것 같다.[33] 3·1운동으로 감옥에 들어온 '정치범' 여성들은 직업, 출신, 나이, 가문 배경 등이 다 달랐다. 그러나 일제 식민지 법에 의해서 그들은 똑같은 '범죄자' '정치범'이었다. 감옥에서 그들은 여성으로서 젠더적 공감과 신분의 차이를 넘어서는 연대감을 나누게 되었다. 권애라가 기생의 노래를 공개 석상에서 불렀다는 것은 감옥에서 신분에 구애받지 않는 여성으로서의 정체성과 연대감을 나누었음을 반증하는 것이라고 본다. 감옥에서 여성들은 남성과 동등한 독립운동의 주체, 사회적 주체가 되어가는 동시에 여성으로서 젠더적 정체성과 동지애를 체험해갔다.

4. 여성, 평화와 인권의 주체가 되다

(1) 식민주의 폭력에 저항, 평화의 실천

3·1운동이 일어난 1919년은 세계사적으로 '평화'의 정의를 비롯해

---

[33] 차미리사가 이끈 조선여자교육회는 강연을 할 때 권애라보다 먼저 할 것을 요구하기도 했는데, 이러한 모습을 박달성은 흥밋거리로 적고 있었다. 春坡「多事한 癸亥 京城 一月을 들어」, 『개벽』 32호, 1923. 2, 66면.

그에 대한 진지한 논의가 시작된 때로 평가된다.[34] 그러한 시기에 식민지 조선에서도 '평화' 사상이 성장하고 있었다. 그것은 강대국 중심의 평화가 아닌 식민지·약소민족도 평화의 주체가 되는 사상이었다.[35] 당시 강대국들의 '평화'는 제1차 세계대전 전후 처리를 위한 '전쟁이 없는 상태'(the absence of war)로서의 평화였고,[36] 1차대전의 전승국인 제국주의 국가끼리 협상을 통해 '전리품' 분배를 하고자 한 평화였다. 조선은 전승국에 속한 일본의 식민지였기 때문에 원초적으로 윌슨의 민족자결주의가 적용되는 '전리품'이 아니었다. 그러나 3·1운동은 제국주의 국가의 평화 논의, 강자들의 평화를 반대하며 식민지·약소민족이 평화의 주체가 되겠다는 것을 선포한 사건이었다. 거기에는 '전쟁이 없는 상태'라는 전승국 중심의 평화가 아니라 국제관계와 사회관계에서 차별과 억압의 구조적 폭력(Structural Violence)을 없애는 '적극적 평화'(Positive Peace)의 의지가 있었다.[37] 제국주의 식민지배의 폭력, 사회적 차별과 억압에 저항하는 식민지발 평화였다. 오늘날 평화는 강대국의 국제법적인 조약이나 안보논리에 의한 평화를 넘어, 세계시민주의에 의한 식민지·약소민족의 자결권과 해방의 문제, 평화를 만들기 위한

---

34 Peter N. Stearns, *Peace in World History*, New York & London: Routledge 2014; 이리에 아키라 『20세기의 전쟁과 평화』, 조진구·이종국 옮김, 연암서가 2016.

35 이지원 「3·1운동 시기의 '평화'사상」, 한국역사연구회 3·1운동100주년기획위원회 엮음, 앞의 책

36 유럽에서는 16세기 이래 '평화의 발명'이 문명사회의 가치로서 규범화되기 시작했다. 이후 유럽에서 '평화'라는 개념은 '전쟁이 없는 상태'로 규정되었고, '국가 간의 영속적 평화'로서의 '영구평화'(Pax perpétuell)를 이상으로 삼게 되었다. 마이클 하워드 『평화의 발명: 전쟁과 국제질서에 대한 성찰』, 안두환 옮김, 전통과 현대 2000; 이동기 「평화란 무엇인가」, 『역사비평』 2014년 봄호.

37 이지원, 앞의 글.

문화와 사상, 인권으로서의 '평화권'에 대한 것으로까지 확장되었다.[38]

3·1운동에서 보여준 여성들의 저항은 식민지발 평화의 실천이었다. 3·1운동에서 여성들은 식민지배의 폭력에 인권을 유린당했고, 또 그것에 저항했다. 3월 1일 서울의 시위에 대한 한 재한 선교사의 문건은

1919년 3월 1일 오후 2시, 파고다공원을 출발, 대한문으로 가서 힘껏 만세를 부르고, 광화문으로 가서 만세를 부른 후 서대문 쪽 프랑스 영사관과 미국영사관으로 가서 독립만세를 외침. 다시 서소문을 지나 대한문으로 나아가, 거기서 Pang Chung Tong(관철동으로 추정됨)으로 갔다. 그곳에는 행진을 제지하는 기마헌병들이 있었으며, 군중이 총독부로 나아갈 때, 고등관이 칼을 뽑아들고 마주 나오면서 칼을 휘둘러, 여학생의 등을 찔러 7.5센티미터 길이의 상처를 입혔고, 넘어진 여학생의 머리를 발로 짓밟아 이가 부러지고 코와 입술이 터지고 걸어차인 다리는 멍듦.[39]

이라고 하여 시위현장에서 여학생들이 칼에 찔리고 발로 짓밟힌 장면들을 보고하고 있다. 이어서 일어난 3월 5일 서울의 시위에서도 "일본

---

38 이문영「평화의 문화, 문화의 평화」,『사이間SAI』14호, 2013. 1978년 유엔총회에서「평화적 생존(Life in Peace)을 위한 사회적 준비에 관한 선언」(UN Doc. A/RES/33/73)이 제정된 이후 1984년 11월 UN 총회에서「평화에 대한 인류의 권리 선언」(Declaration on the Right of Peoples to Peace, UN Doc. A/RES/39/11)이 제정되면서 '평화권'이 공식화되었다. 임재성「평화권, 아래로부터 만들어지는 인권」,『경제와 사회』 2011년 가을호 180~84면.

39 "The Korean Situation, Authentic Accounts of Recent Events by Eye Witnesses"(Robert A. Kinney Collection), 하와이대 Center for Korean Studies 소장(국사편찬위원회 삼일운동데이터베이스).

경찰은 한 여학생의 머리채를 잡고 돌리다가 길바닥에 내동댕이치기도 했다"는 상황이 보고되었다.[40]

거리와 경찰서와 감옥에서 여성들은 일제 권력에 의한 성적 폭력과 그 공포를 견뎌내야 했다. 3월 3일 만세를 부르다 경찰서에 잡혀간 숭의 여학교 학생 이효덕을, 경찰서에서는 여성을 유치할 공간이 없다고 경찰부장의 숙직실에 구치시켰다. 이효덕은 숙직실 현관에서 당한 폭력에 대해 다음과 같이 증언하였다.

생각하면 아직도 이가 갈린다. 놈들은 현관을 지날 때마다 나를 농락하는 것이었다. 그놈들의 야수와 같은 행동은 나를 하루도 잠들 수 없게 하였다. 나는 한 끼니도 밥을 안 먹었다. 물도 마시지 않았다. 왜냐면 변소 가는 것이 나에게는 가장 큰 문제였기 때문이다. 6일이 지나니 나는 거의 실신 상태에 있었다.[41]

여성으로서 구치된 상황에서 벌어진 일들이다. 여성 유치장이 아닌 곳에서 성적인 폭력과 공포를 겪은 것이다. 여성들은 식민주의의 성적 폭력에 노출되었고, 불안과 공포 속에서 분노하였다. 호수돈여학교 전도부인 신관빈과 정신여학교 학생 이애(아)주는 감옥에서 나온 직후 짐승 같은 대접을 받았던 여죄수로서의 생활에 대해 다음과 증언하였다.

---

40 「For Freedom Celebration: Mrs. Noble 일기 —3월 5일」, The General Commission on Archives and History of The United Methodist Church(국사편찬위원회 삼일운동데이터베이스).

41 이효덕, 앞의 글 131면.

마룻바닥 위에 다다미를 깔고 그 위에서 자는데 사람 네명 앞에 일본 이불 하나씩을 주옵니다. 그러나 어떻게 추운지 몸이 모두 얼어서 죄 터지고 아파 차마 견딜 수가 없었습니다. 그러한 중 더욱이 간수의 가혹한 품은 무엇이라 말해야 옳을지 그도 사람인가 인정을 가진 동물인가 의심할 만큼 냉혹하옵니다.

짐승과 같은 대접을 받아가며 칠팔개월 동안 예심인지 무엇인지 걸려 있다가 십삼개월 되는 달에 몸에 붉은 옷을 걸게 될 때 (…) 붉은 옷을 입힌 후에 죽 둘러앉히더니 "네가 소위 조선 여자이냐 네까짓 것들이 건방지게 웬 정치에 상관을 하느냐. 아직 조선 여자는 정치에 상관할 정도가 못 된다. 너희는 지금 겨우 가정이나 개량하고 자녀나 잘 양육하여라." 할 때에 조선 여자 중 일분자인 저는 가슴을 칼로 베이는 듯이 느끼었습니다.[42]

짐승 같은 대접을 받으며 당한 고통, 여성의 존재를 무시하는 감옥소 간수에 대한 분노 등을 말하고 있다. 인격적 근원을 무시하는 일제의 폭력에 저항하며 여성은 정치적·젠더적으로 변화하였다. 사회적 인식도 변하였다. 근대적 매체인 『동아일보』에서 여성의 감옥생활을 보도할 정도로 여성에 대한 젠더적 인식은 변하고 있었다. 여성도 정치적으로 독립운동의 새로운 주체가 되고, 그러한 여성을 역사의 새로운 장을 여는 사회적 주체로 보는 젠더문화의 변화였다.

---

42 「出獄者의 感想(一): 신관빈 녀사의 말」, 동아일보 1920. 4. 18; 「出獄者의 感想(二): 리애주 녀사의 말」, 동아일보 1920. 4. 20.

그것은 여성들이 식민주의 폭력, 성적 폭력에 저항하며 평화의 주체가 되는 변화이기도 했다. 유관순, 권애라, 이효주, 이애(아)주 등과 같은 수많은 여성들이 폭력에 저항하는 주체가 되어갔다. 여성들은 남성에게 부속되지 않은 여성으로서의 주체성을 발휘하고 독립운동을 통해 남녀의 생물학적 대립이 아닌 젠더관계의 평등을 실천하며 식민주의의 구조적·젠더적 폭력에 저항했다. 감옥에서, 투쟁의 현장에서 여성은 식민지의 젠더적 억압과 폭력을 겪으며 인권의 주체가 되어갔다. '여성'이라는 표상이 식민주의 억압과 폭력에 저항하는 '평화'와 '인권'의 표상이 될 근거를 만들어갔다.

(2) 여성운동과 독립운동의 교차점, 일상 속의 여성문화

3·1운동을 통해 여성의 존재는 확실히 부각되었고, 사회의 주체가 되어갔다. '여성'이야말로 3·1운동을 통해 새롭게 탄생한 사회의 주체라 할 수 있다. 여성을 사회의 주체로 보는 젠더관계의 표상은 3·1운동 이후 수립된 대한민국임시정부의 '임시헌장'에 남녀평등권과 여성 참정권 선포로 가시화되었다.

제3조 대한민국 인민은 남녀 귀천 및 빈부의 계급이 없고 일체 평등하다.
제5조 대한민국 인민으로 공민 자격이 있는 자는 선거권 및 피선거권을 가진다.[43]

---

43 국회도서관 『대한민국임시정부 의정원 문서』, 1974, 3면.

'임시헌장'에 이어 발표된 '임시의정원법'에서는 중등교육을 받은 만 23세 이상의 남녀 모두에게 피선거권을 부여했다.[44] 민주공화국 대한민국이 젠더관계에서 여성의 정치적 평등과 권리를 명시한 것이다. 이는 당시 서구나 일본의 여성 참정권과 비교해볼 때도 대단히 선진적인 조항이다. 임시정부의 기관지 『독립신문』에서도 여성들의 3·1운동 참여에 대한 글들을 계속 보도했다.[45] 3·1운동을 통해 '여성'은 근대 정치적 주체로서 진입하고 있었다.[46]

정치적·사회적 주체로서의 변화 속에서 인격적 주체로서의 새로운 여성상이 표상되기 시작했다. 이른바 '신여성'(New Women)이라는 용어의 등장이다. 근대의 여성은 흔히 과거와의 단절을 드러내고 '신여성'이라는 현상과 담론으로 나타났다. 19세기 말 20세기 초, 영국의 'New Woman' 열풍은 세계 전역으로 확산되어 새로운 여성성으로 형성되었다. 중국과 일본에서 1910년대 'New Woman'이 '신여성' '신여자'로 번역되었고 한국에서는 1920년 김일엽이 『신여자』라는 제목으로 잡지를 발간한 데 이어, 1923년 개벽사에서 여성잡지 『부인』의 이름을 『신여성』으로 바꿔 간행하면서 '신여성'이라는 용어는 대중화되었다. 사회적 자각과 주체적 존재임을 강조하는 여성의 젠더문화가 확산된 것이다.

---

44 김정인 「근대 한국 민주주의 문화의 전통 수립과 특질」, 『역사와 현실』 87호, 2013, 228면.
45 1919년 9월 27일부터 「여학생일기」를 연재하고, 「여학생의 애국정신」(1919. 11. 20) 「부인과 독립운동」(1920. 2. 17) 등을 소개하고 있다.
46 소현숙, 앞의 글.

신여성으로 표상되는 문화와 담론이 확산되는 가운데, 1920년대 식민지 일상 속에서 여성운동은 만개하기 시작했다.[47] 3·1운동의 경험을 발판으로 여성, 소작농, 노동자 등 '계급'과 '성'의 차별을 비판하면서 정치적 권리를 주장하는 대중이 등장하였고, 이전에는 '인간'으로 인정받지 못하던 다양한 대중들이 자신의 권리를 대변하는 단체를 만들고 공공의 이해를 구하는 다양한 방법을 구사하였다. 이때 여성운동도 조직운동으로 등장했다. 3·1운동 직후 애국부인회, 여자청년회, 여성동우회 등을 거쳐 여성운동 최고 조직인 근우회의 결성으로 이어졌다. 김원주, 나혜석 등 이른바 신여성 1세대라고 하는 이들과 비교했을 때, 1920년대 이후 여성운동의 가장 큰 특징은 크든 작든 간에 조직운동화했다는 것이다. 1910년대에 교육받은 여성들의 경험이 1920년대의 여성청년회 운동으로 이어지고 그 과정에서 새로운 이론을 학습하면서 새로운 여성운동의 모습으로 진화하였다. 박차정의 경우 일신여학교를 다니면서 동래청년회에서 활동하였고, 근우회가 만들어지고 나서는 근우회 동래지회 설립에 주도적 역할을 했다. 그러한 지역활동을 기반으로 박차정은 경성의 근우회 중앙집행위원, 중앙상무위원까지 될 수 있었다. 그는 근우회 중앙집행부로서 1929년 광주학생운동의 후속으로 서울 11개 여학교 여학생들의 시위를 기획하였고, 그 혐의로 구속되었다. 구속에서 병보석으로 풀려나자 박차정은 바로 중국으로 가서 의열단원이 되었다. 그후 의열단장 김원봉과 결혼하고 조선혁명군사정치간부학교 교관, 조선의용대 부녀복무단장이 되어 총을 들고 싸우는 독립운동의 전사가 되었다.[48] 1944년에 전투 중 입은 부상 후유증으로 세상

47 이지원 「1920년대 여성운동의 이념과 활동」.

을 떠나자 남성 동지들은 그녀를 추모하며 '조선여자혁명가'라고 불렀다.[49] 여성운동과 독립운동의 교차점에서 여성은 젠더관계의 주체로서 성장하고 인식되고 있었다.

항일과 저항이 일상화하는 여성들의 문화도 등장하였다. 3·1운동 이후 여학생들은 3·1운동의 연장선상에서 시위를 벌이는 것이 일상화하였다. 3·1운동 1주년을 맞이한 1920년 3월 1일에는 배화여학교 학생들이 만세시위를 감행하여 24명의 학생이 검찰에 송치되어 재판을 받았다.[50] 학교 당국의 친일적인 교육과 부당한 강요에 저항하는 여학생들의 동맹휴학(맹휴)도 일어났다. 맹휴는 통상적인 학생운동 방식이 되었는데 여학생의 맹휴도 그러했다. 1921년 1월 경성여고보 학생들의 교내시위, 1927년 숙명여고보의 맹휴, 1929~30년 광주학생운동의 저항 맹휴와 시위 등이 일어났다.[51] 여성들의 삶은 새로운 선택을 통해 변하고 있었다.

노동운동, 농어민운동에서도 마찬가지였다. 1920년대 이후 식민지 근대 공업의 발전으로 노동인구가 증가하게 되는데, 이때 여성노동과 유년노동이 많아졌다. 하지만 여성들은 남성에 비해 낮은 임금을 받았다. 식민지하의 여성노동자들은 민족적·성적 차별을 받고 있었던 것이다.[52] 이에 1910년대 학교와 거리, 감옥에서 차별과 억압에 저항하며 독

---

48 강대민 『여성조선의용군 박차정 의사』, 고구려 2004.
49 『독립』 1944. 11. 29.
50 여성동아편집부 엮음, 앞의 책 191~93면.
51 장규식 『1920년대 학생운동』, 독립기념관 한국독립운동사연구소 2009; 강혜경 「숙명여고보 맹휴사건으로 본 식민지 여성교육」, 『한국독립운동사연구』 37집, 2010; 김성은 「1920년대 동맹휴학의 실태와 성격: 선교회 여학교를 중심으로」, 『여성과 역사』 14집, 2011.
52 서형실 「식민지 시대 여성 노동운동에 관한 연구」, 『사회와 역사』 25집, 1990.

립을 외쳤던 것처럼 여성노동운동이 일어났다. 강주룡은 을밀대에 올라가 평양 고무공장의 임금 삭감을 저지하는 한국 최초의 고공농성을 벌였다. 그는 "끝까지 임금 감하를 취소치 않으면 나는 (…) 근로대중을 대표하여 죽음을 명예로 알 뿐"[53]이라며 버텼다. 여덟시간 만에 강제로 끌려 내려온 뒤에도 옥중 단식투쟁을 하여 임금 삭감을 막았다. 1930년 대 초 여학교를 다닌 '신여성' 박진홍, 이순금, 이효정, 이병희 등도 공장에 들어가 노동자가 되고 노동운동가가 되었다.[54] 노동운동의 현장으로 확산되어가는 여성들의 활동, 그것은 생존권 투쟁인 동시에 여성운동이자 항일독립운동이었다. 1924년 암태도소작투쟁에서는 암태도부인회가 조직적으로 지원하고 참여하였다.[55] 제주 구좌면에서는 일제 관헌의 해녀조합에 대한 부당한 침탈에 저항한 해녀투쟁이 있었다.[56] 여성노동운동, 여성농어민운동은 여성의 일상 속에서 식민지 여성운동이 성장하는 모습을 보여주었다. 식민지 여성운동은 여성에 대한 억압과 차별을 심화시키는 일제 지배의 부당함에 저항함으로 독립운동과 만나고 있었다. 그러한 만남 속에서 여성의 사회적 존재양태도 변하고 있었고, 인권의 주체로서 여성이 성장하고 있었다.

인권의 주체로서 여성은 식민주의 폭력에 대한 저항만이 아니라 가부장적 규범을 넘어서는 다양한 정체성을 보여줬다. '신여성' 여성운동가들도 그러했고, '독립운동가의 아내'로 산 여성들도 마찬가지였다.

---

53 「乙密臺上의 滯空女」, 『東光』 23호, 1931. 7.

54 강만길·성대경 엮음 『한국사회주의운동 인명사전』, 창작과비평사 1996; 김경일 『이재유, 나의 시대 나의 혁명』, 푸른역사 2007; 보훈처공훈전자사료관 http://e-gonghun.mpva.go.kr/user/index.do.

55 한국여성연구회 여성사분과 엮음 『한국여성사: 근대편』, 풀빛 1992.

56 제주해녀항일투쟁기념사업추진위원회 엮음 『濟州海女抗日鬪爭實錄』, 1995.

최근 한국정부가 독립운동가의 아내에 대한 서훈 방침을 정하면서 뒤늦게 독립운동가로 서훈을 받는 여성들이 늘어나고 있다.[57] 그러나 그들에 대한 평가도 독립운동가 남성을 뒷바라지하며 가부장제적인 가족관계에서 헌신의 삶을 살아간 여성으로 표상하는 것에서 한걸음 더 나아갈 필요가 있다. 그들은 누구의 아내, 며느리, 어머니이기 이전에 식민지 현실에서 자신의 삶을 선택하고 주체적으로 살아간 인간 여성이었다. '대한민국임시정부의 안살림꾼'[58]으로 불리는 정정화는 3·1운동 직후 상하이로 간 시아버지를 따라서 혼자 중국으로 가면서 "이 길은 멀고먼 길이다. 고난의 길일 수도 있다. 그러나 내가 택한 길이다."[59]라고 하여 자기의 주체적인 선택 의지를 보이고 있다. 우당 이회영의 부인 이은숙은 『서간도시종기』에서 "상하존비(上下尊卑)라도 주의만 같으면 악수하며 동지로 대하는"[60] 독립운동을 여성의 시각에서 생생히 말하고 있다. 근대 학교교육을 받지 않은 '구여성'이었지만 생계를 꾸리기 위해 도시생활에서 일감을 찾아 돈벌이에 나서기도 했다. 독립운동가 김예진의 부인 한도신은 독립운동가 남편이 바람피운 일을 기록하고 있고, 자신 또한 생계를 위해 평양 고무공장의 노동자가 되기도 했다.[61] 그러나 이들은 모두 누구의 아내라는 가부장적 가족구조에서 전통적인 부덕(婦德)의 상징으로 표상되고 있다. 심지어 평생 독신으로 지낸 김마리아도 '독립운동과 결혼한 여성'이라는 가부장적 가족프레임으로 설

---

57 2018년에 우당 이회영의 부인 이은숙, 석주 이상룡의 손주며느리 허은, 2019년에 독립운동가 김예진의 부인 한도신, 이상룡의 부인 김우락이 독립운동가 서훈을 받았다.

58 신명식 『대한민국임시정부의 안살림꾼 정정화』, 역사공간 2010.

59 정정화 『장강일기』, 학민사 1998, 18면.

60 이은숙 『민족운동가 아내의 수기: 西間島始終記』, 정음사 1975, 16~17면.

61 한도신 기록, 김동수·오연호 정리 『꿈갖흔 옛날 피압흔 니야기』, 민족문제연구소 2016.

명하기도 한다.[62] 기존의 젠더관습을 벗어던지고 물러서지 않는 주체적인 삶을 살았지만 여성 사람으로서의 정체성은 표상되지 않고 있다. 시대의 격랑 속에서 가족구조를 넘어서 능동적으로 살아간 여성 주체로 재배치할 필요가 있다. 가족 내에서의 노동과 헌신도 근대적 가사노동과 관계역할의 가치로 인정할 필요가 있다.

식민지기 근대적 시대변화 속에서 여성들은 단발을 한 외모로 세상을 바꾼 것이 아니라 인격적 주체로서 삶의 현장에서 물러서지 않는 실천을 통해 세상을 바꾸어갔다. 여성들의 3·1운동은 그러한 지향을 가시화한 새로운 여성들의 실천의 역사였고, 기억되지 않은 많은 여성들이 거기에 함께 있었다. 3·1운동에서 식민통치와 젠더적 폭력에 대한 저항운동을 실천한 여성들은 독립운동뿐만 아니라 젠더관계의 주체이자 평화의 주체로 나아가고 있었던 것이다. 그들은 식민지의 폭력적인 억압과 기존의 젠더 관념을 넘어섬으로써 독립운동의 새로운 장을 열었고 여성 인권과 평화의 주체가 되었다. 일상 속에서 항일의 길을 간 여성들의 다양한 정체성과 주체적인 삶의 가치는 당시 사회적 약자였던 여성의 인권을 존중하는 평화의 관점에서 의미가 있다. 3·1운동을 통해 여성들이 보여준 능동적인 삶과 평화를 위한 실천은 한국 근대 젠더관계의 전환점이자 평화 만들기의 디딤돌로서 21세기에도 생생하게 그 가치를 빛내고 있다.

---

62 박용옥 『김마리아: 나는 대한의 독립과 결혼하였다』, 홍성사 2003.

4월혁명, 민주항쟁의 가능성과 현실성

홍석률

1. 시작하며

1960년 4월혁명은 한국 역사상 최초로 대중적인 항쟁으로 집권자가 교체되는 결과를 발생시켰다. 한국전쟁 휴전 이후 7년 만에 벌어진, 아무도 쉽게 예상하지 못한 사건이었다. 4월혁명으로 이승만 대통령이 사퇴한 다음 날인 1960년 4월 27일, 마산지역의 한 고등학생은 자신의 일기장에 이렇게 적었다.

벌써 마산사건이 가슴을 찌른 지 40일이나 지난, 4·18 시위으로서 고결한 학도의 애국정열(愛國情熱)이 전국을 흔든 지 9일 만에, 12년 간 권력에 의해서 짓밟힌 주권은 어제 오전 10시 반에 발표된 이대통령의 하야(下野) 성명으로서 드디어 소생하였다. 아니 빼앗겼던 주권을 찾아왔다. 민권(民權)이 비로소 탄생된 셈이다. 8·15해방의 기쁨이다. 우리의 학우들의 피 흘린 댓가는 승리했다. 독립정부 수립 불과 3년 만에 6·25 난리를 당했고 (…) 전쟁 후 오늘날까지 권력 때문에 허리를 못 펴고, 머리를 못 들고 짓밟힌 생명이 아니었던가? 자유여! 학원에도 오라! 학도는 이겼다![1]

이 학생은 이승만의 사퇴를 빼앗긴 주권을 되찾은, '민권의 탄생'이라 규정하며, 나름대로 '8·15해방' '6·25전쟁'이라는 역사적 흐름 속에서 이 사건의 의미를 부여하였다.

올해는 3·1운동 100주년을 맞이한다. 3·1운동은 일반적으로 엘리트 차원만이 아니라 일반 대중적 차원에서도 한국인의 독립된, 국민주권 국가를 만들려는 움직임이 본격화된 출발점으로 이야기되고 있다. 1945년 일제 식민지로부터 해방된 후 비록 민족분단의 비극이 발생하였지만, 두 분단국가는 모두 제도와 형식 면에서는 국민주권을 표방하였다. 그러나 민족분단과 곧바로 이어진 전쟁이라는 상황에서 주권재민(主權在民)이라는 원칙적인 표방과 실제 정치 현실 사이에는 심각한 간극이 존재하였다. 한국의 민주화운동은 이러한 간극과 괴리를 폭로하고, 주권재민이라는 원칙을 끊임없이 집단행동을 통해 재확인해나가는 양상을 보였다.

냉전·분단 상황하에서 국가는 방대한 군대와 경찰력, 공안기구들을 보유하고 강력해졌지만, 남한의 시민사회도 나름대로 강력하였다. 끊임없이 억압적 국가권력에 대한 저항을 지속하였다. 평상시에는 일부 소수의 사람들이 독재권력과 맞싸우며 희생을 축적해갔지만, 어느 순간 다수의 시민들이 저항에 동참하면서 대규모 민주항쟁이 폭발하는 일이

---

1 「마산지역 학생 일기」(1960. 4. 27), 민주화운동기념사업회 엮음 『4월혁명 사료총집』 5권, 민주화운동기념사업회 2010, 81면.

반복되었다. 이러한 양상은 한국 정치의 일종의 패턴을 형성해왔다.

21세기에 접어들면서 촛불시위가 새로운 저항의 형태로 한국사회에 자리잡았다. 이명박정부기인 2008년 미국산 쇠고기 수입 반대로 촉발된 촛불항쟁과 박근혜 탄핵이라는 결과를 발생시킨 2016～17년 촛불항쟁 과정에서 시민들은 "대한민국은 민주공화국이다. 대한민국의 주권은 국민에게 있고, 모든 권력은 국민으로부터 나온다."는 대한민국 헌법 제1조 내용을 외치면서 자신들이 주권자임을 재확인하였다. 그런데 흥미로운 것은 4월혁명 때에도 같은 구호가 외쳐진 바 있다는 사실이다. 1960년 3월 14일 서울에서 주로 야간 중고등학교 학생들이 밤에 시위를 전개하였는데, 당시 보도에 의하면 이때 학생들은 "대한민국은 민주공화국이다"라는 구호를 외쳤다고 한다.[2]

이러한 사실들은 장구한 세월 속에서 민주항쟁이 계속 이어지며, 한국사회가 민주화를 추구해가고 있음을 새삼 상기시켜준다. 그러나 이미 50년이 지나서도 같은 구호가 또다시 출현하는 현실은 계속되는 민주항쟁에도 불구하고, 한국사회에서 민주주의가 장구한 시일 동안 제대로 정착되지 못했음을 또한 시사해준다. 물론 서구에서도 민주주의는 어느 한순간에 달성되기보다는 백년이 넘는 장구한 세월을 거쳐 우여곡절 끝에 달성되었다. 민주주의 자체가 기본적으로 어느 순간 도달할 수 있는 목표라기보다는 끊임없이 그 주체와 영역을 확대하면서 추구해야 할 지향점이라 할 수 있다. 그러나 3·1운동부터 촛불항쟁까지 일련의 계보를 이어가며 반복된 한국의 민주항쟁 과정에서 많은 것이 성취되었지만, 민주주의 국가에서 아주 기본적인 주권재민의 원칙이

---

2 동아일보 1961. 3. 15(석).

21세기에도 끊임없이 상기되고, 시민들이 "이게 나라냐?"라고 외치는 현실은 한국의 민주화를 향한 여정이 시원하고 말끔하게 진행되어 나가기보다는 계속 질척거리고 있음을 또한 보여준다. 따라서 한국에서 민주항쟁을 이야기할 때에는 그 역동성과 가능성, 성취도 언급해야 하지만, 이러한 가능성이 충분히 제대로 현실화되지 못하고 빈번하게 좌절되거나 아주 제한적으로만 성취된 원인도 생각해볼 필요가 있다.

4월혁명으로 조성된 새로운 내각책임제 정치체제와 역동적인 사회운동, 통일운동은 1961년 5·16쿠데타로 종결되었다. 이는 4월혁명의 성과를 모두 단절시킨 것은 아니지만, 아무튼 당시 민주항쟁에 참여한 사람들의 열정과 희망, 이들이 제시한 새로운 가능성을 충분히 현실화시키는 데에 실패한 것이었다. 그리하여 아직도 "4·19를 4·19 자체로 이어갈 수 있었더라면?"이라는 질문이 새삼 던져지기도 한다.[3]

이 글은 4월혁명의 전개과정을 분석하며 민주항쟁의 역동성과 가능성을 일단 가늠해보고, 이것이 그 자체로 현실화되지 못한 이유를 또한 분석해보려 한다. 이를 통해 3·1운동 100주년을 기념하면서, 거듭되는 민주화항쟁 과정에서 엄청난 역동성과 가능성이 표출되었음에도 불구하고, 이것이 좀처럼 충분히 현실화되지 못하고, 중도에 뒤집히거나 아주 제한적인 성취만을 이루어야 했던 원인을 4월혁명이라는 사례를 통해 설명해보려 한다.

---

3 권보드래·천정환 『1960년을 묻다: 박정희 시대의 문화정치와 지성』, 천년의상상 2012, 61면.

2. 민주항쟁의 역동성: 부정선거 반대운동에서
   정권퇴진 운동으로

민주항쟁같이 다수의 주체들이 참여하는 집단행동이 분출하는 국면은 그 안에 다양한 갈랫길을 내포하고 있으며, 중요한 고비마다 단절, 전환, 비약이 일어나는 경우가 많다. 항쟁의 중간에 크고 작은 전환점들이 형성되면서 항쟁의 목표는 물론이고, 그것을 주도하는 주체도 바뀌어가는 경우가 많다. 또한 같은 주체라 하더라도 항쟁의 과정에서 그 입장과 역할이 바뀌기도 한다. 4月혁명은 이러한 양상을 잘 보여준다.

4月혁명은 1960년 2월 28일 부정선거에 항의하는 대구지역 학생 시위를 출발점으로 하여 같은 해 3월과 4월 중순까지 전국 중요 도시에서 이어진 중고등학생들의 시위로부터 시작하였다. 중고등학생들의 시위는 민주항쟁을 촉발하고 확산시키는 데 중요한 역할을 했다.

당시 1960년 3월 15일 정부통령 선거에서 자행된 부정선거는 사전에 철저히 계획된 것이었고, '3인조' '5인조' 투표 등 공개투표 방식이 선거부정의 주된 수법이었다. 당시 이승만정부와 여당인 자유당은 경찰과 교사들을 움직여 학교에서 부정선거 여행 연습을 시켰다.[4] 한편 각 학교 교장들을 소집하여 학생을 통해 주민들의 성향을 조사하도록 지시했으며, 교장, 교감들에게 선거자금을 거두기도 하였다. 선거운동 기간 중 많은 교사들이 오후 내내 선거운동에 동원되어 학생들의 수업에 차질이 발생하였다.[5]

---

4 동아일보 1960. 3. 13(조).
5 동아일보 1960. 1. 17(조), 19(석); 조선일보 1960. 2. 12(조); 동아일보 1960. 2. 16(조).

당시 중고등학교는 부정선거의 핵심 현장이었고, 학생들은 그것의 가장 직접적인 목격자였으며, 또한 피해자였다. 따라서 흔히 이야기되는 민주주의의 이상과 현실의 괴리 같은 문제만이 아니라, 학교생활 속에서 일상적으로 겪었던 피해와 불만이 학생들의 저항을 추동한 중요한 계기가 되었다. 그러하기에 2월 28일 이후 계속 이어진 중고등학생들의 시위에서 가장 빈번하게 등장한 구호는 "학원을 정치도구화하지 말라!" "학원의 자유를 달라!" 등 학원 문제와 관련된 것들이었다. 물론 "부정선거 배격하자!" "공명선거 보장하라!" 등 부정선거에 직접 항의하는 구호도 있었다. 그리고 앞서 언급한 바대로 "대한민국은 민주공화국이다"라는 구호도 나왔다. "우리 선배는 썩었다" "썩은 정치 갈아보자" 등 기성세대와 정치 현실을 총체적으로 비판하는 구호도 있었다.[6]

그런데 중고등학생들의 시위는 부정선거라는 지극히 정치적인 문제 때문에 발생하였지만, 사실상 현실정치와 관련된 구체적 요구사항 등은 거의 나타나지 않는 것이 특징이었다. 예컨대 부정선거를 자행하는 기관, 즉 내무부나 경찰, 문교부 또는 자유당을 지목하여 항의한 바도 없었고, 최인규 등 부정선거의 책임자를 지목하여 사퇴를 요구하는 일도 없었다. 선거 보이콧을 주장한 것도 아니고, 특정 정당 또는 후보를 지지하거나 반대하는 구호도 거의 나오지 않았다. 이러한 상황이었으니 중고등학생들이 주도하는 시위에서 "이승만 물러가라!" 같은 구호가 나올 리도 없었다. 이러한 양상은 4월 19일 대학생들이 본격적으로 시위에 나서는 시점까지도 크게 달라지지 않았다. 이날 많은 대학의

---

6 동아일보 1960. 3. 1(조), 2(조), 11(조), 13(조), 15(조), 15(석); 안동일·홍기범 『기적과 환상』, 영신문화사 1960, 63~117면; 이강현 엮음 『민주혁명의 발자취: 전국각급학교 학생 대표의 수기』, 정음사 1960, 9~46면.

학생들이 성명서를 발표하고 시위에 돌입하였지만, 이들의 성명서에서 이승만 대통령의 사퇴가 명시적으로 언급된 경우는 보이지 않는다.[7]

반면 3·15 부정선거를 전후한 무렵 당시 야당이었던 민주당 등 일부 야당 인사들이 개인적인 차원에서 이승만의 퇴진을 요구하기도 했지만, 이는 민주당의 정책이나 당론 차원은 아니었다. 대중적 시위에서 "이승만정권 물러가라!"라는 구호가 다수의 시위대에 의해 외쳐진 것은 4월 11일 제2차 마산항쟁 때가 처음이었다. 4월혁명에서 학생들의 역할, 특히 중고등학생들의 역할은 매우 중요했다. 이들의 시위가 대학생과 일반 시민들의 행동을 끌어내는 선도적 역할을 했다. 그러나 4월혁명 과정에서 중요한 정세 변화가 발생한 전환점은 도시하층민을 중심으로 다수의 비학생층이 참여하는 주로 야간에 벌어진 시위를 통해서 형성되었다.

1960년 3월 15일 선거 당일, 마산에서는 오후부터 지역 민주당원과 학생들의 시위가 있었는데, 이는 일몰 전에 평화롭게 마무리되었다. 그러나 밤이 되자 일부 학생들과 더불어 부두 노동자, 실업자, 일용직 노동자, 홍등가에서 일하던 여성들 등 비학생 도시하층민들을 중심으로 새로운 시위대열이 형성되었다. 이들의 시위는 파출소를 습격하는 등 폭력적인 양상을 보였다. 경찰의 발포로 8명의 사망자가 발생하였다, 부정선거 반대운동이 발생한 이래 최초의 유혈사태가 발생한 것이었다. 중고등학생들이 2월 말부터 시작한 부정선거 반대운동이 정치적 위기 상황을 발생시키는 순간이었다.

---

7 졸고 「4월혁명과 이승만정권의 붕괴 과정: 민주항쟁과 민주당, 미국, 한국군의 대응」, 『역사문화연구』 36집, 2010, 151~56면.

3·15 제1차 마산항쟁 과정에서 시위대는 야간에 건물이나 집에 불이
켜져 있거나, 차량에 헤드라이트가 켜져 있으면 불을 끌 것을 요구했다.
시위대의 익명성을 보장받기 위해 이른바 '등화관제'를 요구한 것이다.
이러한 행동은 4월혁명 때 마산에서 밤에 발생한 시위에서 공통적으로
나타났고, 심지어 1979년 부마항쟁 기간 중에도 마산에서 다시 나타났
다.[8] 도시하층민들이 주도하는 시위는 학생들의 그것과는 다른 양상과
맥락이 확실히 있었다.

　3월 15일 마산 시위에 참여했다가 실종된 고등학교 입시생 김주열의
시신이 4월 11일 마산 부두 앞바다에 떠올랐다. 최루탄이 눈에 박힌 참
혹한 모습에 시민들은 분개할 수밖에 없었고 그날밤 마산에서 다시 시
위가 발생했다. 이 시위에서 다수의 시민들이 "이승만 물러가라!"를 외
쳤다. 이는 여러 기록으로 확인이 된다. 마산에서는 4월 12일과 13일 낮
에 학생들의 시위가 이어졌다. 그런데 이러한 학생 시위 과정에서 "이승
만 물러가라!"라는 구호가 외쳐졌다는 보도나 기록은 보이지 않는다.[9]

　4월 11일에 촉발된 제2차 마산항쟁은 4월혁명 과정에 여러 차원에서
중요한 전환점을 형성했다. 부정선거 반대 시위가 전개된 이후에도 주
한 미국대사관은 이를 한국의 내정문제로 치부하고 여기에 특별히 관
여하지 않았다. 그러나 제2차 마산항쟁이 발생하자 사태가 심각한 국면
에 이르렀다고 판단하였다. 부정선거 반대운동 자체가 좌익적 성향의
사람들에 의해 주도되는 것은 아니지만 사태가 계속 악화될 경우 북한
이 이를 활용하거나, 잠복해 있던 좌익세력이 다시 발호하여 기존 체제

---

8 민주화운동기념사업회연구소 엮음 『한국민주화운동사』 2권, 돌베개 2009, 343면.
9 앞의 졸고 154면.

자체를 위협할 가능성을 우려하였다. 이때부터 미국 관리들은 이승만 정부에 타협적이고 개혁적인 조치를 촉구하고 나섰다. 이른바 '예방혁명'적인 조치를 취하기 시작한 것이었다. 최근 공개된 미국정부 자료를 활용한 연구에서 밝혀졌듯이 4월 19일 서울 등에서 대규모 시위 및 유혈사태가 발생하고, 4월 25일과 26일 다시 시위가 재연되자 미국은 이승만이 사퇴하는 방향으로 영향력을 행사하였다.[10]

제2차 마산항쟁은 다소 수그러드는 양상이었던 부정선거 반대운동을 한 단계 더 증폭시켰다. 마침내 4월 18일 고려대생들이 가두로 진출하고, 다음 날인 19일에는 서울 시내 대학생들이 일제히 거리로 진출했다. 4월 19일 오전 학생들과 시민들이 광화문 국회의사당 앞에 모여 있을 때, 또한 대통령 관저인 경무대로 향해 갈 때, 일부 시위 참여자들이 "이승만 물러가라!"라는 구호를 외쳤다. 그러나 이는 다수의 시위대가 공유하며 계속해서 외치는 구호는 아니었다. 경무대 바로 앞에서 학생대표들은 경찰에게 대통령 등 고위관리와의 면담을 주선해줄 것을 요청하였지만, 이들에게 총탄이 날아왔다.[11] 이날 밤에서 다음 날 새벽까지 서울 곳곳에서 경찰과 학생 및 시민들이 충돌하였다. 서울에서만 100명이 넘는 사망자가 발생하였다.

---

10 이재봉 「4월혁명, 제2공화국, 그리고 한미관계」, 백영철 엮음 『제2공화국과 한국민주주의』, 나남 1996; 정용욱 「이승만정부의 붕괴(3. 15-4. 26)」, 한국정신문화연구원현대사연구소 엮음 『한국현대사의 재인식』 4권, 도서출판 오름 1998; 앞의 졸고 156~59, 167~74면.

11 현역일선기자동인 엮음 『4월혁명』, 창원사 1960, 84면; "Telegram from the Embassy in Korea to the Department of State #909," April 20, 795B.00, Central Decimal Files RG59, National Archive at College Park (이하 생략); "Memorandum of Conversation; Choe Chong-hun and William Watts (Second Secretary of Embassy)," April 25, 1960, 795B.00, Central Decimal Files.

4월 19일 밤 주로 서울 동부지역의 빈민들로 구성된 시위대는 파출소를 습격해 경찰로부터 무기를 탈취한 후, 차량을 탈취하여 서울 동북부를 누비다가 고려대학교 교정으로 들어갔다. 다음 날 새벽 계엄군이 이들을 해산시켰는데, 이 중 일부 젊은 청년들은 자진 해산을 거부하고 고려대를 빠져나와 신설동 로터리와 성북구청 사이에서 과격 시위를 벌이다가 해가 완전히 떠오른 후에야 경찰의 진압을 받아 흩어졌다. 이날 부산과 광주 등에도 시위가 있었고, 여기서도 사망자가 발생하였다.[12]

　100명이 넘는 사람들이 사망하는 사태가 발생하자 항쟁의 목표도 바뀔 수밖에 없었다. 이에 항쟁은 부정선거 반대운동에서 시민들을 학살한 이승만정권에 책임을 묻는 정권퇴진운동으로 향해갔다. 4월 19일 서울, 부산, 대구, 광주, 대전 등 전국 5대 도시에 계엄령이 내려져 이들 도시에서는 한동안 시위가 일어나지 못했다. 그러나 그 주변 중소도시에서는 시위가 계속 발생하였다. 특히 인천에서는 4월 20일부터 24일까지 연일 시위가 발생했는데, 23일의 인천 시위에서 "이승만정부 물러가라!"라는 구호가 나왔으며, 같은 날 포항에서 벌어진 민주당원의 소규모 시위에서도 같은 구호가 외쳐졌다.[13]

　이승만 퇴진이 중요 목표가 된 대규모 시위는 역시 마산에서 본격적으로 시작되었다. 4월 24일에 마산의 할아버지들은 "책임지고 물러가라, 가라 치울 때는 왔다"라는 구호가 적힌 플래카드를 들고 시위를 벌였다. 당시 신문보도로는 5만 군중이 시위에 합세하였다. 다음 날인 25일 오후 1시경에는 마산의 할머니들과 중년 부인들이 주축이 된 시위

---

12 오제연 「4월혁명의 기억에서 사라진 사람들: 고학생과 도시하층민」, 『역사비평』 2014년 봄호 151~54면.
13 앞의 졸고 155면.

가 발생했는데, 이들은 "죽은 학생 책임지고 리대통령은 물러가라"라는 플래카드를 들고 시위를 벌였다. 3만명의 시위 인파가 형성되었다. 같은 날 서울에서 오후 3시 30분경 서울 시내 대학교수들이 모여 시국선언을 발표하고, 거리로 나가 시위를 전개하였다. 교수들이 발표한 시국선언문 4항에는 "대통령을 위시한 여·야 국회의원 및 대법관들은 책임지고 물러서라"라는 구절이 있었다.[14] 교수들이 거리에 나서자 학생과 시민들이 여기에 합류하여 이날 밤 대규모 시위가 벌어졌는데, 새벽까지 일부 학생과 도시빈민들이 무리를 형성하고 서울 곳곳에 남아 있는 등 거의 철야로 시위가 진행되었다.

4월 26일 이른 아침인 7시 45분경부터 1만명 넘는 군중이 동대문 부근에 집결했고, 8시 30분경에 이르면 7만명이 넘는 군중이 동대문과 광화문에 이르는 대로에 가득 찼다. 시위대는 "부정선거를 다시 하라!" "이승만은 퇴진하라!"는 구호를 주로 외쳤다. 이러한 상태에서 오전 10시 30분 마침내 이승만 대통령의 하야 성명이 발표되었다. 4월혁명에 대한 기존의 서사기나 연구들은 대부분 4월 25일 교수단 시위를 부정선거 반대운동이 정권퇴진운동으로 전환되는 중요한 계기로 서술해왔다. 그러나 4월혁명의 전개과정을 좀더 넓게, 구체적으로 살펴보면 부정선거 반대운동이 정권퇴진운동으로 전환되는 과정을 대학생과 지식인들이 주도했다고 말하기는 어렵다.

예컨대 4월 19일 대규모 유혈사태가 발생한 후 4월 20일에서 25일까지 주한 미국대사관 관리들은 사태 파악을 위해 여러 대학생, 언론인, 교수 등 지식인층과 접촉하고, 면담기록을 남겨놓았다. 이들 기록은 이

---

14 졸저 『민주주의 잔혹사: 한국현대사의 가려진 이름들』, 창비 2017, 212~14면.

승만 퇴진이라는 결과가 발생하기 전에 작성된 것이니만큼 당시 지식인 여론주도층의 생각과 동향을 파악하는 데 중요하다. 그런데 면담자 중 사태 수습을 위해 필요한 조치로 명확하게 이승만 대통령의 퇴진이 불가피하다고 이야기한 사람은 당시 연세대 총장이던 백낙준 한 사람 정도였다. 대부분의 지식인들은 이승만 대통령은 계속 지위를 유지하고 있다가 8월에 임기가 만료되거나, 상황이 안정된 이후에 자연스럽게 물러나면 될 것이라 했다.[15] 교수단 시위 과정에서도 애초 준비한 시국선언문 초안에는 이승만 대통령의 퇴진이 언급되지 않았다. 그러나 성명서 초안을 수정하는 과정에서 '대통령'이라는 단어가 들어갔다. 그러나 이보다 앞서 같은 날 마산 할머니들이 벌인 시위에서는 "리대통령 물러가라!"며 명시적으로 실명이 거론되었다. 정권퇴진운동으로의 전환은 지식인층이 주도한 것이 아니라 주로 도시하층민을 주축으로 하는 일반 시민들이 주도한 시위를 통해 이루어졌다.

3. 대학생·지식인에 의해 전유된 혁명과
   정권교체 과정의 문제점

4월 26일 오전 이승만 사퇴 성명에도 불구하고, 그날 오후에도 도시빈민층을 중심으로 한 시위대들은 파출소와 경찰서를 비롯한 관공서를 습격하고, 자유당 인사들의 집과 공장, 여당 성향의 신문사를 습격하는 등의 항쟁을 계속 전개하였다. 대통령만이 아니라 모든 책임있는 사

---

15 앞의 졸고 162~63면.

람들의 사퇴를 주장하였다. 반면 대학생들을 주축으로 한 일부 학생들은 이승만 사퇴 성명을 듣고, 흥분한 시민들에게 자제를 당부하고 '질서확립'을 촉구하는 '수습'활동을 시작하였다. 대학생들은 계엄군과 함께 거리를 돌아다니면서 질서회복을 강조하고, 거리를 청소하였다. 이승만 퇴진 직후 일부 대학생들은 항쟁의 주체에서 질서회복의 주체로 전환하였다. 당시 언론과 지식인들은 대학생들의 수습활동을 성숙하고 민주적인 태도라고 칭송하였다. 반면 도시하층민들의 저항은 파괴와 혼란으로 인식되고, 이들이 주도한 밤시위는 학생들이 주도한 낮시위와 구분되어 폭행과 파괴를 수반한 바람직하지 못한 행동으로 이야기되었다.[16] 이러한 과정을 통해 대학생들은 비록 뒤늦게 항쟁에 참여했지만, 가장 두드러진 항쟁의 주체로 관심을 끌며 부각되었다. 반면 4월혁명 과정에서 도시하층민은 중요한 역할을 했지만, 이들의 역할은 기억되지도, 제대로 기록되지도 못하였다. 4월혁명 직후 한 지식인은 "흔히 항간에서 말하듯이 이번 4월혁명의 공은 학생들이 3분의 1, 선생들이 3분의 1, 그리고 미국대사관이 3분의 1을 가져야 한다고들 한다"고 발언했다.[17] 이렇게 이야기할 때 4월혁명에서 도시하층민들의 역할은 배제될 수밖에 없었다.

또한 최근 연구에서 지적되는 바이지만 4월혁명의 과정에서는 여성들이 인상적인 역할을 했다.[18] 여고생과 여대생들도 시위에 참여했고, 특히 제2차 마산항쟁 때 김주열의 처참한 시신을 본 중년 여성들이 제

---

16 오제연, 앞의 글 157~66면.
17 조순승 「국토통일의 가능성」, 『사상계』 1960년 6월호 162면.
18 오제연 「'여대생', 거리에 서다: 4·19혁명과 6·3항쟁 당시 여학생 참여와 그 의미」, 『혁명의 젠더, 젠더의 혁명』, 역사문제연구소 2017 정기심포지엄 자료집; 홍석률, 앞의 졸저.

일 먼저 거세게 항의하여 항쟁을 촉발하였다. 마산에서는 그후 연달아 이틀 동안 학생과 시민의 시위가 있었는데, 이를 목격한 미국대사관 관계자들은 중년 부인과 여학생들의 참여가 인상적이고 두드러진다고 보고했다.[19] 또한 4월 25일의 할머니 시위도 있었다. 그러나 4월혁명이 "젊은 사자들의 항쟁"이라 표현될 때 여기에는 여성들이 차지한 자리는 없었다. 4월 25일 마산의 할머니 시위는 그 규모도 크고, '리대통령'의 실명을 직접 거론하며 같은 날 약간 늦게 서울에서 벌어진 교수단 시위보다 더 선명하게 이승만 퇴진을 요구했음에도 불구하고, 마산에서 나온 4월혁명사 서술에서조차 제대로 기록되지 않고, 소외되고 있는 형편이다.

이렇듯 4월혁명을 주도한 주체로 대학생과 지식인이 부각되고, 민주항쟁을 선도한 중고등학생, 항쟁의 폭발적 동력을 형성하는 데 중요한 역할을 한 도시하층민, 인상적인 참여를 보인 여성들의 역할은 일찌감치 모두 배제되었다. 바로 이 점이 4월혁명 이후 국면에서 민주항쟁 과정에 분출된 엄청난 역동성과 가능성이 전면적인 정치·사회적 변화로 현실화되는 것을 원천적으로 제약하는 중요한 원인이었다. 4월혁명의 주체가 소수의 사람들에 의해 과대 대표되고, 이들이 민주항쟁의 성과를 전유하고, 나머지 집단들은 혁명의 주체에서 배제됨에 따라 민주항쟁에서 분출된 가능성을 현실화시킬 동력도 너무나 좁게 형성되었던 것이다.

대학생과 지식인이 4월혁명의 핵심 주체로 부각된 것은 어떤 여론 조

---

19 "Telegram from the Embassy in Korea to the Department of State, #847," April 13, 1960, 795B.00, Central Decimal Files.

작의 문제 같은 차원은 아니었다. 이들이 4월혁명에 참여한 다양한 계층 중에 정치·사회적 변화를 현실화할 수 있는 구체적 프로그램 또는 대안을 마련하는 데 상대적으로 가장 큰 능력을 발휘할 것이라는 사회적 기대감도 작용했을 것이다. 그러나 이승만 사퇴 이후 정권교체가 이루어지는 과정은 정말 문제였다. 기대를 받았던 대학생·지식인마저도 정권교체 과정에서 제대로 대응하지 못했고, 실제 개헌과 정권교체 작업은 기존 보수 정치인에 의해 주도되었다. 심지어 민주항쟁 과정에서 집중적으로 표출된, 부정선거를 바로 잡자는 가장 기본적인 문제의식조차도 갑자기 실종되어버리는 당황스러운 양상이었다.

1960년 4월 26일 이승만 사퇴 성명 발표 당일, 국회는 만장일치로 이승만 대통령의 정식 사임을 촉구하며, 3·15 정부통령선거를 다시 실시하고, 내각제 개헌을 한다는 등의 시국수습 결의안을 발표하였다. 그러나 4월 29일 국회는 자유당 의원들이 그대로 있는 기존 국회에서 내각제 개헌을 하고, 그후 국회를 해산하고 새로운 총선을 거쳐 신정부를 구성하겠다고 선언하였다.[20] 3·15 부정선거의 재선거 문제는 갑자기 슬그머니 사라졌다.

3·15 부정선거 문제에 대한 원칙적인 해결 없이, 자유당 국회의원들이 그대로 남아 있는 기존 국회에서 내각제 개헌으로 사태를 처리하는 방향이 정해지는 과정에는 여러 논란과 갈등이 존재했다. 정치권 내부에서도 논란이 있었고, 당시 언론들도 처음에는 기존 국회에서 개헌을 하는 것에 비판적이었다. 일부 학생들이 1960년 5월 초 국회 해산을 촉구하는 시위를 벌였다. 그러나 이러한 움직임은 조속한 사태 수습을 강

---

20 동아일보 1960. 4. 27(석), 30(조).

조하는 여론에 밀려 큰 호응을 받지 못하였다.

"현 국회 내각제 개헌"이라는 신정부 수립 방식은 이승만 퇴진 이후 선택할 수 있는 다양한 방안 중에 가장 수구적인 방식이었다. 미국의 국무부도 5월 4일 주한 미국대사관에 보낸 전문에서 한국 대중의 기본적인 요구에 부응하기 위해서는 정부통령의 재선거가 필수적이고, 재선거로 정부통령이 당선되어 권력의 공백을 해소한 후에, 당연히 기존 국회는 해산하고 새로운 국회의원을 선출하기 위한 선거를 하고, 헌법개정 문제 같은 것은 새로운 국회에서 다루어야 할 것 같은데, 왜 한국에서는 재선거 일정에 대한 구체적인 이야기가 나오지 않느냐고 질의하기도 했다.[21] 만약 시위대의 요구대로 정부통령 재선거가 이루어져 일단 정부가 새로 구성되고, 기존 국회가 해산된 후 총선거를 거쳐 새로운 국회가 구성되며, 거기서 개헌이 논의되었다면, 새로 만들어진 정치체제는 민주항쟁의 주체들을 전부는 아니더라도 훨씬 더 많이 포섭할수 있었을 것이다. 그렇다면 4월혁명의 결과로 탄생된 신정부와 정치체제가 훨씬 더 많은 정치적 정당성을 확보하고 지지를 받았을 것이다. 그렇다면 새로운 정부가 군부쿠데타로 도전받는 상황도 쉽게 조성되기는 어려웠을 것이다.

당시 정권교체 과정에서 부정선거 문제의 원칙적 처리 같은 문제의식이 갑자기 완전히 실종되어버리는 상황은 냉전, 분단, 휴전 상태라는 한국 정치의 환경적인 요인을 고려할 수밖에 없다. 분단 상황하에서 심각한 정치적 유동성에 대해서는 대중적 차원에서도 공포감이 존재할

---

21 Department of State, *Foreign Relations of the United States 1958-1960* (이하 *FRUS 1958-1960*로 약칭), Vol. XVIII, Washington DC: Government Printing Office 1994, 653~55면.

수 있고, 주류 기득권 세력은 이러한 공포감을 항상 조장하고 활용하는 경향이 있다. 1960년 5월 7일 허정은 주한 미국대사와의 대담에서 자신도 이상적으로는 '현 국회'가 즉시 해산되고 새로운 총선이 실시되어야 한다고 믿지만, 지금 곧바로 총선이 실시되면 좌파 인물들이 당선될 가능성이 있기 때문에 현 국회 내각제 개헌이 불가피하다고 토로했다.[22]

이승만 사퇴 이후의 정치과정은 이렇듯 사회변화에 대한 강한 열망과 동력을 갖고 있던 하위계층들이 혁명의 주체에서 배제되었고, 나아가 실제 정권교체 프로그램을 가동하는 과정에서는 지식인층을 포함하여 민주항쟁에 참여한 사람들이 모두 배제되었다. 이러한 양상은 중요한 차이는 있지만 사실상 1987년 6월항쟁 과정에서도 기본적으로 반복된 측면이 있다. 6월항쟁에서는 민주항쟁 세력이 외친 "직선제 개헌"이 그대로 관철되기는 했지만, 개헌 등의 실제 정치과정은 역시 보수 정치인들이 주도하였고, 6월항쟁의 주체들은 제대로 참여하지 못하고, 역시 소외되었다.

4. 현실화되지 못한 혁명을 파고든 군사쿠데타

4월혁명이 실패하거나 좌절하여 5·16쿠데타가 발생했다고, 이를 선후관계로 연결지어 설명하는 경우가 많다. 그러나 실제 군부쿠데타의 가능성은 4월혁명의 과정에서 야당이 정권을 잡을 가능성과 함께 동시

---

22 "Memorandum of Conversation: Huh Chung and McConaughy," May 7, 1960, 795B.00, Central Decimal Files.

에 존재했고, 그때부터 서로 경쟁하는 형국이었다. 4월혁명 당시에도 군부쿠데타의 가능성이 거론되고 있었고, 이는 이때부터 또 하나의 잠재된 가능성을 형성하고 있었다.

한국군은 4월혁명 과정에서 시위대 통제를 위해 아주 일찍부터 동원되었다. 1·2차 마산항쟁 때 한국군은 시내에 직접 들어가 시위를 막지는 않았지만, 시 외곽에 배치되어 마산발전소 같은 중요 시설을 경비하는 등 만일의 사태에 대비했다. 매그루더 유엔군사령관은 한국군의 이와 같은 활동 수행을 위해 일부 부대의 작전통제권을 해제해주었다. 4월 19일 전국 5대 도시에 비상계엄령이 내려지고, 군대가 투입될 때에도 유엔군사령관은 해당 부대의 작전통제권 해제를 승인하였다. 그러나 당시 주한 미국대사관과 주한미군 당국자들은 한국군이 이승만정부를 수호하기 위해 시위대와 직접 충돌하는 사태를 가급적 피하고, 가능한 한 정치적 중립을 유지해줄 것을 면밀하게 당부하고 강조하였다.[23]

한국전쟁 이후 한국은 자유진영의 진열장으로서 전세계의 주목을 받는 특별한 위치에 놓여졌다. 외신 기자들이 대거 한국으로 와서 부정선거 반대운동에 대해 보도했고, 이는 항쟁을 확산시키는 데에 기여했다. 미국은 한국군의 동원을 수용하기는 했지만, 국제여론의 악화를 막기 위해 신경을 쓰지 않을 수 없었다. 실제 4월 19일 한국에서 계엄령이 발동되고 군대가 투입되자, 호주 의회는 유엔군사령부가 한국군의 작전통제권을 해제해주었는지 여부를 미 국무부에 직접 문의하였다. 호주는 한국전쟁 때의 파병국가이자 한국통일 문제를 전담하는 유엔한국통일부흥위원단(UNCURK)의 회원국이기도 했다. 국무부는 유엔군사령

23 앞의 졸고, 174~75면.

관이 이를 해제해주었으며, 워싱턴과 협의해서 승낙을 받을 시간은 없었다고 답변했다.[24] 냉전·분단 상황은 기본적으로 민주항쟁에 부정적으로 작용하였지만, 국제적 관심과 여론이라는 측면에서는 민주항쟁에 긍정적으로 작용한 측면도 있었다.

4월혁명 과정에서 한국군은 이승만정부를 적극 옹호하기보다는 중립적인 태도를 보였고, 이는 항쟁이 성공하는 데 중요한 기여를 했다. 한국군의 소극적이고 중립적 태도는 미국의 영향력 때문만이 아니라 한국군 장성집단 스스로의 태도에서도 기인한 바가 컸다.

이승만정권기에도 군은 정치권력으로부터 상당한 자율성을 갖고 있었다. 유엔군사령관이 작전통제권을 행사하고 원조를 주관하는 상황에서, 이대통령의 군 장악력은 여타 다른 부분에 비해 현저히 약할 수밖에 없었다. 1952년 부산정치파동과 1953년 휴전 무렵의 이승만 제거계획에서 나타나는 것처럼, 한국군은 미국과 이승만정부가 심각한 갈등에 돌입할 경우 이승만을 대체하여 권력을 잡을 주체로 상정된 바 있었다. 그후 1950년대 내내 미국정부가 작성한 한국 정치 관련 전망보고서들은 이승만 대통령이 사망하거나 유고할 경우, 한국군이 권력을 장악할 가능성을 항상 하나의 변수로 거론하였다.[25]

당시 육군참모총장으로 계엄사령관을 담당하게 된 송요찬은 시위대를 강압적으로 진압하거나 위협하는 데 적극성을 보이지 않았다. 그는 4월 25일 교수단 시위가 발생하고 이것이 철야 시위로 이어져 상황

---

24 "Telegram from the Department of State to the Embassy in Korea," April 20, 1960, 795B.00, Central Decimal Files.

25 한용원 『한국의 군부정치』, 대왕사 1993, 157~77면; 졸고 「5·16쿠데타의 발발 배경과 원인」, 한국정신문화연구원 엮음 『박정희시대 연구』, 백산서당 2002, 26~32면.

제8장 4월혁명, 민주항쟁의 가능성과 현실성 245

이 대단히 급박하게 전개되는 상황에서도 휘하 계엄군에게 "자신이 직접 명령하지 않는 한 절대로 발포해서는 안 된다"고 명령하였다.[26] 4월 26일 이승만의 하야 직전 서울 도심에 모인 시위대는 계엄군의 탱크에 올라가 만세를 부를 정도였다. 사실상 군과 시민이 함께 이승만을 압박하는 형국이었다.

그런데 4월혁명 과정에서 한국군이 뚜렷하게, 사실상 노골적으로 보여준 기존 정치권력으로부터의 자율성은 또 한편으로는 군이 쿠데타를 일으켜 스스로 권력을 잡을 가능성을 우려하도록 만들었다. 이승만이 퇴진하기 전에도 미국대사관이 접촉한 한국의 여론주도층 중의 일부는 군의 권력 장악 가능성을 거론하며 이를 우려했다. 또한 이승만 퇴진 성명이 나온 4월 26일 마셜 그린을 만난 대학교수는 위기의 순간에 군이 공산주의 위협을 빌미로 나라를 장악할 가능성이 있다고 말하였다. 여기에 대해 마셜 그린은 미국정부는 민주주의의 근본 원칙을 지킬 것이라고 응답하였다.[27]

그런데 1960년 4월 23일 미 국무부는 대사관에 보낸 전문에서 이승만이 사망하거나 유고할 경우 비상대책도 생각해보아야 한다며 세가지 가능성을 거론하였다. 첫째는 이승만이 죽고 이기붕이 권력을 잡을 경우였고, 둘째는 궁정쿠데타 또는 이범석에 의한 쿠데타였으며, 셋째는 군이 권력을 장악하여 김정렬 또는 송요찬을 방패로 후견정부(caretaker government)를 구성하는 경우였다.[28] 그러나 이러한 가능성의 제시는

---

26 "Telegram from the Embassy in Korea to the Department of State #970," April 26, 1960, 795B.00, Central Decimal Files.
27 앞의 졸고, 178면.
28 *FRUS 1958-1960* Vol. XVIII, 637면.

모두 이승만이 군중시위에 의해 타도되거나, 죽거나, 유고가 생기는 경우를 전제로 한 것이었다. 그러나 이후의 사태는 이승만이 자진 사퇴하는 방식, 질서 있는 퇴각으로 전개되었다. 당시 군이 직접 권력을 장악하는 일은 발생하지 않았다.

그러나 장면정부기에도 군이 정치에 개입할 가능성은 계속 구조적으로 잠재해 있었다. 여기서도 또한 주체의 변동이 있었다. 정권교체기의 쿠데타 가능성은 주로 유력한 주류 한국군 장성집단이 주도할 것으로 예상되었지만, 5·16쿠데타는 박정희와 김종필 등 이른바 정군파(整軍派) 비주류 청년장교들에 의해 성사되었다. 박정희는 4월혁명 무렵에도 쿠데타를 기획하였지만, 이때에는 실제 거사를 할 만한 세력을 확보하지는 못했다. 그러나 박정희는 4월혁명의 분위기를 타고, 군 내부의 개혁을 주장하며 선배 장성들의 퇴진을 요구하는 정군운동을 통해 세력을 결집해나갔다. 5·16 주도세력은 후일 장면정권이 군 개혁을 추구하는 정군운동을 가로막아 자신들이 거사에 나서게 되었다고 했지만, 이는 사실과 다르다. 허정 과도수반도 군 내부의 정군운동에 동정적이었고, 장면정부는 군 고위장교의 숙정을 추진하는 정책을 추구하려 했다. 새롭게 정부를 구성하고, 권력을 장악한 정치집단으로서는 사실상 당연한 일이었다. 정군운동을 가로막은 것은 매그루더를 비롯한 미군 장교집단이었고, 실제 이러한 사실들은 당시 언론에도 일부 보도되었다.[29]

장면정부는 미국의 압력 때문에 일부 고위장성들만 교체할 수 있었다. 나아가 1961년 2월에 접어들면서 민중운동과 통일운동이 활성화되자 이를 견제하고, 미국 장성들로부터 우호적인 반응을 얻기 위해 4월

---

29 졸고 「4월혁명 직후 정군운동과 5·16쿠데타」, 『한국사연구』 158호, 2012.

혁명 직후 대표적인 정군 대상자로 지목된 장도영을 육군참모총장으로 임명하였다. 이는 정군운동의 좌절 이후 다소 소강상태를 보인 박정희, 김종필 등 장교집단의 쿠데타 모의가 다시 활성화되는 계기가 되었다. 특히 장면정부는 1961년 2월과 3월 진보적인 정치세력과 사회운동 세력이 "2대악법(二大惡法) 반대운동"을 전개하는 상황에서 정치위기설이 대두하자 이를 견제하기 위해 유사시에 군대를 투입해서 대중시위를 진압한다는 "비둘기 작전"을 수립하고, 서울 근교 부대들에게 시위진압 훈련을 시켰다. 5·16 주도세력들은 이들 부대의 장교들을 집중적으로 포섭하였고, 장도영을 표면적인 지도자로 내세우며 거사를 준비해갔다. 장면정부는 4월혁명으로 분출된 변화의 요구를 너무 많이 수용했기 때문이 아니라, 그것을 배반하는 과정에서 붕괴의 길로 접어들었다고 할 수 있다.

일부 정군파 청년장교들은 장도영을 표면적인 지도자로 내세우는 것에 대해 내부적으로 반발하기도 했지만, 박정희와 김종필 등 거사 핵심세력은 정군보다도 반공과 북한의 간접적인 침략을 막는 것이 더 중요하다는 논리를 내세워 이들을 설득하였다.[30] 5·16 주도세력들은 애초에 군 개혁을 추진하는 비주류 청년장교로 결집되었지만, 실제 거사가 추진되는 과정에서는 반공·방첩의 주체로 거듭났고, 이는 쿠데타의 성공 가능성을 높여주었다. 이렇듯 군 개혁집단에서 반공·방첩의 주체로 전환하는 과정을 통해, 5·16 주도세력들은 기존 냉전·분단체제를 수호하는 새로운 지배 주체로 등장한 것이다.

4월혁명 직후 조직된 '혁신정당' 등의 진보적 정치활동과 민간통일

---

30 5·16혁명사편찬위원회 『5·16 혁명실기』 1권(연도미상), 29, 57~58, 65면.

운동 등 진보적 사회운동은 이와 같은 냉전·분단체제의 작용을 근본적으로 극복해보고자 하는 움직임이었다. 그러나 정권교체 후 1년도 안 되어 쿠데타가 발생하였기에 여기에 전면 대응할 만한 역량을 기본적으로 갖추지 못했다. 진보적 정치세력과 사회운동 세력들은 쿠데타 가능성을 의식하기는 했지만, 갑자기 기습을 당한 형편이었다. 더욱이 박정희가 과거 좌익으로 지목된 한미한 집안의 장교였고, 쿠데타 주도세력이 개혁적 성향으로 알려진 정군파 장교들이었기 때문에 쿠데타 발발 당시 그 성격에 대해서도 제대로 판단하지 못했다. 또한 5·16쿠데타가 발생하기 전까지 1950년대에는 주로 아시아, 중동지역에서 쿠데타가 빈번하게 발생했고, 이들 쿠데타들은 1953년 이란에서 발생한 모사데크 정부를 뒤엎은 쿠데타를 제외하고는 대부분 민족주의적이고 중립주의적이며 개혁적 성향의 군부 지도자들이 주도했다는 것도 고려할 필요가 있다. 이러한 사정 때문에 쿠데타의 성격을 제대로 파악하는 데 어려움을 겪었던 것이다.

5. 나가며

4월혁명과 최근의 촛불항쟁을 비교해보면 현저히 차이가 나는 부분도 있고, 여전히 유사한 부분도 있다. 2016~17년에 전개된 촛불항쟁에서 두드러진 것은 각계각층의 사람들이 참여하여 정권교체라는 결과를 발생시켰지만, 특정 계층이 이 항쟁을 주도한 주체로 부각되어 항쟁을 전유하는 일은 벌어지지 않았다는 것이다. 자신들이 촛불항쟁의 주도자라고 주장하는 집단도 나타나지 않았다. 또한 박근혜 대통령을 탄핵하고, 대통령을 새로 선출함으로써, 정권교체 작업도 정식 절차를 거쳐서 이루어졌다. 그리고 박근혜정부가 자행한 국정농단 및 각종 비리 문제에 대한 수사와 재판이 지체 없이 진행되고 있다. 4월혁명, 6월항쟁과 비교해볼 때 그동안 이어졌던 민주항쟁의 성과로 촛불항쟁 국면은 무언가 확실히 다른 모습을 보여주고 있다.

그러나 기존 제도정치가 민주항쟁이 보여준 역동성과 가능성을 얼마나 받아내고 있는지는 회의적이다. 정권교체 과정에서 6월항쟁으로 형성된 1987년 체제의 한계를 극복하기 위한 개헌 작업 등도 논의되었지만, 문재인정부 수립 후 1년이 지났고, 2020년 4월 총선이 다가옴에도 불구하고, 개헌을 둘러싼 논의는 어느덧 거의 실종된 형편이다. 그동안 사회적 양극화의 심화로 계급·계층 사이의 격차와 갈등도 심각해졌지만, 기존의 정당구조는 이러한 갈등을 제대로 반영해주지 못하고 있다. 기존 정치권은 이 문제를 심각하게 생각하고, 해결하기 위해 적극적으로 노력하는 모습을 보여주지 못하고 있다. 과거 군사정권기부터 지속되어오던 보수 양당 중심의 정치체제는 큰 변화 없이 지속하고 있고, 사회적 양극화 과정에서 심각하게 소외된 사람들을 대변해줄 수 있는 진보정당의 힘은 계속해서 미약한 형편이다.

문재인정부는 출범 직후부터 남북관계 개선을 위한 작업에 착수했고, 평창 동계올림픽을 계기로 남북관계의 교착 상태를 타파하고 수차례 남북정상회담을 성사시켰으며, 이러한 분위기 속에서 북미정상회담도 이루어졌다. 그러나 남북관계 개선과 한반도 평화정착도 아직 확실하게 현실화된 구체적 성과로 이어지지 못하고, 다소 주춤하는 양상이다. 4월혁명과 6월항쟁 직후에는 민간통일운동이 분출하는 양상을 보였는데, 남북관계 개선과 한반도 평화정착 문제를 해결하기 위한 대중적 차원의 움직임은 촛불항쟁 이후 별로 나타나지 않고 있다.

촛불항쟁이 실제 혁명적인 변화로 이어지려면 여기에 참여한 다양한 주체들이 정권교체를 거치면서 각자의 문제의식을 더욱 발전시키고, 계속해서 자신들의 문제를 해결하기 위한 역동적인 움직임을 보여야 할 것이다. 그러나 촛불항쟁을 이어가는 사회운동의 활성화는 뚜렷하게 보이지 않는다. 다만 여성들의 성차별 철폐를 위한 운동이 크게 활성화되어, 촛불항쟁을 가장 두드러지게 이어가고 있다.

과거 거듭되었던 민주항쟁이, 엄청난 열정과 에너지, 잠재적 가능성을 보여주었음에도 불구하고, 번번이 중간에서 좌절되거나 아주 제한적인 성취만을 거둔 것은 냉전·분단 상황이라는 한국사회의 기본적인 구조가 작용한 결과였다. 수많은 사람들의 희생으로 달성한 4월혁명이 1년 1개월 만에 쿠데타로 뒤집히는 상황은 이를 잘 보여준다. 물론 비록 질척거리기는 했지만, 민주화가 이미 상당히 진전된 상황에서 군사쿠데타같이 헌정질서 자체를 위협하는 파국이 일어날 가능성은 희박하다. 그러나 최근 세계적으로 나타나고 있는 우익 포퓰리즘이 촛불항쟁 이후 조성된 틈과 간극을 파고들 가능성 등은 충분히 경계할 필요가 있다.

촛불항쟁 과정에서 극우집단의 태극기집회도 또한 활성되었다는 것, 반공·반북 논리, 한미동맹 등 냉전적인 기존 동맹구조를 절대화하는 논리가 여전히 한국의 극우집단을 결집하는 데 중요하게 작용하고 있다. 이러한 움직임을 제어하기 위해서는 여기에 즉자적으로 대응하기보다는 기존의 정치체제를 촛불항쟁에 참여했던 다양한 계급·계층을 더 넓게 포용할 수 있도록 개편하고, 항쟁에 참여한 다양한 주체들이 각자의 다양한 목소리를 낼 수 있도록 공간을 확대해나가야 할 것이다. 이를 위해서는 특히 특정 집단이 촛불항쟁의 성과를 전유하여 자신의 원하는 바를 우선적으로 관철하기 위해, 다른 요구들을 무시하거나 부차화하는 것을 피해야 할 것이다. 촛불항쟁에 다양한 주체들이 참여했던 만큼, 그 요구도 다양할 수밖에 없다. 특정 주체가 이와 같은 다양한 요구에 대해 우선순위를 부여하려는 순간, 또한 자신들이 그러한 자격이 있다고 나서는 순간, 촛불항쟁에 참여한 다른 다양한 주체들은 다시 흩어져버릴 것이다.

제9장

5·18 정신의 보편화를 위하여

신기욱

    한국이 근대사회로 변모해간 과정은 국가의 지시에 따르는 순탄하고 점진적인 과정은 아니었다. 국가권력과 외세에 대한 강력한 저항이 존재해왔고, 그것이 다시 근대화의 과정에서 결정적인 역할을 했다. 1894년의 동학농민전쟁과 1919년 3·1운동을 비롯해 식민지 시기 (1910~45) 내내 있었던 다양한 농민운동과 노동운동, 미군정기(1945~48)의 10월항쟁, 1960년의 4월학생혁명, 1987년의 6월민주항쟁은 사회적 분쟁이 근대화의 길을 형성해간 대표적인 예이다. 이러한 운동들이 식민지 시기와 해방 이후의 농업개혁에서 이승만정권(1948~60)의 몰락과

---

* 이 글은 Gi-wook Shin & Kyung Moon Hwang, eds., *Contentious Kwangju: The May 18th Uprising in Korea's Past and Present* (Lanham, Md.: Rowman & Littlefield Publishers 2003)의 서문을 번역(정소영)한 후 필자가 보완한 것이다. 이 책은 광주시민의 회상에서 미국 선교사의 회상까지 항쟁에 대한 다양한 반응과 관점을 보여주는 1부와 광주항쟁이 한국의 민주화에 미친 영향을 비롯해 사건 자체에 대한 기억과 재현 문제를 다룬 2부로 구성돼 있다. 일기나 증언, 회고록의 형태로 출간된 책들도 있지만 이처럼 학술적 분석을 담은 것으로는 영어로 쓰여진 최초의 저작이자 광주항쟁에 대한 포괄적이고 균형잡힌 재평가를 시도한 책이다.

1980년대 정치민주화에 이르기까지 한국의 사회적·정치적 변화를 일구어낸 것이다.

1980년 5월에 일어난 광주항쟁은 이러한 일련의 분쟁정치의 주요 사건 중 하나이다. 광주항쟁은 광주시 남서지역의 학생 시위로 시작했다가 무장시민군의 결성에까지 치달았고, 이후 정부군의 야만적인 폭력에 짓밟혔다. 열흘간의 항쟁은 결국 군대에 의해 진압되었지만 그것이 남긴 유산과 영향력의 중요성은 이후에도 지속되었다. 그것이 1980년대와 1990년대 남한의 정치적·사회적 지형의 형성에서 가장 중요한 사건이었다는 것은 거의 이론의 여지가 없다.

1. 광주항쟁의 배경

광주항쟁은 1980년 5월 18일부터 27일까지 광주시와 인근에서 지속된 열흘간의 투쟁이다. 다른 주요 정치적 사건과 마찬가지로 여기에서도 도심의 무장시위까지 이르게 된 광범위한 역사적·구조적 맥락을 먼저 이해할 필요가 있다. 광주항쟁은 1979년과 1980년에 한국에서 발생한 일련의 정치적 위기와 기회와 도전의 정점이라고 할 수 있다. 1979년 박정희 대통령이 중앙정보부장에 의해 암살당하고 그해 겨울 전두환 장군이 쿠데타를 일으킨 후 다음 해 봄에 일어난 민주화투쟁과 밀접하게 연결되어 있는 것이다.

숨가쁘게 진행된 1979~80년 사건들의 성격을 파악하기 위해서는 1970년대 한국의 정치적 맥락, 특히 유신이라고 불린 독재체제로 돌아가볼 필요가 있다. 박정희는 1961년 5월에 군사쿠데타로 불법적으로 권력을 차지했음에도 1960년대의 성공적인 경제발전 덕에 폭넓은 대중적 지지를 누리고 있었다. 하지만 1969년에 세번째의 대통령 출마가 가능하도록 헌법을 개정하면서 박정희정권은 갈수록 거세지는 정치적 반대에 직면해야 했다. 헌법개정 후 처음으로 치러진 1971년 대통령선거에서 박정희는 훨씬 강력한 조직적·재정적 자원을 가지고도 상대 후보인 김대중을 간신히 따돌렸다. 그러한 선거결과에 충격을 받고 위협을 느낀 박정희는 1972년 가을에 다시 개헌을 하여 계엄령하에 유신체제를 확립한다. 남한 역사상 가장 억압적인 체제인 유신체제는 인권과 정치적 권리를 더욱 제한하는 동시에 박정희를 종신대통령으로 만들었다.

그러나 이러한 가혹한 체제는 1970년대 말에 일련의 사회경제적·정치적 위기에 직면하게 된다. 급속도로 성장이 이루어지던 경제가 불황의 조짐을 보이기 시작한 것이다. 성장률이 급락하고 물가상승률이 치솟고 수출이 저조해지며 외채도 증가했다. 박정희체제는 정치적으로 대중적인 지지를 잃어갔고, 그것은 여당인 공화당이 야당에 1.1%포인트 차로 패배한 1978년 국회의원선거 결과에서도 확연히 나타났다. 여당이 압도적인 자원을 선거에 활용한 것을 감안하면 의미심장한 결과였다. 거기에 'YH사건'으로 알려지게 된 사건이 마지막 도화선이 되었다. 1979년 8월 초, YH무역의 여성노동자들이 대규모 정리해고에 항의하며 제1야당의 중앙당사에서 농성을 벌였다. 정부는 전투경찰을 동원하여 농성을 해산했고, 그 과정에서 여성노동자 한명이 사망하고 수십명이 부상을 입었다. 정부의 과도한 무력행사는 유신체제의 야만성을 만천하에 드러냈고 그에 상당한 민심이 등을 돌렸다. 정부가 제1야당 당수인 김영삼을 국회에서 제명하자 그의 고향을 중심으로 시위가 일어났고, 그렇게 확산된 시위는 주요 시위 장소인 부산과 마산을 따서

'부마민주항쟁'으로 불리게 되었다.[1] 이것이 몇달 후 일어난 광주항쟁의 서곡이다.

부산과 마산에서 일어난 반정부투쟁은 1979년 10월 16일 부산대의 학생 시위로 시작했다. 수백명의 학생들이 '독재 타도'와 '유신 철폐'를 외치며 시위에 나섰고, 교정을 벗어나 가두시위에 돌입했다. 하루 종일 부산 전역에서 학생과 전경의 충돌이 이어졌다. 저녁 7시경, 5만명으로 추산되는 인원이 시청 주변에 집결하여 유신 철폐와 언론의 자유, 김영삼의 국회 복귀를 요구했다. 경찰서를 비롯한 몇몇 관공서가 공격을 받았고, 400여명이 체포된 것으로 추정되었으며, 600여명이 가두시위 중에 부상을 입었다. 정부는 10월 18일에 부산시와 그 인근에 계엄령을 선포했다.

항쟁은 부산에서 버스로 한시간 거리인 마산으로 확산되었다. 10월 18일 마산 경남대 학생 수백명이 유신체제에 반대하는 시위를 벌여 교정을 벗어나 가두시위를 시도했다. 당시 마산은 수많은 공장노동자들이 고용되어 있는 수출단지가 위치한 주요 도시였다. 저녁쯤엔 주로 학생과 노동자로 구성된 만명 정도로 추정되는 인원이 반유신투쟁에 가담하여 경찰서와 여당의 마산시 당사를 공격했다. 정부는 시 전역에 밤 10시부터 새벽 4시까지 통금령을 내렸다.

10월 말쯤 박정희체제는 심각한 위기에 처하게 된다. 집권세력이 사분오열되어, 급기야 10월 26일 밤 당시 중앙정보부장이던 김재규가 박정희를 총으로 쏴 암살함으로써 18년간의 박정희체제는 갑작스럽게 종

---

1 부마항쟁에 대한 자세한 설명은 5·18광주민중항쟁동지회 엮음 『부마에서 광주까지』, 샘물 1990, 11~48면 참조.

식된다. 국무총리인 최규하가 곧 뒤를 이어 대통령이 되었다. 하지만 최규하는 외교관 출신으로 정치적 기반이 없었으므로 정치적 위기에 빠진 나라를 이끌고 갈 능력에 한계가 있을 수밖에 없었다. 12월 12일, 전두환과 노태우가 이끄는 소위 신군부가 군사쿠데타를 통해 권력을 잡았다. 당시 언론은 전두환이 장악한 군에 의해 검열당하고 있었기 때문에 국민들은 그것이 쿠데타인지 아닌지도 확실히 알 수 없었다. 하지만 나중에 돌아보니 쿠데타가 분명했고, 대중들은 점차 그 사실을 알게 되었다. 신군부 독재가 득세하자, 박정희의 몰락으로 어떤 식으로든 민주적 개혁이 이루어지길 기대했던 많은 한국인들은 절망과 분노에 휩싸이게 되었다. 1980년 봄, 대부분의 대학가는 전두환이 주요 직위(특히 중앙정보부장 서리)에서 물러날 것과 대통령 직접선거를 포함한 즉각적인 민주적 개혁을 요구하는 시위로 들끓었다. 이 기간은 서구에 '서울의 봄'으로 알려지게 된다. 광주항쟁 발발 사흘 전인 5월 15일, 15만 명으로 추정되는 학생과 시민이 서울역에 결집하여 신군부에 항의하며 정치개혁을 요구했다. 정부가 자신들의 요구에 응하리라는 희망을 가졌던 시위 주최 측은 정부에 대책을 마련할 시간을 주기 위해 다음 날 가두시위를 중단하기로 결정했다. 따라서 5월 16일과 17일 양일간 서울의 대학 캠퍼스는 대부분 조용했다.

그런데 5월 17일 전두환 장군과 그 무리는 이미 시행 중이던 계엄령을 제주까지 확대하기로 결정했다. 남한 전역이 계엄령하에 놓이게 되어, 내각의 기능이 정지되고 국회도 폐쇄되었다. 이제 군부가 나라 전체를 장악했고, 남한의 대통령직에는 여전히 최규하가 있었음에도 전두환을 사실상의 지도자로 삼아 절대적 권력을 행사했다. 새로운 계엄령 체제에 의해 전국의 모든 대학이 문을 닫고, 김대중을 비롯한 수많은 정치 지도자들이 체포되었다. 김대중은 광주가 포함된 호남지역에서 대중적 지지도가 아주 높은 지도자였기 때문에 그의 체포는 광주항쟁을 이해하는 데 특히 주목해야 할 부분이다. 많은 광주시민들은 김대중이 1971년 선거에서 박정희를 이겼음에도 선거부정에 의해 대통령직을 강탈당했다고 믿었다. 김대중이 신군부에 의해 체포된 사실이 알려지자 시민들의 분노는 극에 달했다.

2. 봉기의 과정

73만명의 인구를 가진, 남한에서 다섯번째로 큰 도시였던 광주에서도 다른 도시와 마찬가지로 민주주의를 위한 정치적 투쟁이 활발히 일어나고 있었다.[2] 5월 15일에 서울과 다른 도시의 학생과 활동가들이 시위 중단을 결정한 뒤에도 남서부 도시들은 하루 더 시위를 이어가긴 했지만 민주화운동의 중심은 광주가 아닌 서울이었다. 5월 16일 광주의 학생들은 18년간의 박정희 독재(5월 16일은 1961년에 박정희가 쿠데타를 일으킨 날이다)의 "어둠을 밝히는" 횃불시위를 조직했다. 그 이후에

---

2 광주항쟁에 대한 이 글의 설명은 주로 다음의 자료에 기초한 것이다. 황석영 『죽음을 넘어 시대의 어둠을 넘어』, 초판, 풀빛 1985; 전면개정판, 창비 2017 및 이 책의 영어판인 Lee Jae-eui, *Kwangju Diary: Beyond Death, Beyond the Darkness of the Age*, trans. by Kap Su Seol and Nick Mamatas, Los Angeles: UCLA Asian Pacific Monograph Series 1999; 광주광역시5·18사료편찬위원회 엮음 『5·18광주민주화운동자료총서』 1~25권, 광주 1997~2000; North American Coalition for Human Rights in Korea, "Reports from Kwangju," 1980; G. Thompson Brown, "Korea: The Kwangju Uprising: May 18-22, 1980," June 30, 1980. 뒤의 두 자료는 UCLA 도서관의 Department of Special Collections, Archival Collection on Democracy and Unification in Korea에 소장되어 있음.

는 서울에서와 마찬가지로 더이상의 시위는 하지 않기로 했다. 그런데 자정부터 전국으로 계엄령이 확산되면서 전투경찰과 공수부대가 도청과 다른 핵심 관공서를 접수하고 도심 전역에서 학생운동가와 반체제 인사들을 체포하기 시작했다. 5월 18일 아침, 학생들이 전남대 정문에 모이기 시작했다. 대부분은 계엄령으로 학교가 폐쇄된 것을 모르고 학교에 나온 보통 학생들이었다. 계엄군이 등교를 막자 그들은 연좌농성을 벌이며 "계엄군 철수하라" "전두환은 물러가라" 등의 구호를 외치기 시작했다. 그런 식의 시위는 한국의 대학 캠퍼스에서 흔히 벌어지고 있었으므로 거기에 특별한 점은 없었다. 그런데 당국의 대응은 아주 딴판이었다. 군인 한 분대(비정규전 훈련을 받은 공수부대로 학생시위대를 다루는 민감한 임무에는 거의 맞지 않는)가 학생들에게 돌진하더니 곤봉을 휘두르며 그 사이를 헤집고 다녔다. 학생들은 곤봉 등으로 무자비하게 두들겨 맞고 해산되었다.

공수부대의 공격에 밀려난 학생들은 약 열명의 부상자를 남기고 퇴각했지만 약 400명의 인원이 다시 광주역에 모였다. 거기서 가톨릭센터를 거쳐 금남로 도청 건물 앞 도심 광장까지 행진했다. 오후 3시경 다시 시위를 시작했는데, 앞선 산발적 시위에 비해 좀더 조직적이고 규모가 큰 시위였다. 약 한시간 뒤, 공수부대가 도심으로 들어와 학생과 시민에게 무차별 공격을 가하기 시작했다. 계엄 문서에 따르면 그때 68명(중상 12명을 포함하여)이 부상을 당하고 405명이 체포되었다.

5월 19일 새벽, 학생과 시민들은 전날 무슨 일이 벌어졌는지 알아보려는 걱정스러운 마음으로 거리로 나오기 시작했다. 도심 거리의 상점은 대개 문을 닫았고, 계엄군이 교통을 통제하고 경찰이 순찰을 다녔다. 오전 10시경 2천~3천명의 학생과 시민이 금남로에 모여 가두시위를 시작했다. 계엄군은 다시 잔혹한 폭력으로 대응했다. 11공수여단이 서너명씩 조를 이루어 시위가 벌어진 구역의 건물과 주택을 뒤지고 다니며 청년들을 보기만 하면 마구 폭행하고 붙잡아갔다. 붙잡힌 시민들은 속옷만 걸치고 옷이 다 벗겨진 채 거리에서 폭행당했다. 야만적인 진압은 시 전역에서 지속되었고, 남녀노소를 가리지 않고 자행되는 만행에 시민들은 경악했다. 지금까지 학생 시위에 별 관심을 보이지 않던 일반 시민들도 시위에 가담하기 시작했고, 점점 격렬해져서 군인에 맞서 싸우기까지 했다. 이 운명적인 날을 기록한 유명한 증언집인『죽음을 넘어 시대의 어둠을 넘어』에 따르면 "5월 19일은 항쟁의 횃불이 학생에서 광주의 평범한 노동자로 넘어간 날이었다."

다음 날인 5월 20일에는 도시 전체에서 소요가 일어났다. 금남로에는 3만~4만명의 시민들이 가득 들어찼고, 도심 거리에 수천장의 유인물이 뿌려졌다. 격앙된 시민들은 거짓 뉴스를 내보내는 데 항의하며 방송국에 불을 지르고 휘발유를 뿌린 트럭을 몰고 군인들 사이로 돌진하기도 했다. 계엄군은 그에 대한 대응으로 집단발포를 시작하여 적어도 20명이 죽거나 중상을 입었다.

5월 21일에는 백주대낮에 있었던 더 큰 규모의 집단발포로 적어도 54명의 사망자와 500여명의 부상자가 발생했고, 그와 함께 평화적인 해결에 대한 기대도 사라졌다. 시민들은 이제 군대에 맞서 싸우기 위해 스스로 무장했고, 그렇게 시민군이 결성되었다. 그사이 급속하게 늘어가는 사상자 수에 우려한 군은 오후에 부대를 시 외곽으로 철수시켰다. 저녁 8시경 시민군은 아무런 제지를 받지 않고 도청을 장악했다. 시는 이제 완전히 광주시민의 통제 아래 들어갔고, 최정운이 '절대공동체'라 일컬은 일종의 꼬뮌이 그렇게 형성된다.(최정운, 1장)[3]

260

5월 22일, 목사와 신부, 변호사, 교수, 공무원, 재계 인사 등의 사회 지도자층으로 구성된 시민수습대책위원회가 결성되어 군대와의 협상이 시작되었다. 위원회는 정부에 일곱가지 요구사항을 전달했다.

1. 계엄군의 과잉진압 인정.
2. 구속학생 및 민주인사 연행자 석방.
3. 시민의 인명과 재산 피해 보상.
4. 발포명령 책임자 처벌과 국가 책임자의 사과.
5. 사망자 장례식은 시민장으로 치를 것.
6. 수습 후 시민, 학생 들에게 보복하지 말 것.
7. 이상의 요구가 관철되면 무기 자진 회수 반납 무장해제.[4]

정부와의 협상이 지속되는 동안 정부의 비타협적인 태도, 특히 무조건 무기를 반납하라는 요구로 인해 점점 분노가 팽배해졌다. 끝까지 싸우자는 새로운 급진파가 생겨나 결사항전을 자원하기도 했다.(안종철, 2장) 이 급진파가 시위의 주도권을 잡아 끝까지 싸우자는 맹세를 하게 된다. 그사이 5월 23일에는 미 국무부 대변인인 호딩 카터가 "카터 행정부는 남한에서의 정치적 자유에 대한 요구를 뒤로 미루는 한편 안정과 질서를 회복하려는 노력을 지지하기로 했다"[5]고 발표했다. 이 발표로 민주주의를 위해 미국이 개입할 거라는 광주시민의 희망은 산산이 부

---

3 이하 *Contentious Kwangju*에 수록된 글에서 인용할 경우 필자명과 장 번호만 괄호에 밝혀 준다.
4 『죽음을 넘어 시대의 어둠을 넘어』 288면.
5 "Reports from Kwangju"의 21면에서 인용.

서지고 말았다.

닷새의 자치기간(5월 22~26일) 동안, '약탈행위'와 '완전한 무법 상황'이라는 정부의 발표와는 전혀 다르게 시민들은 자체적으로 질서를 유지했다. 5월 23일에는 시장과 상점이 문을 열었고, 지역 공무원들은 시위지도부와 협력하여 음식과 전기와 식수를 사회복지단체에 공급하고 시민들은 자원하여 헌혈을 하고 거리를 청소했다. 시내에는 상당한 정도로 질서가 회복되어 도시가 거의 정상 상태로 돌아가고 있었다는 사실을 선교사를 비롯한 여러 사람들의 기록에서 확인할 수 있다(진 언더우드, 3장). 그러나 지도층의 갈등, 특히 수습대책위원회와 시민군 사이의 불화는 점점 커지고 있었다.

5월 27일 이른 아침 해가 뜨기도 전에 계엄군이 서른대의 탱크를 몰고 총을 난사하며 시내로 밀고 들어왔다. 시민군은 군대의 현대식 무기에 당할 수가 없었다. 오전이 저물 무렵 군은 시를 다시 접수했고 항쟁은 무자비하게 진압되었다. 6월 2일 계엄군 사령관은 사상자가 사망 170명(민간인 144명, 군인 22명, 경찰 4명)에 부상 380명(민간인 127명, 군인 109명, 경찰 144명)이라고 발표했다.[6] 하지만 이 공식적 집계에는 군의 폭력으로 입은 부상으로 5월 27일 이후에 사망한 인원이나 실종자는 빠져 있다. 광주항쟁으로부터 20여년이 지난 지금도 정확히 사망자가 몇명인지는 확실하지 않다. 현재까지 나온 추정치 가운데 가장 정확해 보이는 통계는 사망한 민간인이 500명 이상에 부상자는 3천명이 넘는다고 본다.[7] 많은 부상자들이 여전히 신체적·정신적 상처로 고통받고

---

6 T. Brown, "Korea," 5~6면.
7 이 추정치는 *Contentious Kwangju*의 2장을 쓴 안종철과, 5·18기념재단 관계자를 비롯한 광주의 몇몇 사람들에게서 받은 정보에 따른 것이다. 안종철은 25권짜리 『총서』를 펴낸 광

있다.(린다 루이스, 변주나, 5장)

3. 항쟁의 원인

광주시민들은 무엇 때문에 그렇게 들고일어나게 되었을까? 항쟁에 가담하게 된 동기가 단일한 것이 아니고, 시위 참가자들 사이에서도 긴장과 갈등과 분란이 존재했기 때문에 이 봉기의 원인에 대해서는 상당한 논쟁이 있어왔다.[8] 여기서는 광주시민들이 정부와 그 무장군대에 맞서 싸우게 된 이유에 대한 주된 주장을 소개하고 각각을 간단히 평가해보고자 한다.

공산주의 선동

정부는 처음부터 광주항쟁을 공산주의자의 선동에 의한 '사태'로 규정했다. 항쟁 첫날인 5월 18일에 최규하 대통령은 다음과 같이 공표했다. "북한 공산집단의 대남 적화책동이 날로 격증되고 우리 사회 교란을 목적으로 한 무장간첩의 계속적인 침투가 예상되고 있습니다. 그들

주시 산하 5·18사료편찬위원회의 전문위원과 5·18기록물 세계기록유산 등재추진위원회 추진단장, 국방부 5·18 진상조사 특조위원 등으로 일했다. 내 생각에 그는 한국에서 광주항쟁에 대해서는 가장 아는 것이 많은 전문가이다. 여기 사망자 수에는 항쟁 당시의 실종자도 포함되어 있다.

8 시민들로부터 "학생들은 절대 믿을 수가 없다"거나 "학생들이 책임은 지지 않고 도망가버린다" "배운 사람들은 죽기가 겁나서 도망친다" 등의 불평이 있었다고 한다. 그러한 불신은 항쟁 이후 수감 중에 대학생들이 더 나은 대접을 받았을 때도 나왔다. Kim Doo-sik, "'Meaning Construction' of the Kwangju Pro-Democracy Movement and Futuristic Frame," *Korea Journal* Vol. 39, No. 2, 1999 참고.

은 우리 학원의 소요사태 등을 고무, 찬양, 선동함으로써 남침의 결정적 시기 조성을 획책하고 있습니다. 이같은 중대한 시기에 일부 정치인, 학생 및 근로자들의 무책임한 경거망동은 이 사회를 혼란과 무질서, 선동과 파괴가 난무하는 무법지대로 만들고 있으며 (⋯) 우리 국가는 중대한 위기에 직면해 있다 하지 않을 수 없습니다."[9] 1980년 6월에 계엄군 사령부에서 발표한 다음의 담화문에서도 잘 나타나듯이 그러한 비난은 시위가 시작된 이래 내내 반복되었다. "북괴의 고책과 이에 협력하는 불순위해분자들의 책동 흔적이 있는바 전남 해안으로 상륙 침투하여 광주 일원에서 활동타가 서울로 잠입, 공작임무를 확산시키려다 23일 검거된 남파간첩 이창용의 그간 필답신문에 의한 진술과 당국에 포착된 몇가지 징후가 일치, 실증되었으며 (⋯)"[10] 그러나 그 혐의는 이후 근거가 없는 것으로 판명되었다. 30년간의 군사·반(半)군사정권 이후 최초로 탄생한 민간정부인 김영삼정부(1993~98)는 그러한 혐의를 공식적으로 철회했다.

민주주의를 위한 투쟁

공산주의자의 책동이라는 정부의 주장과는 정반대로 많은 한국의 활동가와 학자들은 광주항쟁을 광주시민의 민주화투쟁으로 여겨왔다. 사실 광주항쟁이 일어난 때는 한국에서 민주화운동이 벌어지는 와중이었다. 앞에서 언급했듯이 1980년 봄에는 군부독재를 종식하고 대통령 직접선거를 확립하며 여타 정치적 개혁을 이루려는 운동이 전국적으로

---

9 Han Sang-jin, "Popular Sovereignty and a Struggle for Recognition from a Perspective of Human Rights," *Korea Journal* Vol. 39, No. 2, 1999, 192면에서 인용.
10 같은 글 193면.

벌어졌다. 광주도 예외가 아니었다. 아니, 그러한 광범위한 민주화운동의 정점이라고도 할 수 있었다. 시위 때 외쳐진 구호에는 "계엄령 철폐" "민주화 일정을 명확히 밝히라" "김대중을 석방하라" "전두환은 물러가라" 등이 있었다. 현재 광주항쟁은 공식적으로 '5·18민주화운동'으로 인정되었고 대중도 그러한 인식에 공감하는 듯하다.

하지만 민주주의란 고정된 형태가 있는 게 아니고 모호한 개념이기도 하기 때문에 당시 시위에 참여했던 광주시민들에게 민주주의가 어떤 의미였는지 구체적으로 살펴볼 필요가 있다. 시위 참가자들에게 가장 중대한 문제는 추상적인 민주주의 이상이 아니라 물리적 생존이나 인간적 존엄 같은 당면한 관심사였다. 광주항쟁을 시민의 생존과 기본적인 인권의 회복을 보장받기 위한 '인정투쟁'으로 본 한상진의 견해가 이 점을 잘 포착한다. 한상진은 인권을 위한 광주시민의 투쟁을 촉발했던 부당한 행위로 세가지를 든다. "첫째 광주시민을 마치 동물보다 못한 존재인 듯 야만적이고 가혹하게 대우한 것, 둘째로 민주주의를 향한 그들의 행동을 '공산주의자의 선동에 의한 불법적 폭동'으로 매도한 점, 셋째로 광주시민을 폭도라고 비난한 점"이 그것이다.[11] 광주항쟁은 인정과 인권을 향한 투쟁이었던 한에서 민주주의를 향한 투쟁이었다.

탄압

광주시민이 생존과 인간 존엄을 위해 싸웠다면 그 동기는 무엇이었을까? 다른 주요 반란이나 봉기와 마찬가지로[12] 여기서도 집단행동을

---

11 같은 글 191면.

12 Charles Tilly, *From Mobilization to Revolution* (Reading, Mass: Addison-Wesley 1978)을 보라.

촉발한 핵심 요소로 탄압이 거론된다. 위에서 논의했듯이 정부는 게릴라전 훈련을 받은 특수부대를 광주에 배치했고, 부대는 작전 첫날부터 총검을 사용했다. 심지어 노약자와 여성처럼 스스로를 방어할 수 없는 사람까지 이러한 잔인한 폭력의 대상이 되었고, 이러한 비인간적 행동이 당연히 시민들을 행동에 나서도록 했을 것이다. 1980년 5월 22일의 조선대학교 민주투쟁위원회의 성명서는 이러한 탄압-저항의 역학의 핵심을 잘 보여준다.

서울에서 급파된 3천여명의 공수특전단들은 대검을 빼어들고 미친 망나니처럼 호박을 찌르듯이 닥치는 대로 찔러 피가 강물처럼 흐르는 시체들을 군 트럭에다 내어던지고 (…) 이러한 만행에 온 시민들은 치를 떨며 저항하기에 이르렀다. 그러나 맨손인 시민들은 도리어 칼질을 당하였고 손녀 같은 여학생이 피 흘리며 죽어가는 것을 보고 공수부대의 멱살을 잡은 70 노파는 도리어 칼로 찔리어 죽음을 당했다. (…) 지금 광주 천지에는 젊다는 이유 한가지만으로 죄가 되어 생명을 잃어야 하거나 병신이 되어야 하는 처절한 운명에 놓여 있다. (…) 베트남전쟁에서 양민을 학살했던 만행의 실태를 이렇게도 같은 형제들에게 보여줄 수 있단 말인가.[13]

광주항쟁을 지지하지 않았던 서울의 미대사관조차 같은 결론을 내리며, "특수부대에 의한 과잉대응이 이 비극의 근본적 원인"이라고 했다.[14]

---

13 조선대학교 민주투쟁위원회 「전두환의 광주살륙작전」(1980. 5. 22), 5·18광주민주화운동 전자자료총서 http://www.518archives.go.kr/books/ebook/2/#page=27.
14 "U.S. Government Statement on the Events in Kwangju, Republic of Korea, in May 1980,"

의문은 여전히 남는다. 도대체 왜, 그리고 어떻게 한국군은 동족인 시민을 대상으로 그렇게 잔인한 진압행위를 벌일 수 있었단 말인가? 여기서 우리는 한국 공수부대의 특수한 성격을 이해할 필요가 있다. '검은 베레'로도 알려진 공수부대는 전두환이 38선 지역의 사단장을 맡고 있을 때 특히 그에게 충성하던 엘리트 부대이다. 하지만 그보다 중요하게는, 그들이 북한이 쳐들어올 경우 북한군의 침투에 대비하여 후방에서 전투를 벌이며 대게릴라전을 수행하는 훈련을 받았다는 것이다. 만약 이들이 정부가 주장한 대로 광주의 봉기가 북한의 침투나 공산주의자들에 의해 일어났다는 얘기를 들었다면 그들이 무자비하게 나왔을 것도 당연하다. 이는 그들이 보여준 극도의 잔인함, 시위대의 주장에 동조하지 않던 사람들까지 경악하게 하며 광주 전지역에 대규모 시위를 촉발한 잔인함을 설명해준다.

지역주의

광주시민들의 무장봉기가 탄압에서 비롯되긴 했지만, 그 지역의 뿌리 깊은 원한과 불만이 작용한 측면에 대해서도 여러 가설이 있었다. 지역주의가 근대 한국의 정치학에 부정적인 영향을 끼쳐왔고, 1948년 이후 많은 정치적 저항이 호남(혹은 전라)지역에서 생겨났기 때문에 이 문제는 특히 중요하다. 예를 들어 이승만 자유당의 주요 라이벌이었던 한국민주당이 이 지역에 뿌리를 두고 있었고, 박정희정권에서 대중적 지지를 얻었던 야당 지도자인 김대중 역시 이 지역 출신이다. 하지만 이런 저항의 댓가는 혹독해서 호남지역은 사회적·정치적·경제적으로 사

USIS Press Office, U.S. Embassy, Seoul, Korea, June 19, 1987, 17면.

실상 모든 면에서 심각한 차별을 당해왔다.[15] 1978년 당시 광주의 1인 당 국민총생산은 전국 평균의 75%에 불과했고 전라남도에서는 국민총 생산에서 농업이 차지하는 비중이 38%(전국적으로는 18%)에 이르렀 다. 광주항쟁 당시 주한 미국대사였던 윌리엄 글라이스틴은 로스앤젤 레스에서 열린 USC-UCLA 학술회의에서 '20년 후의 광주'라는 제목 으로 연설을 하면서 광주항쟁의 첫째 원인으로 "군이 5월 17일의 강경 진압 당시 김대중을 체포하여 그에게 학생 시위를 일으킨 책임을 물은 것"을 꼽았다. 그가 보기에 "역사적으로 지속된 전라도 지역의 원한이 시위 학생들의 가뜩이나 강경한 입장을 더 격화시켰다. 서울에서 군부 가 지역의 민족적 영웅을 골칫거리로 특정함으로써 그렇잖아도 라이벌 인 경상도와 서울의 지도층으로부터 따돌림까지는 아니라도 2류시민 취급을 받는다는 느낌을 가져온 전라도 사람들의 깊은 원한을 깨운 것 이다."[16] 광주시민을 살상하는 군인들이 경상도 지역 출신이라는 소문 이 돌면서 특히 광주시민들은 분노했다. 정확히 그 영향의 정도를 가늠 하기는 어렵겠지만 이러한 지역감정이 광주항쟁에서 일정한 역할을 한 것으로 보인다.

저항의 전통

더 나아가 일각에서는 광주항쟁의 추동력을 전라도 지역의 저항의

---

15 호남지역의 주변화에 대한 자세한 설명으로는 Sallie Yea, "Regionalism and Political-Economic Differentiation in Korean Development," *Korea Journal* Vol. 34, No. 2, 1994 참조.
16 William H. Gleysteen Jr., "A Former U.S. Official's Perspecive on the Kwangju Uprising" (luncheon address), Kwangju after Two Decades, USC-UCLA Conference on Kwangju, Los Angeles, April 21, 2000.

전통에서 찾기도 한다. 이 견해는 단지 호남지역이 역사적으로 차별을 당해왔다는 사실만이 아니라 그곳에 또한 오랜 저항의 역사가 존재한 다는 사실을 강조한다. 잘 알려진 1894년 동학농민전쟁과 1929년의 항일 학생운동, 1948년의 여수-순천 사건이 모두 이 지역에서 일어났다. 이러한 저항의 전통이 1980년 항쟁이 촉발되고 지속되는 데 중대한 역할을 했다는 것이다. 예를 들어 손호철은 이렇게 말한다. "땅이 비옥하여 한반도의 곡창지대인 호남지역은 줄곧 약탈의 대상이 되어왔다. 따라서 그 지역은 자연스럽게 민중운동의 중심이 되었다. (…) 광주항쟁은 이러한 민중운동의 역사적 맥락에서 이해되어야 한다."[17] 5월 24일 서울의 미대사관이 국무부에 보낸 상황보고서 역시 저항적인 "전라의 오랜 전통"의 중요성을 지적했다.[18] 광주항쟁기간 동안 시민들의 기운과 사기를 북돋기 위해 그러한 저항의 전통이 빈번하게 언급되었고 2장 (*Contentious Kwangju*의 2장)에서 설명하듯 많은 시민군 지도자들은 사회운동의 경험이 풍부한 베테랑이었다.

사회운동단체의 역할

사회운동에 대한 사회학 연구는 집단적 저항이 발발하는 데 있어서 사회운동단체의 중요성을 강조해왔다. 어떤 사회운동이든 집단적 행동의 자원을 동원할 수 있는 조직이 필요하다는 것이다. 하지만 광주항쟁은 사회운동단체의 일치된 노력에 의해서라기보다는 정부의 억압에 대한 자발적 대응으로 시작되었다. 5월 18일에는 집단적 행동에 시민을

---

17 손호철 『현대한국정치』, 사회평론 1997, 362면.
18 Tim Shorrock, "The U.S. Role in Korea in 1979 and 1980," www.kimsoft.com/korea/ kwangju3/htm. 27면에서 인용

동원할 수 있을 만한 사회운동단체는 거의 없었다.[19] 5월 17일의 계엄령 확대로 광주의 사회운동 지도자들은 대부분 체포되었거나 은신 중이었다. 시위에 나선 시민들은 집단적 저항을 위해 조직되었거나 체계적으로 동원되었다기보다는 군대의 잔인한 진압에 맞서 자기 자식과 친구, 이웃을 지키기 위해 나온 것이었다. 시민군조차 투쟁하는 중에 급히 조직된 것이다. 어떤 식으로든 조직적 기반이 있었다면 그것은 시민들 사이에 신뢰를 쌓고 협업을 이루는 데 도움이 되었던 학교나 이웃 같은 개인적인 관계망이었다. 항쟁 중에 두각을 나타낸 지도자 — 시민군 본부를 책임졌던 박남선이 한 예이다 — 도 여럿 있었고, 은신하고 있던 활동가들은 나중에서야 지도층에 합류했다.

4. 결과와 유산

광주항쟁은 비극적 결과만을 남긴 채 열흘 만에 종식되었고, 이후 신군부의 권력은 더 공고해졌다. 신군부의 수장인 전두환은 그해 말에 대통령직에 오르며 제5공화국을 선포했다. 광주는 침묵을 강요당했고 민주화운동의 지도자들은 대부분 체포되고 투옥되었다. '서울의 봄'에 이어 탄압의 암흑세계가 찾아왔다. 그럼에도 광주의 피는 헛된 것이 아니

---

19 1980년 5월, 광주지역에는 유신독재체제에 저항하기 위해 많은 단체가 생겨났다. 그 중에는 기독교 그룹, 헌법수호 그룹, 녹두서점 그룹, 현대문화연구소 그룹, 국제사면위원회 그룹, 좋은책협동조합 그룹, 해직교수 그룹, YWCA팀, 노동운동팀, 수감자를 위한 여성단체, 문화운동팀, 농민운동팀, 야학팀, 전남대팀, 천주교정의구현팀 등이 있다. 이들은 1980년 5월 이전에 광주지역의 민주화운동을 이끌었고 광주항쟁 동안에도 투쟁을 계속해 나갔다.

어서 광주항쟁은 여러 중대한 측면에서 1980년대의 정치적 지형을 바꾸어놓았다.[20]

정통성 문제

무엇보다도 광주는 전두환정권 내내 그 정통성 문제를 제기했다. 그보다 20년 앞서 박정희는 민족의 근대화와 북한의 위협에 대비한 안보 확보라는 명분으로 쿠데타를 일으켰다. 불법적으로 권력을 차지했음에도 박정희정권은 대체로 급속한 경제발전을 이룰 수 있었던 덕에 얼마간의 대중적 지지를 얻었다.[21] 그에 반해 전두환은 한국역사상 유일하게 군대를 동원하여 무고한 민간인을 학살한 지도자로 널리 인식되었다. "한국 정치사를 통틀어 그렇게 정통성 없는 정권이 세워진 적은 없었다."(조정관, 6장) 그 점을 상쇄하기 위해 전두환은 자신의 정권을 7년 단임의 '과도기' 정권으로 규정했다. 하지만 제5공화국의 과도기적 성격으로 그의 정치적 선택권에는 심한 제약이 있을 수밖에 없었고 결국 1987년에 일어난 민주적 개혁의 요구에 굴복하게 된다. 민주적 이행을 연구하는 학자들은 경제적 성공이나 실패를 개발주의적 독재정권의 기반을 무너뜨리는 핵심 요소로 꼽는다. 새뮤얼 헌팅턴의 주장에 따르면

---

20 1996년 여론조사에 따르면 광주 외 지역 사람의 31.1%가 5·18이 한국의 민주화에 '커다란' 영향을 주었다('얼마간' 영향을 주었다는 사람은 48.3%)고 답했고 46.5%가 광주가 한국 민주화운동의 성지라고 했다. 김동원 외 『국민이 보는 5·18』, 광주사회조사연구소 1998, 69~70면 참조.

21 박정희정권이 어떻게 정통성을 구축하려 했는지에 대한 자세한 논의는 Gi-wook Shin, "Nation, History, and Politics: South Korea," in Hyung Il Pai and Timothy Tangherlini, eds., *Nationalism and the Construction of Korean Identity*, Berkeley: IEAS/University of California-Berkeley 1999 참조.

독재정권이 경제적 성과를 자신의 정당성으로 삼을 경우, 민중에게 약속한 것을 이루었을 때조차 그 목적의 성취와 동시에 정권 자체의 목적을 상실하게 되기 때문에 곧 '성과 딜레마'에 빠지게 된다고 한다. 한국에서 독재정권의 정통성 약화와 이후 민주주의로 이행하는 과정은 이렇게 개발지상주의적인 독재정권의 경제적 성공의 결과로 이해되어왔다.[22] 넓은 의미에서는 이러한 견해에 타당한 점이 있다. 하지만 남한의 전두환정권은 경제적 성과보다는 그가 광주에서 저지른 잔혹행위로 인해 정통성 문제에 시달렸다고 보는 것이 더 정확하다.

민주적 행동주의의 새로운 전략

광주항쟁이 전두환정권에 정통성 문제를 안겨줬다면 민주주의 행동가들에게는 새로운 상황에 갑작스레 눈을 뜨는 결과를 가져왔다. 1979~80년의 실패를 거치며 그들은 지난 투쟁을 되돌아보았고, 특히 광주에서와 같은 비극적 사건을 왜 미리 막지 못했는지 되새겨보면서 분명한 교훈을 얻게 된 것이다. 무엇보다 한국의 사회와 정치, 경제에 대한 '과학적' 분석이 있어야 한다는 사실이 분명해 보였고, 그럴 때만이 민주주의를 이루기 위한 구체적인 행동을 취할 수 있을 것이었다. 1980년대 초에서 중반에 걸쳐 활동가와 진보 지식인 사이에서 '사회구성체 논쟁' '한국자본주의 논쟁' '근현대 한국에 대한 논쟁' '한국사회성격 논쟁' 등 다양한 논쟁이 광범위하게 벌어진 것도 이러한 맥락에서다. 한국사회의 성격을 제대로 파악하고 그러한 분석에 근거하여 일관된

---

22 Samuel Huntington, *The Third Wave: Democratization in the Late Twentieth Century*, Norman: Univeristy of Oklahoma Press 1991. 특히 2장을 볼 것.

이념과 전략을 만들어낼 수 있어야 과거의 실패를 반복하지 않을 수 있다고 본 것이다.[23]

구체적으로 보면, 민중 속에 충분한 기반을 갖지 못한 채 주로 학생과 지식인이 주도했던 초기 민주주의 운동의 '소시민적' 성격이 비판의 대상이 되었다. 광주에서 끝까지 싸운 사람들이 학생이나 지식인이 아니라 대개 공장노동자였다는 사실에 운동 지도자들은 부끄러움을 느꼈다. 학생·지식인과 민중의 동맹을 이루어낼 새로운 전략이 요구되었고, 이런 맥락에서 1980년대에 많은 학생들이 공장으로 들어갔던 것이다. 수백만의 시민이 민주주의를 위해 행진한 1987년 여름, 그 많은 대중의 동원과 조직에는 이 새로운 전략이 지대한 역할을 했다.

반미주의

광주항쟁의 또다른 중요한 결과로는 남한에서 반미주의가 생겨나 강화된 사실을 들 수 있다. 광주항쟁 이전 한국인 대부분은 미국을 일본 식민주의와 공산주의 침략에서 한민족을 구해준 동맹으로 보았다. 많은 반체제 지식인과 학생 활동가조차도 미국을 민주주의를 위한 투쟁의 전략적 동맹국이라고 보았다. 그런데 광주항쟁에서 미국이 보여준 태도로 인해 그런 생각이 박살나버렸다. 광주시민 대부분은 자신들을 위해 미국이 개입하여 폭력 진압을 막아줄 것으로 기대했다. 일부 미국인들은 군대가 자행하는 만행으로부터 무고한 시민들을 보호하기 위해 많은 애를 썼다.(진 언더우드, 3장) 하지만 미 정부는 유혈사태를 막지 못

---

23 Gi-wook Shin, "Marxism, Anti-Americanism, and Democracy in South Korea: An Examination of Nationalist Intellectual Discourse," *Positions: East Asia Cultures Critique* Vol. 3, No. 2, 1995, 508~34면 참조.

했을 뿐 아니라 한국군을 광주에 재배치하는 것을 지지했다. 미 정부는 "미국이 특수부대의 광주 이동에 대한 권한도 없었고 미리 알지도 못했다"고 주장하면서도, 폭동 진압을 위한 특수훈련을 받은 20사단이 특수부대보다 나을 거라는 가정하에 "20사단의 이동을 '승인'했다"는 사실은 인정했다.[24] 팀 셔록은 기밀 해제된 미 정부문서를 꼼꼼히 살펴본 후 "카터 행정부의 고위층은 전두환 장군이 1980년 5월 17일 군사쿠데타로 정권을 잡기 열흘 전에 민주화 시위에 군대를 투입하는 계획을 승인"했다고 결론을 내렸다.[25]

미국이 광주에 연루된 사실을 알고 한국인들은 배신감과 분노를 느꼈다.[26] '광주사태 구속자 가족 일동'이 1980년 12월에 글라이스틴 대사에게 보낸 편지에서도 그러한 감정을 분명하게 찾아볼 수 있다.

이처럼 천도와 인권을 무시한 가공할 만한 권력을 위한 권력정부가 언제까지 미국의 비호 속에서 커나갈 줄 우리는 모릅니다. 그러나 시간이 일분일초가 흐를 때마다 미국정부는 한국 국민으로부터 아니면 한국 국민의 진정한 염원으로부터 자진해서 멀어져가고 있는 것입니다. 돌이킬 수 없는 선에 이르기 전에 다시 한번 상황을 검토해야

---

24 "U.S. Government Statement on the Events in Kwangju, Republic of Korea, in May 1980," 17~18면.

25 T. Shorrock, "The U.S. Role in Korea in 1979 and 1980," 2면을 볼 것. 광주항쟁에서의 미국의 역할에 대해 그처럼 상반되는 견해는 USC/UCLA 학술회의 동안 셔록과 글라이스틴에 의해 빈번하게 등장했다.

26 1996년 여론조사에 따르면 광주시민의 82.5%가 미국이 5·18에 연루되었다고 믿었다(광주 외 지역은 50.8%). 더 나아가 광주시민의 44.5%가 미국이 그에 대해 공식적인 사과를 해야 한다고 했고, 심지어 피해자에 대한 보상을 해야 한다고 답한 사람도 21.8%나 되었다. 김동원 외, 앞의 책 94, 99면을 볼 것.

하지 않겠습니까? (…) 미국이 물러서지 않을 수밖에 없었던 이란을 포함한 많은 나라들에서 미국은 그렇게밖에 할 수 없었겠습니까? 그리고 한반도를 미국 정책 실패의 또 하나의 예로 남길 수 있는 가능성에 대하여 좌시하고만 있어야 되겠습니까?[27]

미 정부는 이러한 호소에 아무런 대답도 하지 않았고 한국인은 갈수록 한국의 민주화에서 미국이 하는 역할에 의문을 가지게 되었다. 이제 미국은 잠재적인 동맹국이 아니라 그저 독재권력을 비호하는 또다른 신식민주의 세력으로 여겨지게 된 것이다.[28] 한국의 활동가들이 미대사관이나 미문화원 같은 미국 시설을 공격하게 된 것도 이런 이유에서이다. 1982년 신학대 3학년 학생인 문부식은 한국 가톨릭 추기경에게 보낸 편지에서 자신이 부산의 미문화원에 불을 지른 이유를 이렇게 설명했다.

미국문화센터에 방화한다는 절박한 방법으로 우리들의 의사표시를 하려 했던 것은 미국이 이 땅에서 범한 역사적 죄과에 대한 응징이기 때문입니다. (…) 광주사태만 보더라도 죄없는 양떼를 학살한 전두환에게 미국은 어째서 광주시민에 대한 토벌작전의 최종적 권한을 양해한 것입니까. 한미방위협정에 따라 우리 국군의 모든 작전권이 주한미군 사령관의 권한 아래 있는 것은 삼척동자라도 알고 있는 사

---

27 광주사태 구속자 가족 일동 「글라이스틴 미국대사님께」(1980. 12. 22), 5·18광주민주화운동 전자자료총서 http://www.518archives.go.kr/books/ebook/2/#page=178.

28 North American Coalition for Human Rights in Korea, "Korea 88: The Bigger Picture," Washington, D.C. 1988 참조.

실입니다. 이 작전권을 민주주의와 자유를 찾아 외치는 애국시민을 사살하라고 한국군에게 이양해 이에 따라 전방의 병력이 광주시민을 죽이기 위해 투입된 사실은 모든 세대가 알고 있는 역사적 만행입니다. 광주사태의 비극에 있어서도 미국이 살인마 전두환의 시누이 구실을 다했고 전두환에게 일을 성공적으로 수행케 했습니다. (…) 이래서 우리들은 백주의 방화라는 수단을 통하지 않고서는 독재정권의 시누이인 미국을 응징할 길이 없었던 것입니다.[29]

반미는 한국의 민주화투쟁에 불을 붙인 새로운 형태의 민족주의가 되었고, 광주항쟁이 그 결정적 계기였던 것이다.[30]

민주주의를 위한 미국의 개입

광주의 영향으로 한반도를 넘어 아시아 전체에서 미국 정책의 기조에 변화가 생겨났다. 광주학살에 미국이 동조했다는 비난과, 이후 한국에서의 반미주의의 발생은 의심할 바 없이 미국 고위층의 우려를 낳았다. 미국이 1986년 페르디난드 마르코스 정권을 타도하려는 민주화운동을 지지한 것은 광주에서 배운 바가 있었기 때문으로 보인다. 브루스 커밍스의 주장처럼 1980년대 미국의 정책은 전세계적으로 제한된 형식의 민주주의를 지지하는 쪽으로 바뀌었고 한국도 예외는 아니었다. 오랜 기간 CIA 정보원으로 일했던 제임스 릴리는 주한 미 대사로 임명된

---

29 문부식 「추기경 성하께 바칩니다」(1982. 3), 『세계신보』 일자 미상(민주화운동기념사업회 오픈아카이브 http://archives.kdemo.or.kr/isad/view/00523204).

30 Tim Shorrock, "The Struggle for Democracy in South Korea in the 1980s and the Rise of Anti-Americanism," *Third World Quarterly* Vol. 8, No. 4, 1986 참조.

후 대사관의 정무부서 직원을 늘리고 반대세력과도 만나기 시작했는데, 1980년 이전에는 전례가 없던 일이었다.[31]

미국 정책을 판별할 계기는 수백만이 민주적 개혁을 요구하며 거리를 메웠던 1987년 여름에 생겨났다. 이번에는 봉기의 중심이 주변도시 광주가 아니라 수도 서울이었고, 사무직 노동자와 전문직을 포함한 한국 중산층이 시위에 가세했다. 더구나 이때의 민주화운동은 미국이 한국 정치에서 차지하는 주도권을 문제시하는 새로운 민족주의와 밀접히 결부되어 민족분단과 통일이라는 사안을 제기했다. "1980년대에 전세계의 민주화운동은 미국의 예에서 고무되고 미국을 승리한 모범으로 삼아 이루어졌다"[32]는 헌팅턴의 주장과는 전혀 반대로 민주주의를 향한 한국의 열망은 '양키 고 홈'이라는 구호를 통해 한국 정치에서 미국이 하는 역할에 불만을 나타냈다.

이때 미국정부는 바로 행동에 돌입해서 개스턴 시거 국무부 차관보를 서울로 급파하여 다시 군대를 동원해 위기를 해결할까 생각하던 전두환을 만나게 했다. 7년 전 광주에서 했던 실수를 되풀이하지 않으려고 결심을 한 듯했다. 미국의 압력으로 전두환은 반대세력을 폭력으로 진압하려던 계획을 접고 한국에서 민주적인 이행을 위한 길을 터주는 정치적 양보를 했다. 당시 서울의 미대사관 정무담당관이던 린 터크는 "전두환정권이 광주에서 저질렀던 실수가 그해(1987) 대규모 시위에 대처하는 방식을 결정하는 데 중대한 역할을 했다"고 말했다.[33] 그렇게 광

31 Bruce Cumings, introduction to Lee, *Kwangju Diary*, 17~35면.
32 S. Huntington, *The Third Wave*, 286면.
33 Lynn Turk, "Why After Nine Years? The 1989 U.S. Government Statement on Kwangju," Kwangju after Two Decades, USC-UCLA Conference on Kwangju, Los Angeles, April

주의 기억은 계속 남아 있었던 것이다.

5. 기억과 재현

광주항쟁은 1980년 5월 27일에 끝났지만 그것을 어떻게 기억하고 재
현할 것인가를 둘러싼 투쟁은 여전히 지속되고 있다. 시위에 참여하게
된 동기가 단일하지 않듯이 그에 대한 기억과 재현도 천차만별이어서
때로는 서로 다투고 협상하고 재논의된다. 특히 1980년대 말의 민주적
정권이양은 광주와 여타 지역에서 새로운 시민집단을 위한 공간을 창
출하여 광주항쟁의 의미와 재현에 대한 대중적인 논쟁이 활발해졌다.
그렇게 생산된 기억과 상징은 단지 기술적(記述的)인 것만이 아니라 규
범적인 힘을 지니기 때문에 그에 대한 다툼과 협상도 더욱 격화되었다.
광주항쟁의 재현 ── "서로 다른 목적으로 서로 다른 집단과 개인이 생
산하는 해석과 역사화와 기원(祈願)"의 산물 ── 은 과거에 의미와 가치
를 부여함으로써 현재에 대한 지침을 제공하는 것이다.(돈 베이커, 7장)

광주는 1980년대 초까지도 한국사회에서 금기시되었다. 공식적인 기
록이나 설명 외에 광주에서 벌어진 일을 다루는 글은 거의 없었다. 그
러나 1980년대 중반, 민주화운동이 폭발적으로 일어나면서 사람들은
'5·18 산업'이라 할 만한 것의 성장을 목도하게 된다.[34] 베이커의 글에

20-22, 2000.

34 1985년 발간된 『죽음을 넘어 시대의 어둠을 넘어』(전남사회운동협의회 편, 황석영 기
록)는 광주항쟁의 전모를 다룬 최초의 단행본으로, 열흘간 광주에서 벌어진 투쟁을 자세
하게 기술하고 있다(나는 이 책을 워싱턴대에서 대학원 과정을 밟고 있던 1980년대 말에

잘 나타나듯이 광주는 소설과 시, 연극, 영화, 다큐멘터리, 미술, 학술논문 등의 분야에서 엄청난 관심의 대상이 된 것이다. 그러한 작업들은 5·18의 고통스러운 기억을 환기할 뿐 아니라 그 기억을 바꿔놓기도 했다. 1990년 증인 약 500명의 증언을 실은 증언집이 나왔고,[35] 광주시는 25권짜리 『5·18광주민주화운동자료총서』를 발간했다.(2019년 현재까지 총서 61권과 색인목록집 2권이 간행되었다) 총서에는 항쟁 중에 거리에 뿌려진 유인물부터 국회의 광주청문회 자료와 항쟁 이후의 문서들, 최근 기밀 해제된 미 정부문서에 이르기까지 방대한 자료가 담겨 있다. 이러한 작업을 통해 광주항쟁 참가자들은 이제 단순한 피해자가 아니라 민주주의를 위해 싸운 영웅으로 재조명되었다.

이러한 '5·18 산업'의 산물 가운데는 전국적으로 유명해진 것도 있다. 광주항쟁을 서사 속에 짜넣은 최초의 TV 드라마인 「모래시계」가 대표적인 예이다. 그 드라마가 1995년에 SBS에서 방영되었을 때 다들 드라마를 보려고 집에 일찍 가서 거리가 한산했다고 한다. 회당 70분 분량에 24회로 이루어진 「모래시계」는 고난의 정치사와 멜로드라마를 효과적으로 결합하여 20년 한국사를 다시 풀어놓으려는 야심찬 기획이었다. 이후 나온 대중영화로 「화려한 휴가」(2007) 「26년」(2012) 「택시운전사」(2017) 등이 있으며, 한강 장편소설 『소년이 온다』(2014)도 10여개국

읽었다). 원래 집단작업의 결과물인 이 책은 5·18 진상을 널리 알리고 당국의 수사로부터 집필진을 보호하기 위해 집단작업자들이 당시 유명 소설가인 황석영에게 책임집필을 맡긴 것이다. 이 책은 영어로 번역되어 1999년 *Kwangju Diary: Beyond Death, Beyond the Darkness of the Age*라는 제목으로 'UCLA Asian Pacific Monograph' 시리즈의 하나로 출간되었고, 그후 2017년 '광주민주화운동기념사업회 엮음, 황석영·이재의·전용호 기록'으로 저자명을 온전히 밝힌 전면개정판이 출간되었다.

35 한국현대사사료연구소 엮음 『광주오월민중항쟁사료전집』, 풀빛 1990.

에 번역 출간되는 등 반응을 얻은 바 있다.

기억과 재현이 긍정적인 방향으로 재구성되면서 1980년 5월에 광주에서 일어났던 일을 지칭하는 용어도 바뀌었다. 애초에 공산주의자와 외부 불순세력이 선동한 시위를 뜻하는 용어로 정부가 사용한 '광주사태' 대신에 '5·18민주화운동'이 새로이 공식적인 용어로 지정되었다. 하지만 여전히 용어에 대해서는 이견이 없지는 않다. 통상적으로 '5·18'이나 '광주'를 '민중항쟁'이나 '민주화운동'과 결합하여 5·18민중항쟁이나 광주민주화운동, 광주민중항쟁 등으로 부른다. 이렇게 다양한 용어는 단지 의미론적인 차이만이 아니라 더 중요하게는 그 사건에 대한 민중의 이해의 차이를 반영한다. 이념적·정치적 함의를 피하기 위해 그냥 날짜를 나타내는 '5·18'로만 부르는 사람도 있다. 그럼에도 불구하고 한국사회와 정치의 민주화와 함께 광주민주화운동에 대한 국민적 합의는 폭넓게 이루어지고 있다.[36]

광주항쟁에 대한 공식적 입장 역시 시간이 지나면서 변화했다. 집단적 기억과 재현에 대한 연구가 보여주듯[37] 집단적 기억은 사회적·정치적 상황이 변화하면서 함께 변화한다. 광주항쟁에 대한 대중적 인식은 1987년 6월항쟁과 뒤따른 정치민주화 이후 상당한 변화를 겪기 시작한

---

36 2015년 5·18기념재단이 실시한 '5·18인식조사'에서 만 19세 이상 일반 국민 600명은 민주화와 관련한 우리나라의 역사적 사건 중 가장 관심이 높은 사건을 5·18민주화운동으로 꼽았고(54.8%), 다음으로 4·19혁명(25.4%) 등의 순으로 나타났다. 5·18민주화운동의 성격은 '대한민국의 민주주의와 인권 신장에 기여한 운동'이 57.4%로 가장 높게 나타났다. 5·18민주화운동에 대한 인식은 민주화 기여도(68.2%) 〉 시민의식 및 인권신장 기여도(67.0%) 〉 민주주의 상징성(62.4%) 〉 평화통일 기여도(26.3%) 〉 진상규명 여부(24.1%)의 순으로 나타났다.

37 Jeffrey Olick and Joyce Robbins, "Social Memory Studies," *Annual Review of Sociology* 24, 1998 참조.

다. 1988년 11월 18일부터 1989년 2월 24일까지 국회에서 광주에서의 만행에 대한 청문회가 열렸고, 1990년에 정부는 '광주민주화운동 관련자 보상 등에 관한 법률'을 공포했다. 1995년 국회는 5·18특별법을 통과시켜, 광주항쟁 당시 신군부의 수장이었고 이후 대통령의 자리에 오른 전두환과 노태우를 재판정에 세우게 된다. 1994년에는 광주와 관련된 여러 기념사업을 조직적으로 운영하기 위하여 5·18기념재단이 설립되었다. 예전에 군대가 시신을 아무렇게나 던져버렸던 옛 망월동 묘역은 사람들이 즐겨 찾는 현대식 묘지공원으로 바뀌고, 5월 18일은 국가기념일로 지정되었다. 이렇게 정치적 지형이 변화하면서 5·18은 대중 사이에서 긍정적 의미를 가지게 되었고 요즘 광주시는 1980년 봄에 있었던 일을 기념하기 위해 자랑스럽게 주요 기념식들을 주최한다.(샐리 여, 8장)

이러한 극적인 전환에도 불구하고 광주의 피해자 중에는 여전히 고통받는 사람들이 많이 있다. 린다 루이스와 변주나의 글은 생존자들이 여전히 겪고 있는 의학적(신체적·정신적) 문제와 경제적 문제(실업을 포함하여), 그리고 여타 종합적인 어려움을 자세히 다룬다. 생존자 일부와 그 지지자들은 광주항쟁의 대중적 기념식의 제도화가 저항운동으로서의 광주항쟁의 진정한 정신에서 멀어진다는 점에서 강한 의문을 제기하기도 한다. 그들은 광주항쟁의 상품화라 할 만한 현상에 반대하며, '일종의 소극적 저항'으로 으리으리한 새 묘역(국립 5·18민주묘지) 대신 옛날 묘역을 찾는다.(샐리 여, 8장) 광주는 "여전히 5·18에 대한 공적인 기억과 사적인 역사가 공존하는 곳으로, 시민 각각의 육체와 정신 자체가 단일한 5·18 서사의 도입에 맞서는 장소가 되고 있다."(린다 루이스, 변주나, 5장)

6. 추기: 5·18 정신의 보편화를 위해

5·18광주민주화운동이 한국의 근현대사에서 차지하는 비중은 결코 작지 않다. 5·18에서 흘린 피와 땀이 현재 한국이 누리고 있는 민주주의의 토대가 되었음은 부인할 수 없다. 더구나 1919년의 3·1이 아시아의 반식민지·반제국주의 운동의 기폭제가 되었다면, 1980년의 5·18은 아시아 지역에 민주화의 물결을 가져오는 데 중요한 계기가 되었다. 3·1과 5·18 모두 독립과 민주화라는 눈앞의 목표를 달성하는 데는 실패하였지만 장기적으로는 한국을 넘어서 더 큰 영향을 미쳤던 것이다. 따라서 5·18을 단순히 대한민국의 역사유물로 간직하는 데 그치지 말고 그 정신을 좀더 보편화하려는 노력이 필요하다.

서구의 경우 이른바 '1968 정신'을 보편화하고 있다. 1968년은 서구 역사에 있어서 매우 중요한 의미를 지녔다. 유럽과 미국 등지에 불길처럼 번졌던 젊은 세대의 운동은 기성세대에 대한 저항을 넘어 제1세계와 제3세계 사이에 여전히 존재하는 억압과 종속관계에 대해 눈을 뜨게 했고 베트남전쟁 반대투쟁은 여러 나라의 청년들을 하나로 묶었다. 이는 미국에선 반전투쟁과 함께 흑인민권운동으로, 프랑스에선 권위주의적 드골체제에 대한 저항으로, 독일에선 홀로코스트 등 과거사 범죄에 대한 기성세대의 침묵에 도전하는 형태로 나타났다. 영국의 토니 블레어 전 총리나 미국의 빌 클린턴 전 대통령 등을 대표적인 68세대 정치인으로 꼽을 수 있다. 1968년 미국과 유럽에서 벌어진 청년·사회운동은 개별 국가의 저항이 가진 특수성을 넘어서 보편성을 갖고 있는 것으로 여겨졌으며 '1968 정신'을 계승하고 현재화하려는 노력은 지금도 이어지고 있다.

마찬가지로 5·18의 정신을 현재화하고 보편화하는 노력이 필요하다. 1980년 광주라는 특수한 시공간을 넘어서 5·18 정신이라고 할 수 있는 보편적 요소가 무엇인지 고민해야 한다. 필리핀, 타이완 등 아시아 여러 국가들이 80년대에 민주화를 이루었지만, 이 추기를 집필하는 현재 민주화투쟁을 벌이고 있는 홍콩처럼 아직도 권위주의체제에 있는 나라가 많다. 과연 5·18과 이들 민주화운동을 관통하는 정신은 있는지, 있다면 그것은 무엇이고 또 어떻게 5·18 정신으로 개념화할 것인지는 한국인의 의무이기도 하다. 그러기 위해선 5·18 정신을 독점하거나 정치화, 더나아가 상업화하려는 유혹에서 벗어나야 한다. 특히 5·18 이후 80년대 민주화운동의 기수였던 3(5)86세대가 이젠 집권세력으로 등장하여 한국의 사회적·정치적 변화를 주도하고 있다. 하지만 이들이 꿈꾸는 사회가 과연 그들이 정의를 위해 싸웠던 5·18 정신과 부합하고 있는지 곰곰이 생각해봐야 할 것이다. 역사적 사건으로서의 5·18은 끝났지만 그 정신과 유산은 지속되어야 한다.

제10장

6월항쟁과 87년체제
– 헌정체제의 관점에서

김종엽

1

진화와 혁명은 사회변동을 조망하는 대표적인 두 시각이다. 전자
는 사회적 행위들의 변이(variation)와 그것에 대한 사회적 선별(social
selection) 그리고 선별된 것의 안정화(stabilization)를 추적한다. 진화는
흔히 행위들의 미시적이고 점진적인 축적 과정에만 주목한다거나, 그
런 과정을 서술하는 데만 적합한 것으로 생각된다. 그런 생각과 달리 진
화 과정이 급속하고 커다란 비약의 양태를 보이는 일이 드물지 않다. 역
시 자주 그렇게 생각되듯이, 급격하고 폭발적인 변동이 혁명의 관점에
서만 잘 조망되는 것은 아니다. 혁명과 진화의 차이는 변화의 속도와 폭
그리고 깊이 문제가 아니라, 변화의 원인에 의식적이고 의도적인 집합
적 사회운동이 자리잡고 있는가 하는 문제이다. 진화는 미시적이고 적
응적이며 산재한 행위의 총합적인 과정의 측면에서 사회변동을 파악
한다면, 혁명은 자신의 운명을 바꾸려는 의도를 가진 (사회혁명과 함께
발생한 개념이자 실체인) 인민의 집합적 참여를 그 과정과 귀결의 측면

284

에서 조명한다. 물론 집합적 사회운동에는 언제나 다수의 의도와 의지가 결합해 있기 때문에 의도 실현 여부를 일의적으로 말하기는 쉽지 않다. 늘 어떤 의도는 실현되고 다른 의도는 실현되지 않으며, 의도치 않은 결과 또한 다양하게 발생한다. 그럼에도 불구하고 자기 운명을 급진적으로 개조하려는 의지가 폭발적인 동원을 이룩하고 그것이 일련의 중요한 성과를 거둘 때, 우리는 그것을 혁명이라고 부른다.

진화와 혁명은 모두 근대사회에서 형성된 개념이다. 하지만 생물학에서 출발한 개념인 진화는 근대사회는 물론이고 인간의 역사 전반을 조명할 수 있지만, 천문학에서 출발한 개념인 혁명은 인류의 역사 전체로 적용 범위를 확장하지 못한다. 그것은 두드러지게 근대적 현상인 집합적 사회운동을 조명하기 위한 근대적 개념, 그러니까 근대의 자기이해를 대변한다. 혁명은 프랑스대혁명이라는 전범(典範)으로부터 영감을 길어 올리며, 인민이라는 발신자가 자유와 평등 그리고 그것의 제도화라는 선물 꾸러미를 자신을 수신자로 하여 발송하는 모든 행위를 총칭하는 것이 되었다. 따라서 혁명을 탐사한다는 것은 근대사의 가장 선명한 지층 속으로 들어가는 일이다.

혁명사로서의 근현대사라는 자의식은 우리의 헌법 전문에도 표현되어 있다. "우리 대한국민은 3·1운동으로 건립된 대한민국임시정부의 법통과 불의에 항거한 4·19민주이념을 계승"한다. 문재인 대통령이 발의한 개헌안의 헌법 전문은 우리의 국가적·국민적 정체성을 수립한 사건의 목록에 "부마민주항쟁과 5·18민주화운동, 6·10항쟁의 민주이념"을 추가하고 있다. 우리는 이런 사건의 계열에 2016~17년 촛불혁명 또한 기꺼이 포함할 수 있을 것이다.

그런데 이런 추가는 우리의 현재의 역사적 상황에 영향을 주었다고 인지된 중요한 사건의 계열화 이상의 의미를 갖는다. 어떤 추가된 사건은 그 이전 사건에 이어지는 자리를 할당받는 것에 의해서 자신의 의미를 형성할 뿐 아니라, 그 이전 사건의 의미를 갱신하기 때문이다. 과거란 저기 어딘가에 그냥 놓여 있는 것이 아니라 우리가 지금 도달한 위치와의 관계 속에 존립한다. 그래서 현재 우리의 위치를 가늠하기 위해서 과거의 사건을 기준으로 삼게 되지만, 우리가 앞으로 나아감에 따라 과거의 사건 또한 그 위치를 새롭게 정립한다.

백영서의 「연동하는 동아시아와 3·1운동: 계속 학습되는 혁명」은 바로 그런 문제의식에서 출발한다. 즉, 그는 "촛불의 시대정신은 3·1운동 인식에 어떤 새로운 빛을 투영할 것인가?"라는 질문을 던지면서 동시에 "촛불혁명의 역사적 근거를 다지"고자 한다.[1] 그런 논구의 끝에 그는 "구세계의 파괴라는" 기존의 혁명 개념을 벗어나, "사회 전체의 대대적인 전환을 혁명"으로 볼 것을 제안하며, 혁명의 "결과가 '점진적·누적적 성취'로 드러"나는 경우 그것을 "'계속 학습되는 혁명' 또는 '현재 진행 중인 혁명'이라"고 부를 것을 제안한다.[2] 그는 3·1에 혁명이라는 정당한 이름을 부여하기 위해 혁명 개념 자체를 혁신할 것을 제안하고 있다.

임형택의 「3·1운동, 한국 근현대에서 다시 묻다」도 같은 문제의식을 드러낸다. 그는 3·1의 혁신성을 두가지 면에서 지적한다. 하나는 3·1이 운동사의 역사 속에서 새로운 단계를 표시한다는 것이다. "동학농민전쟁은 19세기의 역사변화를 추동한 민요 형태 농민저항의 정점이자 종

---

1 백영서 「연동하는 동아시아와 3·1운동: 계속 학습되는 혁명」, 『창작과비평』 2019년 봄호 37, 39면; 본서 122, 125면.
2 같은 글 58면; 본서 147~48면.

점이었다. 그리고 크게 달라진 환경에서 변모된 운동방식으로 3·1이 발발한 것이다. (…) 이 3·1의 운동 모델은 이어져 4·19, 그리고 6월항쟁에 이른다." 요컨대 4·19와 6월항쟁은 3·1을 닮았지만, 동학농민전쟁은 별로 닮지 않은 것이다. 그리고 흥미롭게도 "2016~17년의 '촛불'로 와서는 학생운동의 틀을 크게 파탈하여 3·1의 거족적인 형국을 부활한 일면도 있다."[3] 촛불혁명이 3·1과 가장 닮은 셈인데, 여기서도 현재는 과거를 새롭게 조명하고 있다.

다른 하나는 3·1이 "민국혁명"이었다는 것이다. 이 점과 관련해서 그는 이렇게 말한다. "한국의 경우는 주권상실과 동시에 융희황제(순종)가 퇴위하고 나자 군주제를 부활시키려는 움직임은 다시 일어나지 않는다. 복벽운동이 미동도 하지 않았던 것은 아니로되 거기에 호응이 전혀 없었던 까닭이다."[4] 3·1은 낡은 배를 수선하거나 복구하고자 한 것이 아니라 새로운 배를 세계사의 바다에 띄우고자 했던 것이다.

이런 인식은 1917년 상해에서 배포된 「대동단결의 선언」에서 한결 더 급진적으로 표현된다. 이 선언은 복벽운동을 거부하는 수준을 훌쩍 넘어서 1910년 8월 29일의 국치(國恥)를 공화국(민국)의 탄생 순간으로 선포한다. "융희(隆熙)황제가 삼보(三寶)를 포기한 8월 29일은 즉 오인(吾人) 동지가 삼보를 계승한 8월 29일이니 기간(其間)에 순간도 정식(停息)이 무(無)함이라. 오인 동지난 완전한 상속자니 피(皮) 제권(帝權) 소멸의 시(時)가 즉 민권 발생의 시(時)오, 구한(舊韓) 최종의 일일은 즉 신한(新韓) 최초의 일일이니."[5] 자신을 낡은 대한의 정당한 상속자이자

---

3 임형택 「3·1운동, 한국 근현대에서 다시 묻다」, 『창작과비평』 2019년 봄호 23, 24면; 본서 56~57면.
4 같은 글 24, 25면; 본서 58, 59면.

새로운 대한의 설립자로 정의하며 "국치를 국경(國慶)으로 바꾼"[6] 놀라
운 인식이다.

그렇지만 그런 인식은 행위를 통해서 그것을 담지한 존재를 확증해
야 한다. 링컨의 오래된 정의에 따르면 민주주의는 "인민의, 인민에 의
한, 인민을 위한"(of the people, by the people, for the people) 정체이다.
3·1은 바로 그 "인민의"(of the people) 실존을 드러내고 선포한 사건이
다. 그것은 루쏘(J.-J. Rousseau)가 말했던 바, "인민을 인민이게 하는
행위"이다.[7] 그렇기 때문에, 3·1은 '운동'이 아니라 '혁명'이라 불려야
마땅하다.

물론 식민지적 상황 그리고 뒤이은 분단으로 인해 이런 인민의 자기
정초가 공화국의 도래로 곧장 이어지지 못했다. 「대동단결의 선언」은
그 점과 관련해서 "상속하엿고 상속하난 중이오 상속할 터"라고 말했
다.[8] 확실히 '한반도식' 나라만들기는 '이미' 그 존재를 선포했지만, '아
직' 도래하지 않은 나라를 현존하게 하기 위한 '지금'의 작업(민족해방
투쟁과 분단체제 극복 운동)을 지속적으로 요구했다.[9] 우리의 경우 그

---

5 최원식 「왜 지금 문학사인가」, 『창작과비평』 2019년 여름호 18면에서 재인용.
6 같은 곳.
7 이 행위는 내적 구조의 면에서는 사회계약 또는 기원의 약정이라는 특징을 갖지만, 현
실적으로는 특정한 시간에 광장에 모인 사람들에 의해 수행되고 선포된다. 사람들은 자신
과 함께 현존하는 타자와 더불어 집합적 존재가 되는 경험을 통해서 인민이 되는 것이며,
그것이 바로 인민을 인민이게 하는 행위이다. 이런 집회의 필요성을 루쏘는 『달랑베르에
게 보내는 연극에 대한 편지』에서 이렇게 말한다. "광장 한가운데 화관으로 된 말뚝을 심
고 거기에 사람들을 모이게 하라. 그러면 축제를 열게 될 것이다. 더 잘해라. 구경꾼들 스
스로 즐거워하도록 만들고, 그들 자신이 배우가 되게 하고, 그렇게 해서 각자 타인에게서
그 자신을 보고 사랑하도록, 그래서 모두가 더 하나가 되게 하라."(사이먼 크리츨리 『믿음
없는 믿음의 정치』, 문순표 옮김, 이후 2015, 72~73면에서 재인용)
8 최원식, 앞의 글 18면에서 재인용.

것이 더 두드러지고 힘겨웠다고 할 수 있지만, 나라만들기는 본질적으로 종결될 수 없는 지속적 과정이다. 나라란 집과 같은 것이어서 그것을 만드는 일은 빈터에 새로 짓는 일이 되기도 하지만, 그 안에 살면서 고쳐 만들고 다시 만들고 새롭게 만드는 일이 되기도 한다. 생각해보면, 4·19혁명도 부마민주항쟁이나 5·18민주화운동도 6월항쟁도 그리고 촛불혁명도 3·1혁명이 꿈꾸었던 나라만들기를 그때 그 역사적 정세 속에서 시도한 것이며, 동시에 그때그때 존립하고 있는 나라를 고쳐서 새롭게 만들던 사건이기도 했다. 이하에서는 그런 역사적 사건 가운데 6월항쟁 그리고 그것의 귀결로 형성된 87년체제를 3·1혁명과 촛불혁명 사이에 놓고 살펴볼 것이다.

2

3·1 '운동', 4·19 '혁명', 부마 '항쟁', 5·18광주민주화 '운동', 6월 '항쟁', 촛불 '혁명'…… 이런 명칭들이 사건에 대한 관례적 명칭이다. 운동, 항쟁, 혁명 같은 말이 붙게 된 경위는 사건에 대한 역사적 평가와 그것에 수반된 인식 패러다임, 그리고 정파적 견해와 이해관심의 작동에 있을 것이다. 그런데 혁명이라는 말이 붙은 건 4·19혁명과 촛불혁명이고, 그런 명명이 생성된 것은 두 사건이 어쨌든 구체제를 무너뜨리는 데 성공했다는 인식이 폭넓게 자리잡고 있기 때문인데, 그도 그럴 것이 구체제의 전복은 사건의 중요성을 사람들 마음속에 깊이 아로새기는 직접적

9 백낙청 「3·1과 한반도식 나라만들기」, 『창작과비평』 2019년 여름호.

이고 인상적인 성취이기 때문이다.

하지만 앞 절에서 이미 지적했듯이, 혁명의 기준 또는 정의는 본질적으로 중층적이다. 포괄적으로 정의한다면, 혁명은 무엇보다 자기 운명을 급진적으로 개선하려는 인간들의 집합적 운동이라고 할 수 있으며, 그런 관점에서는 3·1 '운동'에서 촛불 '혁명'에 이르는 일련의 사건들 모두가 혁명이다. 어떤 사건의 귀결이 직접적 성과뿐 아니라 "점진적·누적적 성취"로 나타나고 그것의 중요성이 큰 경우 또한 혁명으로 이해될 수 있다. 같은 선상에서 혁명을 정의하는 또 하나의 기준으로 제시할 수 있는 것은 어떤 사건이 '자유의 새로운 제도화'를 이룩했는가 하는 것이다.[10]

우리의 근현대사를 통해 발생한 혁명 또는 혁명적 사건 사이의 공통점과 차이점을 이런 중층적 정의에 입각해 헤아려볼 수 있다. 아마도 3·1혁명은 모든 사건 가운데서도 단연 독보적이라고 할 수 있다. 이미 여러번 지적했듯이 3·1혁명은 인민 자체의 출현을 표시하는 사건이고, 한반도 전체를 아우르는 사건이며, 사건의 점진적이고 누적적인 영향의 면에서도 가장 중요한 사건이다.

점진적·누적적 영향 면에서 중요한 사건으로는 5·18민주화운동도 꼽을 수 있다. 이 점은 5·18민주화운동과 6월항쟁의 관계를 보면 분명하게 드러난다. 6월항쟁은 좁게 보면 6·10 국민대회로부터 6·29선언으로 종결되는 일련의 투쟁으로 파악될 수 있다. 하지만 그럴 경우, 항쟁의 이해는 학생과 시민의 화염병과 경찰의 최루탄 사이의 물리적 대결

---

10 이런 관점에서 혁명을 논의한 것으로는 한나 아렌트『혁명론』, 홍원표 옮김, 한길사 2004 참조.

을 중심으로 선회하게 된다. 6월항쟁을 "독재 타도"라는 구호 아래 결집된 사회변혁적 활동의 개시로부터 이해한다면, 그 시점은 1987년 1월 박종철 고문치사 사건을 거슬러[11] 전두환정권 내내 학생, 민중, 그리고 지식인들이 벌인 광범위한 투쟁 전반으로까지 소급된다. 6월항쟁은 그런 일련의 투쟁들 전체의 정점이기 때문이다. 그런데 그 모든 투쟁은 사실상 5·18민주화운동으로부터 발원한 것이며, 그런 의미에서 6월항쟁은 5·18민주화운동의 점진적이고 누적적인 성취라고 해도 과언이 아니다.

그렇지만 자유의 새로운 제도화 면에서 보면, 3·1혁명이나 5·18민주화운동이 뚜렷한 성과를 거두었다고 하긴 어렵다. 그런 면에서 두드러지는 것은 역시 4·19혁명과 6월항쟁이다. 흔히 인민주권은 헌정수립적 권력(constituting power)[12]으로 간주되며, 이 점은 우리 헌법 제1조 제2항, "대한민국의 주권은 국민에게 있고, 모든 권력은 국민으로부터 나온다"에도 잘 표현되어 있다. 그런데 그 헌정형성적 권력은 헌정(constitution)으로 구현되어야 한다. 헌정형성적 인민이 자신의 자유를 제도화하는 것이 헌정이고 그것의 명문화된 규정이 헌법(constitutional law)이다. 우리 역사에서 인민의 혁명적 행위(헌정수립 행위)가 자유의 새로운 제도화(새로운 헌정)라는 귀결까지 밀고 나간 것은 4·19혁명과 6월항쟁이다.

---

11 6월항쟁을 다룬 표준적 역사서인 서중석의 『6월 항쟁』(돌베개 2011)도 박종철 고문치사 사건에서 시작한다. 이 글에서 단편적으로 다뤄지는 6월항쟁의 구체적 양상을 파악하기 위해서는 서중석의 저서를 참조하기 바란다.

12 'constituting power' 또는 'pouvoir constituant'는 헌법제정권력 또는 입헌권력으로도 번역된다.

그러나 두 사건의 유사성은 거기까지이다. 어떤 운동이나 혁명적 사건은 비상한 성과를 이룩하지만 그 성과에 힘입어 형성된 체제가 이내 무너지는 경우가 있는 반면, 어떤 운동은 매우 타협적이고 어정쩡한 성과를 거두었지만 그것에 기초해서 수립된 체제가 매우 길게 이어지며 그 체제의 수립자들이 의도한 것을 훌쩍 초과하는 귀결들을 자아내는 경우가 있다. 4·19혁명이 앞의 경우에 해당한다면, 6월항쟁은 뒤의 경우에 속한다. 4·19혁명이 수립한 체제는 너무 이르게 무너졌고, 그래서 '미완의 혁명'이라 불리는 데 비해, 6월항쟁이 수립한 '87년체제'와 그것의 작동원리를 담은 헌정은 30년 넘게 지속하고 있다. 그리고 그런 동안 이루어진 점진적이고 누적적인 성취는 결코 작지 않다.

그럼에도 불구하고 이 체제는 그것을 만드는 데 직접 뛰어들었던 사람들에게조차 사랑받지 못했다. 사건의 추이를 따라가보면 그 까닭을 납득하지 못할 바는 아니다. 6월항쟁에 대해 당시 군부독재 세력은 민주화운동 세력의 요구를 대폭 수용하는 6·29선언으로 대응했다. 이로인해 6월항쟁은 구체제의 전복이 아니라 타협에 의한 민주화로 귀결되었다. 타협에 의한 민주화여도 민주화를 추진할 기회는 열려 있다. 하지만 1987년 겨울 직선제 대통령선거는 당시 야당 지도자 김대중과 김영삼의 분열로 인해 민주파의 패배로 끝났다. 그것은 민주파에게는 커다란 좌절이었다. 이 패배는 이듬해 치러진 총선을 통해 형성된 '여소야대(與小野大)' 국회가 열어준 민주화의 가능성을 폐쇄했던 '3당합당'의 원인이 되기도 했다.[13] 전체적으로 보아 촛불혁명 이전까지 87년체제

---

13 노태우정부는 1988년 제13대 국회의원 총선거 결과 형성된 여소야대 정국을 타개하기 위해 이른바 '보수대연합'을 비밀리에 추진하기 시작했다. 당시 제2야당인 통일민주당과 제3야당인 신민주공화당이 민정당과 내각제 개헌 등을 조건으로 통합에 합의하여 1990년

는 민주파와 (구체제에서 연원한) 보수파가 일진일퇴를 거듭한 교착의 체제라고 평가할 수 있지만, 체제 출범 초기에 겪은 대선 패배나 '3당합당' 같은 인상 깊은 사건은 정치적 환멸의 출처가 되었다. '3저 호황'과 6월항쟁 직후 진행된 '노동자대투쟁'에 기초해서 개선이 이룩된 경제적 분배도 1997년 외환위기를 경유하며 빠른 속도로 악화되었다. 항쟁의 성과가 무산되고 보수적 민주주의로 주저앉았다는 정치적 환멸의 바통을 경제적 환멸이 이어받은 꼴이었다. 이런 환멸 때문에 그 체제의 건립을 주도하고 그 이후에도 민주화를 위해 계속 노력한 이들조차 체제의 성격을 깊이 이해하려는 작업을 건너뛰고 그것을 극복의 대상으로만 인식하는 경우가 많았다.

물론 모든 체제가 그렇듯이 87년체제에도 많은 한계가 있다. 더 높은 수준의 자유의 제도화를 위해서는 그 체제의 한계를 돌파해야 하고, 그것은 수선 이상의 진지한 개조와 혁신의 작업을 요청한다. 하지만 그렇게 해서 이루고자 하는 극복은 그 체제의 성격을 충실히 이해하고 그것에 내장된 잠재력을 활용할 때 가능하다. 여기서는 헌정체제의 관점에서 그런 이해의 작업을 이어가려 한다. 그렇게 하는 이유는 앞서 언급했듯이, 6월항쟁이 우리의 혁명사에서 이룩한 가장 두드러진 성취가 바로 자유의 제도화, 즉 87년체제의 헌법이며, 그 체제의 한계로 가장 자주 소환된 것도 그 헌법이기 때문이다.

민주자유당(약칭 민자당)이 출범한다. 이런 세 당이 합쳐진 사건을 '3당합당'이라 부른다. 이후 내각제 합의는 통일민주당을 주도한 김영삼에 의해 파기되며, 민자당의 대통령 후보가 된 김영삼이 1993년 대선에 승리하게 된다.

3

　87년체제는 곧잘 87년 헌법과 동일시되었다. 그래서 87년체제의 극복 또한 그 헌법의 개정, 즉 개헌과 동일시되는 경우가 많았다.[14] 그런 관점은 체제의 작동방식을 제대로 이해하기엔 너무 폭이 좁은 접근법이다. 헌법은 체제의 작동에 규제력을 발휘하는 중요 요소이긴 하지만, 그것에만 의존해서 체제 작동의 전체 양상을 파악하긴 어렵다. 그래서 필자를 포함한 창비 그룹의 연구자들은 87년체제를 한편으로는 사회세력 사이의 경쟁과 투쟁의 관점에서, 다른 한편으로는 분단체제와의 연관 속에서 해명해왔다.[15] 이런 논증 노선을 추구한 이유 가운데 하나는 87년체제를 너무 쉽게 87년 헌법과 동일시하는 관점의 제약을 벗어나기 위한 것이었지만, 같은 논증 노선에 입각해 87년 헌법을 분석해보는 것도 가능할 것이다. 즉, 87년 헌법 자체를 사회세력 사이의 경합과 투쟁이 벌어지는 장으로 파악하는 동시에 그것을 분단체제와의 연관 속에서 살피는 것이다. 그것을 위해서는 논의 대상을 헌법으로부터 '헌정체제'(constitutionalism)로 확장할 필요가 있다.[16] 즉, 법조문으로서보

---

14 예컨대 박명림 「87년 헌정체제 개혁과 한국 민주주의: 무엇을, 왜, 어떻게 바꿀 것인가」, 『창작과비평』 2005년 겨울호 참조.

15 그런 작업으로는 백낙청의 『분단체제 변혁의 공부길』(창작과비평사 1994) 이래의 여러 저작, 이일영의 『새로운 진보의 대안, 한반도경제』(창비 2009), 이남주의 「전지구적 자본주의와 한반도 변혁」(『창작과비평』 2008년 봄호)을 비롯한 일련의 논문들 그리고 졸저 『87년체제와 분단체제』(창비 2017)를 들 수 있다.

16 통상 'constitutionalism'은 헌법주의, 헌정주의 또는 헌정체제로 옮겨진다. 필자는 헌정주의보다는 헌정체제로 번역하는 쪽을 택했다. 그 이유는 헌정주의라는 역어가 사회 운영이 헌법에 입각해서 이뤄져야 한다는 규범적 태도와 헌신을 의미하는 경향이 강하기 때문이다. 필자는 성문화된 헌법 조항뿐 아니라 헌법과 같은 원리를 따라(그렇기 때문에 헌법처럼) 작동하는 다양한 사회적 실천을 두루 포괄하기 위해서 헌정체제라는 역어를 사용

다 작동하는 하나의 제도로서 헌법 및 헌정적 요소들에 관심을 기울일 필요가 있다.

헌법의 가장 중요한 특징은 바꾸기 어렵다는 점이다. 이 점은 개헌을 위해서 다수결(majority)이 아니라 '가중다수결'(super-majority)을 요구하는 헌법 규정을 통해 표현된다. 어느 정도를 가중다수결, 즉 압도적 다수라고 규정해야 하는지는 모호하지만, 통상 과반수 이상을 요구하는 모든 결정이 가중다수결로 간주된다. 민주주의를 규정하는 방식은 매우 다양하지만, 그것을 총괄하는 단 하나의 규정을 꼽는다면, 그것은 다수결일 것이다. 따라서 가중다수결은 매우 특별한 다수결을 요구하는 것이지만 동시에 민주주의의 본질적 요소인 다수결을 제약하는 요구라고 할 수 있다. 너무 많은 다수의 의지 또는 너무 높은 수준의 합의도를 요구하는 가중다수결은 복잡한 근대사회에서는 충족하기 매우 까다로운 조건이기 때문이다.

그렇다면 다수결에 입각해 운영되는 민주주의 사회 대부분이 자신의 행로에 족쇄를 채우는(족쇄까지는 아니더라도 최소한 견고한 가드레일을 설치하는) 헌법이라는 제도를 채택하고 있는 것을 어떻게 이해해야 할 것인가? 시간 지평에서 보면, 헌법은 그것을 수립한 세대가 후속 세대의 다수결을 구속하는 결정을 내린 것으로 볼 수 있다. 헌법 자체가 늘 가중다수결에 의해 정초되는 것은 아니지만 설령 가중다수결로 제정되었다고 해도, 헌법을 기초한 세대는 후속 세대에 비해 예외적 특권을 누리는 셈이다.

그렇다면 왜 헌법을 수립한 세대는 후속 세대를 구속하려고 하는 것

할 것이다.

일까? 그것에 대한 답변 가운데 대표적인 것은 헌법을 수립한 세대의 행위를 세이렌의 위험을 피하기 위한 오디세우스의 간계에 비유하는 것이다. 잘 알려져 있듯이, 오디세우스는 자신이 세이렌의 노래에 매혹되어 부하 선원들에게 잘못된 명령을 내릴 것을 예상하고는 자신을 돛대에 묶고 선원들의 귀를 미리 막아버렸다. 오디세우스가 미래의 자신에게 그랬듯이, 헌법도 제도를 설계한 세대가 이후 세대의 잘못된 결정의 막기 위해 마련한 자기구속적 사전조치(self-binding precommitment)라는 것이다.[17]

헌법을 단기적 이익에 이끌리는 근시안적 태도나 의지박약 또는 열정의 일시적 노예가 되는 것을 막는 합리적 조치로 파악하는 입장은 자유주의적 헌법관에 연결된다. 자유주의는 언제나 민주주의가 "다수의 폭정"(the tyranny of the majority)으로 이행할 가능성을 우려했다.[18] 그리고 그런 위험을 막기 위해서 다수결로부터 면제되어야 할 영역을 기본권의 이름으로 보장하는 장치를 마련하고자 했다. 예컨대 하이에크(Friedrich A. Hayek)는 이렇게 말한다.

---

17 이런 입장의 대표적인 사례는 엘스터의 초기 저술이다. Jon Elster, *Ulysses and the Sirens: Studies In Rationality And Irrationality*, Cambridge University Press 1985, chapter 2 참조.

18 "다수의 폭정"은 존 스튜어트 밀(John Stuart Mill)의 표현이다. 그의 『자유론』(김형철 옮김, 서광사 1992)을 참조하라. 다수의 폭정이라는 표현은 없지만, 그런 위험을 방어할 방안을 고민한 것은 미국 헌법 기초자들도 마찬가지이다. 예컨대 알렉산더 해밀턴은 이렇게 말한다. "내가 이해하는 제한 헌법이란, 입법권에 대한 어떤 명시적 예외를 담고 있는 헌법이다. 예를 들면, 입법부는 사권 박탈의 법안이나 소급 법률을 통과시킬 수 없다는 것이다. 이런 종류의 제한은, 법원이라는 수단을 통하지 않고는 실제로 지켜질 수 없다. 헌법의 명백한 취지에 반하는 모든 법률에 대해 무효라고 선언하는 것이 법원의 임무이다. 이것이 없다면, [인민이] 특정한 권리나 기본적 권리로 확보한 모든 것이 아무것도 아니게 될 것이다."(알렉산더 해밀턴 외 『페더럴리스트』, 박찬표 옮김, 후마니타스 2019, 578면)

민주주의적 전통과 자유주의적 전통은 따라서 국가 행위가 필요할 때마다 (…) 그 결정은 다수에 의해 이루어져야 한다는 점에서 동의한다. 하지만 민주적 결정에 근거하는 국가 행위의 범위에 대해서는 의견을 달리한다. 교조적 민주주의자는 다수결에 의해 가능한 한 많은 쟁점이 결정되는 것이 바람직하다고 보는 반면, 자유주의자는 그렇게 결정될 사안들의 범위에 명확한 한계가 있다고 믿는다.[19]

자유주의는 국가 행위의 "명확한 한계"를 규정하고 그것을 준수하도록 보장하는 장치를 헌법으로 이해한다.

이런 헌법 이해는 나름의 타당성을 가지지만, 폭이 좁고 역사적 타당성도 취약하다. 헌법은 명징한 숙고를 거듭한 헌법 제정자들이 이후 세대가 열정이나 근시안적 선택의 위험에 빠지는 것을 막기 위해서 수립한 것이라는 주장은 헌법의 합리성을 강조하는 것이다. 물론 그런 입장의 타당성을 가볍게 여겨서는 안 된다. 헌법 제정자들은 우연한 역사적 정세 속에서도 그것을 넘어서는 보편주의적 가치 지향을 추구할 수 있다. 하지만 행위자들의 의도가 그대로 실현되는 것도 아닐뿐더러, 헌법 제정은 대부분 역사적 격변 속에서 충분한 숙고 없이 또는 강력한 시간 압박 속에서 이뤄지는 경우가 많다.[20] 자기구속적 합리성을 내세우려면

---

19 프리드리히 A. 하이에크 『자유헌정론 1』, 김균 옮김, 자유기업센터 1996, 183면.
20 우리의 1987년 개헌안의 마련 과정에 대해서는 강원택 「87년 헌법의 개헌 과정과 시대적 함의」, 『역사비평』 2017년 여름호 참조. 동구 사회주의 몰락 이후 각국의 헌법 제정 및 개헌 과정에 대해서는 Jon Elster, ed., *The Roundtable Talks and the Breakdown of Communism* (University of Chicago Press 1996)을 참조하라. 그외에 여러 나라의 제헌의회 활동에 대한 분석은 Jon Elster et al., eds., *Constituent Assemblies* (Cambridge University Press 2019)에 수록된 여러 논문을 참조하라.

헌법 제정자들의 합의도가 높아야 하지만(그래야 다수인 그들이 사회 자체를 대변한다고 말할 수 있는데), 그렇기는커녕 헌법 제정은 사회적 파벌들이 서로의 권력을 제한하려는 상호구속적 기획(inter-binding project)의 결과인 경우가 대부분이다. 그리고 그런 상호구속적 기획 속에서 헤게모니를 쥔 집단이 자신의 권력을 안정화하려는 의도를 관철한 결과인 때도 많다.[21] 그리고 고전적인 자유주의적 권리 보장을 헌법의 실체라고 보는 입장은 권리 개념의 역사적 변동과 확장을 고려하지 못한다.[22] 헌법은 그것의 조문을 해석하고 적용하는 입법활동 그리고 법원이나 헌법재판소의 위헌심사를 통해서도 사회문화적 변동을 새롭게 수용한다. 그런 의미에서 헌법은 해석적 실천의 대상이 되는 개방적 프로젝트로 이해되어야 한다.

이상의 논의로부터 우리는 헌정체제 분석을 위한 두가지 실마리를 잡아낼 수 있다. 우선 논의 대상을 확장하는 문제이다. 단순히 헌법이 아니라 헌법적인 규율 양식으로서 헌정체제를 논의 선상에 올린다면, 정치적·법적으로 매개된 전체 사회의 운영원리 가운데 가중다수에 이른 새로운 집합적 의지의 형성 없이는 변경할 수 없는 안정성을 가진 것은 모두 헌정체제의 구성요소로 파악할 수 있다. 어떤 것이 그런 것인지, 왜 그런 것인지는 아래서 다룰 것이다.

다른 하나는 이렇게 확장된 논의 대상으로서 헌정체제를 어떻게 조망해야 하는가 하는 것이다. 헌정체제는 사회집단 사이의 갈등과 투쟁

---

21 엘스터는 최근 들어 이런 입장으로 선회했다. Jon Elster, "The Political Psychology of Constitution Making," in *Constituent Assemblies*, 207~45면 참조.

22 Jürgen Habermas, "Constitutional Democracy: A Paradoxical Union of Contradictory Principles?" *Political Theory* Vol. 29, No. 6, 2001, 766~81면 참조.

을 경유해서 형성된 상호구속의 산물이다. 헌법은 제정자들의 사명감 덕분이든 결과적으로 그 효과가 발휘된 것이든 사회의 자기구속적 합리성을 구현할 수도 있지만, 특정 집단이나 사회세력이 헤게모니를 관철하는 수단일 수도 있다는 것을 염두에 두어야 한다. 즉, 헌정체계는 합리적 측면과 헤게모니적 측면이 복잡하게 결합된 것으로 파악되어야 하는 것이다. 그리고 헌정체제는 제도 설계 시기의 의도를 넘어서 언제나 그때그때 새로운 사회적·정치적 실천을 향해 열려 있는 지속적인 경합과 투쟁의 장이므로, 우리는 헌정을 계속해서 작동의 관점에서 다뤄야 할 것이다.

4

시야를 헌정체제로 넓히면, 87년 헌법에 한정되지 않고 그것을 포함하여 그 상위 수준의 헌정과 하위 수준의 헌정도 다룰 수 있다. 이때 87년 헌법은 87년체제에 대응하며, 그 상위 수준의 헌정은 분단체제에 대응한다. 그리고 87년 헌법의 하위 수준 헌정은 헌법적으로 규정되지는 않았지만, 사실상 헌법처럼 가중다수결에 의해서만 변화 가능한 법 규정이나 제도적 관행들에 해당한다. 우선 87년체제의 상위 수준의 헌정부터 살펴보자.

분단체제 속에서 남북한 각각의 내부 구조는 적대적인 상호의존 관계에 맞춰진 형태로 형성된다. 지금 우리의 관심 대상인 분단체제적 헌정은 법적 형식을 통해서 분단체제가 남한사회에 내재화된 방식이라고 할 수 있다. 거기엔 두가지 형태가 있다. 하나는 대통령의 긴급명령권이나 계엄령 선포권 같은 비상사태와 관련된 헌법적 규정이다. 아마도 이런 입장에 대해, 그것이 헌법 규정이라면 어떻게 87년 헌법 상위 수준의 헌정일 수 있는지 이의를 제기할 수 있다. 그같은 이의에도 불구하고 이런 입장을 취하는 이유는 우선 관련 규정이 대한민국에 존재한 모든 헌법 속에 계속해서 존재했기 때문이다. 비상사태 관련 규정은 87년 헌법 이전부터 줄곧 있어온 것이다. 다음으로 그런 비상사태의 실제 원인 그리고 가정된(또는 허구적) 원인은 언제나 일차적으로 북한이거나 북한과 연계된 남한의 정치 또는 사회운동 세력이었다는 점이다. 비상사태 관련 법률 규정은 사실상 한반도를 대상으로 해왔다.

다른 하나는 국가보안법이다. 국가보안법을 분단체제의 헌정으로 규정하는 것을 받아들이는 이도 있고, 받아들이지 않는 이도 있을 것이다. 받아들이는 이들 중에도 비상사태 관련 헌법 조항과 국가보안법을 다른 유형으로 간주하는 것에 이의를 제기하는 이도 있을 것이다. 아마도 이의 제기의 근거는 국가보안법도 그것의 도입 맥락은 비상사태를 규정한 헌법 조항과 다르지 않다는 점에 있을 것이다. 여순사건을 계기로 국가보안법이 제정될 때, 당시 법무부 장관이었던 권승렬은 제헌의회에 출석해서 이렇게 말한다.

지금 우리 건국을 방해하는 사람하고 건국을 유지할 사람하고 총칼이 왔다갔다하고 하루에 피를 많이 흘립니다. 즉 국가보안법은 총하고 탄환입니다. (…) 이것은 물론 평화 시기의 법안은 아닙니다. **비상 시기의 비상조치니까** 이런 경우에 인권옹호상 조금 손상이 있다고 하더라도 불가불 건국에 이바지하지 않으면 안 되리라고 생각합니다.[23]

비상사태 또는 예외상태를 규정한 헌법 조항과 국가보안법은 그것의 제정 시기 상황이나 동기 면에서 같은 기원을 가지고 있다.

그러나 비상사태를 규정하는 헌법 규정과 국가보안법은 구조적인 차이를 가지고 있다.[24] 비상사태 규정은 두가지 목적을 갖는다. 하나는 대통령이 내린 행정명령이 법률과 같은 지위를 가질 수 있게 하는 것이다. 대통령의 긴급명령권은 이 점과 관련된다. 다른 하나는 다른 법 규정 또는 헌법 규정 자체의 효력을 정지시킬 수 있는 권한을 갖는다. 계엄령이 여기 해당하는데 주권자인 국민의 기본권을 제한할 수 있다.[25] 조르조 아감벤(Giorgio Agamben)이 지적하듯이, 비상사태 또는 예외상태를 규정하는 이런 규정들은 법 내부에 무법(아노미)을 도입하고, 사실성을 타당성 안에 도입하는 역설적 규정들이다. 법의 힘은 규범 자체가 사실적 효력을 가진다는 것, 즉 법과 힘의 일치를 말한다. 비상사태 또는 예외상태는 이와 달리 법이 법의 힘을 정지시키는 동시에 법 아닌 것이 법의 효력을 갖는 도착적 구조를 산출한다.[26]

---

23 제헌의회 제5회 속기록 중 「제56차 회의록」, 1389면; 박원순 『국가보안법 연구 1』, 역사비평사 1994, 30면에서 재인용. 강조는 인용자.

24 비상사태 관련 법 규정에 대한 연구로는 강성현 「'예외상태 상례'의 법 구조에 대한 비교 연구: 한국전쟁기와 유신체제기 발동한 국가긴급권을 중심으로」, 『사회와 역사』 108호, 2015 참조. 국가보안법에 대해서도 강성현 「한국의 국가 형성기 '예외상태 상례'의 법적 구조: 국가보안법(1948·1949·1950)과 계엄법(1949)을 중심으로」, 『사회와 역사』 94호, 2012 참조. 강성현은 곧 논의하겠지만 국가긴급권과 국가보안법의 구조적 차이에 대해서는 논의하지 않고 있다.

25 제1공화국에서 제3공화국까지의 헌법 그리고 현행 87년 헌법에서는 대통령의 행정명령이 법률과 같은 권한을 가졌지만, 제4공화국의 긴급조치와 제5공화국에서의 긴급명령권은 헌법과 동일한 권한을 가졌다. 따라서 이 시기는 계엄령뿐 아니라 긴급조치 내지 긴급명령도 다른 헌법 조항이나 법률의 효력을 정지시키는 권한을 가졌다.

26 조르조 아감벤 『예외상태』, 김항 옮김, 새물결 2009 참조.

이런 식의 예외상태의 법적 규정은 내전과 전쟁의 체제이기도 한 분단체제에 대응하고 또 그것을 떠받치는 기능을 하기도 하지만, 그것은 두가지 점에서 분단체제와 일정한 내적 거리를 가지고 있다. 우선 그것은 분단체제에 고유한 것이 아니라 세계 여러 나라 법률에서 나타나는 일반성을 가지고 있다. 정치적 지향점이 뭐든 카를 슈미트(Carl Schmitt)에서 조르조 아감벤에 이르기까지 이 문제를 천착해온 이론가들이 문제삼은 것은 특정 국가의 법적·정치적 문제가 아니라 근대 정치와 법 일반의 (병리적) 구조와 연관된 것이다.

다음으로 이런 법의 작동은 언제나 비상사태 또는 예외상태라는 조건을 요구한다. 물론 언제 어떤 상황이 예외상태인지를 결정하는 것이 행정부의 수반에게 위임되어 있고 그로 인해 광범위한 자의성의 공간이 열려 있다. 그리고 예외상태가 종식되지 않고 상례화될 위험이 있다.[27] 하지만 그렇다 해도 이 법 조항의 발효 자체는 비상사태라는 조건 아래서만 가능한 것이다.

이에 비해 국가보안법은 분단체제 '자체'를 대변하는 헌정적 요소라고 할 수 있다. 그것은 특정 상황에 대한 해석과 결단을 통해서 작동하는 긴급명령권이나 계엄령이 아니라 상시적 법률이다. 그런 의미에서 국가보안법은 발터 베냐민(Walter Benjamin)이 제기한 "예외상태의 상례화"의 전형적 사례라기보다는 극한적 사례이다.[28] 베냐민이 염두에

---

27 우리의 경우도 그렇고 많은 국가에서 행정부 수반이 비상사태를 근거로 선포한 긴급명령이나 계엄령은 의회의 승인을 얻지 못하면 해제되어야 한다. 하지만 의원내각제든 대통령제든 행정부의 수반은 언제나 일정 비중 이상의 의석을 점유한다. 그렇게 구성된 의회가 해당 상황을 비상사태가 아니라거나 비상사태가 해제된 상황이라는 결정을 내리는 일은 매우 어렵고 종종 불가능하기조차 하다.

28 발터 베냐민 「역사의 개념에 대하여」, 『발터 베냐민 선집 5』, 최성만 옮김, 길 2008,

둔 것은 법률의 효력을 획득한 긴급명령이 해소되지 않고 몇년이고 존속하는 것이었지만, 국가보안법은 아예 법률의 자격으로서 그렇게 한다. 따라서 그것은 발효조건을 필요로 하지 않는 것처럼 보인다. 하지만 그것의 사실상의 발효 전제는 분단체제이다. 카를 슈미트는 『독재론』에서 계엄령을 "군사적 계엄령"과 "허구적(정치적) 계엄령"으로 구분한 바 있다.[29] 우리는 이 구분을 "군사적 비상사태"와 "허구적 비상사태"라는 이분법으로 이어갈 수 있다. 그런데 분단체제에 특징적인 정전체제란 전쟁도 아니고 평화도 아닌, 전쟁과 평화의 비식별역 속에 있다. 그것은 군사적 비상사태인 동시에 허구적 비상사태이며, 군사적 비상사태도 아니고 허구적 비상사태도 아닌 사태인 셈이다.

국가보안법과 분단체제의 관계는 단지 후자가 전자의 전제인 관계만은 아니다. 국가보안법이 그것의 발생 맥락인 여순사건을 넘어서 지금까지 존속하고 있는 것은 분단체제의 긴 존속 때문만이 아니라 그것이 분단체제의 본질적 면모와 부합하기 때문이다. 국가보안법은 1948년 12월 제정되어, 1980년 전두환정권의 국가보위입법회의를 통해서 '전부개정'되고, 1991년 노태우정권과 여당이 '일부개정'해 날치기 통과된 형태로 존재하는데, 이런 개정 과정에도 불구하고 기본 골격을 고스란히 보존하고 있다. 국가보안법은 줄곧 "국가를 변란할 것을 목적으로 하는 국내외의 결사 또는 집단으로서 지휘통솔체제를 갖춘 단체"를 반국가단체로부터 규정하고 그것으로부터 국가를 보호하는 것을 목표로 하는 법이었다. 반국가단체는 당연히 교전 대상인 적국과는 다른 범주이

336~37면.

29 카를 슈미트 『독재론: 근대 주권사상의 기원에서 프롤레타리아 계급투쟁까지』, 김효전 옮김, 법원사 1996, 제6장 참조.

다. 그것은 인민을 내부로부터 분할하는 '적' 개념에 근거한 것이다. 더 나아가서 이 법은 통상적인 법과 달리 행동과 그 귀결을 규율하는 것이 아니라 목적을 규율한다. 그것은 일종의 '사상의 인종주의'에 기초한다.

물론 국가보안법은 헌법 규정도 아니고 따라서 법적으로는 다수결에 의해서 개정될 수 있다. 하지만 국가보안법은 사실상은 가중다수결이 아니면 개정될 수 없다. 1987년 민주화 이전은 물론이고 그 이후에도 국가보안법을 비판한 정부는 김대중, 노무현 정부뿐이고, 폐지를 공식적으로 추진한 정부는 노무현정부가 유일하다. 그리고 노무현정부의 폐지 추진은 엄청난 논란과 보수파의 결집된 공세로 인해 무산되었다.[30]

뿐만 아니라 민주화 이행 이후 수도 없이 헌법소원이 제기된 국가보안법의 주요 조항들에 대해서는 헌법재판소로부터 모두 합헌이나 한정합헌의 결정이 내려졌다(그도 아니면 헌법소원 자체가 기각되었다). 2014년 통합진보당 위헌 정당 해산 심판에서도 헌법재판소는 "오늘날 정당은 자유민주주의 이념을 추구하는 정당에서부터 공산주의 이념을 추구하는 정당에 이르기까지 그 이념적 지향점이 매우 다양하므로, 어떤 정당이 특정 이념을 표방한다 하더라도 그 정당의 목적이나 활동이 앞서 본 민주적 기본질서의 내용들을 침해하는 것이 아닌 한 그 특정 이념의 표방 그 자체만으로 곧바로 위헌적인 정당으로 볼 수는 없다"면서도 다음과 같이 주장했다.

---

30 2004년 17대 국회의원선거에서 열린우리당은 과반수 의석을 획득했고, 선거 승리에 입각해 국가보안법, 사립학교법, 과거사진상규명법, 언론관계법을 묶어 4대 개혁입법을 시도했다. 이 가운데 국가보안법은 여론조사에서도 폐지 반대가 우세했다. 폐지 여론의 미약함에 더해 여러모로 허술했던 열린우리당의 개혁 전략 때문에 국가보안법의 폐지는 고사하고 일부개정의 성과도 얻지 못했다.

현재 대한민국은 북한이라는 현실적인 적으로부터 공격의 대상으로 선포되고 있고, 그로부터 체제 전복의 시도가 상시적으로 존재하는 상황이다. 대한민국의 헌법과 그 속에 담긴 민주주의와 기본적 인권의 존중 등을 내용으로 하는 민주적 기본질서도 궁극적으로 대한민국과 동일한 운명에 있을 것이다. 주지하는 바와 같이 이러한 이념 대립의 상황은 오늘날 세계의 보편적인 상황과 상충된다.[31]

또한 헌법재판관들은 피청구인, 즉 통진당과 "주도세력"의 "진정한 목적"이 무엇인지 끊임없이 탐문한다. 그런 관점에서 쓰인 해산심판 결정문을 따라 읽다보면, 행위가 아니라 의도와 목적을 처벌하는 국가보안법의 논리가 그대로 재생산된다는 것을 느낄 수 있다.

이런 점들은 국가보안법이 우리 사회의 '이면헌법'이라는 백낙청의 주장은 전혀 비유적 표현이 아니라는 것을 말해준다.[32] 그렇다면 이 이면헌법과 87년 헌법은 어떤 관계를 맺고 있는 것일까?

---

31 웹상의 헌법재판소 결정문(2013헌다1)으로는 23면과 26면에서 인용했다. 이 사건에 대한 헌재 결정에 관한 연구와 기록은 이재화 『기획된 해산, 의도된 오판: 통합진보당 해산심판 변론기』(글과생각 2015)를 참조하라.

32 백낙청 「'촛불'의 새세상 만들기와 남북관계」,『창작과비평』 2017년 봄호 참조. 이면헌법이라는 표현은 필자도 2010년에 다음과 같이 언급한 바 있다. "세계사적 냉전을 내전으로 내재화한 분단체제는 일종의 예외상태의 일반화 또는 장기적 예외상태라고 할 수 있다. 남한에서 반공주의는 이 예외상태의 이념이었다고 볼 수 있으며, 여러차례 개헌을 거친 헌정사에서 국가보안법은 '이면의 헌법'으로서 예외상태를 떠받쳤다."(졸고 「이명박 시대, 민주적 법치와 도덕성의 위기」,『창작과비평』 2010년 봄호 21~22면)

5

　국가보안법이 이면헌법이라면, 87년체제는 표면헌법일 것이다. 그렇
다면 이면헌법과 표면헌법은 어떤 관계를 맺는 것일까? 이 문제는 이
둘이 각기 대변하는 분단체제와 87년체제 사이의 관계 문제이기도 하
다. 백낙청은 87년체제 이후 분단체제의 양상을 "흔들리는 분단체제"
라고 간결하게 묘사했다. 분단체제를 동요 상태로 이끈 것은 87년체제
의 수립만은 아니다. 1989년에 시작된 사회주의권의 붕괴나 톈안먼(天
安門)사태 이후 주춤했다가 1990년대 들어 더욱 본격적으로 개혁개방에
나선 중국의 변화도 매우 중요한 요소였다. 하지만 분단체제를 흔든 최
초이자 가장 중요한 요인은 87년체제의 수립이었다. 그 이후 분단체제
를 재안정화하려는 시도들은 계속되었지만, 그것은 더 큰 진폭의 동요
를 불러왔다고 할 수 있다. 예컨대 개성공단 폐쇄를 비롯한 박근혜정부
의 분단체제 안정화 시도는 촛불혁명에 의해 박근혜정부 자체가 붕괴
됨으로써 종결되었다. 그렇다면 흔드는 87년체제와 흔들리는 분단체제
의 관계는 이면헌법과 표면헌법 사이의 상호작용을 통해 어떻게 표현
되고 또 매개되는 것일까?

　이 문제를 다루기 위해 '이면'헌법이라는 표상의 의미를 생각하는 것
에서 출발해보자. 이면이라는 말은 여러 의미를 함축하고 있다. 우선 이
면은 숨겨진(또는 숨은) 것이라는 뜻을 품고 있다. 사실은 헌정인데도
불구하고 그저 여러 법률 가운데 하나인 듯이 은폐된 채로 있다는 뜻이
다. 그것은 액면의 소유주를 지정하는 이서(裏書)된 면이라는 의미도 가
질 수 있다. 즉 대한민국 헌법인 87년 헌법에 대해 그 대한민국이 '실제
로' 무엇인지 또는 대한민국의 '주인'이 누구인지 인준하는(endorse)

것은 바로 국가보안법이라는 것을 뜻한다. 마치 87년 헌법이 사회계약이라면 분단체제의 헌정은 이면계약이라는 듯이 말이다. 끝으로 국가보안법은 처음부터 언제나 이면에 있었던 것은 아니라는 점을 염두에 두어야 한다. 국가보안법은 87년체제가 수립되고서야 끊임없는 개정 요구와 헌법소원에 시달렸을 뿐, 그 이전까지는 아주 자유롭게 그 완력을 행사했고, 그런 의미에서 국가보안법은 표면에 의기양양하게 있었다. 그러다가 87년 헌법이 표면의 자리를 차지함에 따라 아니 자리를 차지하고 그것의 점유를 주장했기 때문에 이면으로 밀려났다고 할 수 있다.

이런 복합적 의미들을 정돈해보면, 이럴 것이다. 87년 헌법은 분단체제의 헌정 위에 덧씌워진 것이지만, 그것을 이면으로 밀어냈으며, 그럼으로써 분단체제의 헌정은 은연중에 작동하거나 간헐적으로만 표면으로 솟아오를 수 있게 되었다. 하지만 여전히 대한민국의 '헌법'인 87년 헌법에 대해 분단체제의 헌정은 '대한민국'을 정의하는 내용의 힘으로서 자신을 내세우면서 대한민국이 내전으로부터 빚어진 존재이며 여전히 그것에 결박되어 있음을 주장하고자 한다. 이 표면과 이면의 관계는 파열된 관계이고 투쟁하는 관계인 셈이다. 그렇다면 어떻게 싸우는 것일까?

87년 헌법의 토대인 87년체제는 타협에 의한 민주화에 의해 수립되었다. 그것이 뜻하는 바는 보수파와 민주파의 (공유된 규칙이 없다는 의미에서의) '투쟁'이 선거 '경쟁'으로 이전했다는 것이다. 만일 6월항쟁이 구체제를 타파하는 수준의 성과를 거두었다면, 구체제에 연원한 보수파는 선거경쟁에 진입할 자격을 얻지 못했을 것이고 분단체제의 헌정도 폐기되었겠지만, 타협에 의한 민주화는 그들에게도 새로운 사회체제에 참여할 초대장을 발부했다. 87년 헌법은 이제 이 두 사회세력의 경쟁을 규율하고, 또 그때그때의 경쟁 결과에 대해 개방된 형식적 틀이 된다. 87년체제는 그 체제의 실체 또는 내용에 대한 입장 표명을 거두고 절차 자체를 정당화의 근거로 삼게 된다. 국가 정체성은 다수결에 의해 결정되고 변동될 수 있는 것으로 나타나며, 국가는 선거 결과에 종속되고 선거에 승리한 어떤 정당이나 어떤 후보도 점령·점취·사용 가능한 중립적 기구로 전환된다.

민주적 규범이라는 관점에서 보면 당연한 일을 강조하는 이유는 국가기구의 중립화가 성취되기 쉽지 않은 과제이기 때문이다. 사실 국가의 중립성은 좌파와 우파 모두로부터 비판받았다. 우파 공법학자인 카를 슈미트에 따르면, 국가 개념은 정치적인 것의 개념을 전제하며, 정치적인 것의 근본 구별은 적과 동지의 구별이고, 국가는 중립적 절차에 따라 작동하는 기계로 환원될 수 없는 실체적인 것이다.[33] 좌파로부터도 국가의 중립성은 환상으로 비판된다. 맑스로부터 영감을 길어 올린 레닌(V. I. Lenin)의 『국가와 혁명』은 국가가 중립적 장치일 수 없기 때문에 진정한 혁명의 목표는 기존의 국가장치를 접수하는 것이 아니라 국가의 사멸을 지향하는 것이어야 한다고 주장했다.[34]

슈미트와 레닌의 주장은 우리 사회의 경험과 잘 부합한다. 슈미트적 정치관은 국가보안법의 정치관이기도 하다. 국가보안법이 민주주의를 용인한다면, 그것이 가능한 형태는 분할선이 어디에 그어져야 할지 결정할 권력을 가진 이편이 이편과 저편을 분할하고, 분할선의 이편 내부에서의 분파 간 경쟁만을 허용하는 것이다. 인민을 동지와 적 또는 인민

---

33 카를 슈미트 『정치적인 것의 개념』, 김효전·정태호 옮김, 살림 2012.
34 V. I. 레닌 『국가와 혁명』, 김영철 옮김, 논장 1988.

과 인민의 적으로 분할하는 분단체제에서 국가기구는 선험적으로 어떤 한쪽에 귀속된다. 그리고 87년체제에서도 끊임없이 발생한 국정원의 간첩조작 사건들, 국가보안법 피해자였던 김대중 대통령이 집권한 시기나 국가보안법 사범의 변론으로 정치 인생을 시작한 노무현 대통령 집권기에도 국정원에 의한 간첩조작 사건과 국가보안법 위반 사건들이 계속해서 일어났다는 것, 심지어 문재인정부에서조차 검찰이 국가보안법 위반으로 시민을 기소한 것은,[35] 국가장치는 그것을 장악한 자에게 사용권과 사용방식이 맡겨지는 중립적 기계가 아니라는 레닌의 주장을 뒷받침한다.

그렇지만 슈미트나 레닌의 주장을 끌어들여 국가기구의 비중립성을 말할 때, 우리는 두가지 점을 염두에 두어야 한다. 슈미트나 레닌이 그런 주장을 펼친 것은 제1차 세계대전 이후 세계사적 위기의 시대, 혁명과 반혁명의 기획이 격렬하게 충돌하던 시대였다는 점이다. 그들의 논의는 위기 앞에서 이미 무너져 내리고 있는 국가의 중립성이라는 외관 앞에서 그것의 본질을 폭로하려는 동기에 의해 주도되고 있다. 사실 국가기구는 계급적 이익은 물론이고 그것에서 유래한 이데올로기적 속성 그리고 문화적 유산이나 인종적 정체성으로 물들어 있으며, 그런 의미에서 결코 중립적이지 않다. 그럼에도 불구하고 국가기구는 잘 작동하기 위해서도 중립성의 외관을 취한다. 그리고 그런 외관을 유지하기 위해서 실제로 어느정도(그 정도가 어디까지 확장되는지 혹은 수축되는지는 사회적 투쟁의 결과이다) 중립적으로 행동한다. 그러나 해방 후

---

35 「대북사업가 김호, 간첩일까 제2의 유우성일까」, 경향신문 2018. 9. 8(http://news.khan. co.kr/kh_news/khan_art_view.html?art_id=201809081409001#csidx79687c7cbc480508f7a 3845a7782584).

우리의 국가기구는 적어도 87년체제의 형성 이전까지는 국가기구의 중립성이라는 외관을 취하려고 하지조차 않았다. 그런 의미에서 1987년 민주화 이전의 한국의 국가기구는 직접적으로 슈미트적이었고 직접적으로 레닌적이었다.

87년체제는 해방 후 처음으로 국가기구가 중립성이라는 외관을 취하려고 한 체제라고 할 수 있다. 그리고 이미 지적했듯이 국가기구는 그런 외관을 획득하기 위해서 어느정도라도 중립적으로 행동하거니와, 그것이 외관, 즉 표면의 힘이다. 이 표면의 힘은 정당 간 선거경쟁과 정권교체 과정을 통해서 관철된다. 사회적 정파들은 상대 정파가 선거 승리로 국가권력을 장악했을 때 그것을 자신에 대한 억압 수단으로 사용하는 것을 통제하고자 한다. 그런 통제 시도는 정권교체가 정규적으로 발생하고 그런 전망이 착근되는 그만큼 강화되기 마련이며, 그런 과정의 반복이 국가기구를 중립화해나간다.

더불어 선거경쟁의 규칙을 준수하고 그것에 참여하겠다는 의사를 밝히는 한에서 어떤 정당도 합법적 지위를 획득할 수 있게 되는데, 그럼에 따라 정당의 이념과 가치도 더 개방된다. 이런 조건 아래서 1990년대 들어서 '진보정당' 설립 운동이 본격화되었다. 1997년 선거에서 민주노동당의 전신인 국민승리21의 대통령후보 권영길은 1.19%를 득표했고, 2002년 지방선거에서는 민주노동당 이름으로 기초단체장 2명과 광역의원 11명이 당선되었다. 그리고 2004년 제17대 총선에서 10명의 국회의원이 당선되었다. 진보정당의 형성과 발전은 정당들이 근대적 좌우 스펙트럼으로 분화되는 과정을 촉진하며, 그만큼 국가기구를 절차적인 선거경쟁의 결과에 복종하는 중립화 과정의 도상에 올려놓는다.[36]

하지만 이런 과정이 우리의 경우 순탄치 않은 것을 지나 매우 심각한 역전과 반동을 수반할 수 있다는 것을 우리는 이명박정부와 박근혜정부를 통해서 경험했다. 그 이유는 표면헌법이 권력 획득을 위해 요구하는 선거경쟁에서의 승리를 얻어내기 위해서 바로 그 표면헌법이 밀어내고 억제하려고 하는 이면헌법을 동원하려는 세력이 정당체제 내부에서 오랫동안 가장 강력했고 지금도 여전히 강력한 정당으로 존재하기 때문이다.[37] 요컨대 87년체제와 분단체제의 대립과 갈등은 표면헌법과 이면헌법의 대립으로 나타나며, 양자의 대립은 정치체제에서 표면헌법을 강제하려는 민주파와 이면헌법을 진정한 헌법으로 이해하는 보수파의 대립으로 표현된다. 이면은 억압되지만 바로 그 표면의 작동 위에 전치되고 왜곡된 형태로 나타나는 것이다.[38]

---

36 물론 진보정당 초기의 이런 인상적인 성장 뒤에는 긴 정체라고까지 말할 수 있을 상황이 이어졌는데, 그 이유는 소수정당에 불리한 선거법이 크게 작용했다(이 문제는 다음 절에서 다룰 것이다). 하지만 정당 이념이 세계적 표준에 비춰볼 때 매우 온건하다는 점이나, 격심한 진보정당의 내부 분열 그리고 그 가운데 한 정파의 정당이 해산된 일은 분단체제의 힘이 여전하다는 것을 보여준다.

37 이남주는 이런 현상을 '점진 쿠데타'라는 개념으로 포착하고자 했다. "한 사회에서 지배연합이 내용적으로 민주적 거버넌스와의 전면적인 부조화를 느끼지만 민주적 거버넌스의 작동을 전격적으로 중단할 수 없을 때 점진 쿠데타 같은 거버넌스 변경 시도가 출현한다"(이남주 「수구의 '롤백 전략'과 시민사회의 '대전환' 기획」, 『창작과비평』 2016년 봄호 89면)는 것이다. 그것은 점진 쿠데타가 87년체제의 표면헌법과 이면헌법의 복잡하고 도착적인 상호작용에 뿌리를 둔 것임을 말해준다.

38 이런 메커니즘에서 꿈의 잠재적 내용(latent contents)이 재현가능성을 고려한 전치와 응축의 꿈작업(dream-work)을 거쳐 현재적 내용(manifest contents)으로 나타난다는 프로이트의 분석을 떠올리지 않기는 어렵다. 대개 억압이 강할 때 꿈작업을 통한 왜곡은 교묘해진다. 우리의 경우 표면헌법이 이면헌법에 대해 행사하는 억압의 힘은 별로 강하지 않다. 그래서 이면헌법은 매우 방자하게 표현될 때가 많다. 최근(2019년 9월 6일)에 진행된 법무부 장관 후보자 조국에 대한 국회 인사청문회에서 김진태 의원과 조 후보자가 주고받은 대화는 표면헌법과 이면헌법이 각기 국가 최고위직에 속하는 장관직의 후보자와 국회의원의 입을 통해 어떻게 표현되는지 잘 보여준 사례이다. 김진태 의원은 조 후보자에게 젊은 시절 사노맹(남한사회주의노동자동맹) 활동을 문제삼으면서 후보자가 "전향"을 했는

6

이미 지적했듯이, 변경을 위해서 가중다수결이 필요한 것은 모두 헌정적 효과를 발휘하며, 체제로서의 헌정의 구성요소로서 작동한다. 그런 요소 가운데는 헌법 이하 수준의 것도 있으며, 다양한 요소들이 그것에 속한다. 예컨대 한국은행의 독립성 규정 같은 것이 여기 속한다. "한국은행의 자주성은 존중되어야 한다"는 한국은행법 제3조를 폐기하는 것은 절차상 국회에서의 다수결에 의해서 가능하다. 하지만 그런 폐지안의 국회 통과가 불가능한 것은 물론이고 현재 어떤 정당도 폐지를 발의할 수조차 없을 것이다. 왜냐하면 중앙은행의 독립성이 보장되지 않을 경우, 여당은 선거 승리를 위해 필요한 경기부양 수준으로 한국은행에 금리인하를 요구하는 근시안적 정책을 시행할 가능성이 크기 때문이다. 이런 정책은 야당 입장에서 받아들일 수 없는 것이며, 전체 사회의 합리성 기준에 비춰볼 때도 수용될 수 없다. 좀더 복잡하지만 검찰총장 임기제도 같은 선상에 놓을 수 있거니와[39] 이렇게 법적인 동시에 정

지 물었다. 그리고 이어서 "예전엔 사회주의자고 지금은 대한민국 헌법을 존중한다는 것은 양립할 수 없다"고 '추궁'했다. 이에 대해 조 후보자는 "대한민국의 헌법을 준수했고 앞으로도 그럴 것"이며, "대한민국 헌법의 틀 하에서 사회주의 정책이 필요하다는 입장에 변함이 없다"고 주장했다.

39 검찰총장 임기제는 1988년 13대 총선으로 형성된 여소야대 국회에서 1988년 12월에 법제화되었다. 임기제 도입의 취지는 검찰의 정치적 독립성을 확보하기 위한 것이었다. 아마도 이 조항을 폐지하려는 어떤 시도도 국가 형벌권을 야당에 대해 공격적으로 활용할 것이라는 의심을 불러일으킬 것이며, 바로 그런 이유로 야당이 강력하게 반대할 뿐 아니라 전체 사회도 검찰 권력이 편파적으로 행사될 것을 우려해 반대할 것이다. 일단 도입된 이상 가중다수결 없이는 변경이 어렵게 된 것이다. 그러나 이런 임기제 도입 밑에 있는 논거인 검찰의 정치적 독립성 확보 노력은 검찰이 정권의 도구였던 역사적 경험의 압박 때문에 방향이 잘못 잡혀진 개혁이다. 검찰은 법원처럼 독립성이 중요하다기보다는 민주적

치적 함축이 강하면서 헌정으로서 기능하는 규정의 목록은 제법 길게 작성될 수 있다. 여기서는 그 가운데 87년체제의 작동에서 매우 중요한 요소라고 여겨지는 국회법과 선거법 문제를 다뤄보자.

현행 국회법은 2012년 5월 2일 18대 국회 마지막 본회의에서 개정안이 통과된 것이다. 흔히 '국회선진화법'이라고 불리는 것은 이 개정 국회법의 신설 조항을 가리키는 말인데, 핵심 내용을 간추리면 다음과 같다.

제85조 국회의장의 직권상정 제한. 즉 천재지변·전시·사변 및 이에 준하는 국가비상사태가 아닌 한 의장이 원내대표의 합의 없이 직권상정을 할 수 없다는 것을 뜻한다.

제85의2 안건의 신속처리 조항. 법안을 여·야 합의 없이 본회의 표결에 부치기 위해서는 소관 상임위 재적의원 과반수가 그 법안을 신속처리 안건으로 지정해야 하고, 의결을 위해서는 소관 상임위 재적위원 5분의 3 이상 찬성해야 한다. 그리고 상임위, 법사위의 심사 기간을 각기 180일과 90일로 한정한다. 단 의장과 각 교섭단체 원내대표들의 합의가 있을 경우 조정이 가능하다.

제85의3 예산 및 부수 법안의 자동 부의. 예산안과 그것에 관련된 안 및 법안은 매년 11월 30일까지 심사를 마치고(마치지 못해도 마친

통제가 더 중요하다. 독립된 검찰이 자기 이익을 탐닉하게 되면 걷잡을 수 없는 위험이 발생하기 때문이다. 지금 정부가 도입하려는 검경 수사권 조정 등은 검찰의 권력을 분산시킴으로써 그것을 견제하고 통제하려는 것인데, 이런 시도가 여전히 독립성 담론에 의해 방해를 받고 있다.

것으로 간주하고) 본회의에 부의한다. 다만 의장과 교섭단체 원내대
표들이 합의한 경우에는 심사와 의결을 연장할 수 있다.

제106조의2 합법적 의사진행 방해(필리버스터) 허용. 재적의원
3분의 1 이상의 요구가 있는 경우 본회의 심의 안건에 대하여 시간의
제한을 받지 않고 무제한 토론할 수 있는 조항도 있다. 토론 종결을
위한 의결은 재적의원 5분의 3 이상으로 한다.[40]

이런 조항이 도입된 이유는 다수결에 입각한 국회 입법과정이 격렬
한 투쟁이 되어온 역사적 경험 때문이다. 1987년 민주화 이행 이전에도
종종 그랬지만, 민주화 이행 이후 국회에서 다수결에 입각한 입법이 격
렬한 투쟁을 야기한 경우는 매우 많았다. 야당이 단상을 점거하고 심하
면 단상에 몸을 쇠사슬로 묶고 국회의장의 의사봉을 뺏기도 했다. 그러
면 여당은 기습적으로 본회의를 열어 법을 통과시키기도 했고, 국회 본
회의장이 아닌 다른 장소에서 법을 통과시키기도 했다.[41]

이런 '몸싸움'과 '날치기' 관행이 계속된 것은 87년체제의 특성이기
도 하다. 민주주의의 핵심은 다수결이지만, 다수결은 그것을 작동할 수

---

40 이외에도 이런 조항의 작동을 위해 필요한 몇가지 조항들이 신설되었다. 제57조의2 안
건조정위원회, 제59조의2 예산안 관련 의안의 자동 상정이 있으며, 85조의 작동을 방해
하는 행동을 금지하는 제148조의2 의장석 또는 위원장석의 점거 금지 규정과 제148조의
3 회의장 출입의 방해 금지 규정 그리고 방해 행동에 대한 징벌을 강화한 제155조와 제
163조 신설 조항이 있다.

41 몇몇 인상적인 사례를 들자면, 1996년 12월에 본회의 개회선언 8분 만에 처리가 끝난
안기부법과 노동법 기습 통과, 2009년 미디어 관련법의 직권상정을 막으려는 극심한 몸싸
움, 최류탄이 본회의장에서 터졌던 2011년 11월 한미FTA 비준동의안 상정 등이 있다.

314

있게 해주는 법과 정치문화를 전제한다. 우선 주기적 선거와 선거의 공정성을 전제한다. 그래야 그때그때의 정치적 소수파는 다수파가 될 수 있는 기회를 보장받을 수 있고, 다음 선거까지 다수파의 주도를 용인할 수 있다. 다음으로 그때그때의 다수파는 소수파의 이해관심 가운데 아주 중요한 것을 침탈해서는 안 된다. 극단적인 예를 들자면, 다수파가 소수파의 재산을 몰수하기로 한다면, 소수파는 그런 식의 다수결에 대해 끝까지 저항할 것이다. 전자는 87년 헌법이 보장한다. 하지만 후자는 그 경계가 유동적이기 때문에 제정된 절차가 아니라 정치문화에 의해 보장된다.

그런데 정치문화의 존재는 정치적인 스펙트럼에서 중도파가 두터운 상태를 함축한다. 느슨할지라도 사회문화적 합의의 범위가 넓을 때 다수결이 어쩔 수 없이 수용되는 승복 규칙을 넘어 정치적 신뢰(즉 상대 정파도 공공선을 완전히 도외시하지는 않는다는 신뢰)를 담보할 수 있다. 그런데 중도좌파는 물론이고 개혁적 자유주의 정당조차 왕왕 '종북좌파' 정당으로 내몰리고 분단체제를 재안정화하려는 보수파가 더 긴 기간 집권해온 것이 87년체제이다. 그렇기 때문에 의회의 다수결 입법이 소수파를 위협하거나 그들의 이익을 중대하게 침해하는 사례가 많았으며, 설령 그렇지 않을 때도 신뢰 부족으로 인해 토론과 타협의 분위기를 만들기 어려웠다. 그 결과 입법과정이 난장판을 지나 난투극으로 나아가곤 했는데, 이런 일이 빈발했기 때문에 국회의원에 대한 대중의 혐오가 커졌고 국회의 기능과 효용에 대한 의문 또한 심각해졌다. 정치계급 전체에 큰 부담이 되는 상태가 지속된 셈이고, 그것의 귀결로 국회법이 개정된 것이다.

하지만 개정 시점이 2012년이었던 데는 두가지 이유가 있다. 하나는 이런 '날치기' 법안 통과 관행은 이명박정부 시기와 대체로 겹치는 18대 국회에서 최다를 기록했고 그로 인해 그런 관행에 대한 혐오와 비판이 전례 없이 강해졌기 때문이다.[42] 다른 하나는 2011년 당시 이명박정부에 대한 부정적 여론으로 인해 여당이 19대 총선 패배의 두려움에 빠져 있었기 때문이다. 여당은 박근혜 의원을 비상대책위원회 위원장으로 위촉하는 한편 당명을 새누리당으로 바꾸고 김종인·이상돈 등 중도개혁 성향이 강한 인사를 영입하는 등 나름의 '혁신'을 추구했는데, 이런 노력과 별도로 19대 국회의원선거에 패배할 경우 야당의 공세와 입법활동을 제어할 안전판이 필요하다고 생각했다. 그래서 마련된 것이 '국회선진화법'이다.[43]

'국회선진화법'은 여·야 간에 이견이 있는 이른바 '쟁점' 법안의 통과를 위해서는 다수결이 아니라 가중다수결(소관 상임위 위원 3/5의 찬성)로 결정 기준을 높였다. 그 결과 가시적인 몸싸움은 소멸했지만[44] 입법 자체가 힘들어지고 모든 상임위원회가 국회의 입법 기능을 마비시킬 수 있는 권한을 가지게 되었다. 그로 인해 쟁점 법안 통과가 거의 불가능해지는 결정불가능성 문제가 생겼지만, 그것의 해결을 위해 필요

---

42 「날치기만 107건 '최다,' 18대국회 부끄러운 기록」, 한겨레 2012. 4. 25(http://www.hani. co.kr/arti/politics/assembly/529993.html#csidxc9adfeed95df7d6bef90ecef876af8d).

43 2012년 19대 총선 결과는 2011년의 예상과 달리 새누리당의 승리로 끝났다. 하지만 자신들이 주도한 법안을 폐기할 수 없었던 새누리당은 19대 총선 후에 열린 18대 국회 마지막 본회의(2012년 5월 2일)에서 국회선진화법을 통과시켰다.

44 물론 올해(2019년) 선거법과 사법개혁 관계법의 처리와 관련해서 다시 몸싸움이 부활했다. 자유한국당으로서는 소관 상임위의 가중다수결을 거친 법안조차 용인할 수 없는 이익의 침해물이라고 주장한 셈이다. 그러나 가중다수결조차 받아들일 수 없다는 입장은 의회를 완전한 결정불가능성의 상태에 빠뜨리는 것은 물론이고 민주주의 자체에 대한 거부이다.

한 국회선진화법의 개정이 국회선진화법이 정한 가중다수결이라는 장벽에 부딪히게 된다.[45] 예외적 상황이 아니면 그 속성상 개정되기 어려운 법이 만들어진 셈이다. 이런 법의 등장이 뜻하는 것은 87년체제의 진화 과정이 중도파의 입지를 넓히며 다수결의 정치문화를 창출하기보다 상호구속적인 헌정을 헌법 하위 수준에서 새롭게 창출했다는 것이다.

7

마지막으로 87년헌정체제의 구성요소로서 선거법에 대해서 살펴보자. 현행 공직선거법은 1994년에 기존의 대통령선거법, 국회의원선거법, 지방의회의원선거법 및 지방자치단체의장선거법 등 4개의 선거관련법을 통합해서 만들어진 '공직선거및선거부정방지법'(2005년 일부개정을 거쳐 '공직선거법'으로 명칭 변경)을 근간으로 한다. 흔히 선거법 개정이 개헌보다 어렵다는 말이 있다. 이 말은 과장이 아니다. 선거법을 개정할 수 있는 것은 의회인데, 의회의 다수파는 그 선거법에 의해서 승리한 집단이기 때문이다. 불리한 선거법에도 불구하고 선거에서 승리해서 다수파가 되는 일이 없는 것은 아니나, 그럴 가능성은 매우 낮다. 따라서

---

45 새누리당은 19대 총선에서 승리하자마자 자신들이 제정을 주도한 법이 자신들의 발목을 잡는 것에서 벗어나기를 원했다. 하지만 3/5이라는 기준을 충족할 수 없어서 '국회선진화법'을 개정할 수 없었다. 그래서 2015년 1월과 2016년 1월 두번에 걸쳐 해당 법 조항이 헌법상 다수결의 원리를 침해하고 국회의원들의 법률안 심의 표결권을 침해했다며 헌법재판소에 권한쟁의심판을 청구했다. 헌재는 청구인들의 주장을 모두 받아들이지 않았다. 새누리당은 20대 국회의원선거에서 패배하자 국회선진화법의 개정 요구를 접었다. 이제는 그 법이 더불어민주당의 입법을 견제하기 위한 수단이 되었기 때문이다.

선거법 개혁은 논리적인 수준에서도 매우 어려운 일이며, 개정을 위해 서는 사실상 가중다수결이 요청되는 헌정적 사안이다.

우리의 경우 1987년 민주화 이행 이후 공직선거법이 관할하는 모든 선거는 단순다수제에 입각해 있다. 그런 선거법이 합의를 얻어 형성된 이유는 민주화 이행 과정에서 선거경쟁에 나선 정파들 모두가 자신의 이익을 극대화하기에 단순다수제가 유리하다고 믿었기 때문이다. 그런 데 모든 정치적 규칙은 정세와 세력관계를 반영하여 형성되지만, 일단 형성되면 그 자체의 효과를 발휘한다. 우리의 경우 단순다수제 선거는 처음엔 민주화 이행으로 열린 정치공간을 점유하기 위한 정치계급의 이해관계를 대변하면서 형성되었지만, 금세 정치적 다수 특히 국회에 서의 다수파 형성의 어려움을 야기한다. 노태우정부가 1988년 총선 결 과로 직면한 여소야대 국회가 바로 그 전형이다. 그런데 이런 상황에 대 한 정치적 반응은 의회 내의 "변형주의" 전술, 즉 3당합당 같은 것을 통 해 의회 구성을 총선 결과와는 다른 방향으로 바꾸는 것이었다.[46]

이런 변형주의 전술의 토대는 우리의 민주화 이행의 특성에서 비롯 된다. 민주화 이전의 권위주의적 구체제는 억압적 국가장치를 통해 시 민사회와 정치사회를 침묵시킴으로써 권력을 유지한다. 그 결과 정치 사회와 시민사회는 그것의 잠재된 역능에 비해 미발달된 상태에 머무 른다. 그렇기 때문에 민주화 이행의 기회는 정치사회와 시민사회 역능 의 발전을 통해서 단선적으로 이뤄지기보다 그런 역능의 발전과 억압 적 지배의 효율성과 지배블록의 응집성 사이의 복잡한 상호작용에 의 존한다. 대개 정치사회와 시민사회의 도전에 대해 지배블록이 어떤 이

---

46 최장집 「변형주의(transformism)와 한국의 정치발전」, 『성곡논총』 27집 2권, 1996.

유로 내적 균열에 빠질 때 갑작스럽게 기회가 확장되기도 하는데, 우리의 경우도 박정희 전 대통령의 사망은 그런 기회를 열어주었다. 그렇게 열린 기회를 닫으려 한 전두환정권의 기획도 단기적으로만 성공할 수 있었다.

아무튼 이행이 이뤄진 시점에서 우리의 상황은 정치사회의 수준에서는 구체제에서 연원한 보수파와 구체제 권위주의와 투쟁하면서 상당한 역량을 다진 야당 세력이 포진해 있었던 반면, 시민사회 수준에서 보수파는 정부의 후견 없이는 버티기 어려운 상태였고 민주파의 경우에는 특정한 계기가 주어지면 강력하게 분출할 여지는 있지만 아직은 상대적으로 미발달 상태에 머물러 있었다. 이렇게 시민사회가 취약했기 때문에 정치사회는 시민사회로부터 분리된 채 정치사회 내부에서의 타협 또는 합종연횡에 상대적으로 자유로웠다고 할 수 있으며, 그것의 가장 중대한 귀결이 3당합당이었다.

3당합당이 형성한 정당체제는 민자당 계열과 왜소해진 민주당 계열로 점차 양분되어갔다.[47] 진보정당 계열을 제외하면 민자당 계열에서 이탈한 소수파(예컨대 김종필이 이끈 자민련)나 민주당 계열에서 이탈한 소수파(안철수가 이끈 국민의당)는 중장기적으로는 쇠퇴했다. 그렇게 된 데는 모리스 뒤베르제(Maurice Duverger)가 지적했듯이 단순다

---

[47] 민자당 창당 이후 선거를 중심으로 여러번 당명과 구성의 변화가 있었지만, 그 모든 정당은 민자당 계열이라고 부를 수 있다. 그 반대편에는 김대중계의 평화민주당과 김영삼의 3당합당에 합류하지 않고 남은 통일민주당 출신이 주축이 된 일명 '꼬마민주당'이 합당해서 형성한 1991년 민주당을 기준으로 삼아, 이후 복잡한 분열과 연합을 거듭하며 여러번 당명을 개칭한 정당들을 여기서는 민주당 계열로 부를 것이다. 진보정당도 당명과 참여 정파의 변동이 여러번 있었는데, 모두 진보정당 계열로 부를 것이다. 이런 빈번한 정당명 변경과 정파들의 이합집산이 바로 변형주의 의회 전술의 증거이다.

수제에 의한 선거가 양당제를 강화했기 때문이기도 하다. 그리고 양당제가 강화되면, 그만큼 단순다수제 중심의 선거법 개정은 어려워진다고 할 수 있다.

실제로 그때그때의 여당과 제1야당은 지역비례대표제 중심의 단순다수제 선거법 개정을 외면했지만, 87년체제를 통해서 개정 압력은 세 방향에서 지속적으로 제기되었다. 우선 헌법소원에 기초해서 헌법재판소가 내린 결정들이다. 대표적인 것이 표의 등가성이라는 원칙에 따라 선거구별 인구 차이가 2:1을 넘지 않도록 하라는 결정이다.[48] 헌법재

---

48 헌재의 선거구 관련 헌법소원에 대한 결정은 1995년과 2001년 그리고 2014년, 이렇게 세번 내려졌다. 1995년에는 4:1을 넘어서는 안 된다는 결정을 내렸고, 2001년에는 3:1에 맞추는 법률 개정 시한을 2003년 12월 31일로 정해주었다. 그리고 2014년에는 2015년 12월 31일까지 2:1로 맞추라는 결정을 내렸다. 이 결정들은 모두 헌법소원을 통해서 이뤄졌다. 87년 헌법에 기초해서 설립된 헌법재판소와 헌법소원 제도는 87년체제에 역동성을 불어넣은 중요한 장치다. 헌법소원 제도 덕분에 우리 사회의 개인들은 헌법에 근거해서 법률의 타당성을 따질 수 있게 되었다. 개인은 헌법소원 재판에서 법원과 대등한 위치에 서며, 동시에 그런 법을 제정한 입법부 그리고 정부 입법도 가능하므로 행정부까지 포함해 국가기구 전체와 대등한 위치에 설 수 있다. 민주화 이후 30년 동안 수천건이 이뤄진 헌법소원은 헌법과 개별 시민의 삶 사이의 사회심리적 연계성을 높이며, 시민들이 법의 물신화된 외관을 깨고 그것을 입법의 규범적 맥락과 헌법의 사회계약적 순간으로 소환하는 효과를 갖는다.

물론 헌법재판소의 결정들에 대해서는 그것의 보수성과 진보성을 둘러싼 논란이 많다. 토지공개념 법안에 대한 위헌 결정이나 관습헌법이라는 어처구니없는 논거에 입각했던 신행정수도 위헌 결정, 종합부동산세 위헌 결정, 그리고 앞에서 다뤘던 통합진보당 해산 결정 등이 보수성을 드러낸 중요한 결정이라면, 국가의 사전검열 철폐, 호주제나 군가산점의 철폐 결정, 야간 옥외집회 금지 헌법불합치 결정, 간통죄 폐지 결정, 양심적 병역거부 헌법불합치 결정, 낙태죄 헌법불합치 결정 등은 진보적 결정의 사례라고 할 수 있다. 필자는 다른 글에서 87년체제에서 보수파의 자유화 프로젝트와 민주파의 민주화 프로젝트가 경합했음을 주장한 적이 있다(졸저 『분단체제와 87년체제』). 그런 두 프로젝트의 경합을 헌법소원의 역사가 잘 보여준다는 점은 위에 언급한 결정들만으로도 쉽게 눈치챌 수 있다. 이 문제는 헌정체제의 관점에서 87년체제를 조명할 때 의당 상세히 다뤄야 할 주제이지만, 지면의 한계로 다른 기회를 빌리고자 한다. 1988년에서 2007년까지 20년간의 헌

판소는 또한 전국구 비례대표 국회의원을 지역구 투표에서 얻은 득표 수에 따라 각 당에 배분하는 방식에 대해 당시 여당인 새천년민주당 당원과 민주노동당 준비위원회가 제기한 헌법소원에서 정당명부식 비례대표를 운영하는 한 1인 1표는 위헌이라는 결정을 내렸고, 그에 따라 2004년 17대 총선에서 1인 2표에 기초한 정당명부식 비례대표제가 도입되었다. 헌법재판소의 결정은 수위(首位) 정당들의 이해관계와 독립적으로 선거법이 개정되도록 만든 요인이었다.

다음으로 정당명부식 비례대표제가 자당의 의석 수 확대에 필수적인 정당인 진보정당의 원내 진입이었다. 진보정당은 자신들이 제기한 헌법소원을 받아들여 헌법재판소가 강제한 '1인 2표제' 덕분에 17대 총선에서 10석을 얻을 수 있었다. 이 일은 제도 설계가 정당 발전과 내적인 연계성을 가지고 있다는 것을 확연히 보여준 사례였다. 그리고 그로 인해 진보정당의 원내 진출은 선거법 개정을 향한 추가적 추진력이 된다. 정당명부식 비례대표제가 더 확장되지 않고는 어려운 정당이 의회 내에 교두보를 마련하게 되기 때문이다. 이들은 일상적으로는 규범적 압력을 증대시키고, 특정 정세에서는 캐스팅보트를 지렛대로 영향력을 행사하게 되기 때문이다.

마지막으로 시민사회로부터의 압력이다. 정치사회는 시민사회로부터 분리되어 자신들의 합종연횡과 변형주의적 의회전술로 자신들의 이해관심을 실현하고 시민사회의 압력을 무산시켜왔는데, 그것이 다양한 시민단체의 발전과 시민사회의 역량 강화로 점점 어려워졌다. '2000년

법재판소의 역사를 정리한 저서로는 이범준 『헌법재판소, 한국 현대사를 말하다』(궁리 2018)를 참조하라.

총선시민연대'는 시민사회의 문화적이고 규범적인 지원에 힘입은 시민 단체가 정치사회의 개혁을 강력하게 요구한 사례이다. 2002년 한일월 드컵을 매개로 하여 2004년 탄핵반대를 계기로 형성된 대규모 대중의 촛불집회는 구체적 정치과정에 직접적인 영향력을 행사하고 정치사회 를 포박하는 방향으로 나아갔다. 이런 흐름은 시민단체들마저 견인하 는 위력을 발휘하기 시작했다. 이명박정부에서 있었던 2008년 촛불항 쟁은 2012년 총선을 향해 나아가며 민주파 정당에 대해 연합정치를 강 제하는 힘으로 작동했고, 이 연합정치에 대한 두려움이 바로 앞 절에서 언급한 '국회선진화법'이 만들어지도록 한 중요한 계기이기도 했다. 연 합정치는 민주당 계열 정당이 선거 승리를 위해서는 진보정당의 협력 을 필요로 하게 만들었고, 그런 협력의 조건은 선거법 개정이 될 수밖에 없었다.

그때그때의 중요한 정치적 계기에 직면할 때마다 더 큰 규모의 동원 으로 나아간 촛불집회는 마침내 2016~17년 촛불혁명을 통해 새로운 단계로 나아갔다. 2016년 12월 9일 박근혜 대통령에 대한 탄핵소추안이 국회에서 가결된 것은 시민사회의 요구에 정치사회가 굴복한 사건이라 고 할 수 있다. 헌법재판소에 의한 박근혜 대통령의 파면은 그런 굴복의 연장선상에 있으며, 그런 귀결에 이를 때까지 지속적인 동원을 이어간 시민사회의 성과이다.

촛불혁명을 예고한 20대 총선이나 촛불혁명을 경유해서 치러진 제 19대 대통령선거는 87년체제 형성 이래 처음 있는 정치사회의 편성을 만들어냈다. 3당합당 이래 총선과 대선의 양상은 언제나 보수파 거대 정당과 그보다 허약한 (진보정당까지 포함하는) 민주파 정당들 사이의 대결이었다. 선거의 향배는 보수파 정당이 분열하는가와 민주파 정당들이 연합정치에 성공하는가에 달려 있었다. 하지만 촛불혁명은 강한 민주파 정당과 분열된 보수파라는 전적으로 새로운 구도를 만들어냈다. 연합정치는 지금 보수파의 과제가 된 셈이다.

이런 정치사회 구도의 변화는 선거법 개정의 동력으로 작동하고 있다. 촛불혁명의 정치적 성과의 제1라운드가 19대 대통령선거였다면, 제2라운드는 2020년에 치러질 21대 총선일 것이다. 그러나 헌정체제라는 관점에서 보면, 촛불혁명의 성과는 선거법 개정으로 집약된다고 할 수 있다. 개편된 정당 구도 덕분에 3/5이라는 가중다수결을 필요로 하는 연동형 비례대표제 선거법이 소관 상임위 의결을 통과하고 현재 법사위에 계류 중이다. 연동형 비례대표제에 기초한 개정안이 통과된다면, 여전히 지역구 중심의 단순다수제에 근거한 현행 선거법이 강화해온 양당제 경향도 약화될 수 있을 것이다. 그것은 진보정당의 성장을 촉진하고, 현재 일시적으로 발생한 보수파의 분열을 안정화함으로써 그들의 연합정치에 허들을 설치할 것이다.[49] 물론 2019년 10월 현재 의회 구도에서 선거법 개정이 2020년 21대 총선 이전에 이뤄질지 확인하기는 어렵다. 선거법 개정이 무산되고 보수파의 연합정치가 성공함으로써 이전 정치사회의 구도가 상당 정도 복원되고 분단체제의 반탄력이 다시 한번 그 위력을 드러낼 수도 있다. 그러나 만일 선거법 개정이 이뤄

---

49 2018년에 발의된 선거법 개정안의 걸림돌은 역시 보수파 연합정치의 중심에 있을 수밖에 없는 자유한국당의 이해관심이지만, 그보다 약하긴 해도 현재 여당의 의석수 최대화 전략도 걸림돌의 하나이다. 여당의 최대 의석이 아니라 제1야당과의 최대 의석 격차가 국회 운영과 개혁 작업의 관건이라는 관점을 가졌다면, 이미 2018년에 선거법 개정에 박차를 가했어야 마땅하다. 하지만 선거법 개정의 본격적인 추진은 2019년 상반기를 지나면서 이뤄졌는데, 그렇게 된 여당 내부 요인을 외부에서 규명하기는 현재로선 어렵다. 하지만 향후 검토가 필요한 문제이다.

진다면, 그것은 헌정체제의 관점에서 볼 때 87년체제 극복 작업이 의미 있는 성과를 거두며 새로운 단계로 들어섰다고 말할 수 있는 하나의 기준점이 될 것이다. 그럴 경우 우리는 촛불혁명이 마침내 87년헌정체제를 어떤 문턱 너머로 이끌었고, 그로 인해 이면헌법이 해체될 시간도 가까워졌다고 말할 수 있을 것이다.

제11장
한반도 분단체제의 독특성과 6·15시대

유재건

1. 머리말

2000년 6·15남북공동선언에는 으레 '역사적' '획기적'이라는 수식어가 붙지만 그것이 별로 이상하게 들리지 않는다. 분단 후 최초로 남북 정상이 만나 화해와 교류를 통한 평화적 통일에 합의했다는 사실만으로도 충분히 그럴 만하고, 여기엔 폭넓은 공감대가 형성되어 있는 것으로 보인다. 하지만 7년이 지난 지금, 그 선언을 '6·15시대'라는 시대구분의 한 기점으로 삼는 것은 합당한 것일까? 물론 6·15공동선언은 우여곡절 가운데서도 알게 모르게 한반도의 안전지대화에 일조하면서 양측 사회에 어느정도의 변화를 가져오기도 했다. 하지만 아직껏 그 변화가 양측 사회 전반의 일대 쇄신에 이르렀다고 보기는 어렵고, 게다가 지

---

* 이 글은 『창작과비평』 2006년 봄호(통권 131호)에 '역사적 실험으로서의 6·15시대'라는 제목으로 실린 것을 2007년 이 제목으로 수정, 보완해 『지역과 역사』 20호에 게재한 것이다. 이 글은 『변혁적 중도론』(정현곤 엮음, 창비 2016)에 수록되었는데, 이 책에는 최근 생각을 담은 후기를 덧붙여 재수록한다.

난 2월 13일 북·미 간 극적 합의로 북핵문제 해결의 가닥이 잡히기는 했지만[1] 항구적 평화 정착에는 앞으로도 숱한 어려움이 가로놓여 있는 것이 사실이다.

이런 상황에서 한반도를 단위로 한 '6·15시대'론은 통일운동가들이 각오를 새롭게 하는 다짐의 표현은 될지언정 적어도 우리 사회과학계에서 큰 호응을 받을 것 같지는 않다. 대체로 자기가 살고 있는 당대를 규정하는 일은 오늘의 역사적 좌표를 설정하고 그에 걸맞은 과제를 자각하는 방편이라 할 수 있다. 그렇다면 '6·15시대'론은 '분단시대'론과 마찬가지로 남북을 아우르는 하나의 시대를 설정함으로써 남북관계 및 통일에 결정적 중요성을 부여하는 의미를 가진다. 그러나 현재 우리 사회과학계는 분단과 통일 문제를 남북한관계라는 일종의 외적 관계에서 바라볼 뿐, 남과 북을 아우르는 하나의 틀 혹은 하나의 체제가 있다고 보지는 않는다.

가령 작년(2006)에 『한겨레』에서 개최한 '선진대안포럼' 대토론회는 오늘의 한국사회의 과제를 모색하는 진보적 지식인들의 첫 모임이었지만, 그 구상 전반을 게재한 신문 지면 4면 전체를 보더라도 한반도 단위의 사고는 물론이고 남북관계가 아예 시야에 없는 것을 확인하게 된다.[2] 그렇다고 여기에 참여한 진보적 지식인들이 분단과 통일의 문제, 한반도 평화 문제에 관심이 없는 것은 아닐 것이다. 이 문제는 절박한 사회

---

1 2007년 2월 13일 6자회담 결과 나온 '2·13합의'는 조선민주주의인민공화국의 핵시설 폐쇄와 불능화, 핵사찰 수용, 중유 100만톤 상당의 경제적 지원 등을 골자로 한다.

2 통일 및 북한에 관한 언급으로는 박명림이 한국 진보담론의 위기상황을 규정하는 세가지 중의 하나로 "한국 진보담론의 재구성은 민족문제와 직결되어 있는데, 통일문제 및 북한의 현실에 대한 곤혹스러움이 있다. 북한의 체제 이데올로기는 현재 총체적인 파탄을 맞았다."고 지적하는 한 대목이 있다. 한겨레 2006. 1. 3; 1. 4.

과학적 문제로서 이를 주제로 한 그간의 연구성과는 엄청난 양에 이르고 지금도 매년 수백편의 논문이 쏟아져 나오는 실정이다. 이렇듯 진보적 지식인들이 분단과 통일 문제에 관심이 지대함에도 불구하고 한국사회의 핵심과제를 다룰 때 그 문제를 일단 사회과학적 시야에서 배제하는 것은 왜일까? 여기엔 적어도 세가지 이유가 있는 것으로 보인다.

첫째로, 그것은 우선 남과 북이라는 이질적인 두 사회의 동시대성을 인정하기 어렵기 때문일 것이다. 분단문제는 대체로 사회를 다음과 같이 파악하는 것이 상식인 우리 사회과학계에서는 곤혹스러운 난점으로 남기 마련이다.

사회 혹은 사회구성체의 단위는 국가주권의 경계선을 넘어서지 못한다. 비록 개별 사회구성체는 세계적 차원에서의 모순구조의 영향력을 내재화하기도 하고 식민지 종주국의 재생산관계의 직접적인 규정을 받기는 하지만, 정치적 경계선 내의 경제단위를 기초로 하여 재생산된다.[3]

이렇게 사회를 "정치적 경계선 내의 경제단위"로 생각하는 관점에서 남과 북을 하나의 틀로 바라보는 시각은 들어설 자리가 없다. 그런데, 분단시대든 6·15시대든 그것을 한반도 단위의 의미있는 시대구분으로 본다는 것에는 이질적인 두 사회를 포괄하는 공통의 틀, 혹은 두 사회의 주민이 동일한 체제에 살고 있다는 인식이 전제되어 있다. 우리의 진보담론이 분단과 통일의 중요성을 무시하지는 않지만 한국사회를 설명하

---

3 김동춘 『한국 사회과학의 새로운 모색』, 창작과비평사 1997, 262면.

는 사회과학적 시야에서 이 문제를 제쳐놓는 것은 과학적 근거가 없어 보이는 이런 전제를 받아들이기 어렵기 때문이 아닐까 싶다.

둘째로, 통일의 문제가 진보적 사회과학이 지향하는 세계사적 보편성과 직결된 문제는 아니라는 점 때문일 것이다. 권혁범이 잘 지적했듯이, 남북이 하나의 단위가 된다는 의미의 통일은 그 자체가 한반도 주민의 보편적 목표나 기본적 전제가 되기에는 너무 편협하며 인류가 근대사의 우여곡절을 통해서 합의한 기본적 가치의 하위 수준에 머물러 있는 것이다.[4] 특히 민족주의가 철 지난 조류가 된 지구화시대에 통일이라는 민족주의적 목표에 과도한 시대사적 의미를 부여하는 것이 아닌가 하는 비판도 이제는 광범위하게 퍼져 있다.

셋째로, 통일문제가 민중성이라는 차원에서 본질적인 것은 아니라는 것, 즉 전지구적 자본주의 시대에 통일과정은 한반도 전체에 대한 자본주의 시장논리의 확대로 나타날 수밖에 없다는 것이다. 그래서 좌파 지식인들 사이에서는 현재의 통일과정 자체가 신자유주의 물결에 대항하는 민중적 대응전략에 오히려 방해가 된다는 견해도 종종 나오는 실정이다. 가령 남북화해를 북한에 대한 신자유주의적 흡수통합 노선으로 비판하는 김세균은 "가장 중요한 기준은 신자유주의를 지지할 것인가, 아니면 반대할 것인가이며, 자본지배체제가 한반도 전체로 확산되는 것을 받아들일 것인가, 아니면 남북한의 노동자-민중의 이익에 진정으로 합치하는 새로운 사회체제의 건설을 지향해나갈 것인가"[5]라는 논리하에 통일과정을 경계하고 있다.

---

4 권혁범 「통일에서 탈분단으로」, 『당대비평』 2000년 가을호 159면.
5 김세균 「남북정상회담 이후의 남북한관계 및 남북한사회」, 『진보평론』 2000년 가을호 179~88면.

이 글은 이같은 의문의 근거들이 과연 타당한가를 따져보는 가운데 '분단시대'와 '6·15시대'라는 시대인식이 실천적으로나 사회과학적으로 어느 정도 의미가 있는지 살펴보려는 시도이다. 여기서 필자는 한반도 분단체제가 세계사적으로 유례가 없는 독특한 성격을 지니며, 이 성격은 20세기 후반기 냉전구조의 독특성과 연결되어 있음을 강조할 것이다. 그리하여 한반도 분단체제의 극복이 비록 그 자체로 자본주의 세계체제로부터의 이탈일 수는 없지만, 그 체제에 대한 일대 타격이 될 수 있다는 의미에서 '민중적'이며 '세계사적 보편성'을 가질 가능성은 없는지를 탐색하고자 한다.

2. 냉전구조의 본질과 한반도 분단체제

한반도의 분단은 흔히 동서냉전의 산물이라고 이야기된다. 외세에 의한 한반도 분단이 동서 이념갈등으로 고착되고 한국전쟁으로 강화되었다는 것이 통상적 상식일 것이다. 그리고 이런 상식은 남북한 대립체제가 자본주의 대 공산주의 양대 진영의 적대, 즉 냉전구조를 고스란히 구현한 것이라는 점에서 당연한 것처럼 보이기도 한다. 하지만 현대 세계사에서 냉전구조의 성격이 과연 무엇인지에 대해서는 논란의 여지가 있다.

한때 탈냉전으로 전쟁의 시대가 가고 평화의 시대가 오리라는 기대가 있긴 했지만 이제 탈냉전 시대의 세계가 불안한 혼란기에 접어들었다는 것은 두루 실감되고 있는 편이다. 오히려 냉전시대가 이데올로기적 적대와 군사적 대치에도 불구하고 상대적으로 평화롭고 안정된 시대였다는 인식이 폭넓은 공감을 얻는다. 냉전시대의 양극화된 국제정치구조는 개별 국가에 강제된 만큼이나 기본적으로 불안한 안정을 보장한 것이고, 이런 의미에서 냉전(Cold War)의 시대는 사실상 홉스봄(E. Hobsbawm)의 말대로 '냉평화'(Cold Peace)'의 시대였다.[6] 오늘날 세계에 불안정과 동요가 만연하고 국지전이 빈번한 것은 냉전기에 안정적으로 고착된 모종의 지배체제에 균열이 나타나고 있기 때문이라 할 수 있다.

이런 정황은 공산주의 대 자본주의의 대결이 냉전구조의 핵심적 갈등이라는 시각 자체를 수정할 필요를 제기한다. 냉전에서 미·소 대결을 핵심으로 보는 인식에는 미국과 소련의 힘이 대략 비슷하다는 잘못된 전제가 깔려 있다. 그러나 미·소의 힘의 격차는 실제로 상당히 컸으며, 바로 이 격차 때문에 냉전은 묘하게도 미·소 간의 묵계가 쉽게 이루어질 수 있는 그런 체제였다. 그렇다 해서 미·소 간의 실제적 적대, 요란한(듯 보였던) 대립이 없었다는 뜻은 아니다. 그런 양상은 분명 있었다. 그러나 냉전 구도는 그 심층에서는 미국이 소련과의 공존을 전제로 세계적 패권을 수립하기 위해 선택한 일종의 전략적 장치로 보는 것이 마땅하다. 이것은 2차대전 후 경제회복이 절실했던 소련에도 이익이 되는 것으로서, 미국은 소련으로 하여금 공산진영의 패권을 유지하도록 허용했다. 미국의 공산권 봉쇄정책 자체가 미국 패권주의 기획의 일부였으며, 그런 한에서 그것은 사실상 적국과 동맹국 모두에 대한 봉쇄, 즉 이중봉쇄였다. 커밍스(B. Cumings)는 이 점을 다음과 같이 간명하게 요

---

6 Eric J. Hobsbawm, *The Age of Extremes: A History of the World, 1914-1991*, New York: Vintage 1996, 제8장(『극단의 시대』, 이용우 옮김, 까치 1997).

약한 바 있다.

　냉전은 두개의 체제로 이루어져 있었기 때문이다. 첫째는 적성국
과 동맹국 모두에 대항해서 안보를 제공하는 봉쇄정책이다. 둘째는
미국의 경쟁공업국의 필수자원에 대한 칼자루를 미국이 쥘 수 있도
록 하는 패권 프로젝트이다. 패권 프로젝트와 동맹국 봉쇄체제는 지
금도 살아 있다.[7]

　이런 의미에서 냉전의 적대적인 지정학적 긴장은 다중적인 효과를
가지는 전략적 장치로 기능하기에 안성맞춤이었다.[8] 그 효과는 첫째,
세계시장의 확대에 별 도움이 안 되는 공산권의 봉쇄를 통해 미국은 부
담을 줄이면서 자본주의 세계경제의 팽창을 주도했고 동맹국들을 하
위에 둔 패권체제를 확립할 수 있었다. 둘째, 이데올로기적으로 냉전은
미·소가 동서 양 진영 내부를 통제함으로써 기존 세계질서의 위협세력
을 억압하고 세계 전역에서 안보국가체제를 이룰 수 있도록 하였다. 이
로써 냉전은 범세계적으로 모든 국가의 국내 억압체제를 정당화했다.
셋째, 냉전은 자본주의 세계체제에 대한 제3세계의 저항을 봉쇄하는
것, 다시 말해 남북갈등의 통제에 기여했다. 이것이 미국으로서는 가장
통제하기 어려운 차원이었고, 1950년대 이래 미국은 제3세계에서 탈식

---

7 B. 커밍스 「70년간의 위기와 오늘의 세계정치」, 『창작과비평』 1995년 봄호 74~75면.
8 Immanuel Wallerstein, *After Liberalism*, New York: The New Press 1995, 180~83면(『자유
　주의 이후』, 강문구 옮김, 당대 1996); 김정배 『미국과 냉전의 기원: 공존과 지배의 전략』,
　혜안 2001. 김정배는 여기서 미국이 일차적으로 겨냥한 대상이 소련이 아니라 서유럽과
　일본이었다고 주장한다.

민지화와 발전주의 국가 형성을 그 방책으로 삼았다. 마지막으로, 냉전은 미국 국내 지배체제의 강화를 가져왔고 미국 내적으로 자본·노동갈등과 인종갈등을 통제함으로써 자본축적의 가속화를 도왔다. 월러스틴은 그런 갈등으로 점철된 1930년대 미국을 볼 때 이후의 국내 냉전체제가 없었다면, 다시 말해 "만약 미국이 1930년대에 그랬던 것처럼 분열된 채로 있었다면 패권국가가 되기는 어려웠을 것"[9]이라고까지 주장한다.

요컨대, 냉전은 동서 적대를 통한 각 진영 내부의 통제와 더불어 북에 의한 남의 통제, 그리고 미국의 체제 안정이라는 의미를 두루 갖추고 있었고, 결국 이런 의미에서 미국 패권하의 자본주의 세계체제를 공고히 하는 방식이었다. 만약 자본주의와 공산주의의 대결이 냉전구조의 핵심이라면 미국은 냉전을 승리로 이끌었다고 할 수 있을 것이다. 하지만 미국 패권의 자본주의 세계체제의 공고화가 냉전구조의 본질이라면 미국은 냉전에서 승리한 것이 아니라 패배했다는 역설적인 주장도 성립한다. "왜냐하면 냉전은 이겨야 할 게임이 아니라 계속 추어야 할 미뉴에트 춤"[10]이기 때문이다. 계속 덩달아 추어야 할 춤을 상대방이 아프다고 주저앉아 진짜 게임으로 바꾸어버렸으니, 소련 제국의 붕괴야말로 미국 패권이 결정적으로 타격을 받은 계기가 되었다는 것이다.

한국의 분단은 이런 의미의 동서냉전의 일부였고, 특히 한국전쟁은 동아시아 지역뿐 아니라 세계적 차원에서 냉전체제를 굳히는 데 큰 역할을 한 세계사적 사건이었다. 바로 이 한국전쟁과 그 교착상태로 굳어

---

9 I. Wallerstein, 앞의 책 183면.
10 같은 책 191면.

진 한반도 분단체제는 앞의 네가지 면모를 한층 강화하면서 미국 패권하 자본주의 세계체제의 안정화에 다음의 측면에서 결정적으로 도움을 주었다.

첫째, 한국전쟁은 세계경제의 팽창기간 중 엄청난 군사비 지출로 팽창을 직접 자극했고 일본 경제의 비약적 성장을 가능케 했다. 둘째, 한국전쟁은 미일방위조약, 일본의 자위대 창설, 유럽 냉전의 공고화에 두루 영향을 미치면서 범세계적으로 억압적인 안보국가 구축에 기여했다. 셋째, 한국전쟁은 미국 패권주의에 대한 제3세계의 저항의 측면도 갖고 있었으나 장기간의 정전체제는 한반도를 기득권세력의 억압이 용이한 준(準)전시상태로 상존시켰다. 한반도에서도 물론 미국의 본질적 정책은 남북한 모두를 봉쇄하는 이중봉쇄, 즉 분단체제를 유지하는 것이었다. 넷째, 요즘 이라크와 북한의 '체제 전환'(regime change)이 자주 거론되지만, 다른 의미에서 미국의 '체제 전환'에 결정적인 기여를 한 것이 바로 한국전쟁이었다. 그래서 커밍스는 한국전쟁이 세계사적으로 베트남전쟁보다 더 중요한 사건이자 미국사의 한 분수령이었다고 강조하는 것이다.[11] 미국사에서 유례없는 상황이 전개되어, 국방예산이 엄청나게 늘어났고 군산복합체에 막대한 재원이 투여되었다. 한국전쟁은 미국 패권주의의 성립과 유지에 불가결한 미국 내 체제를 완성해주었던 것이다.

냉전을 공산주의와 자본주의의 대결로 본다면, 한반도는 이미 승부가 끝난 싸움의 끝자락에 북한 공산주의의 시대착오 때문에 남들은 다

---

11 B. 커밍스, 앞의 글 80면; Chalmers Johnson, *The Sorrows of Empire: Militarism, Secrecy and the End of the American Republic*, New York: Metropolitan Books 2004, 83~85면(『제국의 슬픔: 군국주의, 비밀주의, 그리고 공화국의 종말』, 안병진 옮김, 삼우반 2004).

버린 냉전의 유물을 껴안고 있는 장소라 할 수 있다. 이렇게 보면 유럽이 이미 해결한 과제를 해결하지 못한 한반도의 후진성이 두드러져 보인다. 이것이 오늘날 거의 모든 사회과학자들이 공유하고 있는 한반도 상(像)이기도 하다. 하지만 냉전의 본질이 미국 패권하 자본주의 세계체제의 공고화에 있다면, 한반도 분단체제는 냉전의 낡은 유물이 아니라 그 본질적 면모를 고스란히 구현하고 있는 체제인 셈이다. 한반도 분단체제는 후진성의 징표가 아니라 오히려 유럽 냉전의 해체로 그 존재 이유가 더 뚜렷해진 것일 수도 있다. 한소·한중 수교, 남한과 북한의 유엔 동시가입으로 냉전이 해소되는 듯 보이던 때 북미·북일의 냉전 대립이 해소되지 못한 것 또한 미국의 세계전략과 관련되어 있다. 이런 문제의식하에 백낙청은 한반도의 분단 현실이 세계 어느 곳에도 유례가 없는 특이한 구조를 지닌 것은 바로 한반도 분단체제가 동서대립+제3세계 통제라는 본질적 면모를 갖고 있기 때문이고, 이 때문에 통일과정에서 유례없는 독특한 방식의 창안이 요구된다고 주장한다.[12]

냉전의 본질을 이렇게 이해할 경우 오늘날 미국 부시 정부의 매파집단이 9·11테러 이후 현재의 세계적 혼란기를 2차대전 후 미국 패권이 확고한 지위를 굳혀갔던 냉전시대 초반기와 견주고 싶어하는 이유를 알 수 있다. 네오콘의 세계사 전망에서 탈냉전 이후의 지금 시기는 세계가 1945년 직후의 냉전 초기로 돌아갈 것인가, 아니면 19세기 말 열강들이 패권을 다투던 혼란기로 돌아갈 것인가 ─ 대표적 네오콘인 폴 울포위츠가 이 경우 19세기 말의 독일 위치에 오늘의 중국을 배치하는 것은

---

12 백낙청은 월러스틴이 한반도 분단의 독특한 성격, 동서대립+제3세계 통제의 복합적 면모를 간과하고 독일 분단과 유사한 것으로 간주한다고 비판한다. 백낙청 『흔들리는 분단체제』, 창작과비평사 1998, 93, 179~80면.

시사적이다 ── 의 결정적 기로에 있는 시기이다.[13] 네오콘의 일원은 아니지만 이들과 손발을 맞춰온 콘돌리자 라이스 당시 국가안보보좌관이 9·11을 국제정치 지각변동의 계기로 받아들이면서 한 말도 시사적이다.

국제체제는 소련의 붕괴 이후 유동적인 상황이 지속되어왔다. 이제 이행기에 종언을 고하는 것이 가능하고, 정말이지 그렇게 될 것이다. (…) 그렇다면 지금은 미국의 지도력이 자유를 지지하는 새로운 세력균형을 창출하기 위해 자유민주주의 국가(열강 중에는 독일과 일본)의 수를 확대시켰던 1945~47년과 비슷한 시기이다.[14]

라이스는 이후 미 국무장관 인준 청문회에서도 대테러전을 과거 냉전시대 공산주의 국가들과의 투쟁에 견주었다. 미국은 2차대전 이후 공산주의를 물리친 승리의 노력을 지금 테러에 대해 쏟아야 한다는 것이다. 그렇다면 현재 미국의 패권주의 기획과 동맹국 통제, 그리고 국내 억압체제 유지의 시도는 냉전전략의 연장선상에 있다고 할 수 있다.

사실상 미국의 매파집단은 공산권 봉쇄 대신 테러와의 전쟁을 통해 미국의 세계적 패권을 유지하는 것이 가능하다고 생각한다. 이라크전쟁도 미국의 압도적인 군사적 우위를 증명함으로써 성격이 다른 다양한 상대, 즉 강력한 경쟁자로 부상하고 있는 유럽과 동아시아, 핵보유국

---

13 Alex Callinicos, *New Mandarins of American Power: The Bush Administration's Plans for the World*, Oxford: Blackwell 2003, 106면(『미국의 세계제패 전략』, 김용욱 옮김, 책갈피 2004).

14 "Remarks by National Security Advisor Condoleezza Rice on Terrorism and Foreign Policy" (2002. 4. 29), www.whitehouse.gov/news/releases/2002/04.

및 잠재적 보유국, 그리고 이스라엘과 대치 중인 중동국가들에 대한 협박의 측면을 가지고 있다. 또한 패권주의 기획은 세계를 항구적인 잠재적 전시상태로 유지해 안보국가체제를 확고히 하고 미국 국내 억압체제를 강화하는 전략을 포함한다. 9·11 이후 '애국자법'을 비롯한 반민주적인 법률과 제도가 활개를 치고 있는 것도 그렇지만, 심지어 테러리스트 혐의가 있다면 온갖 고문을 해서라도 수많은 인명을 구해야 한다는 논리에서 보듯 안보국가가 전통적 자유주의의 가치까지 훼손할 수 있게 되었다. 매파집단이 테러와의 전쟁에 유혹을 느낄 만한 결정적인 이유는 또 있다. 앞의 비유를 원용하면, 테러와의 전쟁은 냉전과 달리 아예 궁극적 승리의 개념이 있을 수 없는 게임이기에 아프간이든 이라크든 북한이든 아무나 골라잡아 '계속 춤을 출 수' 있는 것이다.

그러나 냉전 초반기의 미국과 21세기의 미국은 정치적·이데올로기적·경제적 차원 그 어느 것을 보더라도 극명하게 대조된다.[15] 2차대전 후의 미국은 군사적 우위 외에도 가장 높은 경제력과 생산적 효율성, 동맹국들의 정치적 지지, 패권 유지를 위한 이데올로기를 갖추고 있었다. 미국의 경제력은 원조를 통해 전쟁으로 피폐해진 독일과 일본의 경제를 부흥시켜 라이스가 말한 '자유를 지지하는 세력균형'을 이루는 데 결정적인 역할을 했다. 또한 냉전시대에 미국은 자유주의 이데올로기를 통해 공산주의 세력의 존재를 패권 유지에 적극 활용할 수 있었다.

---

15 Emmanuel Todd, *Apres L'Empire*, Paris: Gallimard 2002(『제국의 몰락』, 주경철 옮김, 까치 2004). 또드는 두 시기의 극적인 대조, 전도 내지 도치를 다음과 같이 표현한다. "따라서 전세계는 이중의 도치에 직면해 있다: 세계와 미국 사이의 경제적 종속관계의 도치가 첫번째 것이고, 유라시아에서 긍정적으로 되고 미국에서 부정적으로 되는 민주주의의 역동성의 도치가 두번째 것이다."(34면)

그런데 미국이 처한 현재의 정황은 군사력을 제외한다면 경제적·이데올로기적 차원 그 어느 것을 보더라도 쇠락의 조짐이 뚜렷하다. 한편으로 유럽과 동아시아가 경쟁자로 부상하고 있고, 다른 한편 미국 경제에 끼치는 군국주의의 부정적인 영향 또한 점차 증가하고 있다. 미국 패권이 처한 현재의 위기는 다른 패권국가의 등장에서가 아니라 권력의 자원들이 극히 불균등한 데에서 기인한다. 마이클 맨(Michael Mann)이 '모순의 제국'이라 지칭한 것이 바로 이것인데, 미국의 세계패권에 대한 궁극적 위협은 군사력에서 압도적 우위를 점함에도 불구하고 경제와 이데올로기적 정당화에서는 그렇지 못하다는 점에 있고, 이것이야말로 악순환의 모순을 그대로 노정하고 있다는 것이다.[16]

그렇기 때문에 현재 미국의 위상을 볼 때 9·11 이후의 시대와 2차대전 직후의 시대가 유사하다고 할 수 있는 점은 막강한 군사력을 제외한다면 딱 한가지, 적(敵)이 있다는 것뿐이다. 하지만 냉전이 사실상 '냉평화'로 관리되었던 데 반해, 이제껏 미국 패권에 눌려 있던 지역들의 '역습'(blowback)이 본격화되는 현재의 혼란기 정황은 맥락이 전혀 다르다.[17] 오히려 미국은 국내에서도 자유주의와 민주주의를 파괴하고 있거니와 2차대전 이후 자국이 주도적으로 만든 국제기구·국제조약·국제법도 무시하고 있다. 2003년 2월의 반전시위를 두고 『뉴욕타임즈』의 한 기고문이 "지구상에 두개의 슈퍼파워, 미국과 세계여론이 있다"[18]

---

16 Michael Mann, *Incoherent Empire*, London: Verso 2003, 13면.

17 Chalmers Johnson, *Blowback: The Costs and Consequences of American Empire*, New York: Metropolitan Books 2000(『블로우백』, 이원태·김상우 옮김, 삼인 2003).

18 Patrick Tyler, "A New Power in the Streets," *New York Times* 2003. 2. 17; Alex Callinicos, 앞의 책 23면에서 재인용.

고 표현했듯이, 그 결과는 미국의 이데올로기적 고립일 뿐인 것이다.

　이것은 말을 바꾸면, 어쩌면 한국전쟁 당시에 확립된 바로 그 체제를 계속 유지하려는 노력이 미국 패권의 쇠퇴를 재촉하고 있다고도 할 수 있다.[19] 이렇게 보면 분단된 한반도는 세계 차원의 패권적 지배체제의 중요한 지역현장이라 할 수 있다. 남한과 북한이 동일한 지배체제의 일부라는 분단체제론이 ── 남북 주민들이 아주 다른 사회 속에 살면서도 동일한 체제에 살고 있다는 논리가 일상적 차원에서 납득이 되지 않을 수 있고 그래서 사회과학계에서도 호응을 못 받고 있긴 하지만 ── 전혀 무리한 이야기가 아닌 것은 이 때문이다. 한반도의 통일은 한반도라는 국지적 지역에서 치열한 전쟁의 교착상태로 굳어진 남북한 억압체제의 해체 혹은 전복이고, 그것이 세계 전체의 억압적인 구조와 연관이 깊은 한에선 현 세계체제 일각의 타파인 셈이다. 통일은 흔히 생각되듯이 1945년으로의 복귀, 혹은 당시 미완된 국민국가 건설이라는 과제의 뒤늦은 실현이 아닌 것이다. 그렇게 보는 것은 시대의 맥락이 이미 바뀌어버린 세계사적 정황에 대한 몰이해를 보여줄 뿐이다. 그 과제는 또한 일부 통일세력이 주장하듯이 남한이 미국의 제국주의적 지배하에 들어가 있기 때문에 민족해방이 요구된다는 식의 반미자주화의 과제도 아니다. 북한에서도 체제 내 민중에 대한 억압적 힘을 약화시킬 수 있다는 전망을 가지는 것은 당연하며, 심지어 미국의 뻬레스뜨로이까라 할 또 한번의 '체제 전환'에도 일조할 수 있으리라는 희망을 가질 수도 있는 일이다. 분단체제의 극복으로 이해된 통일은 세계적 차원의 억압체제

---

19 미국 패권의 쇠락에 대해서는 졸고 「미국 패권의 위기와 세계사적 전환」, 『창작과비평』 2005년 봄호 참조.

에 대한 일대 타격이자 자본주의 세계체제의 지배세력과의 싸움의 일
환일 수 있는 것이다.

3. 동북아시아의 지정학과 한반도 통일

한반도 분단체제의 극복이 세계적 차원의 억압체제와의 싸움의 일환
이라면 그것은 '민중적'이고 '세계사적'인 작업이라 할 만하다. 하지만
원론적으로는 그렇게 거창해 보여도 실제적인 구체화 과정은 그 반대
일 가능성이 크다. 이미 전개되고 있는 현실을 보더라도 실제로 통일과
정은 한반도 전체에 자본주의적 시장논리가 확대되는 양상으로 전개될
것으로 예상된다. 또한 적절한 수준의 민족공조를 바탕으로 한 민족주
의가 동력으로 작용할 수밖에 없을 것이기 때문에 그것은 민족주의의
퇴행성이 점점 두드러져가는 세계사의 보편적 흐름을 거슬러가는 것으
로 보이기도 한다. 2000년 6·15공동선언 뒤에 일부 진보진영이 보인 반
응도 바로 이 점에 대한 경계였는데, 한편으로는 그것이 신자유주의적
자본주의의 확대일 뿐이라는 것, 다른 한편으로는 그것이 민족주의 정
서를 강화해 억압적 성격의 동원체제를 가져오리라는 것이었다.[20]

물론 통일이 된다 해서 한반도가 자본주의 세계체제에서 벗어난다든
가, 또 아무리 국가연합 등 복합적 정치공동체라 하더라도 국민(민족)
국가의 시대에서 벗어난다든가 하는 것은 불가능한 일이다. 한반도든

---

20 이 두가지 입장에 대한 비판으로는 졸고 「통일시대의 개혁과 진보」,『창작과비평』
2002년 여름호 참조.

다른 어느 사회든 자본주의 세계체제로부터의 탈출이 불가능하다면 남는 과제는 그 안에서 어떤 길이 좀더 나은 사회를 만드는 길인지, 또 그 길이 세계체제를 한층 민주적이고 평등한 체제로 변화시키는 데 기여할 수 있는지 묻는 일일 수밖에 없다. 그것은 주어진 세계체제에 제대로 적응하면서 그 극복에 일역을 담당하겠다는 모순적인 작업일 수밖에 없지만, 특히 한반도가 패권주의가 작동하는 핵심지역 가운데 하나라면, 또 현 세계체제가 혼란스런 위기 국면에 들어가 있다면, 한반도와 그것을 둘러싼 동아시아가 그러한 저항의 중요한 거점이 될 가능성이 없다고 단정짓는 것은 무책임한 일이 아닐 수 없다.

그렇지만 탈냉전 시대, 신자유주의 시대라는 현 세계사 국면에서 지역 단위의 대처가 어느 정도 효율적일지에 대해서는 논란의 여지가 있다. 대체로 지역 단위의 구상에 회의적인 시각들은 냉전기의 동서분열 해소 이후 전지구적 자본주의가 국가와 지역을 넘어 관철되고 있기 때문에 국지적 대응은 무의미할 뿐 아니라, 심지어 위험하거나 반동적이라는 발상을 갖고 있다. 그런데 묘하게도 이 점에서는 반신자유주의 진영이 국경 없는 세계를 주장하는 신자유주의 진영과 일치하고 있고, 탈민족주의 진영 역시 마찬가지다.

예컨대, 송주명은 "세계경제는 상호의존성의 진전이라는 측면에서 이미 전세계적 규모로 확대되고 있으며 **분할 불가능**하다"[21]고 주장한다. 그는 지구화로 인해 삶의 양식이나 문화양식까지도 지역을 넘어서 전개되고 있기 때문에 지역을 분할해 정체성을 부여하는 지역주의적 대

---

21 송주명 「탈냉전기 동아시아 태평양의 안보·경제체제와 한반도」, 『역사비평』 2000년 겨울호 72면. 강조는 인용자.

응은 지역간 경쟁을 초래해 세계체제에 적대적 분열을 야기할 뿐이라고 본다. 다른 한편, 탈민족주의 시각에 선 임지현은 더 나아가 국민적·지역적 집단들의 정체성에 기초하여 저항의 거점을 만들고자 하는 노력이 반동적이라는 입장을 취한다.[22] 따라서 송주명은 "그보다 민중적 관점에 입각한 근본적인 국제질서 재편의 상을 꾸준히 모색"해 민중의 이익에 맞게 개입하는 것이 더 진보적이라고 제안하며, 임지현은 대안으로 "개별 주체들이 고유성을 견지하면서 소통적 사회성을 구성해나가는 '다중'(multitude), 자본주의의 식민화에 대항한 소통적 사회성, 전지구적 시민권, 탈근대적 공화주의, 자율주의 운동 등"을 떠올려볼 수 있다고 진단한다.[23]

이들의 이런 현실관은 서구 국제주의 좌파, 혹은 네그리(A. Negri) 등의 '제국'론에서 빌려온 것이기도 하다. 가령 캘리니코스(A. Callinicos)는 자본주의 지구화의 대항지점으로 국가나 지역을 설정하고 세계를 경쟁하는 국가들의 체제로 이해하는 것은 잘못이라는 견해를 견지한다. 그래서 그는 미국의 우위에 대한 유럽연합의 지역주의적 도전조차 현 상황을 근본적으로 개선하기는커녕 "많은 자원들을 군대로 돌리고 새로운 군비경쟁을 풀어놓아 세계를 지금보다 한층 더 부정의하고 위험스럽게 만들 것"[24]이라고 주장한다. 다른 한편, 네그리와 하트(M. Hardt)는 20세기 말의 지구화로 국가간 관계의 제국주의 시대가 종언을 고하고 탈영토적 네트워크상의 지구 '제국'이 도래했다고 믿는다. 그

---

22 임지현 「다시, 민족주의는 반역이다」, 『창작과비평』 2002년 가을호 185면.

23 같은 글 201면; 송주명, 앞의 글 73면.

24 Alex Callinicos, "The Grand Strategy of the American Empire," *International Socialist Journal* 2002 Winter (http://pubs.socialistreviewindex.org.uk/isj97/callinicos.htm).

들이 이미 도래했다고 믿는 탈근대적 '제국'에서는 지리적 차원과 국가 간 차원은 결코 독자적인 갈등지점이 될 수 없다. 그들은 지구화로 인해 생산의 탈중심화·탈영토화가 이루어져서 국민국가간, 빈곤한 남과 부유한 북 간의 지리적 구분으로는 오늘날 지구적인 차원의 분열을 파악할 수 없다고 주장한다. 따라서 자본주의적 지구화에 대해 국지적인 차원에서 방어하려는 민족주의나 지역주의는 반동적이라는 것이다.[25]

이같은 발상들의 밑바탕에는 현재의 세계가 유일 초강대국의 일극체제거나 국가·지역이 무의미해진 '제국'의 시대에 들어섰다는 인식이 깔려 있다. 하지만 필자는 오늘날 세계경제가 분열을 통해 통합적으로 작동한다고 보는 세계체제론의 현실인식이 훨씬 현실적이라고 생각한다. "오늘날 우리에게 존재하는 것은 하나로 통합된 세계경제가 아니라"는 것, "세계는 서로 영향을 주고받지만 독자적인 동력을 지니는 세 가지의 서로 다른 지정학적 분열에 시달리게 될"[26] 것이라는 주장이다. 오늘의 세계는 경제적으로 미국 주도의 일극체제가 아니라 주요 자본축적 지역이 미국·유럽·동아시아로 분열된 체제이며, 빈곤한 남의 지역과 부유한 북의 지역이 분열된 체제이며, 또 범세계적으로 존재하는 두 집단·운동·계층으로 분열된 체제라는 것이다. 국가·지역에 기반을 둔 두가지 분열과 범세계적인 계층분열이 결합해 작동하는 세계경제는 어쩔 수 없이 복잡하지만, 전지구·계급·지역·국가의 차원을 고려해야

25 Michael Hardt and Antonio Negri, *Empire*, Cambridge, MA: Harvard University Press 2000, 81, 433면(『제국』, 윤수종 옮김, 이학사 2001).

26 Immanuel Wallerstein, *The Decline of American Power: The U.S. in a Chaotic World*, New York: The New Press 2003, 376, 368면(『미국 패권의 몰락: 혼돈의 세계와 미국』, 한기욱·정범진 옮김, 창비 2004).

하기 때문에, 세계체제 변화의 동력과 주체를 단순화시키는 사고방식에 대해서는 근본적인 재검토가 요구된다.

일체의 지역 단위 구상을 무의미하거나 반동적으로 보는 관점에서는 사실상 한반도와 동아시아의 대안적 발전모델의 구상이나 모색이 있을 수 없고, 삶의 현장에서 현실적으로 작동하는 권력관계에 대한 분석이나 모순을 해결하는 대안적 체제 구상 또한 나오기가 어렵다. 탈민족주의 같은 근본주의적 발상들은 어떤 감수성을 일깨우는 데에는 무척 효과적이지만, 한편으로 세계사 현실의 연관성을 간과하고 다른 한편으론 일반 대중의 감정과 욕구를 도외시하는 이상주의적 경향을 갖고 있다. 한반도 분단에 대한 대안적 구상 역시 마찬가지다. 가령 개성공단을 비롯한 남북경협에 대해, 남쪽 자본의 북쪽 노동자 착취이기 때문에 남북한 민중이 각기 새로운 사회의 주체로 서는 관점이 요구된다는 식의 논리에 머무르게 마련이다. 또는 남한의 진보세력이 북한의 개혁·개방에 관여한다는 발상은 북의 권력-남의 민중, 북의 권력-남의 자본이라는 동맹 구도를 가져올 뿐이기 때문에 평화공존 안에서 북과 남이 각각 민주적 변혁의 길을 걸어야 한다는 전망을 내놓는 데 그친다.[27] 양자 모두 논리가 단조로운 편인데, 전반적으로 민중 주체를 근거로 신자유주의를 비판하거나 민족·국민이라는 코드에 내장된 권력의 지배 메커니즘을 고발하는 데 머무르고 있다.

그러나 세계의 지정학적 분열에 대한 인식은 한반도 분단체제 극복의 문제를 동(북)아시아 차원에서 사고할 필요를 제기한다. 세계사의 전환 국면에서 가장 활력적인 지역에 속하는 동아시아가 일본을 필두

---

27 남구현 「편집자의 글」, 『진보평론』 2005년 여름호; 임지현, 앞의 글 200면.

로 세계체제의 주요한 자본축적 장소로 부상해 있기 때문이다. 또한 미국이 세계 제1위의 채무국임에도 불구하고 경제위기가 미국에 닥치지 않는 것은 바로 기축통화로서의 달러의 힘 때문인데, 이를 떠받치고 있는 중국·일본·한국 등이 계속 미국의 채권을 사들여준 덕분에 미국 경제가 전반적인 재앙에는 이르지 않는 상황임은 잘 알려진 사실이다.[28] 그렇다면 현재 미국의 일방적 패권주의가 동아시아에서 심대한 타격을 받을 가능성이 없는지, 이 과정에서 다른 패권주의가 대두하거나 민족주의적 충돌이 일어날 가능성은 없는지, 거기서 한반도의 평화와 통일이 어떤 역할을 할 수 있을지 실사구시적으로 점검하는 것은 반드시 필요한 일이다.

앞에서 보았듯이, 오늘의 세계 상황은 미국 패권의 쇠락이 다른 패권국가의 등장으로 이어질 가능성이 보이지 않는 가운데 미국 패권의 안정기에 고착된 정치적·경제적·이데올로기적 지배구조에 균열이 나타나고 있는 시점이라 할 수 있다. 따라서 최근 동아시아 지역주의의 구축 같은 지역 단위의 창조적 대응을 모색할 필요가 자주 제기되는 것은 결코 우연이 아닌 것이다. 여기엔 새로운 지역협력의 모델이 없이는 동북아에서 냉전체제보다도 더욱 위험한 상황이 출현할 수 있고 동서냉전 해체 이후 전지구적 자본주의가 야기하는 혼란에 대처하기 어렵다는 문제의식이 깔려 있다. 역내 국가들의 상호의존과 평화공존에 대한 필요성이 한층 커져 협력과 통합의 구상이 계속 주요 의제로 오르고 있다면, 백영서의 말대로 미국이 패권을 장악했던 동아시아 질서의 균열

---

28 Marshall Auerback, "What Could Go Wrong in 2005?" (2005. 1. 21), TomDispatch.com (www.tomdispatch.com/index.mhtml?pid=2141); I. Wallerstein, 앞의 책 400~401면.

은 불안정하긴 해도 이미 새로운 질서의 가능성을 낳았다고 말할 수 있다. 그래서 그는 동아시아 질서의 미래가 당분간 미국의 일극적 주도권과 동아시아의 다극적 지역통합 노력이 타협, 경쟁하는 과정에서 결정될 것으로 전망한다.[29]

원론적으로 보자면 다극적 세계를 향한 지역통합 노력은 한편으로 시장통합을 진전시키면서, 다른 한편 환경파괴와 사회 양극화를 비롯한 숱한 난제를 함께 해결하려는 과정에서 세계체제의 진보적 변화에 기여할 수 있을 것이다. 하지만 식민지시대의 유산을 청산 못한 채 한·중·일 국가간 갈등이 상존하는 가운데 미국의 패권주의가 개입되어 있는 동아시아의 불안정한 현실을 볼 때 그러한 지역주의의 전망은 그다지 밝지 않다. 서유럽이 미국 패권에 대해 어느정도 자율성을 모색하면서 미국의 지구 단위 전략의 종속적 위치에서 벗어날 공동체구조를 형성해가고 있는 것과는 대조적이다. 이 점에서는 유럽연합에 대한 동아시아 지역의 후진성이 두드러져 보이는데, 반면에 아직 유동적인 상태의 동아시아가 모종의 대안적 공동체를 제대로 형성할 때 갖게 될 세계체제 변화의 잠재력은 상상외로 클 수도 있다. 나아가 동아시아를 지금까지의 개발주의 패러다임을 넘어서는 대안적 패러다임이 가능할 수도 있는 거대한 실험장으로 전망하는 경우도 있다.

가령 백낙청은 위기 국면에 들어간 세계체제에 대한 동아시아의 창조적 대응을 모색하면서, 첫째 동아시아가 가장 활발한 자본축적 지역인데다, 둘째 지역 내에 합의된 모델이 없어 유동적이며, 셋째 종전의

---

29 백영서 「제국을 넘어 동아시아 공동체로」, 백영서 외 『동아시아의 지역질서』, 창비 2005, 25~26면.

개발 패러다임으로는 생태계 재앙의 위험이 크고, 넷째 문명의 유산까지 풍부하다는 점 등을 두루 감안한다면 세계의 위기에 대한 대안적 패러다임의 모색에 드물게 유리한 조건을 갖추었다고 진단한다.[30] 또 월러스틴은 동북아 3국이 반목을 극복하고 모종의 공동체를 구성할 경우, 앞으로 수십년에 걸쳐 현존 자본주의 세계체제가 새로운 다른 체제로 이행할 때 이 동아시아 공동체가 중심적 역할을 할 것이고 그것은 주로 동아시아인들에 달렸다는 전망을 제시하기도 한다.[31]

그런데 동아시아 지역협력 모델은 우선 미국 패권주의를 약화시킴으로써 동아시아가 미국의 지정학적 전략의 종속적 부분이 되지 않도록 하는 동시에 다른 한편 새로운 역내 패권주의가 대두해 긴장을 조성하지 않을 조건에서 제대로 작동할 수 있다. 이런 새로운 질서 형성에서 한반도의 평화와 통일은 결정적일 것이다. 6·15공동선언으로 인한 한반도의 화해가 이미 동북아 지역협력의 시작이라는 와다 하루끼의 말은 한반도 평화 구축과 변혁의 중요성을 새삼 되새기게 한다.[32] 불안한 긴장의 한반도가 동북아 지역의 불안정 요인인데, 한반도에서 화해의 기운이 커지면서 단절된 동북아를 연결시키는 구상이 현실성을 갖게 되었다는 것이다.

중국의 급부상으로 있을 수 있는 중국과 미일동맹 간의 역내 패권경쟁이 어떻게 귀결될지 역시 한반도 문제와 긴밀히 연계되어 있음은 쉽

---

30 백낙청 「21세기 한국과 한반도의 발전전략을 위해」, 백낙청 외 『21세기의 한반도 구상』, 창비 2004, 24~25면.

31 Immanuel Wallerstein, "East Asia and the World: The Decades Ahead," *Comment* No. 157 (2005. 3. 15), Fernand Braudel Center (http://fbc.binghamton.edu/comment.htm).

32 와다 하루끼 『동북아시아 공동의 집』, 이원덕 옮김, 일조각 2004, 130면.

게 짐작할 수 있다. 그렇기 때문에 어떻게 분단체제를 허물고 한반도에 어떤 체제를 만들어내는가 하는 문제가 동아시아의 반패권주의 연대를 이끌어내는 데 관건이며, 한반도가 통일되더라도 민족주의를 강화하는 방식, 그간 해온 개발주의 패러다임이 지속되는 방식일 경우 중·일 민족주의를 강화해 군사력 경쟁을 야기하고 갈등을 유발하기 십상일 것이다. 한반도가 더 나은 사회로 변혁되는 통일과정에서 가능해질 반패권주의는 중국과 일본 사이에서 원만한 중재를 위한 자산이 될 수도 있다. 결국, 한반도의 변혁이 순조로울 경우 동북아의 평화와 통합에 기여할 뿐 아니라 그 자체가 세계체제 전체의 행로에 지대한 영향을 미치리라 예상할 수 있다. 하지만 통일이 민족주의의 부정적 측면을 약화시키는 것이 아니라 개별 국민국가의 완성에 대한 욕망을 확대한 것이 되고 그 연장선에서 지역통합이 이루어진다면 그 폐해는 자못 심각할 것이다. 이 점에서 분단체제를 허물어가는 과정이 어떤 성격이냐가 관건이라 할 텐데, 어쩌면 통일보다 통일과정이 더 중요하다는 자각이 이제 절실히 필요한 것이 아닌가 싶다. 바로 여기에 이른바 '6·15시대' 개념의 적실성 여부가 놓여 있을 것이다.

4. 분단시대 속의 6·15시대

'6·15시대'라는 시대인식은 앞으로 한반도 통일의 과정이 어떤 방식으로 전개되느냐 하는 것이 한반도뿐 아니라 동아시아와 세계의 장래에도 결정적으로 중요하다는 자각의 표현이라 할 수 있을 것이다. 통일을 조급하게 내세우기보다 평화와 상호교류를 실질적으로 진전시키는 가운데 각기 내부 개혁에 힘써야 할 이유가 여기에 있다.

한반도의 통일은 단순히 분단 이전 상태의 회복이나 미완의 국민국가 건설이라는 과제의 실현이 아니라 한편으로 반패권주의의 세계사적 과업인 동시에 다른 한편 양 체제 내의 문제점을 해결해 새로운 사회를 건설하는 과정으로 이해할 필요가 있다. 6·15공동선언이 함축하는바 한반도의 통일이 베트남식 무력통일도, 독일식 흡수통일도 아닌 평화적이고 점진적인 과정이어야 한다는 합의는 그 자체가 유례없는 역사적 실험을 예고한 셈이고, 그렇다면 통일이 일회적 사건이라기보다 평화와 화해, 교류 과정의 연장선상에 있으리라는 전망이 가능하다.

그렇기 때문에 이 시대의 중심과제가 평화냐 통일이냐 식으로 양자택일을 요구하는 논의는 이 시대의 독특성을 제대로 감안하지 않은 것이 된다. 가령, 민경우는 「6·15선언과 조국통일의 경로」라는 글에서 6·15시대의 중심 문제를 평화·화해세력과 통일세력 사이의 각축으로 전망하고 통일세력의 헤게모니를 강조하는 논지를 제시하였는데, 그런 전망에는 동의하기 어렵다. 그는 6·15시대의 각축지점이 북미협상을 보는 태도, 반미자주화투쟁에 대한 태도, 민간교류의 성격 등에 있으리라 전망하면서, "민간교류는 평화공존, 교류협력을 확대하는 통로인가 아니면 전민족적인 통일운동인가" 하는 양자택일의 질문을 던지고 있다.[33] 이같은 발상은 통일을 교류·협력과 체제 혁신을 통해 남북을 아우른 한반도 지배체제를 해체해가는 과정으로 보지 못하고 있는 것이다. 어쩌면 '조국통일'이라는 용어 자체, 그것이 함축하는 민족주의적

---

33 민경우 「6·15선언과 조국통일의 경로」, '민중의소리' 토론회 발제문, 2005. 9; 민경우 『민족주의, 그리고 우리들의 대한민국』, 시대의창 2007.

348

목표 자체가 세계사적 흐름과도 맞지 않는 낡은 것이 아닐까 싶다.

반면에 최장집은 평화가 통일보다 더 중요한 가치라는, 양자를 분리할 경우엔 누구라도 동의할 주장에 근거해 일체의 통일 주장을 변화된 현실에 맞지 않는 민족주의라고 비판한 바 있다.[34] 평화와 통일을 분리하는 관점에 대해서도 동의하기 어렵지만, 그 주장의 결정적인 문제점은 통일을 1945년으로의 복귀, 혹은 1948년 단정체제에 대한 안티테제로 인식하면서 분단시대론을 "통일이라는 역사적 복원의 관점"으로 규정하는 데 있다.

민경우, 최장집 양자가 서로 비판하면서 보완하는 묘한 형국을 연출하는 셈인데, 양자 모두 분단체제의 억압성을 세계 자본주의체제 내 지역 지배체제의 문제로 보지 않는다는 점에서 일치한다. 잘 알려진 최장집의 '민주화 이후의 민주주의 위기'의 문제제기는 현재 우리 사회의 문제점을 날카롭게 진단한 면이 있는 한편, 남한 민주주의의 현 상황을 이러한 지배체제가 무너져가는 과정으로 이해하지 않음으로써 치명적 한계를 드러내고 있다. '분단시대'를 고려하지 않고 서구의 이론적 틀에 근거해 설명하는 것만으로는 남한사회 민주화의 성취와 한계에 대해 균형잡힌 평가를 하기가 어렵지 않을까 싶다. 실질적 민주화와 정당체제의 구조개혁을 강조하는 그의 입론 자체가 나름대로 중요하다는 것은 분명하다. 하지만 유럽의 정당체제 및 사민주의 모델과 비교해 정당체제의 저발전에서 문제의 핵심을 찾는 정형화된 틀로는 남한의 복합적 현실을 설명하기 어렵다.

---

34 최장집 「해방 60년에 대한 하나의 해석 — 민주주의자의 퍼스펙티브에서」, 참여사회연구소 해방 60주년 기념 심포지엄 발제문, 2005. 10.

냉전시대 한반도의 지배체제는 준전시상태하에서 견고할 수밖에 없었고, 일각이나마 그것을 뚫은 남한 민주화의 현 상황을 복합적으로 판단해보면 그보다는 좀더 높은 평가가 가능하다. 정당체제가 잘 발전되어 있다고 하는 서구에서 사회주의 정당과 보수주의 정당 간의 정권교체는 상시적으로 이루어지지만 그 교체가 사회 지배체제의 변화로는 잘 이어지지 않는 것과 달리, 남한의 현실에서는 보수·중도정당 간의 정권교체만으로도 강고했던 지배체제의 균열에 따르는 사회적 파장이 더 컸다고 할 수 있다. 이로 인한 치열한 갈등과 분열이 정당체제로 수용되지 못하는 현실은 그것대로 비판하더라도, 이런 독특한 점을 같이 감안할 필요가 있다는 것이다. 현재의 한국 정치를 후진단계에서 서구의 정상단계로 들어서는 초입으로만 보기 어려운 것은, 한국 정치가 진보정당 및 정당체제 자체의 저발전 등 후진적 면모를 가지면서도 민중적 활력을 담아내는 선진적인 면도 상당히 갖고 있기 때문이다. 앞에서 유럽과 달리 한반도의 냉전이 아직 청산되지 못한 것이나 유럽과 비교해 동아시아 지역이 아직 자율적 통합을 못 이룬 것을 오직 후진성으로만 치부해서는 현실에서 주어진 독특한 창조적 가능성을 간과하기 쉽다고 했는데, 이제 남한사회를 볼 때도 같은 이야기를 할 수 있겠다.

그러한 창조적 가능성을 현실화하기 위해서는 무엇보다 그간 분단시대에 익숙했던 낡은 패러다임을 바꾸고 새로운 대안적 발전모델을 구상할 필요가 있다. 남북 화해와 교류가 진전될수록 분단체제하에서 고착된 패러다임의 한계와 폐해가 더 두드러질 가능성이 크기 때문에 이는 불가피한 것이기도 하다. 이제 6·15시대에는 그 구상을 남북을 포괄한 한반도까지 확대할 필요가 있을 것이다. 남한의 여러 정치적·사회적·경제적 과제를 한반도 차원의 변화와 연결시켜 고려할 때 한층 창의적이면서 현실적인 개혁의 전망을 가질 수 있기 때문이다. 그리고 남한에서 이루어지는 개혁의 파장은 남북한을 넘어서 동아시아와 세계에까지 미치리라 예상할 수 있다.

어느 모로 보나 6·15시대는 유동적인 변화와 동요의 시대가 될 것이다. 한편으로 분단시대에 적응해 유지되어온 많은 관행과 제도가 바뀌지 않으면 안 되는 상황이고 이를 둘러싼 갈등과 동요도 만만치 않을 것이다. 또 앞으로 남북 간 실질적인 교류가 진전되어 양자관계가 긴밀해질수록 일반인들 사이에서도 분단시대에 살고 있다는 의식이 더 커지고 그에 따라 분단사회가 갖는 불안정성에 대한 실감도 더해질 것으로 예상된다. 이에 따라 어느 시점에 대중적 차원에서 통일이 당면 과제로 제시되는 것도 충분히 전망해볼 수 있다. 그때까지 6·15시대는 개혁과정을 통일의 과정으로 삼는 유례없는 실험장이라 할 수 있으니, 점진적인 평화적 통일과 당면한 개혁과제들을 결합하는 의제 통합의 노력이 절실한 시대이다.

후기

2000년 6·15공동선언은 분단 후 최초로 남북 정상이 화해와 교류를 통한 점진적이고 단계적인 통일에 합의했다는 점에서 획기적 사건이다. 그에 앞서 남북 두 국가의 평화공존을 전제로 통일을 지향하기로 한 1991년 남북기본합의서가 있지만, 6·15공동선언은 최초의 평화적 정권교체를 통해 견고했던 남한 지배체제에 균열이 일어난 과정의 산물이라는 점에서 그 의의가 남다르다고 하겠다. 오래 전 발표된 글을 여기

수정 없이 수록하는 것은 6·15 이후 시기를 현존 자본주의 세계체제의 국지적 양상인 한반도 분단체제가 서서히 해체되는 과정으로 이해하는 논지, 그리고 이러한 분단체제의 극복이 동아시아 질서의 변화와 함께 세계체제 전체에 의미심장한 변화를 가져오리라는 논지가 지금도 유효하다고 믿기 때문이다.

하지만 6·15공동선언을 기점으로 한 6·15시대란 용어가 지금 쓰이지 않는 데서 보듯이, 그 이후 남북관계는 실로 순탄치 않았다. 남북 교류와 협력의 실천방안들이 합의된 2007년 10·4선언이 있었지만, 이명박·박근혜 시대에 남북관계는 정체 내지 후퇴했고 이와 더불어 남한 사회는 억압적 지배체제가 되살아나는 국면에 들어갔다. 바로 여기서 2016~17년의 촛불혁명은 헌법 절차 안에서 억압적 정권을 몰아낸 독특한 평화적 혁명으로서, 이제 남북관계의 획기적 개선과 더불어 대대적인 사회개혁을 기대할 수 있게 되었다. 한반도는 2018년 4월의 판문점선언, 6월 북미정상회담, 9월의 평양선언으로 새로운 차원의 변화를 기약하게 되었지만, 올해 2월 하노이 북미회담의 결렬 이후 북미관계와 남북관계 모두 진전이 막혀 있는 실정이다. 그렇다 하더라도 6·15공동선언으로 시작된 분단체제의 해체가 촛불혁명을 겪은 지금 다시 되돌려지기는 어려울 것이고, 게다가 6·15공동선언이 제시한 점진적이고 단계적인 남북연합의 길은 촛불혁명으로 마련된 국내 개혁의 동력이 뒷받침된다면 충분히 열릴 수 있으리라 생각된다.

이 시점에서 두달 넘게 진행되는 '조국 사태'가 예상치 못한 전개를 거쳐 검찰개혁을 요구하는 서초동의 대규모 촛불로 다시 타오르는 것은 촛불혁명 2기의 진행을 예감케 한다. 2019년 가을의 이 거대한 촛불집회의 열기는 더이상 민주주의의 퇴행을 용납하지 않겠다는 시민들의 주권의식의 능동적 발로일 것이다. 하지만, 교육 불평등을 비롯한 우리 사회의 예민한 갈등지점들이 '조국 사태'의 여러 전선에서 드러나면서, 조국수호=검찰개혁의 구호로 결집된 촛불혁명 2기는 중도층 시민과 젊은 세대의 적극적 호응을 이끌어내는 데는 미흡한 것으로 판단된다. 그 결집력이 강력한 만큼이나 확장력에서의 한계도 뚜렷하거니와, 촛불혁명 1기의 주체인 시민들 사이, 더 나아가 진보개혁 세력 내부에서 어느 정도 분화가 일어나고 있음을 목도하게 된다. 70% 이상의 지지를 끌어냈던 촛불혁명 1기의 에너지가 40% 안팎의 지지로 고착된다면 여전히 사회 곳곳에서 영향력을 발휘하고 있는 수구세력을 고립·약화시키는 데 어려움을 겪을 것이고, 그만큼 민주적 개혁과 한반도 체제 변혁의 동시적 수행을 위한 동력이 떨어지게 될 것이다. 촛불혁명의 진로에 관해 우리 시민사회가 좀더 차분하게 토론하고 지혜를 모아야 하지 않을까 싶다.

제12장

미완의, 혹은 진행 중인 혁명

– 촛불 이후 한국사회와 새로운 공동성의 모색

정헌목

1. 들어가며: 2000년대 한국사회와 '촛불'의 등장

관점에 따른 차이는 어느정도 있겠지만, 2016년 12월 국회의 탄핵
소추안 가결과 2017년 3월 헌법재판소의 대통령 파면 결정을 가져온
촛불집회가 한국사회에서 어떤 변곡점이 되었다는 사실은 분명하다.
2016년 10월부터 2017년 4월에 걸쳐 전국에서 연인원 약 1700만명[1]이
참여했다고 추산되는 이 거대한 사건은 대한민국 헌정사상 최초로 대
통령이 탄핵, 파면되는 결과를 낳았다. 이 글에서는 당시의 한국사회를

---

* 이 글은 2019년 한국학중앙연구원에서 개최된 3·1운동 100주년 기념 국제학술회의('프
랑스혁명에서 '촛불혁명'까지: 혁명의 세계사를 향하여') 발표문을 수정, 보완한 내용을
담고 있다. 뜻깊은 자리에 발표를 제안해주신 안병욱 원장님과 김원 선생님, 그리고 토론
을 맡아주신 천정환 선생님께 감사드린다.

1 주최 측 추산 연인원 1689만 4280명, 경찰 추산 연인원 177만 3천명. 단, 경찰 추산치의 경
우 1차 집회(2016. 10. 29)부터 11차 집회(2017. 1. 7)까지의 인원만을 합산한 결과이다.
경찰 측은 집회 참가자 수 집계를 둘러싸고 논란이 계속되자 12차 집회(2017. 1. 14)부터
는 추산 인원을 공개하지 않았다.

뜨겁게 달구었던 촛불집회와 그 이후 전개되어온 사회적 흐름의 의미를 살펴보고자 한다.

한국사회에서 정치적 의사표현을 위한 집회의 도구 혹은 상징으로서 '촛불'이 주목받기 시작한 건 2002년 미군 장갑차에 의해 희생된 여중생 추모집회에서였다. 2002년 6월 13일 경기도 의정부에서 두 여중생이 미군 장갑차에 깔려 사망하는 참사가 발생한 뒤, 같은 해 11월 가해자들에게 무죄 평결이 내려졌다는 소식이 전해지자 이에 대한 분노의 물결이 일기 시작했다. 다수의 온라인 커뮤니티를 중심으로 희생자인 두 여중생을 추모하는 움직임이 빠르게 확산되었고, 한 네티즌의 제안에 의해 2002년 11월 30일, 수만명의 인원이 운집한 촛불집회가 열리기에 이르렀다. 조직과 이념이 중심이 된 기존의 시위방식과 거리를 둔 당시의 촛불집회는 사이버공간을 통한 자율적인 참가라는 측면에서 주목을 받았고, 이후의 집회방식에 지대한 영향을 끼쳤다. 촛불집회라는 형식은 바야흐로 "2002년 하반기를 '결정적 국면'(critical juncture)으로 [하여] 사회운동에서 보편화된 대중조직화 방식 내지 저항의례"(김원 2005, 133면)로 자리하게 된 것이다.

이후 노무현 전 대통령 탄핵 반대 촛불집회 등을 거쳐 또 한차례 '촛불의 역사'에서 중요한 위치를 차지한 건 2008년 미국산 쇠고기 수입 반대 촛불집회였다. 2008년 5월 2일부터 7월 12일까지 두달여에 걸쳐 연인원 300여만명이 참여한 것으로 추산된 이 집회는 매우 다양한 의제들이 제기된 장이었다. 주요 의제였던 미국산 쇠고기 수입 반대는 물론, 수많은 청소년 참가자를 이끈 교육문제뿐 아니라 당시 이명박정부의 주요 정책이었던 '한반도 대운하'와 공기업 민영화 등에 대한 반대까지 여러 목소리가 표출된 무대가 바로 이때의 촛불집회였다. 이는 무엇보다 "광우병에 대한 걱정이 각자의 삶의 맥락에 따라 자신의 앞에 놓인 다른 위험들과 맞물려 총체적 위기와 공포로 인식"(조일동 2009, 190면)된 탓이었다. 그로 인해 집회 참가 주체 역시 매우 다양해서, 아이돌 그룹의 팬클럽과 각종 인터넷 동호회 등 정치적 이슈와 별로 상관없어 보이는 모임들이 광범위하게 참가했다.

이처럼 집회에서 제기되는 문제들이 다양화되면서 2008년의 촛불집회는 아무래도 희생자에 대한 추모 분위기가 주를 이룰 수밖에 없었던 2002년의 경우와 달리, 시위의 축제성과 유희성이 강조되는 특징을 보여주었다. 인터넷을 매개로 형성된 집회 참가자들은 물대포와 경찰특공대의 물리적 탄압에 맞서 지배권력에 대한 풍자와 희화화로 대응했다.[2] 다른 한편으로, 당시의 촛불집회는 1990년대 이래 지속되어온 기존의 사회운동이 맞은 '위기'가 더욱 가시적으로 드러난 무대이기도 했다. 투쟁을 강조한 이념 중심의 조직 참가자들에 대해 '대중'은 거리를 두고자 했으며(김원 2009), 집회가 장기화되면서 초중반의 유희성 역시 점차 약해져갔다. 또한 촛불집회에서 제기된 '직접민주주의'나 국민투표, 국민발의, 국민소환제 등의 대안들은 "새로운 이념이라기보다 국민국가 정상화 혹은 공화국 헌법의 정상적 작동을 희구하는 이데올로기" (김원 2009, 30면)의 측면이 강했다. 결국 2008년 촛불집회는 "문화와 미디어의 결합을 통해 기성의 지배이데올로기에 균열을 낼 수 있는 일종의 대항문화를 만들어냈지만 그것의 지속성과 근본성에는 여전히 한계" (백욱인 2008, 178면)를 지녔으며, "현실정치와의 연결고리를 확보할 수 있

---

2 2008년 촛불집회의 참가자 형성에서 인터넷이 갖는 의미와 집회가 지닌 '축제'로서의 성격에 대한 논의는 백욱인(2008)과 조일동(2009)의 분석을 참조.

는 유효한 방법을 충분히 마련하지 못했다"(백욱인 2008, 179면)는 근본적인 한계를 넘어서지 못했다. 하지만 그로부터 8년이 지난 2016년 겨울, '촛불'은 한국사회에서 또다른 장면을 만들어낼 수 있었다.

2. 2016~17 촛불집회: 비폭력과 도심 광장의 스펙터클

박근혜 전 대통령이 탄핵된 지 2년이 넘는 시간이 흐른 지금, 2016~17년의 촛불집회에 대해 제법 많은 논의와 평가가 진행되어왔음을 확인할 수 있다. 이를테면 촛불집회가 지닌 '혁명'으로서의 의의를 강조한 논의들(김상준 2017; 박성진 2017; 백낙청 2017; 손호철 2017; 임채원 2017; 장윤선 2018)은 물론, 당시 촛불집회의 가장 큰 특징이었던 '비폭력'의 문제에 주목한 논의(노형일·양은경 2017; 천정환 2017), 공론장으로서의 광화문광장에 관한 분석(홍찬숙 2018)과 촛불집회 자체의 공간성에 대한 분석(황진태·박배균 2018), '촛불 이후'의 한국사회에 대한 포괄적 진단과 전망(김윤철·서복경·이승원·이철희·김건우 2017; 윤상철 2019)에 이르기까지 많은 논자들이 다양한 관점에서 촛불집회를 분석하고 평가했다. 여기서는 이들을 일일이 검토하기보다 이후 논의에 필요한 선에서, 도심 한복판 광장에서 열린 집회의 가시성과 함께 유독 비폭력이 강조되었던 당시 집회의 특징에 초점을 맞추고자 한다.

2016~17년의 촛불집회는 서울 광화문광장뿐만 아니라 서울 부도심들과 다수의 지방도시에서 동시다발적으로 진행되었다. TV 뉴스와 인터넷 등 미디어를 통해 각 도시의 주요 광장들이 촛불로 가득 찬 모습이 집회기간 내내 지속적으로 공유되면서 전국 각지의 참가자들은 자신과

뜻을 같이하는 사람들이 얼마나 많이 존재하는지 스스로 확인할 수 있었다. 그럼에도 가장 많은 주목을 받으며 정치적·사회적 의미를 부여받을 수밖에 없었던 건 역시 서울 광화문광장의 촛불이었다. 매주 토요일 저녁, 광화문 앞에서 서울시청에 이르는 세종대로와 주변 간선도로를 향해 시시각각 모여드는 인파는 그 자체로 거대한 스펙터클을 이루며 도심 광장을 가시화된 정치적 공간으로 끌어올렸다.

가시성은 광장으로 대표되는 도시 내 공공공간의 정치적 가능성을 드러내는 핵심 요소이다(Jaffe and De Koning 2015, 146~48면 참조). 국가와 지배계급의 연합을 둘러싼 경합이 벌어지는 주요 무대로서, 가시화된 공공공간은 그곳에 집결한 사람들의 규모를 통해 해당 의제에 동의하는 집단으로 하여금 대표성을 획득하고 자신들의 정치적 견해를 효과적으로 전달하도록 해준다. 2016~17년 촛불집회의 경우 야간시간대에 광화문광장에 모인 촛불들이 거대한 장관을 이루며 압도적인 가시성과 그로부터 창출되는 영향력을 행사할 수 있었다. 그처럼 엄청난 수의 사람들이 모였으면서도 하나의 집합체로서 통일성을 유지할 수 있었던 건 집회기간 내내 시종일관 단일한 메시지[3]를 전달하려는 노력이 참가자들을 사로잡고 있었기 때문이었다. 그 중심에는 초유의 국가적 스캔들이 가져온 엄중함 속에서도 유쾌함을 잃지 않았던 광장의 분위기, 그리고 비폭력이라는 수단이 자리하고 있었다.

---

3 물론 당시 촛불집회에 '대통령 탄핵' 외에 다른 의제들이 없었던 건 아니다. 세월호 침몰 사고의 진상규명과 문화계 블랙리스트 문제, 재벌과 정경유착, 비정규직 문제 해결 등 다양한 목소리가 광장에 존재했고 중요하게 다루어진 건 분명하다. 하지만 그와 같은 주장들 역시 대통령에 대한 책임추궁과 무관하지 않았고, 그로 인해 쉽게 탄핵이라는 정치적 목표로 수렴될 수 있었다.

이미 앞서 2008년의 촛불집회에서도 드러났듯이 '조직 중심' 혹은 '운동권 스타일'의 사회운동에 대해 거리를 두고자 한 상당수의 '일반인' 참가자들이 집회 참가에 부담을 느끼지 않은 건 2016~17년의 촛불집회가 "유연하고 개방적인 스타일의 데모"(김경화 2018, 47면)로 자리매김했기 때문이었다. 그걸 잘 보여주는 사례가 바로 다양한 '깃발'의 등장이었다. 특히 2016년 11월 12일 집회에서 처음 등장한 '장수풍뎅이 연구회' 깃발은 트위터와 페이스북 등 SNS를 통해 삽시간에 퍼져나가며 폭발적인 반응을 끌어냈다.

기발한 '아무 깃발 대잔치'의 시초가 된 '장수풍뎅이 연구회'의 깃발(좌)과 민주노총 로고를 패러디한 민주'묘'총 깃발(우). 촛불집회에서 등장한 깃발 상당수는 기존 집단의 로고를 패러디한 형태를 취하기도 했다.

　곤충 연구와 전혀 어울리지 않는 상황에서 등장한 이 깃발은 "오죽나라가 답답하면 장수풍뎅이를 연구하는 모임까지 거리로 나왔겠냐"는 식의 반응을 끌어내며 이후 집회들에 정치적 메시지와 별로 상관없는 다양한 깃발들이 모습을 드러내는 기폭제가 되었다. 사실 '장수풍뎅이 연구회' 깃발은 실제로는 곤충 연구와 무관한 사람들이 제작한 깃발로, 기존의 시위방식을 벗어나 되도록 많은 사람이 집회를 친근하게 여길 수 있도록 지은 이름이었다. 하지만 사실관계와 무관하게, 각종 패러디와 기발한 아이디어로 무장한 온갖 종류의 깃발들은 그 이전까지 한국사회에서 열린 정치집회에서 빠지지 않던 '운동 진영'의 깃발에 대한 '일반인'들의 거부감을 해소하는 계기가 되었다. 기존에는 각종 조직과 단체의 상징이었던 집회현장의 깃발이라는 요소가 SNS와 인터넷 미디어의 전파력과 결합하며 집회에 즐거움과 흥을 더한 것이었다.

2017년 3월 10일

'장수풍뎅이 연구회'를 잊지 못할 것이다. 사람들이 순전히 자기가 좋아하는 것을 명분으로 깃발을 만들었던 것의 시작점이었으니까. 난 그 즐거움도 매주 기운을 내는 데 도움이 됐다 생각해.

◯ 1   ♺ 3,339   ♡ 1,143   ✉

'장수풍뎅이 연구회' 깃발의 등장이 갖는 의미를 짚은 한 SNS 유저의 평가

이처럼 그 자체로 정치적 메시지를 발산하는 도심 광장의 거대한 스펙터클이 되기에 충분했던 2016~17년의 촛불집회는 대통령 탄핵이라는 분명한 정치적 목표의 달성을 위해 철저히 비폭력적이고자 했던 몸짓의 집합체이기도 했다. 물론 이같은 비폭력 기조에 대해 다른 목소리가 없던 건 아니었다.[4] 특히 2016년 12월 9일 국회에서 대통령 탄핵소추안이 가결되기 전까지 비폭력에 대한 집회 참가자들의 '집착'을 비판하

---

4 언론에 의해 "세계가 칭송한 질서정연" 등으로 평가받은 2016~17년 촛불집회의 비폭력 기조는 집회가 진행되던 당시에도 참가자들 사이에 논란을 낳았고, 탄핵 이후의 분석에서도 엇갈리는 평가를 받았다. 이에 대한 좀더 구체적인 논의는 노형일·양은경(2017)과 천정환(2017, 454~59면), 황진태·박배균(2018, 174~79면)의 연구를 참조.

는 목소리는 SNS와 각종 인터넷 게시판에서 심심찮게 볼 수 있었다. 하지만 그런 입장들은 청소년과 어린이, 노약자와 같은 참가자들의 집회 참가를 보장하고 그들의 안전을 고려해야 한다는 주장 앞에 힘을 잃기 십상이었다. 최대한 많은 수의 참가자들을 모아 광장의 스펙터클을 완성하고, 호시탐탐 촛불집회의 폭력성을 찾고자 하는 보수언론에 틈을 내주지 않는 것이 최우선 과제로 여겨진 상황이었다.

어찌 보면 지나칠 정도로까지 비폭력적이고자 했던 의지의 집합은 강고한 공권력과 주류 보수언론이라는 지배권력의 연합에 맞서기 위해 채택 가능했던 (당시로서는) 유일한 대응책이기도 했다. 실제로 서울행정법원은 집회가 "평화롭게 진행되었고," "그동안 보여준 성숙한 시민의식 등에 비추어볼 때 평화적으로 진행될 것"(서울행정법원 2016아12248 집행정지; 서울행정법원 2016아12308 집행정지 결정문)이라는 이유로 청와대 주변까지 행진을 허용하며 촛불집회를 '공인'했다. 이로 인해 성공할 수 있었던 '시위 영토'의 공간적 확장과 '집회 참가의 안전 보장'은 점점 더 많은 참가자를 불러내며 광장에 구현된 스펙터클의 확장을 가져왔다. 그 결과가 국회의 탄핵소추안 가결과 헌법재판소의 결정에 작지 않은 영향력을 행사했다는 건 무시할 수 없는 사실이다.[5]

---

5 그뿐 아니라 이전의 촛불집회들과 달리 다수의 시민이 현실정치와의 연결고리를 적극적으로 모색한 것 역시 탄핵 성공에 효과적으로 작용한 요인이었다. 탄핵에 찬성하는 사람들은 단순히 매주 광장에 모이는 데 그치지 않고 각각의 지역구 국회의원들을 향해 전화와 문자메시지 등 지속적이고 강한 압박을 함께 행사했다.

3. 촛불 이후: 실질적인 변화의 움직임

촛불집회가 박근혜 전 대통령의 파면 결정과 함께 마무리된 후, 집회
기간의 동력을 바탕으로 한국사회에서 실질적인 변화를 끌어내기 위
한 움직임이 여러 방면에서 모습을 드러내기 시작했다. 억압적인 사회
분위기 속에 공식적인 창구를 통해서는 내기 힘들었던 이른바 '갑질'
과 부당대우 등에 대한 폭로의 목소리가 잇따랐으며, 정체성 정치에 기
반을 둔 소수자운동들도 한층 활발한 모습을 띠게 되었다. 그 배경에는
2016~17년의 촛불집회 이후 사회 전반에서 전개된 '생활 속 민주화'
의 흐름이 작용하고 있다. 물론 촛불집회 자체에서 직접적인 동인을 찾
고, 촛불집회로 드러난 시민적 역량에 과도한 찬사를 보내는 시각은 경
계해야 한다. 하지만 수백만의 사람들이 참가한 촛불집회를 통해 부패
한 정권을 몰락시킨 집단적 경험은 한국사회를 이루는 개개인에게 변
화에 대한 기대감을 어떤 형태로든 갖게 했다. 앞선 2008년 촛불집회에
대한 분석에서 조일동(2009)이 짚은 바와 같이, 한편의 '사회극'(social
drama)으로서 대규모 집회는 집단의 경험을 통해 개인의 정체성과 의
미에 대해 재고하도록 이끈다. 그 점에서 2016~17년의 촛불집회가 사
람들로 하여금 앞으로 나서 목소리를 내고 의견들을 모을 수 있다면 직
접적인 사회적 변화를 끌어내는 게 가능하다는 자신감을 갖게 했다는
건 분명하다.

그같은 움직임 가운데 가장 가시적인 성과를 보이고 있는 건 무엇보
다 여성운동의 영역이다. 이미 2016년 '강남역 살인사건'[6] 이후 본격화

---

6 2016년 5월 17일 새벽, 강남역 인근의 한 공용화장실에서 한 여성이 '여성이라는 이유'로

하기 시작했던 대중운동으로서의 페미니즘은 같은 해 10월 이후 문화예술계를 중심으로 한 잇따른 성폭력 고발, 그리고 2018년 1월 서지현 검사의 검찰 내 성범죄 폭로 이후 확산된 '미투운동'[7]으로 이어지며 한국사회 전반에 만연한 성범죄와 불평등한 젠더관계에 관한 재고를 요구했다. 특히 2018년 5월 이른바 '홍대 몰카 사건'과 관련하여 성별에 따른 편파수사 문제가 제기된 이후 혜화역에서 열린, 불법촬영과 '디지털 웹하드 카르텔'을 규탄하는 집회는 수만명의 여성을 집결시켰다. 바야흐로 온라인과 오프라인을 넘나들며 평등한 상호존중의 관계를 요구하는 운동이 활발히 전개 중인 상황이다.

이같은 움직임과 관련하여 2019년 초 게재된 한 칼럼[8]은 대규모 인원이 결집한 촛불집회의 경험이 여성들의 의식과 행동에 미친 영향을 짚어낸다. 이 칼럼에서 최하란은 여성들을 대상으로 한 셀프디펜스 교육에서 주로 등장했던 "저항하는 게 더 위험하지 않을까?"라는 기존의 질문이 2018년 이후부터는 "어떻게 저항해야 했을까"로 바뀌었음에 주목

살해당한 사건. 이 사건은 한국사회에서 페미니즘 대중운동이 본격화하는 계기가 되었다. 김은주 2019, 2면 참조.

7 '미투(MeToo)운동'은 2017년 10월 16일 미국의 영화배우 알리사 밀라노(Alyssa Milano)가 자신의 트위터에 "If you've been sexually harassed or assaulted write 'me too' as a reply to this tweet"이라는 내용의 글을 올리며 본격적으로 촉발되었다. 이후 세계 각지에서 비슷한 움직임이 이어지자 미국의 잡지 *Time*은 "#MeToo Heads East"(http://time.com/5428182)라는 기사에서 한국을 비롯해 아시아 지역으로 확산된 미투운동을 다룬 바 있는데, 적어도 한국의 경우는 "미투가 한국으로 향했다"고 단정할 수 없다. 미국보다 1년가량 앞선 2016년 10월, "#OO계_내_성폭력"이라는 SNS 해시태그(#)를 통해 문학계와 영화계, 연극계를 비롯한 각 분야에서의 성폭력 피해가 활발히 공론화된 바 있다. 2018년 이후 한국사회에서의 미투운동에 미국의 상황, 그리고 촛불집회 이후의 사회 분위기 변화가 중요하게 작용한 건 분명하지만, 그 바탕에 2016년 말부터 공론화되기 시작한 일련의 흐름이 있었음은 놓치지 말아야 할 사실이다.

8 최하란 「사회적 저항이 개인들에게 준 영향」, 『일다』 2019. 1. 9(http://ildaro.com/8382).

한다. 그 중심에는 역시 미투운동과 혜화역 항의집회가 있었다. 여기에 더해 칼럼은 그보다 앞서 촛불집회가 탄핵이라는 성과를 거둔 2017년 이후, 셀프디펜스 교육 요청이 급증한 사실의 의미를 강조한다. 수많은 사람들이 스스로 문제 해결에 나서 변화를 끌어냈다는 역사적 사실이 부여하는 자신감은 "여성들이 몸을 부딪치며 스스로 자신을 지키고 싶은 열망"으로도 나타난다는 것이다.

낙태죄 헌법불합치 결정 역시 촛불 이후의 사회변화 가운데 주목할 만한 성과이다. 1953년 제정 이래 여성의 자기결정권과 태아의 생명권 중 어느 것을 더 중시하느냐를 놓고 낙태죄를 둘러싼 논쟁은 60년 넘게 이어져왔다. 낙태죄 폐지론자들은 한국사회에서 낙태죄가 단순히 여성의 몸에 대한 규제를 넘어 사회 내 성별 위계와 차별을 생산해내는 국가권력의 도구로 활용되었음을 지적해왔다.[9] 이미 2012년, 9인으로 구성되는 헌법재판소의 재판관 한명이 공석인 상황에서 4 대 4 의견으로 위헌 결정을 받지 못했던 낙태죄는 2019년 4월 11일 헌법불합치 결정을 받았다. "낙태죄를 만들어낸 국가주의적 인구정책이나 우생학적 사고가 더이상 유효하지 않음"[10]을 보여주는 이 결정은 그간 옅어진 헌법재판소의 보수적 색채와 더불어 낙태에 대해 크게 변화한 사회적 인식이 반영된 결과였다.

사회구조 속의 또다른 약자인 여성, 청소년 역시 일상의 불합리를 바꾸기 위한 운동에 나섰다. 2018년 3월 서울의 한 여고에서 촉발된 '스쿨미투'는 학생들이 교사에게 당한 성희롱 등 인권침해 경험을 트위터와

---

9 낙태죄와 관련한 사회문제를 국가권력과 성(性), 그리고 재생산의 정치라는 측면에서 분석한 논의로 백영경 외(2018)의 연구를 참조.
10 백영경 「낙태죄 폐지, 어떤 승리인가」, 창비주간논평 2019. 4. 24.

페이스북 등 SNS에 공유하며 이에 관한 관심 환기를 촉구했다. 한국에서 중·고등학교를 다닌 여성이라면 누구나 공감할 법한 학교 내 성희롱 문제가 이슈로 부상하면서 '여학생을 위한 학교는 없다'는 주제로 도심 집회가 열리고, 전국의 각급 학교에서 고발이 잇따르는 등 관련된 움직임이 뒤를 이었다.

이처럼 가시적인 변화의 흐름에도 불구하고 해결되지 못한 여러가지 사회문제들이 여전히 산적해 있는 게 아직은 현실이다. 또한 그같은 모순과 차별에 대해 기득권을 쥔 주류 사회의 방어 기제 역시 공고하게 작동하고 있다. 노동현장의 모순을 그대로 보여주는 비정규직 문제의 해결은 요원한 상황이고, 성소수자와 이주노동자 등에 대한 차별을 극복하기 위한 제도 마련도 강한 저항에 직면했다.[11] 나름의 변화를 이끈 여성운동 역시 마찬가지로 기존의 권위주의적 가부장제뿐 아니라 사회구조로 인한 개개인의 경제적 불안을 여성에게 전가하는 일련의 저항 앞에 난항을 겪고 있다. 앞서 사례로 든 스쿨미투 또한 활발한 문제제기에도 불구하고 교내 위계구조로 인해 실질적인 개선으로 이어지지 못했다.[12] 이같은 상황은 근본적인 사회변화를 요구했던 '촛불' 이후 한국사회가 받아든 과제가 절대 만만치 않음을 보여준다.

---

11 '국제 성소수자 혐오 반대의 날'을 맞아 발간된 『한국 LGBTI 인권 현황 2018』(성적지향·성별정체성 법정책연구회 2019)은 한국정부가 UN 자유권위원회로부터 '성적 지향 및 성별 정체성을 이유로 한 차별' 부문에서 최하등급인 E등급을 받는 등 성소수자의 인권을 위한 제도 개선이 매우 미진한 현실을 지적했다. 또한 반(反)성소수자 단체 및 보수 개신교계의 정치권과의 결탁이 더욱 견고해지고 있다는 사실 역시 문제로 제기되었다.
12 「스쿨미투 그후, 현장에선 '솜방망이 처벌'」, MBC 뉴스 2018. 3. 18; 「거리의 만찬 20회: 스쿨미투 그후 1년, 왜 학교는 달라지지 않았나」, 미디어스 2019. 4. 13.

4. 비폭력 대 폭력, 정상 대 비정상의 이항대립

다시 시간 흐름을 앞으로 돌려, 비폭력 기조가 무엇보다 강조된 2016~17년 촛불집회의 시점으로 가보자. 앞서 살펴본 '폭력에 대비되는 비폭력'이라는 촛불집회의 프레임은 그 반대편에 위치했던, '정상에 대비되는 비정상'이라는 프레임과 연동되며 더욱 힘을 발휘할 수 있었다(황진태·박배균 2018, 174~75면 참조). 여기에는 특정한 '헌정(憲政)주의적 정상'의 상황을 규정하고 박근혜-최순실 세력을 '비정상'으로 낙인찍은 뒤, 촛불집회를 정상적 상황에 행해진 비정상적 세력의 침해에 대한 저항으로 보는 주류 언론의 프레임이 있었다. 그리고 이 프레임은 "시민들의 항쟁이 기존 헌정질서에 저항하는 것이 되어서는 안 된다는 것을 규범화"(황진태·박배균 2018, 175면)했다. 나아가 이같은 담론은 노형일과 양은경의 지적처럼 신자유주의적 사고와 규범 아래 행해진 "시위와 저항 행동은 무엇을 목표로 해야 하며 어떻게 정당화되는가, 그리고 저항 주체로서의 시민이란 누구이며 어떠해야 하는가"(노형일·양은경 2017, 34면)에 대한 규정이기도 했다.

물론 '비폭력-정상'의 연동이라는 프레임이 더 많은 시민의 참여를 가져왔고, 결과적으로 헌법재판소 결정에 의한 '합헌적' 정권 퇴진을 가져온 건 분명하다. 그러나 이는 곧 촛불집회가 기존 사회구조에 대한 '혁명적' 변화를 가져오기에는 불충분했다는 사실, 더 나아가 오히려 그런 변화의 도래를 금기시까지도 하는 한국사회의 특징을 보여주는 것이기도 하다. 그 지점에서 2016~17년의 촛불집회는 현대 정치에 내재한 '면역'(Esposito 2011) 기제의 작동을 보여준 결과일 수 있다. 여기에 대해서는 약간의 부연이 필요하다.

현대 정치의 분석 테제로서 '면역의 정치철학'을 제창한 로베르또 에스뽀시또(Roberto Esposito)는 '공동체'(community)의 계보학적 검토를 통해 공동체 개념에 대한 재고를 요청했다. 그에 따르면 공동체는 혈통이나 종교, 언어, 재산 등 공통의 속성에 의해 규정되는 것이 아니라, '무누스'(munus)라는 공통의 증여 의무를 함께 지는 사람들의 총체이다(Esposito 2010). 이후 작업에서 에스뽀시또는 그같은 의무가 면제된 이들, 즉 '면역체'(immunitas)에 관한 생명정치적 분석으로 논의를 확장(Esposito 2011)하면서 근대화를 사회의 자기면역화가 추진된 과정으로 파악했다. 근대사회의 산물인 주권, 자유, 사적 소유와 같은 개념들에는 "기본적으로 개인이나 국가를 외부로부터 지켜내는 동시에 자기 내부의 갈등을 중화시키려고 하는 자기면역화 기제가 작동"(김상운 2015, 410면)한다는 것이다.

　이런 관점에서 본다면, 2016~17년의 촛불집회 역시 헌법이라는 중심 가치를 수호함으로써 결과적으로 기존의 정치체계를 정상적 방식으로 되돌려놓고자 했다는 점에서 거대한 자기면역 기제에 다름 아니라는 해석이 가능하다. 대통령의 배후에서 국정을 좌지우지한 '비선실세'라는 '비정상'의 요소는 몰아내야 할 대상으로 쉽게 인식된다. 그런데 이 과정에서 비폭력 대 폭력/정상 대 비정상이라는 이항대립 구조 아래 선별적으로 결합된 '비폭력-정상'의 프레임은 그 바깥의 존재들에 대해 지속적인 차별 기제로 작동할 수 있다. 물론 촛불집회에서의 '비폭력-정상' 프레임이 프레임 밖의 존재에 대한 차별과 배제를 처음 만들어내진 않았을 것이다. 중요한 건 촛불집회가 차별과 배제를 야기했다는 것이 아니라, 반년 가까이 광장에서 그토록 많은 사람이 모여 변화를 요구했음에도 불구하고 촛불이 약속한 변화의 희망이 왜 누군가에게는 제대로 작동하지 않는가라는 질문이다.

이 질문에 대한 답의 단초는 2017년 이후 한국사회가 보여준 몇가지 장면들에서 실마리를 찾을 수 있다. 이를테면 2017년 2월, 유력 대선후보이던 문재인 당시 후보가 성평등 정책을 발표하는 자리에 참석한 한 청중이 성소수자 인권 문제에 관한 질문을 던지자 나중에 발언 기회를 주겠다고 대답한 문후보의 뒤를 이어 다른 참석자들이 한 목소리로 "나중에!"를 외치는 일이 있었다. 해당 청중 — 그 역시 성소수자였던 — 의 질문은 며칠 전 개신교 단체를 만난 문후보가 성소수자 차별 금지를 명문화한 차별금지법 제정에 반대 의사를 표한 데 대한 항의였다. 물론 당시의 "나중에" 연호는 연설이 끝난 뒤 질문 기회를 주겠다는 후보의 발언 취지에 동조하는 행위였을 수 있다. 하지만 각종 인권 이슈에서 성소수자의 주장을 막는 논리로 가장 흔히 쓰인 말이 '나중에'인 점을 감안하면, 이날 청중들의 외침은 사회에서 배제된 성소수자들의 처지를 극적으로 드러내기에 충분했다.

한편 2018년 6월에는 청와대 국민청원 게시판에 "제주도 불법 난민 신청 문제에 따른 난민법, 무사증 입국, 난민 신청 허가 폐지·개헌 청원합니다"라는 글이 올라와 불과 한달 사이에 무려 70만명이 넘는 사람들의 동의를 받았다. 한국에서 난민법이 시행된 2013년 이래 2017년까지 난민인정률이 4.1%에 불과한 사실을 보면(참고로 세계 평균 난민인정률은 약 38%이다), 난민 문제가 이 정도로까지 이슈가 되었다는 건 납득하기 어려운 일이다. 구체적인 실체가 없는 이슬람교도에 대한 공포와 혐오, 그리고 인터넷을 통해 빠른 속도로 퍼진 난민 신청자들에 대한 근거 없는 오해를 잘 보여주는 한국사회의 한 단면이었다.

그밖에도 여전히 인터넷과 미디어를 통해 틈만 나면 표출되는 이주노동자와 결혼이주여성 및 그 자녀들을 향한 혐오와 배제의 논리[13] 등은 한국사회가 내·외부의 타자에 대해 지닌 차별적인 시선을 그대로 보여준다. 이같은 일련의 사건들과 사고방식은 성소수자나 난민, 이주민과 같은 존재들이 "도덕적, 사회적으로 나쁜 불순물이고, 그들을 우리 사회에 받아들이거나 존재하도록 방치하는 것마저도 필시 내 삶의 안전이 위협받을 것이며, 종래에는 우리 사회 내부자들을 공격할 것이라는 공포"(김명주 2018, 178면)에 근거한다. 비정상으로 규정된 존재가 "가할지도 모르는" 폭력에 대한 두려움은 이같은 사회의 자기면역 기제에 의해 더욱 강화된다. 앞서 논의한 '비폭력-정상' 프레임의 바깥에 위치한 '비정상'의 요소는 사회의 정상성에 대한 잠재적 폭력 혐의와 결합하여 더욱 위험한 존재로 간주될 수 있다는 것이다.

아쉽게도 수많은 사람들을 촛불이 밝힌 광장으로 불러낸 '비폭력-정상'이라는 프레임은 이 문제에 대한 답을 제시하지 못한다. 이와 관련하여 천정환은 "계급·세대·젠더를 초월하여 박근혜정권의 종식뿐 아니라 근본적 사회개혁이라는 대의에 대동단결하는 것처럼" 보인 군중 안에 "기존의 질서 아래서는 도저히 함께 손잡을 수 없는, 갈등과 분열로 점철된 (…) 갈라진 삶"이 있었음을 지적한 바 있다(천정환 2017, 459면). 이상적 대의를 위해 모인 사람들의 현실적 조건은 간단히 규정하기 힘들 정도로 복합적이었다는 것이다. 그렇게 광장에 모였던 이들 모두가 염원한 대통령 탄핵이라는 과제가 완수되자, 각각의 사회 구성원들은 서로의 위치에 따라 나름의 희망에 빠져들었다. 바로 그때, "이게 나라

---

[13] 특히 인터넷에 만연한 반(反)다문화 담론에 관한 분석으로는 전의령(2017)의 논의를 참조.

냐"라는 외침 아래 촛불을 통해 '정상화'된 국민국가 대한민국이 포용 가능한 구성원은 누구이며, 어디까지였을까.

5. 다시 촛불 이후: 새로운 공동성의 상상과 실천을 위하여

2018년 말, 『민주주의는 회사 문 앞에서 멈춘다』(우석훈 2018)라는 책이 출간되어 화제가 된 적이 있었다. 제목에서부터 곧바로 내용을 짐작하게 만드는 책의 메시지는 일상의 대부분을 기업을 비롯한 직장에서 보내는 사람들로부터 공감을 얻었다. 이 책의 제목에서 조금 표현을 바꾸어, 민주주의뿐만 아니라 '혁명도 회사 문 앞에서 멈춘다'라는 명제 역시 가능할 것이다. 촛불 이후 한국사회에 관한 논의에서 요구되는 건 촛불 '혁명'에 대한 과도한 찬사를 넘어, 민주주의가 멈춰 선 바로 그곳에서 삶을 영위하는 사람들이 경험하고 실천하는 일상에 대한 주목이다. '축제'가 끝난 지 2년여의 시간이 흐른 지금, 그들 각자가 일상을 떠나 주말 저녁 시간을 할애하여 촛불을 높이 들었을 때 품었던 기대는 얼마만큼 충족되고 있는가?

이와 관련하여 백낙청은 혁명의 '도래'와 '완성'을 구별하면서 촛불이 가져온 대통령 탄핵으로 혁명이 도래했지만, 그 완성을 향한 여정은 이제 시작된 것으로 봐야 한다는 논지를 펼친 바 있다(백낙청 2019, 320면). 2016~17년의 촛불집회 이후 한국사회가 비가역적 변화의 장에 접어들었다는 건 분명한 사실이다. 백영서의 지적처럼 이런 논의를 진행할 때 교과서적 혹은 사전적 의미의 혁명 개념으로부터 어느정도 자유로울 필요도 있다(백영서 2019, 58면). 이같은 관점에서 보면 2016년 말부터 2017년 초에 걸친 대규모 촛불집회와 그 이후의 전개를 미완의, 혹은 진행 중인 혁명으로 볼 수 있을 것이다. 다만 '혁명'이라는 수사가 단순히 좁은 의미에서 집권세력의 교체 정도에 그치고, 불평등한 기득권 구조를 실질적으로 바꾸지 못하고 있는 현실에 머물러서는 곤란하다. 앞서 언급한 것처럼 '촛불'을 들며 품었던 변화의 희망이 선별적으로 작동하는 현실은 작금의 상황을 잘 보여주는 예이다.

더 나아가, 변화를 열망하는 사회 분위기 속에서 여전히 문제되는 '민주주의'라는 상황 자체에 대한 재고도 필요하다. 이미 앞선 2008년의 촛불집회에 대한 평가에서 김원(2009)은 '민주주의 대 독재'의 대립 구도가 지닌 한계를 지적하며 '대안'의 부재를 논한 바 있다. 그에 따르면 해소해야 하는 대상이 독재로 호출되는 순간, 그 대안은 민주주의로 회귀할 수밖에 없으며 "대안 담론 수준에서 민주주의는 정상적인 정당정치, 소통의 원활 등으로 협소화"(김원 2009, 182면)되는 문제를 야기한다. 이와 관련하여 2008년과 마찬가지로 2016년 이후의 한국사회에서도 정상으로서의 민주주의 대 비정상으로서의 독재 혹은 부패권력이라는 대립구도가 반복된다는 사실은 시사하는 바가 크다. 지금 시점의 한국사회에 필요한 것은 대안에 대한 상상력을 제약하는 문제틀을 넘어서는, 새로운 공동성에 대한 모색이다. 앞서 살펴본 것처럼 정상으로 규정되는 사회 안에서 사각지대에 놓인 소수자들을 아우르는 대안적이고 새로운 공동성의 모색이야말로 시급한 과제인 것이다.

그런데 '촛불 이후' 한국사회에서 어떤 형태의 공동성을 모색해야 하는가라는 과제에 대해서는 각자 처한 위치에 따라 입장이 다를 수밖에 없다. 그 사례를 최근 한국의 도시·사회문제에 대한 해법으로 등장한 도시재생 혹은 '마을공동체' 사업에 대한 엇갈리는 반응에서 찾을 수 있다. 이미 2010년을 전후한 시기부터 현재(2019년 기준)의 여당 계열 지자체장들의 주도 아래 진행되어오다가 문재인정부 수립 이후 본격적으로 추진 중인 이 사업들은 따뜻한 이웃관계 회복과 주민자치 실현을 위해 '공동체의 복원'을 주된 기치로 내세웠다. 그런데 이같은 정책 추진이나 운동 차원에서의 움직임에 대해 트위터 등의 SNS를 통해 반감을 표하는 이들을 쉽게 접할 수 있다. 젊은 층과 여성을 중심으로 한 이들의 반감은 '공동체'를 매개로 한 공간의 재편이 전통적 사회관계의 복원으로 이어질 수 있다는 우려에 기인한다.

이런 현상에 대한 분석에서 요구되는 건 한국의 사회문제에 대한 해법으로 등장한 '마을공동체'가 실제 어떻게 이뤄지는지, 그에 대한 반감이 오해인지의 여부를 따져보는 문제가 아니다. 그보다 중요한 건 이들에게 '공동체 회복'이 사회적 약자의 보호 기제로서가 아니라 과거 전통사회를 구성했던 위계구조의 복원으로 받아들여진다는 사실이다. 김희경의 정확한 지적처럼, 공동체 내 갈등 해결의 수단으로 작동하는 '공공성'을 제대로 경험해보지 못한 한국사회를 살아가며 가족과 학교, 군대와 회사에서 위계의 지배를 직접 경험한 이들이 "'공동체'라는 단어를 '법치', '시스템', '개인과 사생활 존중'과 대립되는 개념으로"(김희경 2017, 262면) 받아들이는 건 당연한 결과이다. 그리고 젊은 층이나 여성과 같이 호혜적 관계를 내세운 전통사회에서 대체로 낮은 위계에 속했던 집단에게 이는 더욱 민감한 문제로 다가올 수밖에 없다. '공동체'로 대표되는 호혜적 관계가 차가운 현대사회의 대안이자 잃어버린 전통사회의 이상향으로 대두할 때, 집단 내 약자의 위치에 처하기 쉬운 이들일수록 호혜적 관계의 복원이 위계적인 착취관계로, 개인에 대한 불필요한 간섭으로 전이될 수 있다는 사실에 대해 분명히 인지하고 있다는 것이다.

이같은 상황은 현대 한국사회가 앞으로 구현해가야 할 새로운 공동성의 방향에 관한 과제를 예시한다. 대다수의 젊은 층은 주거공간이나 직장에서 어떤 공동체적 의식이나 동류의식을 원치 않는다. 한 사람의 개인으로서 공정한 대우와 노동에 대한 합당한 댓가의 지불이면 충분할 뿐, 사회적 존재로서의 소속감은 다른 자리에서 얼마든지 충족 가능 — 취미 활동에의 몰두든, 온라인에서의 적절한 거리를 둔 집단 활동이든 — 한 게 이들이다. 이들을 아우르기 위해서는 법과 시장 영역에서의 확실한 공공성, 독립이 보장된 개인들 간에 발생하는 새로운 형태의 유대를 향한 고민과 성찰이 필요할 수밖에 없다.

그때 자칫 잘못하면 발생할 수 있는 것이 바로 타자에 대한 배제와 혐오이다. 자유로운 개인과 공정한 경쟁에 대한 강조는 경계 밖의 타자를 개인의 영역을 침해하는 적대적 존재로 소환하고, 그들에 대한 배제와 혐오를 위한 토양으로 쉽게 전이될 수 있는 위험을 지니고 있다. 앞서 4절에서 살펴본 소수자에 대한 사회의 자기면역 기제에 관한 고려는 그래서 더욱 중요하다. 더이상 성장 위주의 경제시스템이 작동하기 어려운 현실에서, 소수자를 향한 혐오에 바탕을 둔 극우 포퓰리즘 정치세력의 부상을 세계 곳곳에서 목도할 수 있다. 한국 역시 예외가 아니다. '촛불' 이후, 소수자 혐오와의 결탁을 통해 지지층 회복을 모색 중인 정치세력의 존재는 그 대표적인 예이다.

2016~17년의 촛불집회라는 비가역적 변화 이후 요구되는 새로운 공동성을 어떻게 상상하고 실천에 옮겨나갈 것인가라는 과제는 결국 한국사회가 경계를 넘나드는 포용성을 얼마나 확보할 수 있느냐와 직결

된다. 그리고 그 형태는 혐오와 배제의 논리 아래 쉽게 '역차별의 가해자'로 치환되어버리는 낯선 타자를 포함하는 열린 공동성으로의 모색을 바탕으로 해야 한다. 젠더에 따른 차별이나 배타적 민족주의를 넘어, 기존의 협소한 공동체 개념을 해체하고 새로운 공동성의 도래를 만들어가야 할 때이다.

참고문헌

김경화 (2018), 「촛불집회와 태극기집회: 한국 사회와 데모」, 김경화·이토 마사아키 『21세기 데모론』, 눌민.

김명주 (2018), 「'동일성의 공동체'의 불가능성에 관한 성찰: 면역의 정치철학을 위한 모색」, 『인문과학』 114집, 연세대학교 인문학연구원.

김상운 (2015), 「면역적 민주주의: 해설」, 『문화/과학』 2015년 가을호.

김상준 (2017), 「2016~2017년 촛불혁명의 역사적 위상과 목표: '독재의 순환고리 끊기'와 '한반도 양국체제 정립'」, 『사회와 이론』 31집.

김원 (2005), 「사회운동의 새로운 구성방식에 대한 연구: 2002년 촛불시위를 중심으로」, 『담론 201』 8권 2호.

김원 (2009), 『87년 6월 항쟁』, 책세상.

김윤철·서복경·이승원·이철희·김건우 (2017), 「〈촛불 1주년 포럼〉 촛불은 우리에게 무엇이었나 '광장이 던진 질문과 시민사회 운동의 과제'」, 『시민과 세계』 31호.

김은주 (2019), 「제4물결로서 온라인-페미니즘: 동시대 페미니즘의 정치와 기술」, 『한국여성철학』 31권.

김희경 (2017), 『이상한 정상가족: 자율적 개인과 열린 공동체를 그리며』, 동아시아.

노형일·양은경 (2017), 「비폭력 저항 주체의 형성: 박근혜 대통령 탄핵 촛불집회에 대한 통치 분석」, 『한국방송학보』 31-3호.

박성진 (2017), 「촛불의 시민성: 시민사회를 넘어서는 시민」, 『시민과 세계』 30호.

백낙청 (2017), 「'촛불'의 새세상 만들기와 남북관계」, 『창작과비평』 2017년 봄호.

백낙청 (2019), 「3·1과 한반도식 나라만들기」, 『창작과비평』 2019년 여름호.

백영경 외 (2018), 『배틀그라운드: 낙태죄를 둘러싼 성과 재생산의 정치』, 후마니타스.

백영서 (2019), 「연동하는 동아시아와 3·1운동: 계속 학습되는 혁명」, 『창작과비평』

2019년 봄호.

백욱인 (2008), 「촛불시위와 대중: 정보사회의 대중 형성에 관하여」, 『동향과전망』 2008년 가을·겨울호.

성적지향·성별정체성 법정책연구회 (2019), 『한국 LGBTI 인권현황 2018』, SOGI법정 책연구회.

손호철 (2017), 「6월항쟁과 '11월촛불혁명': 반복과 차이」, 『현대정치연구』 10권 2호.

우석훈 (2018), 『민주주의는 회사 문 앞에서 멈춘다』, 한겨레출판.

윤상철 (2019), 「촛불집회 이후의 경제적·사회적 민주주의의 전망」, 『경제와 사회』 2019년 봄호.

임채원 (2017), 「마키아벨리적 모멘트로서 시민적 공화주의」, 『시민과 세계』 30호.

장윤선 (2018), 『우리가 촛불이다: 광장에서 함께한 1700만의 목소리』, 창비.

전의령 (2017), 「인터넷 반다문화 담론의 우익 포퓰리즘과 배제의 정치」, 『경제와 사회』 2017년 겨울호.

조일동 (2009), 「사회극으로서의 촛불: 경계의 역동성」, 『한국문화인류학』 42권 1호.

천정환 (2017), 「누가 촛불을 들고 어떻게 싸웠나: 2016/17년 촛불항쟁의 문화정치와 비폭력·평화의 문제」, 『역사비평』 2017년 봄호.

홍찬숙 (2018), 「2016~17년의 광화문 광장: 유교 공론장에서 시민 공론장으로」, 『민주주의와 인권』 18권 2호.

황진태·박배균 (2018), 「2016년 촛불집회시위의 공간성에 관한 고찰」, 『공간과 사회』 28권 3호.

Esposito, Roberto (2010), *Communitas: The Origin and Destiny of Community*, trans. by T. Campbell, Stanford: Stanford University Press.

Esposito, Roberto (2011), *Immunitas: The Protection and Negation of Life*, trans. by Z. Hanafi, Cambridge: Polity.

Jaffe, Rivke and Anouk De Koning (2015), *Introducing Urban Anthropology*, New York: Routledge.

| 수록문 출처 |

서장 백낙청 「3·1과 한반도식 나라만들기」

한국기독교사회문제연구원 주최 '3·1운동100주년기념 국제컨퍼런스'(2019. 2. 25)의 강연문(국문과 영문 원고를 자료집『3·1운동의 의미와 동북아 평화를 위한 한반도 미래 구상』에 수록)을 대폭 수정·보완하여 『창작과비평』2019년 여름호에 수록. 본서에 게재하며 다시 일부 개고하고 덧글을 달았음.

1장 임형택 「3·1운동, 한국 근현대에서 다시 묻다」

같은 제목으로『창작과비평』2019년 봄호에 수록됨. 본서에 게재하며 일부 개고함.

2장 브루스 커밍스 「독특한 식민지 한국: 식민화는 가장 늦게, 봉기는 가장 먼저」

같은 제목으로『창작과비평』2019년 여름호에 수록됨. 본서에 게재하며 번역 일부를 수정함.

3장 도진순 「시간(Kairos)과 기억(Memory): 건국 원년, 건국기념일, 연호」

한국근현대사학회 학술회의 '독립운동, 그 기록과 기념의 역사'(2018. 8. 22)에서 발표한 「시간(Kairos)과 기억(Memory): 건국 원년(元年)과 연호(年號)」를 축약하고 「역사와 기억: 건국연도와 연호, 그 정치적 함의」로 개제해 『역사비평』 2019년 봄호에 수록했고 본서에 게재하며 다시 수정·보완함.

4장 백영서 「연동하는 동아시아와 3·1운동: 계속 학습되는 혁명」

같은 제목으로 『창작과비평』 2019년 봄호에 수록됨. 본서에 게재하며 일부 개고함.

5장 정혜정 「3·1운동과 국가문명의 '교(敎)': 천도교(동학)를 중심으로」

같은 제목으로 『한국교육사학』 제40권 제4호에 수록됨. 본서에 게재하며 축약하고 일부 개고함.

6장 이남주 「3·1운동, 촛불혁명 그리고 '진리사건'」

같은 제목으로 『창작과비평』 2019년 봄호에 수록됨. 본서에 게재하며 일부 개고함.

7장 이지원 「3·1운동, 젠더, 평화」

본서에 처음 게재함.

8장 홍석률 「4월혁명, 민주항쟁의 가능성과 현실성」

「4월혁명과 이승만정권의 붕괴 과정: 민주항쟁과 민주당, 미국, 한국군의 대응」(『역사문화연구』 36집, 2010)을 일부 개고함.

9장 신기욱 「5·18 정신의 보편화를 위하여」

Gi-Wook Shin & Kyung Moon Hwang, eds., *Contentious Kwangju: The May 18th Uprising in Korea's Past and Present* (Lanham, Md.: Rowman & Littlefield Publishers 2003) 서문. 본서에 번역하여 게재하고 추기를 달았음.

10장 김종엽 「6월항쟁과 87년체제: 헌정체제의 관점에서」

본서에 처음 게재함.

11장 유재건 「한반도 분단체제의 독특성과 6·15시대」

「역사적 실험으로서의 6·15시대」(『창작과비평』 2006년 봄호)를 2007년 현재의 제목으로 수정·보완해 『지역과 역사』 20호에 게재함. 이후 『변혁적 중도론』(정현곤 엮음, 창비 2016)에 수록되었고 본서에 최근 생각을 담은 후기를 덧붙여 재수록함.

12장 정헌목 「미완의, 혹은 진행 중인 혁명: 촛불 이후 한국사회와 새로운 공동성의 모색」

한국학중앙연구원 주최 3·1운동 100주년 기념 국제학술회의 '프랑스혁명에서 '촛불혁명'까지: 혁명의 세계사를 향하여'(2019. 6. 27.~28) 발표문을 일부 개고함.

백년의 변혁
3·1에서 촛불까지

초판 1쇄 발행 / 2019년 12월 20일

지은이 / 백낙청 외
엮은이 / 백영서
펴낸이 / 강일우
책임편집 / 강영규 신채용
조판 / 박아경
펴낸곳 / (주)창비
등록 / 1986년 8월 5일 제85호
주소 / 10881 경기도 파주시 회동길 184
전화 / 031-955-3333
팩시밀리 / 영업 031-955-3399 편집 031-955-3400
홈페이지 / www.changbi.com
전자우편 / human@changbi.com

ⓒ 백낙청 임형택 브루스 커밍스 도진순 백영서 정혜정
　　이남주 이지원 홍석률 신기욱 김종엽 유재건 정헌목 2019
ISBN 978-89-364-8647-1 93300

* 이 책 내용의 전부 또는 일부를 재사용하려면
　반드시 저작권자와 창비 양측의 동의를 받아야 합니다.
* 책값은 뒤표지에 표시되어 있습니다.